陈澧评传

李绪柏 著

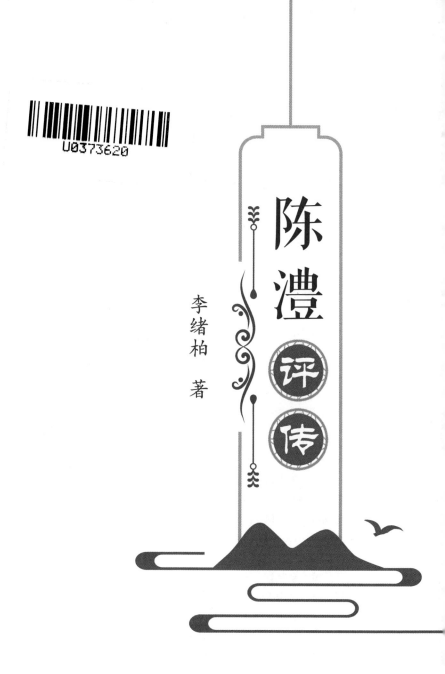

中山大学出版社
·广州·

版权所有　翻印必究

图书在版编目（CIP）数据

陈澧评传/李绪柏著．—广州：中山大学出版社，2022.3
ISBN 978-7-306-07437-9

Ⅰ.①陈…　Ⅱ.①李…　Ⅲ.①陈澧（1810-1882）—评传　Ⅳ.①K825.1

中国版本图书馆 CIP 数据核字（2022）第 023694 号

CHEN LI PINGZHUAN

| 出 版 人：王天琪 |
| 策划编辑：熊锡源　叶　枫 |
| 责任编辑：叶　枫 |
| 封面设计：曾　斌 |
| 责任校对：吴政希 |
| 责任技编：靳晓虹 |
| 出版发行：中山大学出版社 |
| 电　　话：编辑部 020-84111996，84113349，84111997，84110779 |
| 　　　　　发行部 020-84111998，84111981，84111160 |
| 地　　址：广州市新港西路 135 号 |
| 邮　　编：510275　　　　传　真：020-84036565 |
| 网　　址：http://www.zsup.com.cn　E-mail:zdcbs@mail.sysu.edu.cn |
| 印 刷 者：广州市友盛彩印有限公司 |
| 规　　格：787mm×1092mm　1/16　19.75 印张　323 千字 |
| 版次印次：2022 年 3 月第 1 版　2022 年 3 月第 1 次印刷 |
| 定　　价：68.00 元 |

如发现本书因印装质量影响阅读，请与出版社发行部联系调换

目录

第一章 家世与少年 ································· 1

　一、家世 ··· 1

　二、私塾读书 ····································· 6

　三、肄业粤秀书院 ································ 12

第二章 漫长的会试之路 ··························· 20

　一、初次出岭 ···································· 20

　二、学海堂专课肄业生 ···························· 26

　三、留寓京师 ···································· 34

　四、广泛的兴趣爱好 ······························ 42

　五、早期的学术探索 ······························ 52

第三章 学术著述的酝酿与创获 ····················· 59

　一、《说文声表》与学海堂学长 ···················· 59

　二、鸦片战争的爆发 ······························ 65

　三、《切韵考》 ··································· 69

　四、越台词社与大挑二等 ·························· 75

　五、《汉书地理志水道图说》 ······················· 81

第四章　与科举仕途诀别 …… 92

一、邹伯奇与徐灏 …… 92
二、与魏源的交往及对龚自珍的批评 …… 100
三、河源县学训导 …… 107
四、最后一次会试 …… 115
五、对科举制度的批评与建议 …… 120

第五章　动乱的岁月 …… 126

一、洪兵起义与避居萝冈村 …… 126
二、《初学编·音学》 …… 133
三、《声律通考》 …… 138
四、困处围城之中 …… 147
五、寓居横沙村 …… 153
六、《汉儒通义》 …… 159
七、苦闷中的彷徨 …… 168
八、《学思录》的写作酝酿 …… 176

第六章　繁忙的学术生涯 …… 189

一、局势的稳定与学术文化事业的恢复 …… 189
二、广东舆图局 …… 198
三、学海堂专课肄业生的复办 …… 205
四、掌教菊坡精舍 …… 212
五、主持广东书局 …… 224
六、学术地位的奠定 …… 236

第七章 最后十年 ……………………………………………… 243
一、多病缠身与亲友相继谢世 ……………………………… 243
二、《东塾读书记》的写作 …………………………………… 258
三、陈澧逝世 ………………………………………………… 265
四、遗著概况 ………………………………………………… 270

第八章 陈澧的学术地位及其意义 ……………………… 283
一、名闻海内的陈东塾先生 ………………………………… 283
二、"新学风"的倡导者 ……………………………………… 288
三、回归理性,重建学术规范的旗帜 ……………………… 295

后记 ……………………………………………………………… 309

第一章　家世与少年

一、家世

陈澧（1810—1882），字兰甫，一字兰蒲。读书处曰东塾，世称东塾先生。

陈澧先世本居浙江绍兴住墅村。明朝洪武年间，"以间右徙实京师，遂占上元县匠籍"①。陈氏上元一支，四世祖陈嵩明朝万历年间由岁贡授苏州府常熟县训导，转周王府教授，遂归。陈嵩大概是陈氏先世中地位最高、最值得夸耀的人物了。但训导、教授地位低下，俸禄微薄，不足挂齿。陈嵩卒于江宁，贫不能归，葬于钟山之南麓，子孙遂为上元人。上元县后并入江宁县，即今南京。所以陈澧后来一再自称："先世江南上元人""先世本金陵人"，自署"钟山陈澧"，即指此。

祖父陈善，又名士奇，字尚志，号虹桥，又号畸人。陈善甫弱冠，因祖、父相继去世，贫穷无以为生，乃弃举业，只身一人，于清朝乾隆年间，千里迢迢到广东投靠舅舅韩公。舅舅介绍他到一些浙籍盐商如沈芝亭、李厚斋家帮忙，做一些文案管账、催款押运之类的工作，"旅食商人埠""混迹鱼盐中"，②往来于两广、湖南之间，自谓："弱冠投渭阳于岭左四十余年，艰难困苦备尝之矣。今以老疾，没于粤东，郁郁不得志，穷愁以终。"③

---

① ［清］陈澧著，黄国声主编：《陈澧集》六，《陈氏家谱》卷四，上海古籍出版社 2008 年版，第 269 页。
② ［清］徐廷元：《虹桥先生七旬大庆四十韵》，［清］陈澧著，黄国声主编：《陈澧集》六，《陈氏家谱》卷五，上海古籍出版社 2008 年版，第 296 页。
③ ［清］陈澧著，黄国声主编：《陈澧集》六，《陈氏家谱》卷五，上海古籍出版社 2008 年版，第 286 页。

陈善为人恬淡寡欲，不慕荣利，所交多为贫士下层。又慷慨好施，喜周人之急，所接济有素不相识者，且施予不图回报，也不欲人知。如是者数十年，乐此不疲，广东曲江、乐昌间受其德者尤众，人称"陈菩萨"。

除了乐善好施之外，陈善另一特点是喜欢读书。由于自幼家境中落，耽误了学业，他"愤其学之不竟，俗务少毕，辄手一篇，由是瘁力经籍，究诸子百家之言，尤精数学，占则屡中"①。可说是一位粗通文墨、知书明理之人。陈澧后来在札记中写道："澧少时，尝见先祖遗墨云：'近年不着棋，不打牌，因有损人利己之心也。'先祖之存心如此，澧与子孙得有饭吃者，赖此也。"② 于此可见陈善为人处世的道德操守。他于嘉庆九年（1804）微疾而终。著有《双字类笺》二卷、《焚余诗草》一卷、《钱卜》一卷。生二子：长子大经、次子大纶。大经即陈澧之父。又生有七女。

陈大经，又名立本，字翼庭，号新斋。幼颖悟，喜读书。因其父自江宁始迁广东番禺，未入籍，不得参加科举考试。家贫无以养亲，只好放弃士人读书应考的常路，去衙门当差为吏。以后辞去吏职，转而经商。不久又弃商而去，赋闲居家。

陈大经仁慎而精敏，两广总督觉罗吉庆见之，与语，叹曰："能吏才也。"劝之仕。陈大经也思以禄养，乃捐纳知县加三级。捐纳即出钱买官，这在清代是很普遍的事情。不过后来因父母相继去世，照例守制，服阕遂不赴选。

陈大经忠厚善良，对父母特别孝敬，自己虽劳苦困乏，而奉养丰腆，不使父母知其贫，曾因此负债数万金。陈善性节俭，从不肯多置衣物。有一年冬天十分寒冷，陈大经特地为父亲买了一件狐皮大衣，并假言今年狐皮大衣便宜。陈善穿了狐皮大衣去拜访朋友，席间对友人讲述了事情的原委，"友熟视裘叹曰：'子孝则裘贱也。'"陈大经有一弟七妹，兄弟姐妹之间友爱笃挚，他常说："得一钱必与弟共之。"在待人处世上，陈大经秉承其父遗风，乐施好善，常常是损己益人，周恤亲朋故友不知其数，家里有所积蓄，大半因此散去。有人贫穷时因为得到陈大经的资助，得以渡过难关，后发达成了巨富。但大经从不自言其德。另外，他对人一向慈悲宽大为怀。有一次，一

---

① ［清］陈澧著，黄国声主编：《陈澧集》六，《陈氏家谱》卷五，上海古籍出版社2008年版，第287页。

② 桑兵主编：《续编清代稿钞本》第82册，广东人民出版社2009年版，第364页。

小偷入屋盗窃，被家里奴仆捉住了。陈大经问他："何苦要偷东西呢？"小偷说："家有老母，无力供养。"陈大经听后，就将小偷释放了。这件小事反映了他心地仁厚、通情达理的一面。故咸丰二年（1852），陈澧会试不中，将南归，同乡好友梁同新来送行，他安慰陈澧说："尊公仁厚积德，君当不终穷也。"① 仁厚积德，应是对陈大经为人最好的概括。

陈大经平时粗茶淡饭，生活节俭，性格恬淡，没有其他嗜好，唯喜读史书，尤嗜《资治通鉴》。年老后多病，就躺在床上阅读，日夜不辍。陈澧后来回忆说："家藏《资治通鉴》一部，澧八九岁时，见先府君日手一卷，夜则携以就枕，穴布帐补以轻纱，置灯帐外，卧读之。其精勤如此。"② 当时蚊帐大多用厚布制成，不透光，所以陈大经特地将蚊帐剪去一块，补上一块薄薄的透明纱布，这样帐外灯光就可以透进来，他也就可以睡在帐里看书了。陈大经之弟陈大纶也喜欢读史书，曾购买二十三史藏于家，陈大经常常借读。陈大经不但精勤读史，而且还常眉批手记，加以评论。陈澧后来写道："先叔父所藏廿三史，身后散失。余买得《宋史》，有先考评语，盖诸史皆有之，惜不得见也。"③ 又说："有所论，则笔于卷端。《宋史》亦有府君评于卷上及夹纸评论者，其书今藏于家。"④ 由于积劳成疾，陈大经身体特别虚弱，尤其畏寒，50岁以后，虽盛夏，仍披裘，不知是何疾病。

陈大经娶有一妻一妾。妻刘氏，浙江会稽（今绍兴）人。20岁嫁入陈家，事舅姑以诚孝，对下人慈惠，待小婢如子女，有过错责之而已，从不笞挞。闻人笞婢，则怒形于色，曰："彼亦人子也，而忍笞乎？"故奴仆都很爱戴她，称其为"佛母"。刘氏为人仁厚谨诚，不苟言笑。平时居家礼法严肃，年虽老，无事轻易不出寝门串亲访友，男子入谒者，必坐寝堂上见之。家人中有谁言语亵慢，必定加以斥责，且性恶酒，见饮者则不喜。所以，当着她

---

① ［清］陈澧：《先考知县府君事略》，《东塾集》卷五，光绪十八年（1892）刻本，第17–18页。

② ［清］陈澧：《先府君所读〈资治通鉴〉书后》，《东塾集》卷二，光绪十八年（1892）刻本，第26页。

③ 桑兵主编：《续编清代稿钞本·东塾遗稿》第82册，广东人民出版社2009年版，第355页。

④ ［清］陈澧：《先考奉直大夫候选知县府君事略》，［清］陈澧著，黄国声主编：《陈澧集》六，《陈氏家谱》卷五，上海古籍出版社2008年版，第300页。

的面，全家都小心谨慎，不敢随便乱说乱动。① 刘氏生有一儿一女，陈澧则为副室王氏所生，系庶出。在中国封建社会里，庶子地位较低，常遭人歧视，但陈澧似乎并未遇到什么不幸。而关于生母王氏，陈澧则绝少提及。

嘉庆十五年（1810）春二月十九日，陈澧出生于广东省城广州城南木排头旧宅。

僻处岭外的广东（岭南）长期被视为蛮荒烟瘴之地。但千百年的长期开发以及大量移民的到来，使广东地区的经济、文化一直呈现强劲的上升趋势，逐步摆脱落后蛮荒的面貌。至明清，广东社会经济已走在全国前列，令人刮目相看。明初广东著名诗人孙蕡《广州歌》云：

> 岭南富庶天下闻，四时风气长如春。长城百雉白云里，城下一带春江水。少年行乐随处佳，城南南畔更繁华。朱楼十里映杨柳，帘栊上下开户牖……②

明初广东繁荣富裕的程度，由此可窥见一二。明代广东承平二三百年，经济持续发展，已牢固奠定了其富庶天下的深厚基础。延至清初，广东繁荣不减。清初广东诗人方殿元《五羊城》诗云："五羊城，我生之初犹太平。朱楼甲第满大道，中宵击鼓还吹笙……"③ 惜好景不长，局势迅速恶化。

清兵南下清剿明朝残余势力，由于广东是抗清斗争的中心，兵燹战乱频仍，生灵涂炭，经济社会受到严重摧残，至有"二王入粤血洗广州"之惨剧，又有"禁海""迁界"之浩劫，以及令人谈虎色变的"文字狱"之灾祸，广东社会、经济、文化发展遭受重创，一度陷于停滞。

但"三藩之乱"平定以后，清初动荡不宁的局势开始走向稳定，随着各项恢复农业生产措施的落实，广东经济很快好转。此后一直到鸦片战争爆发前夕，广东全境基本无大的动乱，所谓"承平百余年"即指此而言。因之，广东社会经济很快恢复到明代"富庶天下闻"的水平，而且更上一层楼，达到"富甲天下"的程度。

---

① ［清］陈澧：《先妣刘宜人事略》，《东塾集》卷五，光绪十八年（1892）刻本，第18-19页。

② ［清］梁善长辑：《广东诗粹》卷二，乾隆十二年（1747）达朝堂刻本，第7页。

③ ［清］方殿元：《五羊城》，《九谷集》卷四，康熙间刻本，第30页。

广东富裕，广州尤其繁荣。广州的富裕繁荣与它自秦汉以来直至清代，一直是南中国重要的海路贸易港市的地位密不可分，不少学者认为广州是著名的"海上丝绸之路"的重要起点。加之乾隆二十二年（1757），清政府下令封闭了漳州、宁波、云台山（今镇江）三海关，仅留粤海关一口对外通商。从此广州垄断了中国对西方进出口贸易，这对广州奠定"富中之富"的特殊地位具有重要意义。而专门负责经营对外贸易的十三行，尤其是潘、卢、伍、叶四家，更是闻名海内、富甲天下的豪商，以至于有所谓"银钱堆满十三行"之谣。十三行所在地广州西关，更是朱楼甲第、笙歌彻夜、纸醉金迷之地。时人描述说："西关尤财货之地，肉林酒海，无寒暑，无昼夜。"① 当时广州之繁富奢靡，可以想见。清代广东上层阶级生活的奢靡风气，所谓"岭南素侈靡""粤尚奢华"等，都是这些洋商竞相攀比影响推动所至。

陈澧出生的时候，距清兵入关已190余年。嘉庆朝继康、雍、乾盛世之后，虽是清代由盛转衰的开始，但表面上还维持着虚假繁荣。嘉道之际，更是广东的黄金时期，承平日久，经济繁荣，社会稳定，政治环境和社会氛围相当宽松，文人学士诗酒宴游几无虚日。当时人说：

> 从嘉庆庚辰以迄道光己亥，波恬尘静，岁稔时和，村落太平，间阎安乐，家家选胜，各各搜奇，开径招邀，引流临眺……②

这里描绘的正是一派祥和安宁的升平景象，也是嘉庆末至鸦片战争爆发前广东社会环境的一般概况。

陈澧就出生于这样一个承平时代，这样一个繁华城市。关于陈澧家中生活情况、财产状况及经济来源等，由于没有具体资料遗留，笔者不便揣测。但他父亲能够出钱捐纳知县，家中养有奴仆、小婢，可见其家庭具有相当的经济实力，并非贫困一族。陈澧的姐姐嫁与候选郎中仁和汤尔泰，汤家在粤为盐商，富于财而生活奢华。陈澧虽为庶出，却得姐姐爱怜呵护，常常在姐夫家逗留游玩。后来他在文章中回忆道：

---

① ［清］温顺：《记西关火》，吴道镕原稿，张学华增补：《广东文征》第五册，香港中文大学出版社1978年版，第435页。

② ［清］谭莹：《荔园消夏序》，《乐志堂文集》卷六，咸丰间吏隐园刻本，第17页。

  是时商家豪侈，宜人嫁未几而君舅卒，郎中年少，性益豪。澧幼为宜人爱怜，常嬉戏其家。堂罗众宾，歌舞喧阗，百戏竞作。时或清暇，宜人晨兴理妆，妾婢环侍，妆毕，临西洋大镜自照。携余手徐步以出，登小楼，眺假山，观红鱼，弄鹦鹉，澧乐之忘归。①

  尽管这里描述的是姐夫家中的生活情景，但中国封建社会婚姻讲究门当户对，由此推测，则陈澧的家境与之相去不会太为悬殊。由于挥霍无度，以及盐事中衰，汤家负债巨万，不久汤尔泰病卒。陈澧姐姐汤宜人为债家所迫，典卖衣裳略尽，于道光十九年（1839）病逝，年52岁，结束了坎坷曲折的一生。

  简言之，陈澧出生于一个富裕的中产之家，家境虽不算巨富，却殷实，生活无忧。祖父辈虽无正式功名，但都读书识字，知情达理，加之性格禀赋都忠厚正直、恬淡寡欲、乐善好施，具有中国封建社会里一般中产之家所具有的良好道德品质和教养。因此，这种和睦安详的良好家庭氛围，为陈澧提供了一个衣食无忧、和睦温馨的生活、读书环境，对他后来恬然冲淡、中正平和性格的形成起了潜移默化的熏陶作用。

二、私塾读书

  陈澧7岁时，即入塾读书，地点就在旧宅东偏。"家之东偏，有一书塾，余七岁就傅处也。"② 初次入塾读书，对陈澧来说是一件大事，也是他一生学问著述的起点。当时其上学所用之砚，刻有一牛横眠，这是一方极其普通的砚盘，陈澧却舍不得丢掉，一直细心珍藏着，老年之后为之铭曰："童时头角颇可喜，而今老矣坚卧不起，何以饮之砚池水（余七岁上学时之砚也，琢

---

  ① ［清］陈澧：《亡姊汤宜人墓碑铭》，《东塾集》卷六，光绪十八年（1892）刻本，第12页。
  ② ［清］陈澧：《东塾类稿自序》，［清］陈澧著，陈之迈编：《东塾续集》卷二，《近代中国史料丛刊》第77辑，第45页。

一牛横眠故云）。"① 这样，入学时的一方普通砚盘就成为他唤起童年美好回忆的珍贵之物。

陈澧进入私塾后的第一位老师是他的表兄徐达夫，授读《论语》、唐诗。徐达夫是一位考场不济的失意文人，他"幼时读书，一日百行"，稍长，善为八股时文。童试时出应府试，知府十分欣赏他，以其年少，置第二名。但学政考试却未录取，徐达夫一气之下，即放弃不考。10余年后再应试，又未考取，又弃去。以后徐达夫乃远离广州，居于徐闻。徐闻位于雷州半岛最南端，为广东僻远贫困之地，徐达夫在此居住7年，穷困潦倒，意志消沉。陈澧后来称他"工试律诗，而穷老而不遇者"。又说："先生以布衣，年五十自放于海滨，其穷若此。"② 对自己第一位启蒙老师的不幸遭遇，陈澧表示了深深的同情。

徐达夫授读半年后离去，继之者为尉继莲［浙江山阴（今绍兴）人］。尉先生还是陈澧父亲、叔父的授业师。此时陈澧侄子陈宗元也同读书塾中。陈宗元，字小峰，他比陈澧长一岁，叔侄二人年龄相仿，同窗共读。时尉继莲年70余，秃顶无发，双目近视，家境贫穷，衣服又破又旧，但他毫不在意，每日以吟诗为乐，是一位性格开朗、乐天知命的老学究式人物。有一次，陈澧叔父陈大纶与尉继莲聊天，闲谈之中，陈大纶问道："先生有没有要用钱的地方？"尉继莲摇摇头说："我不用钱，你不用费心。"陈大纶只好无言而退。陈澧父亲陈大经知道此事后对陈大纶说："你不知道尉先生的性情吗？我不敢问，你为何这么冒失地问他呢？"这件小事给陈澧的印象十分深刻，令他对尉继莲肃然起敬。后来他在《书尉先生》一文中回忆说：

> 先生学行，澧不及知，知此一事。然事无大小，视人所遇。先生一老诸生，狷介如此，由是推之千驷，弗视可也。谨书之以志师法，且欲今之为士者，知乾隆时士行如此也。③

---

① ［清］陈澧：《千仞庵珍藏砚铭五首》之五，《东塾集》卷五，光绪十八年（1892）刻本，第21页。

② ［清］陈澧：《徐达夫先生试律诗序》，《东塾集》卷三，光绪十八年（1892）刻本，第25-26页。

③ ［清］陈澧：《书尉先生》，《东塾集》卷五，光绪十八年（1892）刻本，第19页。

对尉继莲清廉狷介的品格，陈澧表示了由衷的敬意。

尉继莲授读不到一年又离去，之后郑光宗继任。郑光宗，字竹泉，他任陈澧塾师的时间较长，前后有3年多，授读《论语》《大学》《中庸》《孟子》《诗》《易》《书》等，并教作诗及时文。时文乃指为应付科举考试的八股文章，又称帖括。

郑光宗任教期间，他的外甥胡仁山常来书塾，此人对少年陈澧的读书学习生活有很大影响。陈澧后来在札记中写道：

> 吾读书点句，胡仁山教我也。仁山者，余受业师郑竹泉先生之甥。余九岁、十岁受业于先生，仁山年二十许，常来书塾。仁山能学王右军、赵松雪书，先生命写字授余学之。其后仁山好医书，点句读之。余年十八岁，初读注疏，仁山教余必点句读之乃有益。后见张南山先生，亦云然，遂终身由之也。①

可知胡仁山教授了陈澧学习书法，而更重要的是，他教导陈澧养成点句读书的良好习惯，使他终身受益。随后郑光宗离去，王和钧、胡征麟先后来任教，授读《礼记》《左传》等。关于胡征麟，陈澧有回忆短文：

> 胡先生名征麟，字禹庭，用沈姓入番禺学，为廪贡生。先生讲《四书》尤详于《乡党》一篇，读江慎修《乡党图考》甚熟，讲授时文多取有关《三礼》者，盖患讲章时文空疏而思有以药之。尝谓澧曰："尔他日当成大学问。"澧今老矣，负先生之言矣！②

陈澧幼年聪明颖慧，读书也颇用功，得到父亲的夸奖，但每每苦于记忆力不好，所谓"善忘"。关于这一点，陈澧后来写道："余幼时，先君云：'此子能读书，惜不能记。'余老矣，读书不敢不勉。但思数十年所读书皆不

---

① 桑兵主编：《续编清代稿钞本·东塾遗稿》第82册，广东人民出版社2009年版，第368页。

② [清]陈澧：《记胡先生》，[清]陈澧著，黄国声主编：《陈澧集》一，《东塾集外文》卷六，上海古籍出版社2008年，第509页。

能记,与不读等。乃叹一生病痛,先君早已断定,信乎知子莫若父也。"① 可见,陈澧喜欢读书,但记忆力差,只好以勤补拙,用加倍的勤奋来弥补记忆力差的缺陷。陈澧勤于做读书札记、眉批抄录,就与此有密切的关系。这个自小养成的习惯,对他以后一生的学行著述都有直接的积极影响。

嘉庆二十四年(1819),父亲陈大经病逝。父亲的去世是家中一大变故,对于陈澧来说也是一个沉重打击,当时陈澧年仅10岁。5年后,又一个沉重打击降临家中——陈澧的同父异母兄长陈清又突然去世。

陈清,字天一。国子监生,捐从九品职衔。死时才36岁,正当年富力强之时。陈清比陈澧年长21岁,生有三子五女。短短几年之内,父兄相继去世,家庭接连遭受不幸,这无疑会给一个少年的身心带来一定刺激和影响。一个原本幸福美满、和睦安宁的家庭,突然失去了顶梁柱,留下了孤儿寡母。这些突如其来的变故,多少会使一个刚刚懂事的少年变得早熟起来。多年以后,陈澧在札记中抄写《魏书·辛琛传附辛雄》"琛少孤,曾遇友人,见其父母兄弟悉无恙,垂泪久之"一段时附注云:"吾少时于桂星垣亦如此。"② 桂星垣乃陈澧少年挚友,足见其恸伤之深。

父亲、兄长去世以后,家庭抚养及督促儿孙辈读书的责任,主要由大母刘宜人承担。

在私塾读书的生活毕竟是枯燥无味的,陈澧小小年纪,懵然不懂所读的那些"四书""五经"中的深奥内容,死记硬背,味同嚼蜡,毫无兴趣可言。所以平时上课读书,陈澧人坐在书室之内,心却神游四海,飞向远方,常常盼望放学时间早早到来,所谓"回思束发时,放学如遭逃"③,短短数语,反映了一个学童天真无邪、渴望无拘无束自由生活的真实心理。儿童天性喜欢游乐玩耍,喜动不喜静,所以一旦私塾先生有事离去,陈澧便与侄子宗元放下书本,利用这难得的大好时机,尽情尽兴地玩耍逗乐起来,享受这片刻宝贵的自由欢乐时光。但大母刘宜人管教十分严厉,对他们毫不放松。陈澧后来在《先妣刘宜人事略》中写道:

---

① 《陈兰甫先生澧遗稿》,《岭南学报》1931年第2卷第2期,第149页。
② 桑兵主编:《续编清代稿钞本·东塾遗稿》第68册,广东人民出版社2009年版,第335页。
③ [清]陈澧:《读书饮酒醉后得诗又五首》之五,汪兆镛辑:《陈东塾先生遗诗》,1931年,第20页。

宜人惟生我伯兄清,年方壮而卒,宜人恒悲泣。当是时,澧与兄子宗元甫成童,宜人督察严密。闻塾中无读书声,则呼入问:"先生在否?"对曰:"不在。"则骂曰:"先生带尔口去耶?"亲表往来者,宜人至屏后听其言,或不正即斥远之。澧表兄陶济之招澧及宗元晚饭,秉烛归。宜人怒责之,并责济之曰:"此两孤子无教,尔长者乃与夜饮耶?"及澧、宗元既长,宜人稍欢乐之。①

事无巨细,毫不留情,刘宜人管教督责之严,于此可知。在中国封建社会里,一个大家庭失去了男主人,仅靠一个妇女来维持,其艰辛困难可想而知。刘宜人独立支撑,主内主外,表现了她性格刚毅、能力干练的一面。她对儿孙辈读书和起居交游的严格管束和要求,无疑对他们以后的为人处世产生积极正面的影响。

关于私塾读书生活,陈澧没有留下过多的记载,倒是13岁那年有一件事,陈澧记得很清楚,他说:

余年十三岁时,乳母以金环约其腕。余曰:"此女子之物也。"强更约之。余观乳母不在,脱环弃之。至夜就睡,乳母循余腕无环,问曰:"环何在?"余曰:"弃之矣。"问:"弃何处?"曰:"三厅椅子下。"即持火觅得之,后不复以此强余也。②

这件事虽小,却反映了陈澧从小即不喜欢佩戴金环、戒指、佩饰之物,且有独立倔强、敢作敢为的一面。陈澧内在性格的这一方面,后人倒是知之甚少,多有忽略。

时光一年年流逝,陈澧所读之书越来越多,也越来越深。很快,他就面临当时青年士子人生的必经之路——科举考试。

在中国封建时代,对于一般读书人来说,科举考试与功名仕途紧密相连,是人生大事。清代科举考试大致分童试、乡试、会试(包括殿试)三级。其中,童试又分为县试、府试和院试三个阶段,县试、府试实际上是童

---

① [清]陈澧:《先妣刘宜人事略》,《东塾集》卷五,光绪十八年(1892)刻本,第18-19页。
② 《陈兰甫先生澧遗稿》,《岭南学报》1931年第2卷第2期,第162页。

试的预备性考试，但三个阶段的考试是紧密联系在一起的。清沿明制，称院试录取入学的人为生员，俗称秀才。院试录取的新生，留县的称县学生员，拔入府学的称府学生员。清代的生员分为三等：一等叫廪生，二等叫增生，三等叫附生。廪生每人每年可领取四两白银，增生、附生均不给银两。

道光三年（1823）冬，陈澧14岁，出考县试。第二年又参加府试，取第八名。县试、府试可以说一路顺利通过，但在参加院试时，因不慎墨渍污卷而未被录取，院试失败。至此，塾师胡征麟命陈澧专读时文，不授经书。

道光六年（1826）七月，陈澧再次参加院试，被督学翁心存录取为县学生员，时年17岁。次年，科试考取第一名，同时诸名士名次皆在陈澧之下。所谓科试，即每届乡试前，各省学政巡回所属举行的考试，科试合格的生员才能参加本省乡试。督学翁心存十分欣赏器重陈澧，命其入粤秀书院肄业。

因此，陈澧童试虽遇小挫，但大体上还算顺利，由附生而补增生，补廪生，由县学而进入著名的粤秀书院肄业。至此，陈澧正式结束了11年的私塾生活，转到更高级的一流学府深造。

翁心存（1791—1862），字二铭，号遂盦。江苏常熟人。道光二年（1822）进士。改翰林院庶吉士，散馆授编修。曾充福建乡试正考官，旋接廷旨，任广东学政。广东童试历来"多弊窦"，士子花钱请人冒考成风。翁心存到任后，本着"端正士风，珍化民气"的目的，对此大加整顿，最终"厘剔殆尽"，时人称其"神明"。[①] 在粤3年，他录取了一大批新秀，如桂文耀、卢同伯、杨荣绪、石衡、陈澧等，皆一时人选。

以后翁心存仕途顺畅，飞黄腾达，历任国子监祭酒，吏、兵、工部尚书，体仁阁大学士，曾授读咸丰皇帝。他的长子翁同书为道光二十年（1840）进士，曾任安徽巡抚；四子翁同龢为咸丰六年（1856）状元，乃同治、光绪两朝帝师，号称晚清"帝党"领袖，是中国近代政治舞台上的著名人物；而孙子翁曾源又是同治二年（1863）状元。翁氏一家，号为"状元门第，帝师世家"，荣贵显赫一时。因为翁心存曾录取陈澧为县学生，按照中国封建社会的传统惯例，翁心存为座师，陈澧为门下士，二人有师生之谊。以后陈澧与翁氏一家断断续续还保持一些联系和往来，此是后话。

---

① 谢俊美：《常熟翁氏》，中国人民大学出版社1999年版，第66页。

三、肄业粤秀书院

粤秀书院位于广州城中，是清代广东著名书院，也是省内最高学府。书院创建于康熙四十九年（1710），到陈澧肄业时已有百余年历史。院舍建筑气势宏敞，膏火充裕，规章肃正。先后任院长主讲席者，如梁无技、何梦瑶、戴均元、杭世骏、冯敏昌、宋湘、陈昌齐等，皆海内名流硕儒。

清代官方教育体系，京师有国子监，地方各府、州、县皆有儒学。但儒学每府、州、县仅一所，多位于城市之中，招收学生数量有限，远远不能满足士子读书求学的需要。加之儒学教官多滥竽充数、腐朽无能之辈，学官不复讲授，考课等同具文。在这种背景下，广儒学之不足的书院便蓬勃发展起来，而且后来居上，地位超过儒学，于是"教育之权，遂移于书院之山长"①，书院遂成为教育的重心和主体，也即成为培养科举考试人才的摇篮。因此，时人称粤秀书院"为粤东人才渊薮，岁入肄业者数百人，郡邑聪秀之士，咸萃于斯"②。一时人才辈出，"登甲榜中隽之彦，指不胜屈，大魁鼎甲，卓出其中"③。其在广东教育界之地位，冠绝一时。粤秀书院后有"御书楼"，为储藏御赐书籍和石墨（如《御定淳化阁帖》）之所，最为静谧严肃。当时藏帙富有，取唐人诗"东壁图书府，西园翰墨林"十字为号而分柜贮之，故非五楹不敷庋贮。据时人粗略统计，最盛时，所藏经、史、子、集各部逾万卷，为当时广东公藏之首。时人有诗咏其环境云：

  嚣然市廛中，有此一区宅。林花摘更繁，径草踏还积。床余柳恽琴，架富邺侯籍。微闻空际喧，幽砌露如滴。④

---

① 萧一山：《清代通史》卷上，中华书局1986年版，第608页。
② ［清］梁廷枏：《粤秀书院志》卷十一，道光二十七年（1847）刻本，第1页。
③ ［清］梁廷枏：《粤秀书院志序》，《粤秀书院志》卷首，道光二十七年（1847）刻本，第2页。
④ ［清］谭宗俊：《读书粤秀讲院》，《荔村草堂诗钞》卷一，光绪十八年（1892）羊城刻本，第1页。

可见，粤秀书院是坐落于繁华喧嚣闹市中一区幽静之地，也是士子读书求学的理想之所。能跻身著名学府，在如此幽雅环境之中拜师求学，对陈澧来说，当然是梦寐以求的事情。陈澧入院肄业时，院长为陈钟麟。

陈钟麟（1763—1840），字厚甫。江苏元和（在今苏州市）人。嘉庆进士。历翰林部曹，出为浙江杭嘉湖兵备道，后因事罢官。道光初受聘来粤，掌教粤秀书院。陈钟麟同年友如高邮王文简尚书、栖霞郝兰皋户部及武进张皋文、福州陈恭甫两编修，多深于经学，而他"独以工《四书》文海内共推第一"①。他在粤秀书院讲学时，每说"四书"新义示书院诸生，虽未著书立说，而时口授，义精确不易。如《论语》，"子张问善人之道，子曰：'不践迹，亦不入于室'"，陈钟麟认为何注、皇疏、邢疏、朱注皆非。他说："此言善人之道当践迹，乃能入圣人之室；如不践迹，亦不能入室，言质美未可恃也。"此解深得经旨，远胜旧注。又云："兴灭国谓诸侯，继绝世谓大夫，举逸民谓士。"② 尤为精确。

以上所举，表明他是一个学问渊博、见识广阔的学者，并非冬烘先生一流。在师生平时的侍坐闲谈之中，陈钟麟针砭时弊，往往警言妙句，精隽无比。陈澧回忆说："吾师陈厚甫先生（钟麟）曰：'今天下之弊，曰利曰吏曰例而已。'此三语亦可当一篇大文字。"③ 可谓一针见血，入木三分。陈钟麟又常谓门生曰："广东省城内无米，一旦有事，当奈何？"④ 后来果然不幸被他言中。凡此种种，都表现了他的过人之处。陈钟麟又善工书，所书楹帖箑幅，岭南士夫家多珍视之。但陈钟麟最大的特点，是好奖誉提携后进，于所器重者，称之尝不去口，故少年后生"一经赏识，声价顿起"⑤。陈澧入粤秀书院肄业时，与杨荣绪、卢同伯、桂文耀为友，极受陈钟麟赏誉，时有"杨陈卢桂"之称，号为"粤秀四俊"。其中卢同伯早卒，杨荣绪、桂文耀则成为陈澧终生不渝的挚友。

杨荣绪（1809—1874），原名荣，字浦香，一字蘜香。广东番禺人。童

---

① [清]桂文灿著、王晓骊、柳向春点校：《经学博采录》卷三，华东师范大学出版社2010年版，第99页。
② [清]陈澧：《东塾读书记》卷二，中华书局1936年《四部备要》本，第22页。
③ 《陈兰甫先生澧遗稿》，《岭南学报》1932年第2卷第3期，第206页。
④ [清]陈澧：《再记师说》，《东塾集》卷二，光绪十八年（1892）刻本，第31页。
⑤ [清]梁廷枏：《粤秀书院志》卷十六，道光二十七年（1847）刻本，第19页。

时考取县学生员,道光十五年(1835)中举人,咸丰三年(1853)中进士,改翰林院庶吉士,散馆授编修。历官河南道御史、浙江湖州府知府,所至有政声,后病卒于任上。

杨荣绪性情诚朴,遇事谨惕,讷然如不能言,而善为文章。博综经史,尤精《说文》之学,究心篆籀,至不能为真书,其专笃如此。同县侯康,学问最精博,每见荣绪辄求讲《说文》数字,叹曰:"此所谓默而好深湛之思者也。"未中进士时,授徒10年,讲经必讲注疏,从学者数百人。陈澧对杨荣绪极为推崇,曾说:"若名为读经书而能寻其味者,吾友杨浦香也。"① 杨荣绪去世后,陈澧撰文回忆说:"余少时与君同肄业粤秀书院,时顺德卢君同伯、南海桂君文耀,并为院长陈厚甫先生赏识。卢君早卒,吾三人过从尤密,以劝善规过相要约。"②

桂文耀(1807—1854),字星垣。其先人籍贯浙江慈溪,祖父以广东商籍生员改入南海籍。道光九年(1829)进士,改翰林院庶吉士,散馆授编修。乞假归娶,丁母忧,家居7年,乃还京。充湖南乡试副考官,授湖广道监察御史,出为江苏常州府知府,调苏州府,升署淮南兵备道。告病,旋丁父忧归。咸丰四年(1854)三月卒,年仅48岁。

桂文耀目光炯炯,聪明绝世,读书不屑屑章句,恒以功业自任,陈澧与他的人生目标追求可谓大相径庭。所以陈澧后来写道:"澧昔与君同为诸生,坐同席,出同行,劝善规过,情若昆弟。尝问君曰:'我二人性情、学术、出处无一同者,而独相好,何也?'君徐思曰:'我亦不解。'"③

"粤秀四俊"的出处进退和人生经历各不相同,对此,陈澧弟子谭宗浚后来写道:

> 仁和陈厚甫先生钟麟工制艺,有人伦鉴。当掌教粤秀书院时,院中肄业生徒最欣赏者四人,盖杨黼香荣绪、陈兰甫澧、卢君□□同伯、桂

---

① 黄国声选录:《东塾读书论学札记》,[清]陈澧著,黄国声主编:《陈澧集》二,上海古籍出版社2008年版,第380页。
② [清]陈澧:《浙江湖州府知府后选道杨君墓碑铭》,《东塾集》卷六,光绪十八年(1892)刻本,第2页。
③ [清]陈澧:《江南淮海兵备道桂君墓碑铭》,《东塾集》卷五,光绪十八年(1892)刻本,第28-29页。

星垣文耀也,当时有"杨陈卢桂"之目。值乡试期近,先生召集四生,谓余出一联,请诸君属对,但须冲口而出,以占将来成就。陈出句云:"大海鲲鹏运,"桂应声曰:"高山鹭鹭鸣。"陈击节曰:"此玉堂佳器也。"杨对曰:"青天鸿雁飞。"陈曰:"青天鸿雁,高举之象,当亦通籍,而回翔京外乎。"卢对曰:"微风燕雀高。"陈曰:"燕雀为物较小,幸托体尚高,其殆部曹之属欤?"陈对曰:"深山虎豹藏。"陈沉吟良久,谓:"虎豹伟兽,而藏于深山,殆文采晦于当时而流闻于后世乎?"未几桂、杨皆入翰林,洊擢道府,卢得主事,陈仅一孝廉,而经学大师,享名独盛,一一皆如先生言。①

这里不免夹杂某些传闻、附会、迷信的成分,但"杨、陈、卢、桂"四人气质禀赋各异,却是不争的事实。

陈澧肄业粤秀书院时,陈钟麟常常带领他所喜欢的学生去拜会当时广东学术界前辈、诸书院院长,包括著名的学海堂学长等,他们频繁接触,游宴畅谈,讨论学术。陈澧有《腊月朔日厚甫师招同吴石华何惕庵两学博杨黼香张玉堂学海堂探梅因与玉堂登镇海楼》诗②。吴石华即吴兰修,为广东名士,时任学海堂学长。由于陈钟麟的关系,陈澧结识了不少名流耆宿,扩大了求学交往的范围,见闻日广,获益良多,这些经历对他以后的读书学习与著述追求影响至深。这一时期,他的生活是丰富多彩、新鲜刺激的,也是欢乐娱悦的。多年以后,陈澧在回忆起粤秀书院的肄业生活时,仍念念不忘昔日这段可贵的师友之情,他在《示儿子宗谊宗侃二首》之二诗中说:"我年十五吁可悲,家无父兄愚且痴。我年二十差可乐,为有益友(桂星垣、杨黼香)兼贤师(厚甫先生)。"③也许正因为早年父兄双亡,缺乏父兄亲情,感情上有所欠缺,常感孤独寂寞,所以陈澧才倍觉师友之情的温暖可贵,将之作为一种补偿。他感激陈钟麟的知遇赏识之恩,珍惜与杨荣绪、桂文耀情若昆弟的友谊。早年在粤秀书院结下的这段温馨感人的贤师益友之谊,令陈澧终生难以忘怀。

---

① [清] 谭宗浚:《荔村随笔》,赵诒琛、王大隆辑:《辛巳丛编》,民国三十年(1941)铅印本,第22-23页。
② 汪兆镛辑:《陈东塾先生遗诗》,1931年刻本,第1页。
③ 汪兆镛辑:《陈东塾先生遗诗》,1931年刻本,第24页。

在此期间，陈澧还常到其他书院听讲考课，拜师求学。如羊城书院。此书院时由谢兰生掌教。谢兰生（1769—1831），字里甫。广东南海人。嘉庆七年（1802）进士。点翰林院庶吉士，未散馆以亲老告归。时广州省城翰林，唯刘彬华、谢兰生二人，刘掌教越华书院，谢掌教羊城书院，士民尊敬之。谢兰生意趣高迈，学神仙，不留意世间事，擅书画，工诗。陈澧说："澧从学时，先生掌教羊城书院……每课期皆坐讲堂，为诸弟子讲解，诸弟子环立而听之。"① 由于这段经历，陈澧称谢兰生为"吾师谢里甫先生"，执弟子之礼甚恭。

陈澧在粤秀书院肄业前后长达5年，其间，他的主要活动为读书、求学、交友，包括温习功课准备参加乡试，而参加乡试则是其主要目的。

清代，乡试是科举考试全程中最难登第的一级。因为乡试时各省录取名额依钱粮丁口、文风高下而有限定，而各省府、州、县的生员人数很多，录送应试人数也有限制，各省应试的儒生人数往往大大超过所规定的录取名额。如康熙五十八年（1719），江西巡抚白潢疏言，江西乡试入场士子多至12000余人，而中额只有90人，即134∶1，比例之悬殊，可以概见。② 因而在清代笔记小说中，描写年过花甲的老秀才久困场屋、未能中举的故事比比皆是，甚至有八九十岁仍在参加乡试者。

道光八年（1828），陈澧19岁，初应乡试不中。而桂文耀于是科中举，次年连捷成进士。陈澧为好友的成功而感到由衷的高兴，同时暗下决心，努力争取早日中式，结束学业。有《送桂星垣入都》诗云：

繄余素寡交，朋侪指可屈……君才作鹏搏，我性抱鸠拙……语君复自励，努力各振刷。嗟我守敝庐，帖括日牵掣。③

首次乡试失利后，陈澧仍肄业于粤秀书院，时与杨荣绪在楼中读书作文。

---

① ［清］陈澧：《谢里甫师画跋》，《东塾集》卷四，光绪十八年（1892）刻本，第5页。

② 见陈茂同：《中国历代选官制度》，华东师范大学出版社1994年版，第359页。

③ ［清］陈澧著、黄国声主编：《陈澧集》一，《东塾先生遗诗辑补》，上海古籍出版社2008年版，第622页。

道光十一年（1831），为道光帝五旬万寿，以正科作恩科，陈澧22岁，第二次乡试又失败。后得督学徐士芬选为优行贡生，同举者谭莹、杨懋建，皆有时名。优贡即贡入国子监的生员之一种，清制，每三年由各省学政从儒学文行兼优的生员中考选一次，每省不过数名。但由于当时优行贡生朝考后只能入监，不能录用，故许多人不愿意赴京报考。陈澧也是如此，所以仍留在粤秀书院，温习准备功课，以便来年再战乡试。这一年他给在京师的桂文耀写信说："澧怀璞再摈，旅食待时，来日利钝，复不可知。"① 两次乡试接连落选，他不免有些低落沮丧。

道光十二年（1832），陈澧23岁。这年正月，陈钟麟辞去粤秀书院院长一职，离粤寓居杭州。陈澧对陈钟麟怀有深深的敬意，尤其是知遇感戴之恩。恩师的离去，他自然依依难舍，若有所失。以后陈澧北上会试途经杭州，曾多次去拜谒请安，此是后话。陈钟麟走后，广州又来了一位名儒，此人乃陈鸿墀。

陈鸿墀，字万宁，号范川。浙江嘉善人。嘉庆十年（1805）进士，授翰林院编修。鸿墀博综文史，为名儒朱珪所器重。嘉庆时，诏修《全唐文》，以鸿墀为总纂官，荟萃之余，加以考证，录于别纸，至《全唐文》告成，所录者积百余卷，自为一书，名曰《全唐文纪事》，以配计有功《唐诗纪事》，尝欲进呈而未果。寻改内阁中书，性伉直，会忤某巨公，辄振衣去。粤中大吏聘至广州，掌教越华书院。

陈鸿墀在广州，一时粤中士大夫慕名从游、请教问业者众，陈澧也是其中一人。他写道：

> 先生在粤时，粤之名士吴石华、曾勉士常与游，其在弟子之列者，梁子春、侯君模、谭玉生，澧与兄子宗元亦与焉。先生乐之，筑亭于书院，题曰"载酒亭"，环植花竹，招诸名士论辩书史，酬酢欢畅，间述乾隆、嘉庆时名臣硕儒言行，感愤时事，慷慨激烈。②

---

① ［清］陈澧：《与桂星垣书》，［清］陈澧著，陈之迈编：《东塾续集》卷四，《近代中国史料丛刊》第77辑，第139页。

② ［清］陈澧：《陈范川先生诗集后序》，《东塾集》卷三，光绪十八年（1892）刻本，第34页。

陈澧被陈鸿墀的名儒风采所吸引，这段追随陈鸿墀问学请业、游宴论辩的经历，使陈澧眼界大开，学境大进，而且他还获知了许多乾嘉诸前辈大师的学行及趣闻轶事，因此受益匪浅，启发触动良多。

　　道光十二年（1832），在陈澧一生之中，尤其是青年时期，是颇不寻常的一年。这一年发生了很多事情，而且碰巧都凑到了一起：恩师陈钟麟离粤归浙，名儒陈鸿墀来粤掌教。而更重要的是，这一年为补行正科乡试，陈澧第三次参加乡试，终于考中第十八名举人。此次乡试的主考官则是大名鼎鼎的程恩泽。

　　是科《四书》首题"子曰君子无所争"一节，次题"能尽物之性"二句，三题"卿以下必有圭田"二节，诗题"罗浮见日鸡一鸣得先字"。陈澧所为文章，程恩泽评其卷曰："通人之论。"① 这四个字，确能概括出陈澧学问文章的某些基本特征，有识人之明。

　　程恩泽此次典试广东，期取实学之士。他久闻广东名士曾钊之名，必欲得之，收作榜首。适曾钊丁忧未应试，程恩泽不知，书榜大失所望。然是科所得佳士甚多，如温顺、仪克中、梁国珍、黄玉阶、庞文纲、陈澧等，皆有时名。温顺回忆说："（程恩泽）闱中搜罗，欲得奇才……中秋得顺卷，深加赏叹，及览经策，传示各房，有不胜狂喜之语。是榜多名士，仪君墨农以搜五策得隽。"程恩泽不遗余力识拔真才实学，难怪广东诸士人对他崇敬有加，"感叹泪如泉"②。

　　乡试结束后，程恩泽北归，陈澧送行，"先生教之曰：'今不可不读兵书。'又告曾学正钊曰：'过此二十年，天下有兵事'"③。不管程恩泽的预测或预感有何根据，又或许他具有未卜先知的特异功能，事实确实不出他之所料。8年后，鸦片战争爆发于广东；19年后，洪秀全起义于广西，果然天下汹汹，大乱不止，承平岁月成为过去，这些都被程恩泽不幸言中了。

　　程恩泽（1785—1837），字云芬，号春海。安徽歙县人。嘉庆十六年（1811）进士。改翰林院庶吉士，散馆授编修。历官贵州、湖南学政，国子

---

① 桑兵主编：《三编清代稿钞本·陈澧事实》第108册，广东人民出版社2010年版，第506页。
② ［清］温顺：《程春海师挽词》，《梧溪石屋诗钞》卷五，道光十二年（1832）序刊本，第19页。
③ ［清］陈澧：《再记师说》，《东塾集》卷二，光绪十八年（1892）刻本，第31页。

监祭酒，户部右侍郎。少从学于凌廷堪，自称阮元再传弟子。程恩泽不但工篆法，熟精许氏文字之学，且学识超于时俗，六艺九流，皆好学深思，文成一家。更重要的是，他乃当时学术界公认的领袖人物，为海内士林所共仰。清代学者何绍基曾说：

> 乌乎！京师才士之薮，魁儒硕士，究朴学能文章者辐辏鳞比，日至有闻。至于网罗六艺，贯串百家，又巍然有声名位业，使天下士归之如星戴斗，如水赴壑，在于今日，惟仪征及司农两公而已。①

仪征指阮元，司农即指程恩泽。何绍基与程恩泽为同时代人，他对程的推崇可谓备至，且可信度极高。今人张舜徽也评论说："清学允推吴、皖为最盛，在乾隆时，惠、戴二君为之魁。嘉道间，则阮元与恩泽并为儒林冠冕。恩泽虽后起，而学问渊博，足以主持风会。"② 张舜徽从学术发展史的角度，准确定位，将问题分析得清楚透彻。可见在当时学界，程恩泽享有崇高的地位与权威。按照传统习惯，程恩泽当为座师，陈澧自然为门下士了。拜在这样一位鸿儒门下，陈澧真可谓三生有幸。

陈澧乡试中举，也就结束了在粤秀书院的肄业生活。离开粤秀书院之后，他的当务之急就是准备参加来年春天在京师举行的会试。

---

① ［清］何绍基：《龙泉寺检书图记》，《东洲草堂文钞》卷四，光绪刻本，第2页。
② 张舜徽：《张舜徽集·清人文集别录》，华中师范大学出版社2004年版，第355页。

第二章　漫长的会试之路

一、初次出岭

所谓会试，就是全国举人集中会考。清代会试地点在京师，每三年一科，在乡试的第二年举行，是为正科。若遇皇帝即位及皇室庆典加科，则称为恩科。由于会试在春天举行，所以称为"春闱"，又由于考试由礼部主持，故又称之为"礼闱"。

道光十二年（1832），陈澧 23 岁，乡试中举后，因广州到京师路途遥远，故在这年冬天十一月即启程北上，与同年友梁国珍、庞文纲同行，准备参加明年春天的会试。这次北上会试，亲朋好友都对他寄予莫大希望，陈澧自己也是踌躇满志，信心十足。多年以后，他在《与黄理崖书》中回忆说："澧于癸巳［即道光十三年（1833）］会试入都，人谓宜得一甲翰林，澧则愿得县令，或有益于一方。"① 语虽颇为自谦，但反映其对中试抱有很大希望。

清代广东士子赴京会试主要路线，常行者有东、西二线五路。东线：沙井路、长江路（也称大江路）、中江路（也称浙河路）；西线：汉口路、樊城路。其中以中江路最受欢迎，为士人首选。该路路线：从广州乘船启程，沿北江经韶州至南雄登陆，越大庾岭，至江西大庾县（今大余县），然后坐船沿赣江顺流而下直抵南昌。再换船经瑞洪湖、安仁、贵溪、弋阳、上饶，至玉山县上岸，过屏风关，至浙江常山县。于此换船沿新安江、富春江直下，至杭州。在此转入京杭大运河，一直北上到清江浦（今淮安市）。登岸后雇车陆行，经山东兖州、德州，河北献县、雄县、涿州，经卢沟桥，入彰

---

① ［清］陈澧：《东塾集》卷四，光绪十八年（1892）刻本，第17页。

义门进京。一路途经五省境界，前后共历时 3 个多月。① 由于此路以乘船为主，所经河面大多不宽，波平如掌，故比较舒服安全，且途经素有"天堂"美誉的杭州、苏州，吴越山川秀丽，名胜众多，人文荟萃，物产精美，初出门者多闻而乐之，故陈澧也不例外，首选此路。

陈澧是初次出岭，在此之前他从未离家远行。首次北上赴京会试，陈澧按捺不住内心的喜悦与激动，一路与梁国珍赋诗唱和甚欢。舟过韶州，好友桂文耀在京师 3 年，来信说今年将南归省亲，二人本准备在韶州相聚会晤，但不知什么原因而错过，令人惆怅不已。陈澧为之赋诗云："亦知会合故难必，交臂而失理则那。待我明年返乡里，君亦归赴金銮坡。慎勿中途更相失，人生相见参商多。"② 他将会面的机会寄托到明年，希望到时二人能够会晤聚首，抵掌畅谈，以慰藉多年不见的相思之渴。

舟行至南雄，上岸陆行，翻过大庾岭。大庾岭又称梅岭，因沿途多梅树而闻名遐迩，冬季梅花绽放，十里香雪，景色绝佳。自唐开元年间张九龄开凿大庾岭新路，千百年来，它一直是中原通往岭南的交通大道，行人商旅，络绎不绝。梅岭上耸立着著名的梅关，梅关由砖石砌筑，虽不甚雄伟高大，却夹于两峰之间，十分险要。其关楼向北的门额为"南粤雄关"，朝南的门额为"岭南第一关"。梅关是广东、江西二省的交界处，翻过大庾岭，即进入江西境内。初渡梅关，虽然气候风物与家乡并没有明显的不同，但越往北走，差异越来越大，感觉也越来越明显。首先是天气越来越冷，不像故乡那样温暖宜人。其次是沿途树木草丛多落叶枯黄，放眼望去，令人有满目萧瑟之感，不像故乡那样遍地绿色，郁郁葱葱，充满生机。但强烈的新鲜感占了上风，尤其舟行赣江，顺流而下，两岸风景如画，山岗、原野、村落、城镇，令人目不暇接，十分快意。舟行经过著名的观音岩、惶恐滩等处，陈澧都兴致勃勃，赋诗吟咏。

一路舟行顺利到达南昌。这里是江西省城，人口稠密，市面繁华，商贸活跃，是旅途经历的第一个大都会。但不幸的是，天气突然转坏，北风呼

---

① ［清］林伯桐：《修本堂丛书·公车见闻录》，道光二十四年（1844）刻本，第 1 - 7 页。

② ［清］陈澧：《壬申腊月舟过韶州闻星垣编修已南下赋此却寄》，［清］陈澧著，陈之迈编：《东塾续集·陈东塾先生遗诗补遗》卷五，《近代中国史料丛刊》第 77 辑，第 216 页。

啸，乌云翻滚，天色惨淡，寒江波涛汹涌澎湃，不能开船航行，不得已，只好停泊在著名的滕王阁下，暂时躲避风雨激浪。

正当孤蓬屏息，愁绪绵绵，各人相对无语，陷入极度无聊惆怅之时，正在南昌的友人张祥鉴却仿佛救星一样，翩然而至，给大家带来了光明和欢乐。他邀请陈澧一行人上岸饮酒，为其接风洗尘，这对于陷入困境之中的众人来说，无疑是喜从天降，愁云顿消。

张祥鉴（1809—?），字韶台。是广东著名学者、诗人张维屏仲子，与陈澧、梁国珍等人关系极熟。一行人于是同登酒楼，华筵大张，觥筹交错，欢声笑语，"一醉可以销羁旅"。能在千里之外的他乡遇到故人，开怀畅饮，高谈叙旧，真可谓人生一大乐事，它迅速冲淡了因天气突变而产生的抑郁沉闷气氛。

一连几日天气仍未好转，不能启航。而且阴云惨雾竟演变成了大风雪，鹅毛般的雪片，纷纷扬扬，满天飞舞，景色蔚为壮观。这对于生长于南国、罕见冰霜、不知雪为何物的陈澧一行来说，真是又惊又喜，大开眼界。十二月十九日这一天，仍是大风雪，陈澧乃与梁国珍、庞文纲同上滕王阁，登高眺远，凭栏赏景。素有"西江第一楼"之称的滕王阁，与黄鹤楼、岳阳楼并称江南三大名楼。滕王阁依城临江，高耸入云，瑰玮绝特，气势不凡，因"初唐四杰"之首王勃的一篇雄文《滕王阁序》而得以名贯今古、誉满天下。虽然秋高气爽可能是登楼赏景的最佳时节，可以体味"落霞与孤鹜齐飞，秋水共长天一色"的绝景，但冬日里欣赏满天飞雪、银装素裹的莽莽江山，也别有一番情趣，令人赏心悦目。这一天恰好是大诗人苏东坡的生日，三人以"滕王阁"三字分韵，陈澧得"王"字，赋诗一首，以寄情怀。

此次旅途在南昌遭遇大风雪，前后耽误了几天时间，不免使人懊恼。但有机会登临著名的滕王阁，纪念苏东坡生日，算是有所补偿，可谓有得有失。但初次出岭远行，主要目的是参加会试，猎取功名，而非游山玩水，探访名胜，所以陈澧并不贪恋这暂时的欢娱，他还是迫切希望天气能够尽快好转，以便得以尽早踏上行程，他在诗中写道："安得明朝揽衣起，晴江无波雨亦止。南风猎猎吹旗尾，惨雾愁云去如洗，挂帆一去六千里。"① 一颗心早

---

① [清]陈澧：《阻风滕王阁下张韶台文学招饮醉后作歌》，汪兆镛辑：《陈东塾先生遗诗》，1931年刻本，第2页。

已飞向了遥远的京师。

风雪停止，天终于放晴，又可以开航启程了。南昌至杭州，旅途中除了翻越赣浙交界的屏风关时要弃舟陆行，大部分时间都是在船上度过的。船行虽然缓慢，但比起车马陆行之颠簸，还是要平稳舒适得多。不过船上空间毕竟狭窄，活动余地有限，除了吃饭、睡觉、读书、赏景、吟咏、闲谈，每日生活大致平淡无奇，久之终觉无聊乏味。时间就像船舱外的流水一样，寂静无声地悄然流淌而去。转眼就是年末岁尾了，今年的除夕之夜，竟然是在旅途之中，是在船舱里寂寞平淡地度过的，这是陈澧第一次远离家人，只身在外守岁过除夕，他有《舟中除夕》一首，诗云：

　　家远心常到，途长岁已新。几曾今夕酒，离却白头人。此地三千里，明朝廿四春。吾身无限事，少壮莫逡巡。①

在诗中，陈澧主要感叹新年一过，自己转眼已是24岁了，时光催人，岁月不留，不免令人思绪起伏，满腔心事不知从何说起。但最主要的，是敦勉自己及时努力，奋发向上，不能浪费光阴，虚度年华。

次年春正月，舟行抵达杭州。杭州是浙江省会，江南胜地，著名的繁华都会，风貌气势自然又胜南昌一筹。名闻天下的西子湖就坐落于城西，仿佛一颗璀璨的明珠，大为城市增色。杭州又是京杭大运河的起点，南来北往交通的中转站，商贾游人旅行至此，多免不了要在此停留休整几天，访亲拜友，购置货物，游览风景名胜，等等。陈澧一行千里迢迢跋涉至此，自然也不例外，而且他还有一件重要的事情要做，那就是去拜谒寓居杭州的恩师陈钟麟。离别差不多一年，师生异地重逢，自有许多感触，免不了叙旧，开怀畅谈。陈钟麟尽地主之谊，招游西湖，这对陈澧来说正中下怀，也是最大的乐事。

一叶轻舟，摇曳于湖光山色之中，春风拂面，波光荡漾，山色青黛，远树如烟，酒亭回廊，蜿蜒曲折，点缀其中，仿佛置身于一幅天然的画卷之中，令人叹为观止，如痴如醉。著名的西湖美景果然名不虚传，其"淡妆浓抹总相宜"的独特魅力和天生丽质的妩媚容貌，使历代的骚人墨客为之倾

---

① ［清］陈澧：《舟中除夕》，汪兆镛辑：《陈东塾先生遗诗》，1931年刻本，第3页。

倒，留下无数脍炙人口的千古篇章。面对此情此景，陈澧也诗兴勃勃，文思泉涌，当即赋呈四首，其四云：

且莫临风说古愁，烟容水态笔难收。才欣西子初相识，更与东坡订后游。帆影飞扬催日下，酒痕潋滟记杭州。孤山香雪春长驻，归路为公十日留。①

陈澧初游大名鼎鼎的西子湖，便惊诧其难以用笔墨描绘的烟容水态，叹赏其如诗如画般的绮丽风光，孤山、平湖、苏堤、断桥……这一处处过去只能在书本上领略的景致，令人神往遥思的人间佳境，如今都呈现在眼前，终于能够身临其境，恍如梦幻，怎不令人欣喜惬意，感慨万千呢？只可惜时间太短暂，太仓促了，不能多住几日，从容地游览，尽情尽兴地享受。因此，陈澧打算在会试之后，南返回来途中，还要在杭州多停留几天，以便细细品味这美不胜收的山光水色，以尽余兴。

告别了恩师，离开了杭州，陈澧一行坐船沿京杭大运河北上。运河水道狭窄，水势更为平稳，风浪更小，也更为安全。船行抵苏州，一行人在这里度过了正月十五元宵节。陈澧探访虎丘，攀登云岩寺绝顶，有《登虎丘浮屠绝顶作歌》诗，以记游览：只见"吴山越水细如织，千里络绎来眼前。川原城郭尽平地，目力不到成云烟"；放眼吴越大地，不禁感慨万千，浮想联翩，自谓"谁知七级浮屠顶，上有苍茫独立人"。②

在杭州、苏州游览如同走马观花、蜻蜓点水一般，自然不能尽情尽兴，但陈澧一行也不敢贪图欢娱，耽误久留，只好继续启程，一路北上。无锡过去了，常州过去了，从镇江京口驿渡扬子江，只见江面开阔，一望无际，白帆点点，景色甚为壮观，为平生所少见。从扬州北上，一路船行，航行的终点是运河上著名的大码头——清江浦。旅行到此，众人弃舟上岸，雇车开始陆行。

大车颠簸行驶在淮海、华北大平原上，沿途少山，放眼四顾，多是一望

---

① ［清］陈澧：《正月十日厚甫师招游西湖赋呈四首》之四，汪兆镛辑：《陈东塾先生遗诗》，1931年刻本，第10页。
② ［清］陈澧：《登虎丘浮屠绝顶作歌》，汪兆镛辑：《陈东塾先生遗诗》，1931年刻本，第3－4页。

无际、一马平川,景色又与江南一带大异其趣。江南一带尽管与岭南有所差异,但在冬季里还是山清水秀,常见绿色点缀其中,风景也堪称秀丽。而到了淮河以北,尤其在山东、直隶二省,不但天气更觉寒冷干燥,寒风更为刺骨,而最为明显的特点,在于色调的悬殊变化:大地是一片裸露的土黄色,树木是一派光秃秃的枯黄枝,天地浑然,一片黄土色,毫无绿意,毫无生气可言。回忆起家乡岭南的一片青葱翠绿,花团锦簇的情景,再看看眼前的这一切,反差之大,令每一个初到北国的人惊诧不已。

经过几个月的长途跋涉,历经舟车劳顿、翻山越岭之苦,陈澧一行终于到达了目的地京师。北京,这座千年古都,天子所居之地,其高大雄伟的城墙,巍峨连绵的宫阙,庄严肃穆的气势,给人一种强烈的震撼感,使每一个初次来京的外省人,尤其是多愁善感的读书士子,无不心存畏惧和神秘之念,他们感到自己的渺小和卑微,顿生高山仰止之情。北京的布局与色调也独具一格,令人印象深刻:棋盘一般整齐划一的街道,规规整整的四合院,数不清的大小胡同,所有的建筑大都以青灰色为主调,仿佛一切都永远藏匿在莫测高深的神秘之中,令人琢磨不清,猜测不透。

由于赶考的压力,陈澧不敢也没有时间和那份闲情雅致去寻幽探奇,遍访名胜古迹,或去拜谒名流宿儒。他要把全部时间精力投入到临考前短暂、紧张的温习功课之中,向决定他一生命运的目标冲刺。故他绝不敢疏忽大意,掉以轻心,放任自己去贪图眼前的快乐,而是将自己关在寓所之中,以书籍、笔墨、纸砚为伴,日夜苦读揣摩,吟哦默诵不止,等待考试的到来。但第一次入京会试,结果是落榜下第,以失败告终。对于陈澧来说,这个结果似乎出乎意料,但又合情合理。偏偏祸不单行,仆人盗二百金潜逃而去。双重打击之下,陈澧万般无奈,只得收拾行李,悻悻南归,与同样是下第落榜的梁国珍结伴同行。

回来的路上,沿途风景依旧,但心绪已是大不相同了,主要是少了那份新鲜,少了那份激动,少了那份憧憬,少了那份热情。所谓物是人非,正是指此而言。

回到家乡广州后,当年九月,陈澧娶同邑潘有度之女为妻,时年24岁。潘氏原籍福建泉州府同安县(今厦门市同安区),自潘振承起,寄籍广东番禺。潘振承,字逊贤,号文岩,又名潘启,外国人因此称之为"潘启官"。他是著名的行商同文行的创始人,主要经营生丝、茶叶、呢绒、羽纱等生意，为十三行行商早期领袖。潘振承生有七子，潘有度是第四子，号应尚，字宪臣，又字容谷。潘振承死后，潘氏子孙公议由潘有度负责经理同文行。他继承父业，大大扩充了行商业务，是一位精明、成功的行商，外国人称之为"潘启二世"。

鸦片战争前，广州行商是中国最富有的商人群体之一，而广州行商巨富，首推潘、卢、伍、叶四家。潘氏家族在十三行行商之中首屈一指，地位最为显赫。张维屏记：

> 潘有度，字容谷，番禺人，官盐运使司衔。容谷之父曰潘启官，夷人到粤必先见潘启官。启官卒，容谷承父业，夷仍以启官称之。盖自乾隆四十年至嘉庆二十年，夷事皆潘商父子经理。潘商（有度）没而伍商（秉鉴）继之。①

于此可见潘家在行商中地位的重要与显赫一时。潘有度于嘉庆二十五年（1820）去世，陈澧娶其女为妻时，也正是潘家开始走下坡路，地位式微的时候。但无论如何，成为大行商潘家的女婿，这个背景对陈澧以后的人生道路而言，可以说有重要的影响。

二、学海堂专课肄业生

道光十四年（1834），陈澧被举为学海堂专课肄业生，这是他与学海堂建立密切关系的开始，也是他一生中值得一书的重要起步。提起学海堂，有必要简单回顾一下中国书院发展史和清代学术发展史。

中国书院起源于唐末五代，至宋元而达到极盛。宋元时期，书院最大的特色是独立于官方教育体系之外，多为学者自由讲学之所。明代书院开始与

---

① ［清］张维屏：《艺谈录》卷下，陈建华、曹淳亮主编：《广州大典》第94册，广州出版社2015年版，第587页。

科举考试制度发生联系，但仍有自由讲学的遗风。进入清代，书院开始发生质的变化，不再为自由讲学、独立探讨学问之地，而是被纳入官学体系，成为科举取士制度的附庸，这是清代书院发展的最大特点。所谓"国家学校之外，广建书院，纳群髦于经籍，因明制而加详焉。降及末流，考所为教，率不出经艺试帖，盖利禄之锢蔽人心久矣"①。这里的学校指府州县儒学。因此，书院完全成了"时文帖括，猎取功名"的利禄场所，藏污纳垢，积重难返。嘉庆中，冯敏昌掌教广州粤秀书院，他就认为广东书院"弊坏百出，不可救药"，"而究之每书院数百人之中，实可谓之竟无一人真想读书耳。士风之下，识趣之卑，一至于此，可胜叹"②。可见，在封建科举制度的毒害下，书院学风流弊愈演愈烈，令人痛心疾首。

乾嘉时期考据学（即汉学、朴学）兴起之后，不少有识之士目睹书院的种种流弊，开始考虑创办系统传授汉学知识、专门培养汉学人才的新型书院，为已经衰败的书院制度注入新鲜活力。虽然乾嘉时期一些有名望的硕学魁儒如陈宏谋、钱大昕、杨绳武、章学诚等人都做过不少改革书院的有益尝试，但由于各种原因都起色不大，收效甚微，于事无补。在此背景下，阮元应运而生。

阮元（1764—1849），字伯元，号芸台。江苏仪征人。乾隆五十四年（1789）进士。历官山东、浙江学政，兵部、礼部、工部侍郎，浙江、江西、河南巡抚，湖广、两广、云贵总督。晚年入京，为体仁阁大学士，卒谥文达。

阮元早膺通显，遍历中外，位极人臣，但学问渊博，造诣精深，著述宏富，且喜以学术自命，宦迹所至，提倡风雅，兴学教士，奖掖人才，整理典籍，刊刻图书，为一代学界泰斗。如督学浙江，辑录《经籍籑诂》；巡抚浙江，创建诂经精舍；巡抚江西，编刻《十三经注疏》；等等，此乃荦荦大者，其他学术文化建设贡献，不胜枚举。梁启超称赞说："仪征阮芸台元，任封疆数十年，到处提倡学问，浙江、广东、云南，学风皆受其影响。其于学亦

---

① ［清］陈宝箴：《河北精舍学规》，席裕福、沈师徐辑：《皇朝政典内籑》卷二二六，《近代中国史料丛刊续编》第90辑，第4229页。
② ［清］冯敏昌：《粤秀书院事宜管见陈札》，《小罗浮草堂文集》卷九，道光二十六年（1846）钦州佩弦斋刻本，第40－41页。

实有心得，为达官中之真学者，朱笥河、纪晓岚、毕秋帆辈，皆非其比也。"①

凭借其地位、名望和权势等各种综合有利条件，阮元便幸运地成为清代书院改革的开创者，并在此方面取得了巨大的成功和实际成效。由阮元一手创办的杭州诂经精舍和广州学海堂便是典型代表，它们在清代中后期学术、文化、教育诸领域都占有重要的地位，影响十分深远。对此，清儒黄以周回顾总结说：

> 自唐代崇尚诗赋，学校失教，华士日兴，朴学日替。南宋诸大儒，思矫其弊，于是创精庐以讲学，聚徒传授，著籍多至千百人，而书院遂盛。有明以来，专尚制艺，主讲师长，复以四书文、八韵诗为主臬，并宋人书院意而失之。近时贤大夫之崇古学者，又思矫其失，而习非成是，积重难返。不得已别筑讲舍，选高才生充其中，专肄经史辞赋，一洗旧习，若我浙之诂经精舍、广州之学海堂，其较著者也。②

黄以周所说虽较为简略，不甚精确，但他能从历史发展全局的高度看问题，脉络清楚，对比鲜明，突出诂经精舍、学海堂在中国书院史、教育史和学术史上的地位，可谓独具卓识。很明显，诂经精舍、学海堂是清代考据学兴起后的产物，具有浓郁的复兴宋元时期书院独立探讨、自由讲学优良传统的倾向，可称之为"新式研究型书院"。

清代学术以考据学为中坚。乾嘉时期，朴学臻于鼎盛，一时硕学魁儒辈出，考订、校雠、训诂如火如荼，著述充栋，大江南北，风靡一时。广东由于是白沙、甘泉学派的发源地，理学氛围十分浓郁，加之僻处岭外，与中原、江浙等文化发达地区隔绝，少通声气，故未受到乾嘉以来盛行的训诂考订之学风的浸染，学术界一片寂寞冷清。

嘉庆二十二年（1817），阮元移督两广，见粤人不治朴学，思所以振之，乃仿抚浙时所立诂经精舍之例，开学海堂以经史辞章之学课士。"公之初命题也，第一课系王伯厚《困学纪闻》、顾亭林《日知录》、钱辛楣《十驾斋

---

① 梁启超：《近代学风之地理的分布》，《清华学报》1924 年第 1 卷第 1 期，第 22 页。
② [清] 黄以周：《南菁文集序》，见张鉴：《诂经精舍志初稿》，《文澜学报》1936 年第 2 卷第 1 期，第 297 页。

养心录》三跋。"① 其实事求是、崇尚汉学之初衷，昭然若揭。阮元不但明确指示治学方向，而且予以优厚奖励，"学海堂加课仿抚浙时所立诂经精舍之例，专课经史诗文，所有举贡生监，奖给膏火一月者折给银一两。佳卷渐多，学者奋兴，有佳文一卷而给膏火数月者"②。数课之后，乃选择课卷优异者汇刻为《学海堂集》，以示鼓励。在此物质、精神双重奖誉诱掖之下，广东辍学之士，承流景风，翕然振奋，应学海堂考课者日益踊跃，逐渐形成一时风尚。与此同时，阮元又通过开局纂修《广东通志》、辑刊《皇清经解》等途径，赏识、提拔、延揽了一批名士和人才，将他们聚集在自己周围，形成颇具规模的文化群体，使之成为广东朴学的中坚力量。在阮元大力倡导和悉心培养之下，广东学风为之一变，考订、校雠、训诂之学蔚然兴起，人文彬彬，赶上了时代的步伐。

学海堂位于广州城北粤秀山（今称越秀山）麓，其地址为阮元亲自勘察、反复选择比较之后所定。堂为三楹，堂后有小斋"启秀山房"，又有"至山亭"等，四周环以墙垣。建筑虽不多，也非宏伟堂皇，但宽敞朴素，曲折幽深，所谓"堂宜敞不宜高，径宜曲不宜直，不尚华奂，只取朴素而已"③。

学海堂风景佳绝，四周红棉绿榕，嘉荫茂密，更有梅花数百株，暗香袭人。堂前有平台，远眺珠江，荟蔚云雾，景色雄阔，气象万千。堂中东楹帖云："公羊传经司马记史，白虎德论雕龙文心。"西楹帖云："此地揽狮海珠江之胜，其人游儒林文苑之间。"楹帖古色古香，雅致俊逸，曲尽学海堂地理位置、人文环境以及学术传承之妙。"山不在高，有仙则灵。"不久以后，学海堂不但是士人考课、宴集、游艺之所，而且成为广州一处著名的风景名胜，外省文人墨客慕名前来游览探访，吟诗赋词，题咏不断。

道光六年（1826），阮元移任云贵总督。为了不致人去政息，他临行前，特定《学海堂章程》，主要内容为：

---

① ［清］桂文灿：《经学博采录》卷一，陈建华、曹淳亮主编：《广州大典》98，广州出版社2015年版，第50页。
② ［清］张鉴：《雷塘庵主弟子记》卷五，清刻本，第19页。
③ ［清］赵均：《新建粤秀山学海堂记》，［清］阮元编：《学海堂集》卷十六，道光五年（1825）启秀山房刻本，第1－2页。

1. 选派吴兰修、赵均、林伯桐、曾钊、徐荣、熊景星、马福安、吴应逵八人为学长，同司课事。其有出仕等事，再由七人公举补额。永不设立山长，亦不允荐山长。

2. 每岁分为春、夏、秋、冬四课，由学长出经解文笔古今诗题，限日截卷，评定甲乙，分别散给膏火。

3. 课卷可备选刻者，另钞一册，由学长收存。俟可以成集之日，照《学海堂集》例，选改发刻。

4. 筹集经费，以前所拨发学海堂之沙田、银两，贷人租种及发商生息，以田租、商息作为堂中固定经费来源，使能经久行远。①

以上这些措施与安排，规定了学海堂制度和运作的大体格局，保证了学海堂功能的正常发挥。学海堂的存在，不但使广东有志于朴学者开始拥有一处自己的学术阵地，学术文化群体得以长期维系，而且通过每年四季的例行考试，便于发现、提拔优秀年轻人才，不断补充新鲜血液，为广东朴学的进一步发展繁荣奠定了坚实的基础。

由于阮元"身历乾、嘉文物鼎盛之时，主持风会数十年，海内学者奉为山斗焉"②。这种特殊的身份和崇高地位，使他在广东的一系列学术文化活动远播海内，学海堂及广东学派也一时声名鹊起，为世瞩目。在阮元亲自培育扶持下，学海堂俨然成为清代朴学重镇，广东学派日益崛起，其势正方兴未艾。

阮元嘉庆末来粤总督两广时，陈澧才8岁，正在私塾读书。陈澧应学海堂考课，当在十七八岁，其时他正肄业粤秀书院，而阮元已经离开广州，移督云贵。所以陈澧实际上并未亲炙阮元，只能算是阮元的再传弟子。参加学海堂考课，是当时广东年轻士子的一种时尚风气，十分普遍，而且学海堂考课不同于一般书院为应付科举考试而设的八股时文。阮元公开宣布："且课举业者，各书院已大备，士子皆知讲习，此堂专勉实学……与各书院事体不

---

① ［清］林伯桐、［清］陈澧：《学海堂志》，同治、光绪间续刻本［道光十八年（1838）初刻］，第1—2页。

② 赵尔巽等撰：《清史稿》卷三六四《阮元传》，中华书局2010年版，第11424页。

同也。"① 由于学海堂考试所出的经解文笔、古今诗题，内容十分新鲜，富于挑战性，能够考出应试考生的真才实学，其对大批年轻有为的士人学子有强烈的吸引力。此外，学海堂仿效诂经精舍，采取的是一种开卷考试的方法，试题可以拿回家完成，在规定的时间内交卷，并且允许"各听搜讨书卷条对，以观其识，不用扃试糊名之法"②。这种方法重在考查考生的综合素质与能力，与当时一般书院所采用的死记硬背的方法迥异，显得新颖别致，因而大受考生欢迎。加之获隽者有膏火奖励，文章优异者可以入集刊刻，流布海内，可谓名利双收，何乐不为？所以不少贫寒劬学之士，多有以应考为搏升斗之资者。时人汪瑔曾说：

> 后数年居广州，贫甚。闻学海堂以词赋课士，漫应之，时但为膏火计尔。而见者或以为工，辄来征文。③

汪瑔所说，正是一个典型代表，从中可以窥探当时某些士人热心应课的一般心态。

陈澧也是积极热心参加学海堂考课的年轻学子之一，他由于才华出众，崭露头角，逐渐得到学海堂诸学长的赏识、器重，声名渐显。所谓"时澧方弱冠，即以经术文章名于时，诸学长见所为文，皆叹赏之"④。这是陈澧与学海堂结缘的开始。

到了道光十四年（1834），学海堂在制度建设上有一重大举措，即创设学海堂专课肄业生（简称专课生）。时卢坤督粤，钱仪吉来游，二人皆阮元门人弟子。卢坤"思益振学海堂"，委托钱仪吉主持经理其事。钱仪吉认为，学海堂旧有学长，四时课士，及期则学长请题于大吏，汇其卷而甲乙之，岁以为常。"顾士无专师，业无专授。"即只有四季考课，而无专人讲学授业，

---

① ［清］林伯桐、［清］陈澧：《学海堂志》，同治、光绪间续刻本［道光十八年（1838）初刻］，第 7 页。
② ［清］孙星衍：《诂经精舍题名记》，见张崟：《诂经精舍志初稿》，《文澜学报》1936 年第 2 卷第 1 期，第 327 页。
③ ［清］汪瑔：《随山馆丛稿自序》，《随山馆丛稿》卷首，光绪十一年（1885）刻本，第 1 页。
④ 桑兵主编：《三编清代稿钞本·陈澧事实》第 108 册，广东人民出版社 2010 年版，第 508 页。

师生隔离，这确实是学海堂规章制度上最大、最明显的一个缺陷。针对这一缺陷，钱仪吉乃"重定规条，示法戒"，他向卢坤建议，"令诸生于八学长中就其所心折者执一艺而请谒焉"。① 这就是著名的学海堂专课生制度。总督卢坤订有《学海堂专课章程》，主要内容包括：

1. 学长等公举诸生，务取志在实学，不骛声气之士，尤宜心地淳良，品行端洁者。
2. 课士诸生于《十三经注疏》《史记》《汉书》《后汉书》《三国志》《文选》《杜诗》《昌黎先生集》《朱子大全集》以上诸书，各因性之所近，自择一书肄业。
3. 专课生于学长八人中，择师而从，谒见请业，庶获先路之导，收切磋之功，责成学长尽心教导。
4. 专课生每人颁一日程簿，首行注明习某书，以后按日作课填注簿内。或先句读，或加评校，或钞录精要，或著述发明。届季课之期，随课呈交学长，考核甲乙。②

很明显，专课生制度带有浓厚的恢复古代书院自由讲学、独立研究、互相探讨等优良传统的倾向，比之以前学海堂单纯的四时课士而言，无疑大大向前推进、深化了一步。它培养造就了一批高水平的专门人才，使之成为日后广东朴学队伍的生力军。

首届公举专课生10名，他们是：陈澧（番禺举人）、张其翧（嘉应举人）、吴文起（鹤山副贡）、朱次琦（南海附生）、李能定（番禺附生）、侯度（番禺附生）、吴俛（鹤山廪生）、潘继李（南海廪生）、金锡龄（番禺附生）、许玉彬（番禺）。

以上10名专课生都是经过严格的标准程序挑选出来的。《学海堂志》载："至专课肄业生既设堂中，公议选定生徒已极严。""查核此次保送课业

---

① ［清］陈在谦：《送钱心壶先生北归序》，《七十二峰堂文勺》卷三，同治十三年（1874）刻本，第5页。
② ［清］林伯桐、［清］陈澧：《学海堂志》，同治、光绪间续刻本［道光十八年（1838）初刻］，第3-4页。

生徒，该学长慎重遴选，各举所知，自系素树芳声，蔚为时彦，甫肯登诸荐牍。"① 可见，他们都是百里挑一的佼佼者。按规定，以上专课生每人每月给膏火银二两，全年共应支银二百四十两。但此款膏火银仅支一次，后因总督卢坤去世，经费无着，专课生仅举办一期，便自行停止。

虽然时间短暂，但学海堂专课生的举办，对于陈澧个人来说，仍具有重要意义。被推举为首届专课生，表明陈澧已从成百上千应课士子中脱颖而出，得到学海堂诸学长即当时广东学界老师宿儒的一致赏识，被视为品学兼优的可造之才和朴学事业的理想接班人。从此以后，陈澧与学海堂诸学长的关系日益密切，交往更加频繁，这对他日后的读书、求学、著述、社交均有重要影响。陈澧后来写道："忽忆数十年前，林月亭先生招饮，同席者黄春帆、潘□□也。余方少年，先生甚重之，故相邀也。"②

林月亭即林伯桐，他是阮元选派的首批学海堂学长之一，也是当时广东学界学行俱佳、德高望重的前辈师长。阮元称赞说："有林伯桐者，美才也，而又朴学。"③ 林伯桐器重陈澧，正是其时广东学界前辈赏识推重陈澧的一个反映。被公举为专课生之后，陈澧与其他诸学长如吴兰修、曾钊、张维屏、黄子高等人的关系也日益密切，这大大扩展了他的求学、交际范围。不可否认，陈澧后来的学术著述成就，与学海堂以及广东朴学兴起后的学术氛围等大环境密不可分。他后来成为以学海堂为阵地的广东朴学文化群体中重要的一员，成为清代广东朴学的集大成者，追溯起来，学海堂专课生应该是他人生旅途中的一个重要起点和标志。

按，钱仪吉（1783—1850），字蔼人，号衎石，又号新梧。浙江嘉兴人。嘉庆十三年（1808）进士。官工科给事中，遇事敢言，人惮其风采。后缘事罢官，客游广州，寓于城北狮子桥。总督卢坤与其有旧谊，嘱其主修《两广盐法志》，并延校阅学海堂课业。钱仪吉学问渊博，讲求古训，著述宏富，为一代鸿儒。著有《碑传集》《三国志证闻》《补晋书兵志》等，皆有时名。

---

① ［清］林伯桐、［清］陈澧：《学海堂志》，同治、光绪间续刻本［道光十八年（1838）初刻］，第4、26页。

② 桑兵主编：《续编清代稿钞本·东塾遗稿》第79册，广东人民出版社2009年版，第65页。

③ 引自［清］龚自珍：《与张南山书》，见［清］张维屏：《花甲闲谈》卷六，道光刻本，第23页。

值得重视的是，钱氏《衎石斋纪事续稿》载有《粤雅堂诸子课业评》，即钱氏对吴儃、吴文起、李能定、许玉彬、金锡龄、潘继李、侯度、张其翯等人课业的评点，以上诸人均是学海堂首届专课生。如其评吴儃《春秋公羊经传札记》云："独抒心得，锐入渊微，其通贯前后，以求经旨，深得属辞比事之义。议论笔力精悍，亦足自成一子。"又评张其翯治《汉书》曰："读《汉书》评校五十余条，多有确见，并考温公《通鉴考异》并刘昌诗笔记之属，具见搜采之勤。其勘正李四香律字改字一条，尤为精审。实事求是，非可望文臆断也。"① 所论均极精当。可见当时专课生确实做到了"专经肄习，著述成书，每年缴到学长核定者"②。由于钱仪吉名著艺林，其文集的流传，客观上有宣扬广东学派成就之功。

但令人颇为费解的是，钱氏《粤海堂诸子课业评》中独独缺少对陈澧、朱次琦二人课卷的评点。朱次琦以学术宗旨不同，终身不就学海堂之聘，他没有课卷，可以理解。那么陈澧呢？陈澧本人与钱仪吉曾有过接触，他在《记地图三本》文中说："昔钱君客广州，为余言，官京师时，请董方立课子。方立摹内府地图，钱君之子实助成之。"③ 因此，陈澧为专课生时，于学海堂学长中择何人为师？自择何书肄业？以及钱氏《粤海堂诸子课业评》中何以缺少他的课卷？由于史料无证，这些疑点的真相均不得而知。（另须指出，"粤海堂"显然为"学海堂"之误。）

三、留寓京师

道光十四年（1834）冬，陈澧又一次北上参加会试，与谢念功同行。此次北上仍走浙河路，因为已有经验，所以驾轻就熟，一路顺利。次年正月至杭州，陈澧照例拜谒恩师陈钟麟。抵京后，寓国祥寺。

---

① ［清］钱仪吉：《衎石斋纪事续稿》卷十，光绪六年（1880）刻本，第37、40页。
② ［清］林伯桐、［清］陈澧：《学海堂志》，同治、光绪间续刻本［道光十八年（1838）初刻］，第16页。
③ ［清］陈澧：《东塾集》卷二，光绪十八年（1892）刻本，第32页。

不幸的是，陈澧第二次会试又是名落孙山，榜上无名。但次年丙申［道光十六年（1836）］为宣宗太后六旬万寿恩科，他将再度应试。考虑到北京、广州二地相距数千里，来往奔波路途太遥远、太辛苦，耗费时间太长，诸多不便，陈澧决定暂不回粤，留在京师等待明年再考，故移寓好友梁国珍家。

梁国珍（？—1846），字希聘，号玉臣。广东番禺人。少负才名，补县学生，每试辄冠其曹。工诗及骈体文，后乃一意治经。肄业学海堂，尝撰《文笔考》，阮元见其文，亟称之。改官内阁汉票签中书舍人、协办侍读，京察一等记名，以同知用。道光二十一年（1841）成进士，以知县用。寻奉旨归原衙门行走，历充方略馆分校、国史馆校录。丁忧归，服阕还京，二十六年（1846）病卒于献县旅次。

"广州城中士大夫之家，近时最盛者，番禺梁氏也。"① 梁国珍即属于此梁氏家族。陈澧与梁国珍为乡举同年，曾同赴京会试，下第同归，二人友谊深厚。寓京期间，陈澧主要是读《毛诗》《汉书》《文选》，又学篆书，暇则至琉璃厂买书，或与梁国珍、庞文纲、谢念功等一同饮酒欢叙。梁国珍病逝后，陈澧曾赋诗致哀，并在诗中追忆了自己寓京期间二人生活、交往的若干具体细节，诗云：

> 我昔上公车，赁君庑下宿。有酒对案斟，有书并坐读。一室如斗灯如萤，夜夜高谈震邻屋。有时长安秋月明，六街夜静无车声，我独与君携手行。大呼酒家门，一斗还同倾。画屏红烛拥炉坐，纤歌一曲调银筝。不知门外秋霜冷如水，但觉晓光入户群鸦鸣。人生乐事能有几？云散风流一弹指……②

从诗中描述的字里行间可知，陈澧并非那种方巾气息十足的穷酸书呆子型人物，而属于少年意气，风华正茂，慷慨激昂一类。他与梁国珍一起读书、饮酒、听乐、长谈，"高谈震邻屋""大呼酒家门""一斗还同倾"，表现了他性格豪爽、风流倜傥的一面。因而，寓京期间，他的生活并非完全闭

---

① ［清］陈澧：《梁氏族谱序》，《东塾集》卷三，光绪十八年（1892）刻本，第33页。
② ［清］陈澧：《卢伯材阁读招饮席间闻梁玉臣舍人卒于献县途次怆然有作简伯材》，汪兆镛辑：《陈东塾先生遗诗》，1931年刻本，第15–16页。

户读书，寂寞冷清，枯燥乏味，而是丰富多彩，有滋有味，充满了欢乐与朝气。

寓京期间，陈澧自然忘不了去拜谒请教在京的二位座师——翁心存和程恩泽。

翁心存时任国子监祭酒、大理寺少卿。早年词赋伟丽，擅名于时，但非其所好。中年研精经史，敦尚实学。在谈到当时学术趋势与利弊得失，尤其是汉学、宋学门户偏见，互相攻讦的情况时，翁心存语重心长地对陈澧说："汉儒之学，如治田得米；宋儒之学，如炊米为饭，无偏重也。"① 这几句话平允公正而又形象生动，将汉学、宋学的各自优长特点和互为依赖、互为补充的关系比喻得十分清晰透彻。陈澧听后十分敬服，连连点头称是，将之铭记心中。

翁心存的长子翁同书（1810—1865），字祖庚，号药房。翁心存任广东学政时，翁同书曾随其任在广州3年，居住广东学政衙署内，因此他对广州有一定的感情，也比较熟悉岭南的物产和风土人情。翁同书也是经历过两次会试失败，当时正一面温习功课，准备来年应试，一面又究心经史之学。陈澧与翁同书年龄相仿，遭遇相同，二人有很多共同语言，故意气相投，时时吟诗唱和，以尽欢娱。

另一座师程恩泽时任户部右侍郎，管钱法堂（掌管钱币事务的机构），充殿试读卷官。程恩泽诗文沈博奇丽，雄视一时，海内早有公论。其时陈澧正热衷于作诗，故趁此良机，常常向恩师求教请益。在谈及近时诗坛风气时，程恩泽评论说："近人诗多困卧纸上。"意指时下诗风萎靡，多一味追求雕琢辞藻，内容空洞，苍白无力，不足为取。陈澧呈上自己所作之诗，请求指正，程恩泽看后十分欣赏满意，连声夸奖："此能于纸上跃起者！"② 听到恩师的赞扬和评价，陈澧当然非常高兴，喜悦、满足、得意之情，自不待言。

此外，在侍坐闲谈之间，程恩泽还关切地询问陈澧一些生活学习情况，如近来读什么书，有何收获感受，等等。陈澧一一据实回答，毫不掩饰。陈

---

① ［清］陈澧：《体仁阁大学士赠太保翁文端公神道碑铭》，《东塾集》卷五，光绪十八年（1892）刻本，第27页。
② ［清］陈澧：《与陈懿叔书》，《东塾集》卷四，光绪十八年（1892）刻本，第21页。

澧其时正在读《汉书》，他将此事如实相告。程恩泽又关切地问，读得怎么样，进度如何，收获大不大？陈澧老实回答说，记忆力不好，性善忘，读过之后等于未读。程恩泽告诫说，读书并不在于记诵，记诵属于粗浅一类层次，记诵只不过是为了猎取华美的辞藻以便于填词作赋。读《汉书》最重要在于了解汉室的兴衰，以及班固、司马迁二书的规模异同。读《汉书》能省悟认识到此问题，才是关键所在。陈澧听后茅塞顿开，恍然大悟，不再为自己记忆力差而烦闷苦恼。他有诗记其事云：

> 先师程侍郎（春海先生），雄文兼硕儒。尝于侍坐间，问我读何书。我以《汉书》对，又问读何如。我言性善忘，读过仍如无。师云岂在记，记诵学至粗。岂欲猎华辞，以资词赋欤？汉室之兴衰，班、史之规模，读之能识此，乃为握其枢。廿年记师说，书此铭座隅。①

师生二人相聚闲谈之间，不但谈论诗词学问，也常常论及为人处世以及其他话题。陈澧回忆说："程先生恩泽，自述少时孤贫，乃曰：'不能当一贫字，安得为丈夫乎？世间不如意事甚于贫者正多也。'"② 程恩泽这一番话掷地有声，令陈澧大为感动，故终生不敢忘，也时时为人讲述，并笔而记之，作为鞭策自己的警语，以后在遇到贫困危难之时，借以振奋自励。

程恩泽是钱大昕的弟子，他也向陈澧讲述了其师的一些逸闻轶事。有一次月夜，程恩泽"与诸弟子奉钱先生舆于庭中，偶谈及蜀中盐井，先生历数数十井，云某井在某郡某县。以地志证之，皆不误。先生平生实未入蜀也"③。这件事给陈澧的印象也很深刻，使他对乾嘉诸大师的博闻洽识及治学风范有了更具体、更深切的了解。以后他提到钱大昕时便称赞说："钱辛楣先生职官、地理之学，不独前无古人，且恐后无来者，其所撰《廿二史考异》，有引证未备者，非有所挂漏，乃不欲过繁以芜其书也。凡著书者当知

---

① ［清］陈澧：《感旧三首》之一，汪兆镛辑：《陈东塾先生遗诗》，1931年刻本，第22－23页。
② ［清］陈澧：《记师说》，《东塾集》卷二，光绪十八年（1892）刻本，第31页。
③ 汪叔子编：《文廷式集·知过轩日钞》卷七，中华书局1993年版，第873页。

此意。"①

时间很快流逝，转眼夏去秋来。在金风送爽的某一天，陈澧接到好友杨荣绪从家乡寄来的一纸信函，读后颇生感触，欣然提笔回书，书云：

……澧夙附同志，望希成学，数年以来，消良时于行迈，纷古情于干禄。古之学者，三十而五经立，澧今年二十有六，已迫此期，未名一艺，少壮若此，中年以往，行复可知……每念曩昔，斗酒相乐，命俦啸侣，辨析经传，竞说字解，高谈未终，谐浪间作，酬酢阕于广坐，歌呼震乎屋瓦，孟公有投辖之狂，徐儒有下榻之乐。及今思之，阔若参辰，邈若坠雨，徒益离索之感耳。深望足下就征公车，相见京国，庶慰饥渴，书不可悉，聊复相闻。②

杨荣绪是陈澧少年挚友，二人情同手足，无话不谈。陈澧在信中回顾了从前与同窗好友读书饮酒、辨析经史、高谈阔论的快乐生活情景，并向好友倾诉自己对于人生事业、功名追求、学行著述的看法和感受。谈到自己已经26岁了，还在南北奔波，在科考场上苦苦挣扎，虚掷光阴，而功名未就，一事无成，不免惆怅满腹，感慨万千。其时杨荣绪还未中乡举，困于闱场，故陈澧衷心希望他能秋闱获隽，然后北上征程，这样二人就可以相聚京师，开怀畅谈了。

这年冬天，陈澧自梁国珍家搬出，移寓崇文门内灵佑寺。北京最美好的季节是秋天，天高气爽，景物宜人，十分舒畅，令人惬意。秋天一过，继之而来的就是寒冷干燥而漫长的冬季了。冬季的北京，树木落叶，枯枝秃秃，草丛枯黄，一派萧瑟景象。灰蒙蒙的色调主宰一切，很难寻觅到绿色的踪影，自然令人感到缺乏生趣。对于生长于"四季皆夏，一雨即秋"，即使在三九寒天，大地仍充满勃勃生机，满目苍翠，鲜花不断，罕见霜雪的岭南的人们来说，北国的漫长寒冬无疑是一场严峻的考验，令人有些不寒而栗。

陈澧寄住在寂寞冷清的古寺里，没有亲人朋友，孤零零独处，无人可

---

① ［清］文廷式：《纯常子枝语》卷二，赵铁寒编次：《文芸阁（廷式）先生全集》第五册，《近代中国史料丛刊续编》第14辑，第6页。

② ［清］陈澧：《答杨黼香书二首》（一），［清］陈澧著，陈之迈编：《东塾续集》卷四，《近代中国史料丛刊》第77辑，第140－141页。

语。白天的日子还算好过，读书习字，兴之所到，可以吟诗，倦累了也可以出去溜达溜达，逛逛书摊厂肆，换换心情环境。最无奈难过的是在晚上，每当夜深人静，读书温习功课疲惫了，环顾四周，斗室之内，唯有青灯书卷为伴，顾影自怜，寂寞难耐。此时此地，思念家乡、思念亲人、思念朋友之情油然而生。而更难堪的是天气转坏，刮起了猛烈的北风，那呼呼作响的风声，一阵紧似一阵，凄厉惨淡，在夜空中如同鬼哭狼嚎一般，吹得人心头一阵阵麻木怵然，紧缩寒战，悲凉惆怅之感，不期而至。"旅愁"二字，陈澧此时算是尝尽个中滋味，深切感受到它的真实含义了，尤其是在这北国寒冬，尤其是在这冷清古寺，尤其是在这寂寞深夜。

日子一天一天挨过，漫长的冬天终于熬过去了，天气慢慢转暖，冰雪开始融化，心情也渐渐舒展了。次年春，陈澧收到一个喜讯：家中好友侯康、侯度兄弟以及杨荣绪、金锡龄等人去年乡试中举，现已启程北上，一同来京参加会试。听到这个消息，原本情绪已陷于极度低落之中的陈澧高兴异常，精神为之一振，一连几夜，兴奋难眠。处于高度亢奋状态中的他，情不自禁，展纸挥毫，写下了《春日寓灵佑寺怀君模子琴黼香苕堂将至》诗，诗云：

  古寺安吟榻，高眠昼掩门。城深客到少，庭晚鸟归喧。草树春犹浅，风沙日易昏。此时远行者，驱马亦投村。①

虽然京师春季多风沙，遮天蔽日，天昏地暗，令人十分懊恼不快；虽然天气乍暖还寒，春寒料峭，但树梢枝头、草丛尖上的点点泛绿，预示着春天的脚步正在一步步逼近。因此，长期以来抑郁消沉、闷闷不乐的心绪，也仿佛被春风抚慰感染，一下子变得轻松开朗、活泼欢乐起来。而更令人兴奋得难以抑制的是有那么多家乡好友即将到来。能与他们在京师相聚，对陈澧来说应是最大的赏心乐事了。所以他在心中推测好友侯康等人的行程，反复计算着时间，估计他们一行理应抵达京师的日期。这首小诗表面虽然平淡无奇，但字里行间，凸显出一股按捺不住的迫切、盼望、焦急的心情。

不久，侯康一行抵达京师，同寓灵佑寺中。一下子增加了这么多人，平

---

① 汪兆镛辑：《陈东塾先生遗诗》，1931 年刻本，第 10 页。

日寂寞冷清的古寺里顿时热闹喧阗起来，欢声笑语不断。一年多时间不见，好友们自然有许多说不完的话题，讲不完的见闻，道不尽的趣事。昔日在家乡广州斗酒娱乐，歌呼震瓦屋的欢乐情景，如今又在京师异地重演。

但不幸的是，第三次会试又以落第告终。接连三次会试失败，使得一向踌躇满志、对科举考试充满自信和幻想的陈澧，不免信心动摇，开始产生怀疑。当年会试考场还爆出了一则笑话，愈发使人疑虑重重。陈澧写道：

> 道光丙申会试，某相国为总裁。第三场策问有云："郑康成本于陆德明。"士子哗然訾议，时潘芸阁锡恩为副都御史，奏弹之。余时在京会试，钱子万上舍廖惠告余云："某相国自知今年当为总裁，请我为撰策问。我举郑康成《易》注为问，思相国问我出何书，故附小注云出陆德明《经典释文》，相国删改我之策问而致误耳。"①

这虽属误会所致，但身居会试总裁之位的堂堂相国，分不清郑康成、陆德明为何朝何代人物，前后颠倒，真可谓滑天下之大稽。总裁相国，掌握着成千上万读书士子们的前途命运，却犯这种常识性错误，笔者认为，这反映了科举考试制度有时会缺乏应有的权威性、公平性和合理性，它考不出应试士子们的真才实学和应有水平，而带有一种盲目和愚弄的味道。

陈澧接连几次会试失败，引起座师翁心存的关切，他有意要帮助一下这个才华出众但又命运不济的年轻人。翁心存以前曾授读惠郡王绵愉，通过翁心存的推荐，惠郡王欲聘陈澧馆于其府，教其子弟读书。但此番好意却被陈澧婉言谢绝了。②

惠郡王乃嘉庆皇帝第五子，当朝道光皇帝的亲兄弟。能旅食京国，结交皇亲国戚，衣食无忧，这在一般人看来是求之不得的美差。但陈澧志不在此，因为他天生是一位读书人，以著述为抱负，重视名山事业，而且出入侯门王府，与达官显贵周旋应酬也不符合他的性格，他也深知"残杯与冷炙，到处潜悲辛"的个中滋味。他要靠自己的辛勤劳动和孜孜努力，去追求自己的既定目标，相信依靠自己的不倦奋斗，能够实现自己的理想抱负。

---

① 桑兵主编：《三编清代稿钞本》第103册，广东人民出版社2010年版，第284－285页。

② 汪宗衍：《陈东塾先生年谱》，《近代中国史料丛刊》第77辑，第21页。

辞别了座师翁心存、程恩泽，告别了留寓一年多的京师，陈澧乃与侯康、侯度兄弟二人一起，踏上了回粤南归之路。途经杭州，已是夏六月，大暑这天，三人仍然顶着烈日、冒着酷暑去游览西湖。但会试失败的阴影挥之不去，让这些游人心绪不佳。纵然面对如诗如画的湖光山色，这些失意之人仍不免黯然伤情，索然无味。所谓"伤心人别有怀抱"，别有一番滋味在心头。

七月，一行三人长途跋涉行至广东南雄，在这里，陈澧得知大母刘宜人病危的消息。不巧恰逢天旱，河水枯涸，不能行舟，只好舍舟陆行。及赶回家，刘宜人已辞世多日。陈澧后来说："（刘宜人）道光十六年五月十三日卒，年七十有三。是时澧会试不中，宗元邮书南雄，以宜人病告。会天旱水涸，舟不能行。驰至家，已不及矣，呜呼痛哉！"刘宜人虽非陈澧生母，但有抚育教养之恩，陈澧对此永志不忘。他说："澧以庶子，蒙宜人慈爱，无异所生。"① 对她表达了深深的感戴之情。刘宜人去世后，大家庭的重担就责无旁贷地落在了陈澧肩上，他成了这个家庭的唯一支柱，时年27岁。

从京师回到家乡后，陈澧一面准备功课，预备来年再考，一面为谋生计，开始私塾教书生涯。道光十七年（1838），初馆于广东著名诗人张维屏家，其子张祥晋从学。这年秋九月，张祥晋乡试中举，遂解馆。

次年，陈澧又馆于广州功德林禅院，虞必芳等10余人从受业。时好友杨荣绪会试后留寓京师，馆于京兆尹曾某府，陈澧给他写信说："去岁辱书，久未裁答，近见令弟，知仍为府尹曾先生课子，旅食京国，得主名卿，甚善甚善。"在谈到自己情况时，陈澧说："澧今年亦教授乡里，假馆僧舍，既讲举业，还读我书。"② 这是陈澧正规教书生涯的开始。10余个学童，年龄参差不齐，包括陈澧的侄子宗彝、宗彦二人。

初为人师，陈澧自然十分高兴惬意，自得其乐。于他的个性、兴趣、爱好而言，他是十分适合从事教师这一职业的。关于早期私塾教书的情况，陈澧没有留下多少具体资料，但他在读书札记中偶尔有所流露，留下一些他自己关于教学情况的随想杂感。他写道：

---

① ［清］陈澧：《先妣刘宜人事略》，《东塾集》卷五，光绪十八年（1892）刻本，第19页。

② ［清］陈澧：《答杨黼香书二首》（二），［清］陈澧著，陈之迈编：《东塾续集》卷四，《近代中国史料丛刊》第77辑，第141页。

教小儿，亦当使之常有喜悦意，不然，彼必不好学矣。喜悦在乎读书熟，读书熟在乎功课少而严，不容懒惰。早放学，使得嬉戏。《论语》第一章，即说一个"说"字，一个"乐"字，一个"不愠"，可见为学是一片欢喜境界。①

显而易见，陈澧在教学中，提倡"喜悦"，主张"功课少""早放学"，重视"嬉戏"，强调"一片欢喜境界"，这与当时私塾教育中普遍流行的死记硬背、强行灌输、严厉惩罚等教学方法、手段完全不同，形成鲜明对比，而比较符合近现代科学教育学所提倡关注的提高学习者的兴趣，注意营造一个生动活泼、欢乐轻松的学习环境、氛围等教育思想和教育理念。陈澧的教学思想与近现代科学教育学不谋而合，表明他并不是一个刻板守旧、顽固迂腐的学究式人物，而是一个颇为开明、开朗而又善解人意、可亲可敬的好老师。他在教学上有自己独特的一套思想和方法，敢于不同流俗，独辟蹊径，这些在他早期的私塾教育中已初见端倪。

四、广泛的兴趣爱好

陈澧少年时即立志欲为诗人。他说："澧十五六岁时，笃好为诗，立志欲为诗人。稍长知有经史之学，虽好之，不如好诗也。"② 他弱冠即向广东著名诗人张维屏请教，张维屏见了陈澧所作的诗，大为欣赏，时时教以诗法。

张维屏（1780—1859），字子树，一字南山，号松心子，又号珠海老渔。广东番禺人。张维屏的父亲张炳文馆于洋商潘有度家，教其子潘正亨、潘正炜兄弟读书，而他本人自12岁至20岁也在潘家伴读，与潘家关系相当密切。对于这一段经历，张维屏自己有明确交代：

---

① 黄国声选录：《东塾读书论学札记》，[清] 陈澧著，黄国声主编：《陈澧集》二，上海古籍出版社2008年版，第358－359页。

② [清] 陈澧：《与陈懿叔书》，《东塾集》卷四，光绪十八年（1892）刻本，第21页。

容谷丈（指潘有度）理洋务数十年，暇日喜观史，尤喜哦诗。有园在河南，曰南墅。方塘数亩，一桥跨之，水松数十株……余髫龄读书园中，与诸郎君为总角交。今每过南墅，与伯临、季彤话旧，尤想见当日花前微笑，酒后高哦也。①

　　按，伯临、季彤，指潘有度的儿子潘正亨、潘正炜，均为陈澧妻兄。由于张维屏与潘家以及与陈澧的关系均相当亲密特殊，故笔者揣测，陈澧与潘家结姻，当与张维屏不无关系。但缺乏直接证据，姑且聊备一说。

　　嘉庆中，张维屏会试至京师，学士翁方纲见之曰："诗坛大敌至矣！"②由是诗名大起。寓京期间，与翁方纲、程恩泽、曾燠、龚自珍、魏源、林则徐、曾国藩等名流硕儒交游唱酬，过从甚密，学益大进。自言："昔居京华，唱酬樽俎，人多古人，其风亦古。"③道光二年（1822）中进士。以知县用，分发湖北，补长阳县，署黄梅县，改署襄阳府同知，所至有政声。丁父忧回籍。九年（1829），补学海堂学长。服阕，捐升同知，分发江西，历官至南康府知府。后告病归，十八年（1838），复补学海堂学长。

　　张维屏性格恬淡超逸，不慕荣利，以归隐为乐。他写道："甚矣吾衰，一官无补苍生，不如归去。"④于此可见他的淡雅胸怀。归粤后，筑"听松园"于广州花埭，以诗酒丝竹自娱，颓然不与世事。时人谓："南山之学，多所淹贯，生平于经史及诗古文词皆有著述。"⑤诗名誉海内，著作甚丰，尤以《国朝诗人征略》为世推重，阮元称之为"必传"。⑥著名诗人、学者龚自珍写信给张维屏说："自珍二十年所接学士大夫，心所敬恭者十数子，识

----

① ［清］张维屏：《国朝诗人征略·潘有度》卷五十六，道光十年（1830）刻本，第6页。
② ［清］陈澧：《张南山先生墓碑铭》，《东塾集》卷五，光绪十八年（1892）刻本，第29页。
③ ［清］张维屏：《花甲闲谈·京国古风图赞》卷六，道光十九年（1839）序刊本，第2页。
④ ［清］张维屏：《花甲闲谈·小引》卷首，道光十九年（1839）序刊本，第1页。
⑤ ［清］陈在谦：《国朝岭南文钞·张维屏》卷十，道光间学海堂刻本，第1页。
⑥ 阮元云："尊著《国朝诗人征略》，此书甚好，必传。"见［清］张维屏《花甲闲谈·来书》卷十六，道光十九年（1839）序刊本，第15页。

我先生晚。先生于平生师友中，才之捷似顾千里，情之深似李申耆，气之淳古似姚敬堂，见闻之殚洽似程春庐，偻指自语，何幸复获交此人。"① 龚自珍所言，虽有溢美，绝非虚誉。由此也可见张维屏的为人风范。

陈澧初见张维屏，大约在 18 岁。开始时主要是向他请教作诗。作诗之外，陈澧还请教读书之法，张维屏即教以读《四库全书总目提要》，陈澧后来在诗中追忆说：

> 我年未弱冠，初见张南康（南山先生）。请问读书法，乞为道其详。答云《四库》书，《提要》挈其纲。千门兼万户，真如古建章。从此识门径，渐可升其堂。又言读书者，古书味最长。当时一古字，语声重琅琅。我得此二语，如暗室得光。我举此二语，先生云已忘。贱子不敢忘，书此什袭藏。②

读《提要》，读古书，是张维屏对少年陈澧的建议、忠告，尤其读《提要》一事，对陈澧一生学习影响最大。张维屏在指导少年陈澧读书治学方面有先导之功，以后陈澧在教诲门人弟子读书时，也以余功读《四库提要》为首劝。张维屏十分欣赏器重陈澧，虽然他比陈澧年长 30 岁，但年龄距离并未构成障碍，二人关系十分密切，成为忘年交，友谊维持终生。

陈澧好诗，时时与人唱和吟咏，乐此不疲。首次北上会试，他与梁国珍同舟，故一路为诗唱和，而梁国珍却甚不以为然。陈澧说，梁国珍专《毛诗》之学，"虽与澧唱和，心弗善也，而澧刻意为之。玉臣曰，君自视其诗去古人几何？澧始愧汗自失"③。被梁国珍浇了一盆冷水后，陈澧才有所省悟，开始放弃做诗人的理想。他在《默记》中写道："仆少时喜为诗，年二十四岁始弃。至此以后，兴到为诗者，一年不过数首，亦竟有终年无一首。

---

① ［清］龚自珍：《与张南山书》，见［清］张维屏《花甲闲谈》卷六，道光十九年（1839）序刊本，第 23 页。
② ［清］陈澧：《感旧三首》之二，汪兆镛辑：《陈东塾先生遗诗》，1931 年刻本，第 23 页。
③ ［清］陈澧：《与陈懿叔书》，《东塾集》卷四，光绪十八年（1892）刻本，第 21 页。

偶有应酬之作，皆不惬意，迫于不得不作耳，故皆不存稿也。"①

除诗歌外，陈澧年轻时对历算之学也颇感兴趣。十分有趣的是，他开始涉猎历算之学，是由乡试策问所引起的。道光十二年（1832），乡试主考官程恩泽策问算学，场中士子无一人能对。因此，侯康感慨地说："读书虽多而不学算，今为程春海考倒矣！"②乃邀其友数人，包括其弟侯度、友人章云軿、陈澧侄子宗元等，向当时广东著名数学家梁汉鹏学习算学，地点在狮子禅林，陈澧也是其中成员之一。

梁汉鹏，字南溟，以字行。广东番禺明经乡人。少读经书，通大义，尤酷好算书，凡九章变化，中西异同，俱能烂熟于胸中。浙江徐均卿精算学，时为两广盐运使，谓人曰："广东无知算者。"有人将此事告诉了梁南溟，南溟为难题难之，徐不答。③时南海曾钊、嘉应吴兰修皆老师宿儒，吴兰修拜南溟为师，向之学算，曾钊亦为之延誉，遂知名士夫间。时人云："自道光中叶以来，凡欲学算者，无不惟君是问。"④可见其时他在广东数学界中的突出地位。

梁南溟擅长讲授算学，道理虽深奥难懂，他却用平常浅语进行讲解，深入浅出，使听者津津有味，兴趣盎然。梁南溟教学的另一特点，是善于利用辅助教具帮助讲解。他将象牙削制成许多方形、圆形、三角形等教具，讲解的时候，排列组合，分化移补，不用绘图，使抽象、复杂的算学公式简单形象，一目了然，十分便于学子理解，而且让人印象深刻。这段跟从梁南溟学习的经历，是陈澧涉猎历算之学的开始，他曾撰著《三统术详说》四卷、《弧三角平视法》一卷等，表明在此领域有所心得，有所收获。

当然，陈澧在历算学方面的造诣并不精深，并未成为专门名家。他的弟子文廷式写道："余少好算学，尝与师（指陈澧）论之。师云，算法大概自不可不知，然可止，勿再学。盖此事非极精不足以名家，然极精则毕生之精力尽矣。此殆见余质钝，无与此事，故为言如此。"⑤适可而止，大概是陈澧

---

① 《陈兰甫先生澧遗稿》，《岭南学报》1931年第2卷第2期，第161页。
② ［清］陈澧：《梁南溟传》，《东塾集》卷五，光绪十八年（1892）刻本，第12页。
③ ［清］陈澧：《梁南溟传》，《东塾集》卷五，光绪十八年（1892）刻本，第12页。
④ 桂文灿：《经学博采录》卷六，王大隆辑：《辛巳丛编》，1941年刻本，第8页。
⑤ ［清］文廷式：《纯常子枝语》卷二，赵铁寒编次：《文芸阁（廷式）先生全集》第五册，《近代中国史料丛刊续编》第十四辑，第3-4页。

对历算之学所持的基本态度。

陈澧老年仍未放弃算学，曾与友人组成算学会，切磋技艺。同治年间，《与福田书》云：

> 《邹征君遗书》惠赠刻资，去冬校刻粗完，久欲寄呈……近日粤人因有此书相勉于算学，每月在敝庐为算学会，亦颇有益也……算学会乃蒋古林少尹倡之。古林著书无资不能刻，当道闻之，委署海丰丞。既离省城，此会恐不如从前矣……澧又白。①

这里，算学会可称为已具科研性质的民间社团的萌芽。

陈澧也喜欢书法。他幼年读书私塾时，曾跟从塾师郑光宗的外甥胡仁山学习王右军、赵松雪之书。他写道："吾读书点句，胡仁山教我也。仁山者，余受业师郑竹泉先生之甥。余九岁、十岁受业于先生，仁山年二十许，常来书塾。仁山能学王右军、赵松雪书，先生命写字授余学之。"② 这是陈澧学习书法的开始。

陈澧爱好书法，下过苦功，篆、隶、真、行、草皆能为之，而尤喜篆书。陈澧学习篆书，主要师法《石鼓文》和《琅邪台刻石》，他在札记中写道："道光辛卯岁，余初学篆书。张小篷入都应顺天乡试，托其过杭州买阮刻石鼓文。"③ 辛卯即道光十一年（1831），时陈澧22岁，正肄业粤秀书院。陈澧学习篆书，临摹最多的当属《琅邪台刻石》，这一点，他的弟子文廷式讲得最清楚："师作篆，专以《琅邪台刻石》为法，平生临摹不下三千通。"④ 于此可见其用心之专注、用力之精勤。正因为如此，陈澧书法也以篆书见长，胎息深厚，为世人推重。

以后陈澧又开始学习隶书。在开始临摹碑帖时，曾走过一段弯路。他后

---

① 《东塾集外文》卷五，[清] 陈澧著、黄国声主编：《陈澧集》一，上海古籍出版社2008年版，第489-490页。

② 桑兵主编：《续编清代稿钞本·东塾遗稿》第82册，广东人民出版社2009年版，第368页。

③ 桑兵主编：《续编清代稿钞本·东塾遗稿》第82册，广东人民出版社2009年版，第369页。

④ [清] 文廷式：《纯常子枝语》卷二，赵铁寒编次：《文芸阁（廷式）先生全集》第五册，《近代中国史料丛刊续编》第十四辑，第5页。

来写道:"昔余学隶书,临《史晨碑》,久而不得其法。黄石溪先生云,当学《百石卒史碑》。余从其言,临摹数日,觉有规矩可循矣。老辈之言,良可佩服。"①

黄石溪即黄子高(1794—1839),字叔立。广东番禺人。少以词章擅名,20岁时补县学生员,屡困乡闱。道光十年(1830),督学翁心存以《南海对》试诸生,子高立就千余言,督学惊异,许以旷代逸才,谓足与扬州汪中《广陵对》并美。拔优贡。后举为学海堂学长。生平留心掌故,考证金石,藏书甚富,率多异本,一一手自校勘,务为朴学。善书法,尤精小篆,用笔如铸。所作小篆,酷似唐李阳冰,时人得其书,珍如拱璧。年仅46而卒,士林惜之。著有《续三十五举》,为岭南少有的书学论著。

黄子高的篆书在清代广东书坛独步一时,张维屏在《松轩随笔》中说:"粤东二百年来,篆书当推石溪,石溪作古,当推兰甫。"②此语既指出了黄子高在广东书坛的独特地位,又点明了陈澧与黄子高的师承渊源关系。而陈澧本人对黄子高则更为推崇。沈泽棠在《忏庵随笔》中说:"兰甫师又尝称本朝篆书,以吾粤番禺黄石溪子高为第一,闻者或以为溢誉。"③其实沈泽棠所记并非传闻,陈澧曾在文章中论及黄子高,说他"精小学,善篆书,为当代最"④。可见,其对黄子高乃衷心敬佩,并非虚誉。

由于勤学苦练,善思善悟,反复揣摩,陈澧的书法日臻成熟,逐步形成自己的风格,具有独到功力,为时人所推重。清代著名学者戴望在寄陈澧的信中说:"极爱先生书法,浑朴古雅,有亭林、竹垞遗风。敢请作一小幅或扇头见赐,以当晤对,则更足以惬鄙人仰止之怀矣。"⑤"浑朴古雅",当是对陈澧书法风格的最好概括。

但陈澧对自己的书法却很不满意,他在札记中写道:"性好古碑版书法,而无暇学之,而时人每以纸绢索书,遂亦应酬挥洒。然无笔力,无功夫,安

---

① [清]陈澧:《汉乙瑛请置孔子庙百石卒史碑拓本跋》,[清]陈澧著,陈之迈编:《东塾续集》卷二,《近代中国史料丛刊》第77辑,第72页。

② [清]张维屏:《艺谈录》卷下,陈建华、曹淳亮主编:《广州大典》第94册,广州出版社2015年版,第597页。

③ 沈泽棠:《忏庵随笔》卷一,宣统二年(1910)刻本,第22页。

④ [清]陈澧:《黄鸿逵哀词并序》,《东塾集》卷六,光绪十八年(1892)刻本,第25-26页。

⑤ 见汪宗衍:《陈东塾先生年谱》,《近代中国史料丛刊》第77辑,第110页。

得谓之善书？每为人作书，辄自烦恼，以为何苦为人役也，时欲焚笔砚耳。"① 陈澧后来声名日隆，社会地位高，故应酬极多，索求其墨宝者应接不暇，这固然令他感到烦恼，但也正反映当时人对陈澧书法的强烈爱好。

陈澧爱好书法，自然而然地连带喜好金石文字和碑版书帖，曾有诗云："我生夙好金石文，上穷斯籀下隶分。"② 所以他平时颇留心于搜集名碑摹拓，如《石鼓文》《琅邪台秦篆诏书》《阁帖》《绛帖》《逐启諆鼎铭》《天发神忏碑》《升仙太子碑》等。或自己购买，或托人搜集，或友人馈赠，也有亲自摹拓者。但陈澧为一介寒儒，囊中羞涩，不能恣意搜求，谈不上是金石鉴藏家之类，经师余事，只能算是爱好而已。

陈澧不但爱好搜集金石、彝鼎、铭文、碑拓，而且还能鉴别其真伪，对历史上的一些舛误疑讹，做出自己独立的是非判断。例如江苏无锡惠山寺，有石床在殿前月台，顶侧有"听松"二篆，相传为唐李阳冰笔。前人或谓"此二字苍润有古色，非阳冰不能作"，或谓"世间所传阳冰书第一"。其右有楷跋十数行，为宋人张回仲题。陈澧细读跋文，考证出"听松"乃宋人之笔，所谓李阳冰书者，乃方志无稽之谈。他断定说："余过惠山，拓而读之，乃知世传二篆为阳冰书者，非也。"③ 又如广州府学明伦堂所藏《石鼓文》，为咸丰三年（1853）汉阳叶志诜以浙江鄞县（今宁波市）范氏天一阁藏本摹出勒石，但陈澧认为这是欺人之谈。因为陈澧曾经托人在杭州买过阮刻《石鼓文》，第十鼓蠹缺数字，乃拓广州府学叶刻本第十鼓装于后。一对比，陈澧即发现"叶刻即以阮本摹刻者，其跋云摹天一阁本者，妄语耳"④。所以后来陈澧一再说："府学明伦堂石鼓文之谬，贻笑海内，须作家藏石鼓文跋，说此刻之谬。曾告乡人去之，而无应者。"⑤

最难能可贵的是，陈澧还亲自出资出力，将一些珍贵的名碑拓本临摹勒

---

① 《陈兰甫先生澧遗稿》，《岭南学报》1931 年第 2 卷第 2 期，第 161 页。
② ［清］陈澧：《和张南山先生为梁茞邻中丞作商爵诗》，汪兆镛辑：《陈东塾先生遗诗》，1931 年刻本，第 10 页。
③ ［清］陈澧：《惠山听松二字跋》，《东塾集》卷四，光绪十八年（1892）刻本，第 9 页。
④ 桑兵主编：《续编清代稿钞本·东塾遗稿》第 82 册，广东人民出版社 2009 年版，第 369 页。
⑤ 桑兵主编：《续编清代稿钞本·东塾遗稿》第 82 册，广东人民出版社 2009 年版，第 378 页。

石公之于众，以便青年士子学习临摹书法之用。他认为，"天下石刻最古而无疑义者，惟《琅邪台秦篆诏书》，独完存于世，拓本难得"。陈澧以前曾购得一本，十分珍爱，"适得百年前断碑无字者，其石坚厚无匹，乃刻而置之学海堂。近日广州人士多学篆书者，可以得秦篆之法矣"①。类似举措还有不少，如重刻《琅邪台石刻》后，陈澧复以余石摹泰山秦碑残字、孔林二坟坛石刻二种，并有题记云："孔林二坟坛汉篆最古，岭南难得拓本，故摹刻之。陈澧题记。"② 又咸丰十年（1860），陈澧以俞文诏（字梧生）手摹旧拓《天发神忏碑》，重刻于石，嵌置学海堂壁间，俾供传拓，嘉惠士林，并撰有《重刻天发神忏碑以诗纪之》诗一首。③ 这是陈澧在普及书法知识方面所做的公益事业之一，推动了广东书学的发展，值得后人仿效学习。

陈澧善书法，喜金石文字，也喜欢刻印，自言："余自幼喜刻印，后以惜目力不为也。"④ 又说："余昔时笃好摹印，今眼昏不能刻矣。"⑤ 陈澧喜刻印，与当时广东社会文化氛围不无关系。

广东著名女学者冼玉清说："吾粤鉴藏之风，嘉道后始盛。大抵游宦京沪者，受彼都风雅之影响，始事蓄聚。"⑥ 陈澧妻兄潘正炜（1791—1850），为广东著名鉴藏家，其"听帆楼"收藏书画、彝鼎、印章甚富，中有古铜印1700余方，皆得自其伯父潘有为之"看篆楼"。潘有为（1743—1821），字卓臣，号毅堂。乾隆三十七年（1772）进士。官至内阁中书。有为久宦京师，曾校《四库全书》，例得议叙。因性格耿直，与权贵忤，久未升迁，乃归粤，退居林下，足迹罕入城市。有为擅收藏，是清代广东著名鉴藏家先驱之一，时人写道：

---

① ［清］陈澧：《重刻琅邪台秦篆拓本跋》，《东塾集》卷四，光绪十八年（1892）刻本，第6页。

② 汪宗衍：《陈东塾先生年谱》，《近代中国史料丛刊》第77辑，第98—99页。

③ 汪兆镛辑：《陈东塾先生遗诗》，1931年刻本，第34页。

④ ［清］陈澧：《和张韶台谢孟蒲生刻印并简蒲生八首》，汪兆镛辑：《陈东塾先生遗诗》，1931年刻本，第30页。

⑤ ［清］陈澧：《双桂堂印谱序》，［清］陈澧著，陈之迈编：《东塾续集》卷二，《近代中国史料丛刊》第77辑，第48页。

⑥ 冼玉清：《广东之鉴藏家》，黄炳炎、赖适观主编：《冼玉清文集》，中山大学出版社1995年版，第3页。

番禺潘毅堂舍人官京师时，广搜古铜印，得一千三百余事，拓为《看篆楼古铜印谱》，与程荔江印谱中相同者十之七八。荔江积蓄十余年，所得三千有奇，择其善者一千二百，舍人盖尽得之矣。舍人殁后，其侄季彤观察得之，更其名曰《听帆楼古铜印谱》。①

因此，受姻亲关系及当时广东鉴藏风气的熏陶，陈澧喜爱刻印便不足为奇了。他常与同道交游切磋技艺，其中与孟鸿光来往最多，受其影响也最大最深。

孟鸿光，字蒲生，自号绿剑山人。道光十四年（1834）举人。其先世乃山西人，本人生于粤，遂为番禺人。幼聪敏，好小学及金石文字，能为篆隶书，尤善刻印。道光十七年（1837），陈澧馆于张维屏家，恰好与孟鸿光居址相近，故陈澧每夜造访，二人常长谈至夜深。在孟鸿光的影响和指教下，陈澧刻印技术大为长进，"绿剑山人善妙词，即论摹印亦吾师"②。可见，陈澧是将孟鸿光视为己师。而孟鸿光也将陈澧视为知己，"蒲生每刻印得意，辄曰，令陈兰甫见，当识此耳"③。陈澧刻印，角、石、骨、玉皆有，尤喜铜印，常言："余爱铜印。"④ 现存陈澧书帖文稿中所钤印章，如"陈澧""陈澧之印""兰甫""陈氏兰浦""在此山斋""己卯年七十"等，多为自刻，皆精妙绝伦，为行家所叹赏。所谓"琢白填朱，并皆佳妙，真是置于汉印之林而无逊色"⑤。

由于精通金石、书法、篆刻，陈澧往往能独具慧眼，鉴别真赝。当时有一汉凤纽白玉印，玉印径寸，厚五分，洁白如脂，纽作飞燕形，文曰"婕妤妾赵"四字。此印流传经过十分复杂曲折，明"嘉靖间藏严分宜家，后归项

---

① 何昆玉：《吉金斋古铜印谱序》，引自冼玉清著、陈莉、谢光辉整理：《广东印谱考》（校订本），文物出版社2010年版，第23页。

② ［清］陈澧：《和张韶台谢孟蒲生刻印并简蒲生八首》，汪兆镛编辑：《陈东塾先生遗诗》，1931年刻本，第29页。

③ ［清］陈澧：《何昆玉印谱序》，《东塾集》卷三，光绪十八年（1892）刻本，第24页。

④ ［清］陈澧：《和张韶台谢孟蒲生刻印并简蒲生八首》，汪兆镛编辑：《陈东塾先生遗诗》，1931年刻本，第30页。

⑤ 马国权：《广东印坛三百年》，《艺林丛录》第四编，商务印书馆香港分馆1961年版，第263页。

墨林，又归锡山华氏及李竹懒家，最后嘉兴文后山得之。仁和龚定庵舍人以朱竹垞所藏宋拓《娄寿碑》相易，益以朱提五百，遂归龚氏"①。龚自珍定为赵飞燕后物，而名儒程恩泽、吴荣光则定为钩弋夫人物。此印后归广东绅士潘仕成，潘氏视为绝宝，广东名士吴兰修、谭莹等皆有诗颂之，一时传为美谈。

而陈澧却持有不同看法，他认为此玉印俗传为赵飞燕印，甚为可笑。他分析考证说：

> 汉官印无姓名，私印无官衔。私印两面者，一面姓名，一面曰臣某；若妇人亦一面姓名，一面妾某，且汉时妇人，无自称姓而不称名者。此印既云婕好，则不合云妾赵矣，云妾赵，则不合云婕好矣。称妾则当有两面，不合一面矣。且称妾则当云妾飞燕，不合云赵矣。四字而具四谬，作伪者可谓拙矣。其赵字左旁从女，尤不成字。此直当弃置之，乃珍藏之题咏之耶？②

关于此印争论的是非曲直，因年代久远，未睹实物，可暂且勿论。但由于陈澧精通小学，深于摹印之学，他的意见值得重视。此事虽小，但陈澧不趋流俗，不人云亦云，敢于独抒己见的精神尤为可贵。

陈澧年轻时爱好如此之多，如此之广，不免有些泛滥，他自己也认识到这一点，自言：

> 是时年二十六矣，嗜好乃益多，小学、音韵、天文、地理、乐律、算术、古文、骈体文、填词、篆隶真行书，无不好也，无不为也。杨浦香谓澧曰，东坡所谓多好竟无成，不精安用多，君之谓也。澧亦自念人之一生，岁月几何？精神几何？才智几何？如我所好一一为之，虽寿如彭祖，不能毕其事，乃稍稍减损。③

---

① ［清］吴兰修：《题赵飞燕印拓本后》，［清］伍崇曜辑：《楚庭耆旧遗诗》后集一，道光二十三年（1843）南海伍氏刻本，第 17 页。
② ［清］陈澧：《赵飞燕印辨》，［清］陈澧著，陈之迈编：《东塾续集》卷二，《近代中国史料丛刊》第 77 辑，第 85 页。
③ ［清］陈澧：《与陈懿叔书》，《东塾集》卷四，光绪十八年（1892）刻本，第 21 页。

听从了好友杨荣绪的劝告，陈澧在兴趣爱好方面才自觉收敛，有意识地放弃部分，转而将时间精力集中到更重要的领域，即学术研究著述上。

五、早期的学术探索

受当时广东以学海堂为代表的朴学风气及学术氛围的影响，像当时许多年轻士子一样，陈澧很早即开始热衷于从事经史之类的训诂考订工作。

清学自当以经学为中坚。清儒本着无征不信、求证求实的态度，崇尚以训诂考订的方法，为诸经作新注新疏，以后旁及史学、天算、地理、小学、音韵等领域，故学者皆以治经为能事。陈澧初次治经，当在十八九岁，首先开始治《易经》，自言：

> 余之治经自《易》始，时方弱冠，读汉唐宋及近儒《易》说三年，茫无所得，乃置之而治他经，至今不知学《易》，良以为愧。①

《易经》是一部最具神秘色彩的儒家经典，考据难度也较大。陈澧治《易》宗费直，费直乃西汉人，治古文《易》，长于卦筮，无章句，专以《易传》解说经文。陈澧认为，费直以彖象系辞文言十篇，解说上下经，"此千古治《易》之准的也。孔子作十篇，为经注之祖，费氏以十篇解说上下经，乃义疏之祖。费氏书已佚，而郑康成、荀慈明、王辅嗣皆传费氏学。此后诸儒之说，凡据十篇以解经者，皆得费氏家法者也。其自为说者，皆非费氏家法也。说《易》者当以此为断"②。陈澧尝欲作《周易费氏义》，惜未成。

陈澧治《易》，费时而成效不大，无所收获，只好暂时放弃搁置，另觅他途，转而去治《穀梁传》。孔子修《春秋》，世传有《左传》《公羊传》

---

① ［清］陈澧：《周易象义测序》，［清］陈澧著，陈之迈编：《东塾续集》卷二，《近代中国史料丛刊》第77辑，第53页。
② ［清］陈澧：《东塾读书记》卷四，中华书局1936年《四部备要》本，第3页。

《穀梁传》，称为"春秋三传"。汉唐以来，治《左传》《公羊传》者无虑数十家，独治《穀梁传》者寥寥，为千年以来绝学。在学术探索研究上，陈澧舍易求难，专门挑选难度大的课题领域从事，多少表现了他不喜趋众，不喜追逐时流，而喜迎难而上的性格特点。他在札记中抄录韩昌黎《答殷侍御书》："近世《公羊》学几绝，非先生好之乐之，味于众人所不味，务张而明之，其孰能勤勤拳拳若此之至。"于此批注云："余于《穀梁》亦欲如此，后来遂辍业，心常不能忘。"①

当时，侯康也正从事《穀梁传》的研究，著有《穀梁礼证》二卷，为未完之书，于是陈澧便向他请教。

侯康（1798—1837），字君模。其先世江南无锡人，祖辈迁广东，遂为番禺人。道光十五年（1835）举人。幼孤好学，喜读史，家贫无书，母张氏借贷得钱，买"十七史"读之，久之卷帙皆弊，可见其勤奋学习、刻苦读书的一面。阮元督粤开学海堂课士，赏其文，由是知名。后乃研精注疏，尽通诸经，于群经小学皆有论说，多为前儒所未及，而史学尤深。著有《穀梁礼证》二卷、《后汉书补注续》一卷、《三国志补注》一卷、《补后汉书艺文志》四卷、《补三国艺文志》四卷等。近人刘师培在《清儒得失论》一文中评论说："广东学者，惟侯康为最深醇。"② 推崇尤高，而侯康也的确当之无愧。

关于向侯康从学请益的一些详细情节，陈澧在《穀梁礼证序》中叙述得比较清楚：

> 甲午岁，余治《穀梁春秋》，君模出示此编曰，此传今为绝学，君当努力，吾方治史，未暇卒业也。异时君书成，当以此相付。因举郑康成、服子慎说《左传》事语相与欢笑。③

甲午即道光十四年（1834），时陈澧25岁。所谓郑康成、服子慎说《左传》事，指东汉时郑玄（字康成）与服虔（字子慎）二人学术上交往的一

---

① 黄国声选录：《东塾读书论学札记》，［清］陈澧著，黄国声主编：《陈澧集》二，上海古籍出版社2008年版，第372页。

② 《刘师培辛亥前文选》，生活·读书·新知三联书店1998年版，第173页。

③ ［清］陈澧：《东塾集》卷三，光绪十八年（1892）刻本，第11–12页。

段故事。据《世说新语》载，郑玄注《左传》，未成。后遇服虔，知其也注《左传》，且多与己同，乃以自己所注尽付服虔，世遂传服氏注。此段故事遂成为千古美谈。陈澧认为，"郑康成注《左传》未成以付服子慎，此著书之公心，后儒当以为法也"①。他认为侯康也具有这种公心美德，所以对侯康十分敬重钦佩。

在侯康的鼓励下，陈澧治《穀梁传》颇为努力，下过不少工夫。他打算撰《穀梁条例》与《穀梁笺》二书。应该说，陈澧的这两个方向都不错，颇具学术价值。但由于各种原因，对《穀梁传》的研究及上述二书的写作计划都很不顺利，屡作屡辍，久未成书。"《穀梁笺》及《条例》，写定无期，且先写定《切韵》三书耳。"② 门人桂文灿后来解释说："……后以海州许月南孝廉桂林已为《穀梁传时月日书法释例》，镇江柳宾叔孝廉兴恩又为《穀梁大义述》，因谓二君书成，《条例》二书，竟可不作。但使有人明此绝学，何必其书之出于己耶？先生于学问之道，无一毫私意矣。"③

陈澧因为海内已有学者先于自己著成此书，故放弃原来的写作计划，确实具有他自己所说的"著述立说，为求有益于人，何必其出于己耶"④ 的公心美德，值得后人敬佩学习。但他在解经注疏方面，确实没有专书问世，也是不争的事实。对此，后来他不无遗憾地写道："澧老矣，所欲著甲部书，无一成者。欲以付后之学者：《周易费氏易》《毛诗郑朱合钞》《周礼今释》《礼仪三家合钞》《春秋穀梁传条例》《春秋三传异同评》《论语集说》。"⑤ 也正因如此，他后来说："钱竹汀先生无经学书，仆竟似之。"⑥ 经学探索方面无甚成就可言，这是陈澧自己承认的一个基本事实，对此他后来一再提及。

道光十七年（1837）对于陈澧来说是悲痛的一年。这一年，与陈澧关系

---

① 《陈兰甫先生澧遗稿》，《岭南学报》1931 年第 2 卷第 2 期，第 181 页。
② ［清］陈澧：《与桂皓庭书二十二首》，［清］陈澧著，陈之迈编：《东塾续集》卷四，《近代中国史料丛刊》第 77 辑，第 164 页。
③ ［清］桂文灿：《经学博采录》卷四，王大隆辑：《辛巳丛编》，1941 年排印本，第 12 页。
④ 《陈兰甫先生澧遗稿》，《岭南学报》1931 年第 2 卷第 2 期，第 181 页。
⑤ 《陈兰甫先生澧遗稿》，《岭南学报》1931 年第 2 卷第 2 期，第 158 页。
⑥ ［清］陈澧：《与赵子韶书六首》，《东塾集》卷四，光绪十八年（1892）刻本，第 28 页。

密切的五位师友——程恩泽、陈鸿墀、潘正亨、侯康和仪克仲相继去世,所谓"半年之间,五哭寝门,旧泪未晞,新泪已续,实难为心"①。程恩泽、陈鸿墀是陈澧业师,潘正亨是陈澧妻兄,仪克仲是陈澧同窗。五人之中,尤以侯康的去世最令陈澧悲恸,因为在陈澧早期的学术研究探索方面,侯康对其影响最大,使陈澧受益匪浅,终生难忘。

侯康为人孝友惇笃,质直疏易,性兼狂狷。喜饮酒,常招呼朋好,谐谑其间。谭莹曾说他"性通脱,时与余吞花卧酒,画壁旗亭。亦以中年哀乐,聊藉丝竹陶写,固不同小杜'十年一觉扬州梦,博得青楼薄幸名'也"②。于此可见其倜傥不羁、名士风流的一面。侯康又是一位典型书生,不治家人生产,甚至不识算子,惟以授徒自给。加之体气羸弱,不离药物,而读书著述恒至深夜,也颇以此致疾。道光十六年(1836)会试下第南归,发病,逾年卒,年仅40岁。

陈澧比侯康小12岁,因曾向他问学请益,故尊之为师。陈澧与侯康、侯度兄弟二人关系都十分密切,他说:"余与二君居址相近,常相见。在京师同居,下第同归,情好最密。计自弱冠得交君模,始知治经,是吾师也。子琴(指侯度)则同志,曰友者也。"③ 因为早期在学术探索方面得到侯康的指导,陈澧对其怀有深深的敬意与感戴之情。侯康死后一年,即道光十八年(1838)十月十三日,陈澧所为《侯康传》成,以只鸡斗酒,亲诣广州小北门外白云庵其殡祭之,祭文云:"……十载交君,是友是师。捧手有授,析疑有资。亦狂亦狷,非惠非夷。二人同心,若此者希。斗酒娱乐,寸心倾倒。庶几百年,长共相保。"④ 追忆往事,哀思绵绵,如泣如诉,委婉凄恻,均出自真情。

陈澧十分钦佩侯康过人的学问解识及其对自己一生著述追求的重要启

---

① [清]陈澧:《答梁玉臣书》,[清]陈澧著,陈之迈编:《东塾续集》卷四,《近代中国史料丛刊》第77辑,第143页。

② [清]伍崇曜辑:《楚庭耆旧遗诗》后集十四,道光二十三年(1843)至三十年(1850)南海伍氏刻本,第1页。

③ [清]陈澧:《二侯传》,《东塾集》卷五,光绪十八年(1892)刻本,第14页。

④ [清]陈澧:《祭侯君模文》,《东塾集》卷六,光绪十八年(1892)刻本,第28页。

发,更是在各种场合一再提及。如云:"同县侯君模,学问最精博。"① 又云:"然儒者著书眼光须及上下数百年,此昔者吾友侯君模之教也。"② 推崇敬佩之心,皆发自胸臆,绝无丝毫虚情假意。而最令陈澧感慨万分、唏嘘不已的是,侯康以稀世之才,所著多未成书,令人惋惜。故在给好友梁国珍的信中,陈澧说:

> 君模所成,十未及五,检其遗箧,多有录无书者。故知学人当及时撰述,如其隙驷不留,尺波电谢,一抔之土,牧童高歌于其上,鼯鼬啼窜于其下,谁知柏下之骨,曾饫万卷哉。③

侯康英年早逝的不幸遭遇,触发了陈澧"学人当及时撰述"的感悟,所以他在信中向梁国珍表达了发奋著述的心愿。在谈及自己近况时,陈澧说:"澧今年寄迹僧房,自课兄子,亦有学徒来此问学。讲业之外,必当成所为书,不负知己。"④ 这里陈澧已明确透露了其时他正在进行一些著述和写作计划。

陈澧在治《易经》以及研究《穀梁传》方面无所进展,成效不大,这当然令人沮丧、灰心、失望。但是在学术研究方面,尤其在初期的探索阶段,受各种因素的影响,有的人旗开得胜,一帆风顺,节节领先;也有的人屡屡碰壁,一波三折,陷于困境。这些都不足为奇,可以理解,重要的是顺者不骄,而败者不馁。陈澧并不是那种轻易言败、自暴自弃的人,他有一种天生的韧性,也即屡败屡战的不屈精神。何况,他在学术探索的初期并非一无所获、尽是碰壁,而是多少有一些收获,尝到一些甜头,取得某些进展、成就。如道光十六年(1836),吴兰修编刊《学海堂二集》,陈澧所为季课文,有《骍牡三千解》、《春秋刘光伯规杜辨》(二首)、《书江艮庭征君六书

---

① [清]陈澧:《浙江湖州府知府候选道杨君墓碑铭》,《东塾集》卷六,光绪十八年(1892)刻本,第2页。
② [清]陈澧:《与徐子远书二十一首》,[清]陈澧著,陈之迈编:《东塾续集》卷四,《近代中国史料丛刊》第77辑,第173页。
③ [清]陈澧:《答梁玉臣书》,[清]陈澧著,陈之迈编:《东塾续集》卷四,《近代中国史料丛刊》第77辑,第143页。
④ [清]陈澧:《答梁玉臣书》,[清]陈澧著,陈之迈编:《东塾续集》卷四,《近代中国史料丛刊》第77辑,第143页。

说后》四篇文章入选。这些可能就是陈澧的最早刊刻问世的著述文章。这些少时之作，有些内容难免有错漏，如陈澧后来在《东塾读书记》中说："六书惟转注难明，澧旧有说，刻于《学海堂二集》，今觉其未安故弃之。"① 这当指《书江艮庭征君六书说后》一文。但对于陈澧的个人学术生涯而言，这些毕竟是一个良好的开端，看到自己的文章能刊刻入集，他的喜悦之情自不待言，时陈澧27岁。

入选《学海堂二集》的几篇小文章，对于在学术探索方面接连受挫的陈澧来说，更大的作用还在于它是对心灵的一种肯定和安慰。此外，根据陈澧《自记》，在学术探索的初期，除了治《易经》和《穀梁传》，陈澧还开始尝试撰著《汉地理图》《三统术详说》《切韵考》《说文声统》等。这表明陈澧对地理、历算、小学、音韵诸领域都有浓厚的兴趣，并且钻研有得，已取得一定的成效。以上诸书除《说文声统》外，大都没有定稿完成，或时作时辍，或仅有开头，或思路尚在整理游移之中。像任何一位学者一样，陈澧在学术探索的初期，同样经历了一个"路漫漫其修远兮，吾将上下而求索"的摸索阶段。

在学术探索的早期阶段，陈澧已表现出他自己的一些个人特点，已显露出他的某些独特的学术思想或思路。这些早期的学术思想、思路十分重要、难得，它们不仅影响了陈澧以后的学术著述方向和追求，而且也是后人认识和把握陈澧学术价值及历史地位的关键线索。

道光十八年（1838），陈澧给在京师的好友杨荣绪写信。在信中，他不但谈及自己的生活近况和读书著述等，而且还畅谈了自己对于当时学术界的评价、看法和今后在学术研究著述方面的一些设想和打算。他在信中说：

> 澧今年亦教授乡里，假馆僧舍，既讲举业，还读我书。所述《说文声表》，粗已成编，复以训诂之余，辨析名物，述经传群书之言，依《尔雅》释名之体，已成数篇，但未卒业耳。澧尝以为班孟坚有言云，幼童而守一艺，白首而后能言，此古今之同患也。夫治经者将以通其大义，得其时用也。若乃小学一道，经术首基，近世儒者，咸知考索，然或《苍》《雅》甫明，华颠已至，窥堂陟奥，俟之何年。又诸儒之书多

---

① ［清］陈澧：《东塾读书记》卷十一，中华书局1936年《四部备要》本，第5页。

宏通之篇，寡易简之作，可资语上，难谕中人。故童蒙之子，次困之材，虽有学山之情，半为望洋之叹，后学未振，或此之由。澧所为书，事繁文省，旨晦词明，思欲视而可识，说而皆解，庶几稽古之初桄，研经之先路。若乃方闻硕学之彦，沉博澹雅之才，见而陋之，亦无憾焉。相见有时，当得就正，起居无恙，伏惟保爱。①

这封信十分珍贵难得，因为它披露了陈澧早年在学术研究、学术追求方面的一些鲜为人知的重要信息。这些信息表明，陈澧后来形成的一些重要的学术思想、学术思路，其实在他的早年已有所萌芽，至少在这封信中，已可探寻到某些踪迹。陈澧这封信所表达的主要宗旨可归结为两点：

其一，治经要"通其大义，得其时用"。即治经不能舍本逐末，以训诂考订为最终目的，陷于无谓的烦琐考证之中，而要以讲求义理和经世致用为根本宗旨和归宿。无疑，这里所表达的追求义理和通经致用的思想非常清晰明确。

其二，著书要"事繁文省，旨晦词明"。即在著述中要做到以浅持博，反对一味追求精深博奥，令人难懂。显而易见，这里已蕴含着他重视学术的启蒙、普及或通俗化的主张。

这两点都是针对当时学术界普遍存在的流弊和通病而发，旗帜鲜明，毫不含糊。这是年轻的陈澧最早就当时学术界及其学风发表的个人意见，值得重视。这封信表明，当时年仅29岁的陈澧在刚刚开始走上学术研究著述之路的时候，即能持有自己的独立见解，善于思考观察，不喜随波逐流、苟于时俗，表现出少有的学术勇气和远见。当然，陈澧这些带有批判性的学术思想、思路，当时还不够成熟，属于萌芽状态。在以后的岁月中，这些思想、思路不断地发展充实，逐步地丰富深化，并最终使他在进入中年以后学术思想发生重要的转折。

---

① ［清］陈澧：《答杨黼香书二首》，［清］陈澧著，陈之迈编：《东塾续集》卷四，《近代中国史料丛刊》第77辑，第141－142页。

第三章 学术著述的酝酿与创获

一、《说文声表》与学海堂学长

道光十八年（1838）戊戌科会试，陈澧因大母刘宜人去世守制，例不赴考，仍馆于功德林禅院。次年，陈澧纳副室江氏，而长子宗谊也在同年十一月出生，为元配潘宜人所生。陈澧时年30岁。后人所撰《行状》云："先生三十以后，精力愈盛，读书恒至夜分，心有所得，即手录之，积稿数百册。"①

道光二十年（1840），第一次鸦片战争爆发，这是局势动乱的开始，从此百余年承平成为过去，此次战争是天翻地覆的大事件。但这一年对于陈澧的学术生涯而言，却具有特殊意义，是值得纪念的一年。因为在这一年有两件事对于陈澧而言十分重要：其一是陈澧的第一部学术著作《说文声表》终于完成，其二是陈澧被补选为学海堂学长。

陈澧少时读《说文解字》，久之省悟到："形声之字，由声而作者也。声肖乎意，故形声之字，其意即在所谐之声，数字同谐一声，则数字同出一意，孳乳而生，至再至三，而不离其宗焉。"②窥见掌握到这个关键点后，陈澧的创作意图油然而生。他认为，许慎《说文解字》九千余字，形声为多。许慎既据形分部，创前古所未有，若更以声分部，因声明意，可以羽翼许书。这是其具有独到的学术眼光和思想的体现。据此思路，乃以暇日为之编次，"以声为部首，而形声之字属之。其属字之次第，则以形之相益为等级，

---

① 汪宗衍：《陈东塾先生年谱》，《近代中国史料丛刊》第77辑，第24-25页。
② ［清］陈澧：《说文声表序》，《东塾集》卷三，光绪十八年（1892）刻本，第18页。

以意之相引为先后，部首之音相近者，其部亦以类聚。依段氏古韵，定为十七卷。"① 该书原名《说文声统》，后更名为《说文声表》。

以上就是《说文声表》这部书的主要创作思路和宗旨意图所在。这个思路是否正确呢？开始时陈澧自己也拿不准，直到以后读了著名学者戴震的一篇文章后，他才完全放心，舒了一口气。

按，戴震在《答段若膺论韵》一文中说："谐声字，半主义，半主声。《说文》九千余字，以义相统。今作《谐声表》若尽取而列之，使以声相统条贯而下如谱系，则亦必传之绝作也。"② 读至此，陈澧不禁暗暗感到高兴，"窃自幸所见不谬于前人"③。即自己年轻时独立思考得出的结论、见解有与前人暗合，尤其是与前贤先哲不谋而合，自然为之欢欣鼓舞，愈发增强了自信心。因为归安姚文田、武进张惠言和嘉定钱塘三位学者都曾经据此思路编撰过专书，于是陈澧便留意搜求他们三人的著述，以备研究参考。但钱氏书久求不可得，而姚氏《说文声系》三十卷改篆为隶，张氏《说文谐声谱》二十卷则为古韵而作，与《说文声表》所编之意不同，"其体例并与先生殊"。④ 多年以后，陈澧在《东塾读书记》中补充写道："钱溉亭、程彝斋、江晋三皆尝为之……而皆未见刻本。"⑤ 则当时据此思路而欲著书者，当不在少数。所以陈澧为之释然，认为自己的著作仍有存在价值，"遂存此编，弗忍弃也"⑥。本来陈澧还打算作笺，附于许君解说之下，以畅谐声同意之旨。后因更涉他学，无暇为此，计划未能实现。陈澧弟子桂文灿评论说："闻先生此书成于三十岁以前，自以少作不足珍也，然实有益于读《说文》者。"⑦

---

① ［清］陈澧：《说文声表序》，《东塾集》卷三，光绪十八年（1892）刻本，第19页。

② ［清］戴震撰、张岱年主编：《戴震全书》（三），《声类表》卷首，黄山书社1994年版，第357－358页。

③ ［清］陈澧：《说文声表序》，《东塾集》卷三，光绪十八年（1892）刻本，第19页。

④ ［清］桂文灿：《经学博采录》卷四，王大隆辑：《辛巳丛编》，1941年刻本，第13页。

⑤ ［清］陈澧：《东塾读书记》卷十一，中华书局1936年《四部备要》本，第9页。

⑥ ［清］陈澧：《说文声表序》，《东塾集》卷三，光绪十八年（1892）刻本，第19页。

⑦ ［清］桂文灿：《经学博采录》卷四，王大隆辑：《辛巳丛编》，1941年刻本，第13页。

陈澧编撰《说文声表》，始于道光十八年（1838），至二十年（1840）大体完成，时年31岁。故他在自序中说："澧编此书，年未三十。然本昔人之意，非自出臆见。虽未必为奇作，世之治小学者或有取焉，不必悔也。"①

这是陈澧首次撰著成书，虽然这部著作当时并未刊刻，而且以后还不断地修改补充，但它的意义在于，30岁左右的陈澧，已独立完成了自己的第一部学术著作，在学术研究探索方面迈出了重要的一步。

尤其值得指出的是，《说文声表》是一部具有原创性、创新性的学术著作，具有独到的学术眼光和视野，而非肤浅平庸的泛泛之作。这表明，年轻的陈澧作为一位学界新手，其在学术研究探索方面不落窠臼，不循旧轨，敢于独辟蹊径，别出心裁，显示出自己特有的风格和实力，十分难能可贵。

与完成《说文声表》差不多同时，这一年冬十月，陈澧被补选为学海堂学长。对陈澧个人来说，这也是一件具有非同寻常意义的大事。

学海堂为道光间粤督阮元创建，其手订《学海堂章程》规定：学长八人同司课事，学长因出仕等原因有缺额时，再由学长七人公举补额。在中国古代书院发展史上，这项制度恐怕是绝无仅有的一大创举。之所以这样规定、安排，有阮元的理由和出发点：

> 学长责任与山长无异，惟此课既劝通经，兼该众体，非可独理，而山长不能多设。且课举业者，各书院已大备，士子皆知讲习。此堂专勉实学，必须八学长各用所长，协力启导，庶望人才日起，永不设立山长，与各书院事体不同也。②

学长八人地位相等，有缺公举补额，对于学海堂这一制度规定，当时及后世学者大多推崇有加，认为是其高明卓越之处，值得仿效学习。例如郭嵩焘就认为，《学海堂章程》到光绪年间仍"相与循守，无有变易，而叹阮文达公遗法之善，其故有二：一在不使人居之以为利；二在学长八人必择有学

---

① [清]陈澧：《说文声表序》，《东塾集》卷三，光绪十八年（1892）刻本，第19页。

② [清]林伯桐、[清]陈澧：《学海堂志》，同治、光绪间续刻本［道光十八年（1838）初刻］，第7页。

行者，缺则补之，不必皆劳以事，而名数必备，以能一脉相承，无稍间断"①。在今天看来，八学长同司课事，各用所长，以及学长有缺，七人公举补额的制度措施，颇具有某些近代大学专家治校、民主管理的精神。它的最大优点和长处，在于杜绝了地方官吏委派不学无术之辈滥竽充数的流弊，从而保证了学海堂学长人选、人品、学术的高品位、高素质。自阮元制定《学海堂章程》后，学海堂一直保持这个优良传统，一直坚持这个管理原则，遴选推举学长，条件极为严格。据《学海堂志》载："谨按向来公举学长，固推文学，尤重乡评。至专课肄业生既设堂中，公议选定生徒已极严，拟补学长，当备慎。嗣后保举学长，先求素行无玷，然后论其人才，永不改更，以符旧约。"② 要求之高之严，近乎苛刻。

陈澧之所以能被补选为学长，是与他个人的道德品质、学问才华分不开的，尤其是与当时学海堂诸学长对他的赏识器重密不可分。陈澧的经历，从粤秀书院的"杨、陈、卢、桂"，到首届学海堂专课肄业生，再到学海堂学长，这绝非偶然，而是有一条清晰的逻辑线索可寻。而被补选为学海堂学长，对陈澧个人来说，则更有不同寻常的作用与意义。

其时，在广东，学海堂可以说是学术文化中心，是朴学大本营，是广东文化群体维系和依托的主要阵地。就全国而言，学海堂也因为学界泰斗阮元创举经营之故，成为清代学术重镇，声名远扬，为世瞩目。所以，能够有幸补选成为学海堂学长，无疑是获得了一个重要的社会身份和学术地位，加入了学术文化的主流行列，赢得了全国学界的一致认可与尊重。因此对陈澧而言，这是他人生重要的一次转折，一大机遇，也是他学术著述生涯的一次重大跨越。虽然其中的影响、效果并非立竿见影，但时间越长，其重要意义越清楚、越显现。陈澧后来写道："天下为真学问者，岂敢谓无人。然师友讲习者，则惟吾粤有学海堂。"③ 一语中的，道出了学海堂的重要地位及关键作用。

学海堂学长事务，主要为四季考课，包括拟定课题和评阅考卷两项。按照规定，学长拟题阅卷，各有攸司，其一切事宜则轮流料理。每年四课，每

---

① 《郭嵩焘日记》第四卷，湖南人民出版社1983年版，第133页。
② [清] 林伯桐、[清] 陈澧：《学海堂志》，同治、光绪间续刻本［道光十八年（1838）初刻］，第4页。
③ 《陈兰甫先生澧遗稿》，《岭南学报》1931年第2卷第2期，第161页。

课两学长经营，周而复始，以专责成。有如下具体办法安排：

1. 每季孟月初旬，即由管课学长知会齐集堂中，公拟题目。每题拟备加倍，拟备定期请题，轮赴督、抚、学三署呈宪裁定，周而复始。俟发出题目，即行刊刷，粘贴学海堂及各学长寓所，随便分给，俾远近周知。

2. 每发题纸，注明某月某日在学海堂收卷。考卷收齐之后，即日将各卷收回管课学长寓所，逐卷核明，封固备缴。

3. 收卷汇缴后，倘发出公阅，即日管课学长将各卷分派，约期会斋。

4. 分阅课卷毕，依期公集堂中，会齐互阅。各无异议，即列拟取名单存查，仍封固俟送。如所阅有拟选刻者，各列选单，汇交管课处核定，以待发榜后钞存备刻。

5. 分阅课卷汇齐后，拟取之卷，送进宪署裁定。其未取之卷，另为一函，随同全缴，以备综核。

6. 公布录取名单。贴榜之时，于榜内另纸标明某月某日在学海堂发给膏火，届期在堂中凭卷票发给。①

从以上制度规定和方法程序中可以看出，学海堂每次季课，从考题、阅卷、录取，到挑定选刻者等每个步骤环节，都是学长八人共同公开进行的，如"公拟题目""公阅""汇齐互阅"，说明学长有责有权，地位平等，有机会真正参与管理事务。另外，值得注意的是，学海堂在出题和拟取时都要"呈宪裁定"，初看起来官府似乎干涉过多，但其实仅为虚应故事，表面文章。因为实际负责出题、分阅课卷和拟取名单的仍是学长们本人。不但考课如此，学海堂经费管理也是"其征收掌之于官，请领动支皆有成式"②。这种亦官亦民的性质，使学海堂既能在学术宗旨上保持相对独立，又能得到地方当局和各级官吏的庇护和支持。实践证明，这种有力的外护，使得学海堂

---

① ［清］林伯桐、［清］陈澧：《学海堂志》，同治、光绪间续刻本［道光十八年（1838）初刻］，第9—11页。
② ［清］林伯桐、［清］陈澧：《学海堂志》，同治、光绪间续刻本［道光十八年（1838）初刻］，第13页。

所得利便也不少。

每年四季考课之外，学海堂还有一系列其他的例行活动，其中最重要的是所谓"雅集"。因阮元为清代广东学术开山者，故广东士人对其感激莫名，甚至奉为神明，顶礼膜拜。在阮元生日那一天，师生齐集学海堂团拜，是为每年的首次雅集活动，规模最盛大，也最为隆重。对此，《学海堂志》有详细记载：

> 每年春孟，同人团拜于堂，仰止师承，如亲提命。因定于正月二十日期会，仪征公寿日也。四方之宾，一国之望，渊源渐被，介祉偕来，堂中翘楚，少长咸集。日景方长，衣冠气盛，春光明丽，同坐同欢。开岁雅游，斯为首路。①

按，"介祉"，谓大福。以阮元生日这一天为雅集期会，不仅是纪念阮元倡导开发之功，表明广东学人对他的敬仰，而且还有增进同仁情谊、加强情感交流、维系友谊等潜移默化的功能。

除年首团拜外，每年的农历二月十五花朝节、三月初三上巳节、七月初五东汉郑玄生日、八月十五中秋节、九月初九重阳节、仲冬长至日等，学海堂都有例行的聚会活动。雅集活动遵照节气，周而复始，内容丰富，多姿多彩。例如长至日这一天：

> 长至日近，梅花大开，冬课汇卷，适当其际。公事既毕，遂登山亭，赏奇析疑，抗言高论，满身香雪，不见纤尘，岁寒之盟，年年如是。②

毫无疑问，雅集的这些例行公事和活动安排，密切了学海堂师生之间的关系，增加了交流、商榷、切磋的机会，营造了一个亲密无间、同欢共乐的良好温馨氛围。身处志同道合的文化群体之中，与良师益友相濡以沫，在陈

---

① ［清］林伯桐、［清］陈澧：《学海堂志》，同治、光绪间续刻本［道光十八年（1838）初刻］，第38页。
② ［清］林伯桐、［清］陈澧：《学海堂志》，同治、光绪间续刻本［道光十八年（1838）初刻］，第39页。

澧看来，没有比这一切更为幸运和满足的了，他自觉是如鱼得水。学海堂学长这一身份、名望无形中为陈澧提供了一个极佳的活动舞台和机会，他从此得以大展身手。

二、鸦片战争的爆发

光阴荏苒，转眼又到会试之年。道光二十年（1840）冬，陈澧又一次北上会试，与姚国成、段景华同行。次年正月至杭州，照例拜谒恩师陈钟麟先生。几年不见，师生二人各自情况变化并不大，然而此时的国内政局却已是天翻地覆，今非昔比了，这就是鸦片战争的爆发。

从 19 世纪 30 年代起，广东因中外贸易摩擦和禁烟斗争等事件，形势日趋紧张动荡。道光十九年（1839）正月二十五日，道光帝委派的钦差大臣林则徐到达广州，他开始积极行动，严厉查禁收缴鸦片。当年四五月间，林则徐亲率文武官员在虎门海滩销毁收缴的鸦片。这一空前壮举大快人心，使中国民众扬眉吐气，成为近代中国历史上光彩夺目的一页，林则徐因此而英名不朽，永垂史册。而恼羞成怒的英国殖民者自然不肯善罢甘休，坐视其在华利益受到重大损失，于是借机宣战，派遣远征军舰来到中国沿海，耀武扬威，虎视眈眈。至此，形势万分危急，战争一触即发。

当林则徐在广州雷厉风行地查禁鸦片和积极筹防备战期间，陈澧的许多前辈师长和同年友人都卷入其中，或参与其事，成为活跃分子或著名人物。如张维屏，他与林则徐早有交情，昔年在京师时唱和甚欢。"道光中林总督则徐奉旨至广东禁鸦片，访于先生，先生曰，毋开边衅。"[①] 虽然张维屏主和不主战，但三元里抗英斗争后，他写下了著名的《三元里》诗篇，热情讴歌中国人民反侵略的英雄气概，《三元里》也成为中国近代文学中的杰出作品。又如梁廷枏，时任学海堂学长，历充越华、粤秀书院监院，"林则徐自两湖

---

① ［清］陈澧：《张南山先生墓碑铭》，《东塾集》卷五，光绪十八年（1892）刻本，第 30 页。

移节来粤,耳其名,下车拜访,询以筹防战守事宜,廷枏为规划形势,绘海防图以进"①。以后梁廷枏又据亲身经历著《夷氛闻记》一书,该书成为有关鸦片战争的重要文献之一。而其时陈澧年龄尚轻,资历尚浅,没有卷入斗争旋涡之中,只是置身事外,静观其变。

战争形势风云莫测,瞬息万变。不久,英国远征舰队见广东沿海防守严密,无机可乘,在广东海域徘徊僵持了一段时间后,乃转而进攻厦门,陷定海。以后又北上大沽,要挟清廷,提出割地、赔款、通商等种种无理要求,战争形势急转直下。本来就动摇不定的道光帝看到英国侵略军的战舰在大沽海面耀武扬威,立刻气短,下令将林则徐撤职,另派琦善为钦差大臣、署两广总督,到广东与英军谈判,英国舰队撤回南返。

琦善到广东后,不做任何抵抗准备与积极的防御措施,反而对英国侵略者的种种无理要求一一允诺,企图委曲求和,苟且偷安。结果不但求和不成,反而致使英军突袭大角、沙角炮台,强迫琦善在英军拟定的《穿鼻草约》上签字,内容包括:割让香港岛、赔偿烟价600万元、恢复广州通商、英军退出定海等。但琦善未得到道光帝答复,始终不敢签字。双方僵持不下,而英军已用武力强占了香港岛。

当陈澧北上会试行至杭州时,形势已发展演变到此地步。师生二人谈起时局,不免唏嘘长叹,黯然伤情。陈钟麟对陈澧说:"此事今人不能办,今人但能办有旧案之事,此事无旧案也。当知诸史即旧案,为官不可不读史。"② 陈澧认为此言十分中肯,连连点头称是,努力将恩师教诲铭记心中。时杭州大雪,陈澧仍冒雪游览西湖,一路赏景。雪中西湖别是一番风韵,令人心旷神怡,十分惬意。陈澧在《题林和靖画像》(原注辛丑小除夕)诗中自注道:"今年正月游西湖,大雪,欲登孤山不果。"③ 辛丑即道光二十一年(1841)。

离开杭州,陈澧北上至扬州,去拜谒仰慕已久的学界泰斗阮元。

时阮元已退休回籍,寓居扬州大东门福寿庭宅。阮元是广东朴学的先导,是清代广东学术文化的开山鼻祖和奠基者,因此广东士人对他十分感激崇敬。阮元离开广东后,仍十分关心广东的学术文化情况,与广东名士耆宿

---

① 王钟翰点校:《清史列传》卷七十三,中华书局1987年版,第6050页。
② [清]陈澧:《记师说》,《东塾集》卷二,光绪十八年(1892)刻本,第31页。
③ 汪兆镛辑:《陈东塾先生遗诗·补遗》,1931年刻本,第53-54页。

张维屏、林伯桐、吴兰修、曾钊等人仍保持联系，音书往返不断。此次陈澧拜谒阮元，即是受张维屏之托，转带书信及其著作，并顺致问候请安。阮元在回复张维屏信中，也曾提及此次造访：

> 兰甫到扬，寄来《经字异同》，收到，此书尚须订补。尊著《国朝诗人征略》，此书甚好，必传。如有续刻，便中寄一部来。尚有诸家别集及近人所撰，应续入者甚多，路远无由奉寄耳。月亭诸公，同此道候。生病，左足艰于行动，衰老日甚，兰甫亲见者也。草此数行，顺候近祉不具。南山年兄足下，生阮元顿首。①

这是陈澧第一次拜谒阮元这位如雷贯耳的经学名臣、海内儒宗。作为后生晚辈和再传弟子，陈澧对阮元充满了敬慕崇拜和高山仰止之情，他十分庆幸自己能够有机会一睹这位学界泰斗的风采，视为无上光荣。

告别阮元，离开扬州，陈澧一路舟车征程，径自北上，抵京师，寓阎王庙街地藏庵。

但会试结果又是落榜报罢，这已是第四次失败了。发榜后，陈澧出都南归，心绪黯然，有《齐天乐》词，题云：

> 辛丑春试报罢出都，驿柳万条，惹人鞭镫。时乡关烽火，音书杳然，困顿轮蹄，吟情久废，偶倚横竹，以荡愁魂。②

陈澧久不填词，此番遭此落魄，又逢时局纷乱，故抑郁愤懑，只好借吟词来宣泄排解了。

此时正值鸦片战争一波三折，风云突变之际。在陈澧离开杭州赴京会试的短短二三个月时间里，战争形势发展更快，也更加险恶。

原来英军胁迫琦善签订允割香港、赔偿巨款的《穿鼻草约》后，道光帝闻之龙颜大怒，不予批准，并下令锁拿琦善解京，宣布对英开战，任命宗室奕山为靖逆将军，从四川、湖南、贵州、江西、湖北等省调集军队1.7万人

---

① 见〔清〕张维屏：《花甲闲谈·来书》卷十六，道光刻本，第15页。
② 〔清〕陈澧著，黄国声主编：《陈澧集》一，《忆江南馆词》，上海古籍出版社2008年版，第648页。

开赴广东。英军获悉清政府调兵遣将前来广东的消息，乃先发制人，乘奕山未到广州之机，进攻虎门炮台，提督关天培英勇殉国。英军攻陷虎门炮台后，又溯江而上，长驱直入，兵临广州城下。奕山到达广州后，虽指挥各省援军进行反击，无奈其昏庸无能，轻举妄动，结果大败而归。英军占领了城西的泥城、城北的四方炮台等重要据点，架炮日夜轰击。在这样的形势下，奕山被迫求和，签订了屈辱的《广州和约》，和约规定：外省军队撤离广州200余里；赔偿英军赎城费600万两，赔偿商馆等损失；英军退出虎门……传来的是一连串战败失利、令人扼腕丧气的消息。会试下第的沮丧，奔波劳累的疲惫，变化莫测的时局，个人前途的渺茫，以及对家乡亲人的担心思念，种种愁绪涌上心头，难以名状，陈澧一筹莫展，忧心忡忡，陷入无可奈何的悲痛忧伤之中。

陈澧离京南归，途经杭州，四月十五这一天，乃夜游西湖。陈澧对西湖有一种特殊的钟情与喜爱，每次经过，只要有可能，不管是大暑或大雪，也不论是白天或夜晚、晴天或雨天，他都要挤出时间去游览一番，细细体味，以尽兴致，乐此不疲。多年以后，他曾在诗中写道："杭州西湖六七到，晴雨雪月尽其妙。"① 就是这种钟爱依恋情结的真实流露。

陈澧匆匆南归，五月抵家，"时阖家避乱犹在佛山沙坑村"②。战后，广州城里一片混乱，断垣残壁，弹痕累累，遍地狼藉。陈澧给在京师的好友梁国珍写信，描述了他的所见所闻：

> 时复周步城闉，踟躅闾左，巨炮鳞叠，废垒云颓。囊沙塞路，委道旁者成山；飞炮过檐，坠屋角者如斗。奸民纵火则城阓为焦，悍卒食人则沟水犹赤。谈者变色，见者怵魂，兵燹之余，不可说也。③

虽然家人饱受逃难惊恐之苦，但令陈澧宽慰的是，全家人均平安无事，家庭财产未受到直接损失，自己心爱的书籍文稿也完好无损，这真是不幸中

---

① ［清］陈澧：《沈伯眉属题丰湖秋泛图》，汪兆镛辑：《陈东塾先生遗诗》，1931年刻本，第23页。
② 见汪宗衍：《陈东塾先生年谱》，《近代中国史料丛刊》第77辑，第26页。
③ ［清］陈澧：《与梁玉臣书》，［清］陈澧著，陈之迈编：《东塾续集》卷四，《近代中国史料丛刊》第77辑，第144页。

的万幸了。鸦片战争的爆发，尤其是广州战役，对于承平日久，长期过惯安宁、富裕、悠闲生活的文人士大夫来说，不啻一声惊雷，算是他们首次遭受的一大劫难。不幸的是，这仅仅是以后一连串动荡变乱的开始。

三、《切韵考》

第四次会试失败后，陈澧回到广州，继续学塾教书生涯，同时抓紧时间努力著书立说。这一时期的学术著述进展比较顺利，《说文声表》完成不久，另一部著作《切韵考》也大体告竣。该书是研究古代切语的专著，也是陈澧的一部成名力作。

所谓切语，又称反切，是汉语的一种传统注音方法。它是利用两个汉字来拼注一个汉字的注音，如："夸，苦瓜切。""夸"为被切字，"苦"为切上字，"瓜"为切下字。上一个字代表所注字的声母，下一个字代表所注字的韵母和声调。"所谓反切者，盖反复切摩而成音之义也。"①

学者们一般都认为三国时期魏国人孙炎（字叔然）是用反切来注字音的第一人，"自孙叔然始为反语"②。魏晋南北朝时期，音韵学流行，著作纷出，学者如林，成就斐然。隋代陆词（或作慈，字法言）参酌古今南北之音，著《切韵》五卷，用反切法给每个汉字注上音，定上韵，成为一部完整标准的注音字典。因此，陆法言是切韵学的集大成者，巍然大宗；《切韵》一书，乃隋唐以前古音韵的一大总结，是中国音韵学史上的经典名著。

唐末沙门守温，受西域梵学影响，始创立三十六字母，分为"等子"（韵母）、"字母"（声母）之名。后世不少学者昧于见闻，对学术史不甚了然，据此认为中国切语之学出自西域。清代学者钱大昕、戴震持不同意见，起而辩之，认为字母即双声，等子即叠韵，实齐梁以来旧法，为中国所固

---

① ［清］李汝珍：《音鉴反切总论》，引自张世禄：《中国音韵学史》上册，商务印书馆1998年版，第122页。
② ［清］陈澧：《切韵考序》，［清］陈澧著，黄国声主编：《陈澧集》三，《切韵考》卷首，上海古籍出版社2008年版，第1页。

有。陈澧十分赞同钱、戴二人的观点,他说:

> 《颜氏家训》云:"孙叔然创《尔雅音义》,是汉末人独知反语。至于魏世,此事大行。自兹厥后,音韵锋出。"此所述音韵之学,出于反语,而溯源于孙叔然所创,最为明确,后儒亦无异说。①

陈澧是"反切起源于中国"论的坚定支持者。他还认为,守温三十六字母,"虽由梵学,其实则据中土切音。然音随时变,隋以前之音至唐季而渐混,字母、等子以当时之音为断,不尽合于古法"②。即隋以前之音,异于唐季之时,二者有较大差距,这是钱、戴二位学者所未详及的。陈澧认为自己在这一点上有独到之处,省悟超越前人。对此,他不无得意地写道:"隋以前、唐以后音变,昔人未知,余独悟之耳。"③

总之,陈澧认为,切语旧法,当求之陆法言《切韵》。他编撰《切韵考》的目的,就是恢复陆法言《切韵》一书的原貌。这与当时学术界流行的尚古、复古的风气是相趋一致的。

陈澧早有表彰孙炎、陆法言开创切语之功的心愿,他写道:

> 古人创始之功,后人日用而不知。如许氏之《说文》、孙炎之反语是也。《说文》不作,则但有《急就》之属,无部居之分别,则无《玉篇》以下诸书,而识字难矣;反语不作,有读若之音,无双声、叠韵之区域,则无《切韵》以下诸书,而知音难矣。自魏晋至今,人能识字,皆许氏之教;人能知音,皆孙氏之教也。作者之谓圣,许氏之作《说文》,虽谓之文字之圣可也。孙氏作反语,虽谓之音韵之圣可也。近儒皆尊许氏矣,孙氏之功,澧窃欲表章之。④

---

① [清]陈澧著,黄国声主编:《陈澧集》三,《切韵考》卷六,上海古籍出版社2008年版,第218页。

② [清]陈澧:《切韵考序》,[清]陈澧著,黄国声主编:《陈澧集》三,《切韵考》卷首,上海古籍出版社2008年版,第1页。

③ 桑兵主编:《续编清代稿钞本·东塾遗稿》第84册,广东人民出版社2009年版,第458页。

④ 黄国声选录:《东塾读书论学札记》,[清]陈澧著,黄国声主编:《陈澧集》二,上海古籍出版社2008年版,第407页。

孙氏不显，陈澧欲为之大力表彰宣传，认为是自己的责任。孙氏无书传世，陈澧著《切韵考》，表彰陆法言，隐然也有彰显孙氏之意。

不仅如此，陈澧编撰《切韵考》的原因，主要还是实用。他认为，"盖治小学者必识字音；识字音，必习切语。故著为此书，庶几明陆氏之学，以无失孙氏之传焉"①。又说，"仆所以必著此书者，小学本为识字，然目睹其字而口不能读其音，谓之识字可乎？若但讲读若、读如，而不识切语，是犹识篆书而不识楷书也。仆近日惟欲写定所为书，此外一切置之，悲苦之中，亦颇有所得，此自知之而不能言之者也"②。宗旨意图十分明确。

但《切韵》一书早已亡佚，如何恢复它的原貌呢？陈澧认为，可以依据北宋初年陈彭年等奉敕编撰的《广韵》来着手。他说："澧谓：切语旧法，当求之陆氏《切韵》。《切韵》虽亡，而存于《广韵》。"③ 他认为，"宋陈彭年等纂诸家增字为《重修广韵》，犹题曰陆法言撰本。今据《广韵》以考陆氏《切韵》，庶可得其大略也"④。《广韵》是我国现存最完整、使用价值最高的韵书，《广韵》本于《切韵》，这是没有疑问的。陈澧说："《广韵》平上去入二百六韵，必陆氏《切韵》之旧也。"⑤ 正是强调二者的相同。但《广韵》又与《切韵》有一定的区别和距离，这也是不能否认的事实。陈澧看出《广韵》是后人在《切韵》分韵的基础上增字而成，他认为只要删除后人增加的字，就可以恢复《切韵》的本来面目和大致体例。循此思路，他创造了著名的"系联法"。

所谓系联法，即根据双声、叠韵的运作原理而归纳分类处理声母、韵母的一种方法。陈澧在《切韵考·条例》中概括说："切语上字与所切之字为双声，则切语上字同用者互用者递用者，声必同类也……切语下字与所切之

---

① ［清］陈澧：《切韵考序》，［清］陈澧著，黄国声主编：《陈澧集》三，《切韵考》卷首，上海古籍出版社2008年版，第2页。

② ［清］陈澧：《与赵子韶书六首》，《东塾集》卷四，光绪十八年（1892）刻本，第28页。

③ ［清］陈澧：《切韵考序》，［清］陈澧著，黄国声主编：《陈澧集》三，《切韵考》卷首，上海古籍出版社2008年版，第1页。

④ ［清］陈澧著，黄国声主编：《陈澧集》三，《切韵考·条例》，上海古籍出版社2008年版，第2页。

⑤ ［清］陈澧著，黄国声主编：《陈澧集》三，《切韵考》卷三，上海古籍出版社2008年版，第12页。

字为叠韵，则切语下字同用者互用者递用者，韵必同类也。"①

切语上字同用者如冬，都宗切；当，都郎切：同用都字。互用者如当，都郎切；都，当孤切：都当二字互用。递用者如冬，都宗切；都，当孤切：冬字用都字，都字用当字。

切语下字同用者如东，德红切；公，古红切：同用红字。互用者如公，古红切；红，户公切：红公二字互用。递用者如东，德红切；红，户公切：东字用红字，红字用公字。

以上便是系联法在归纳整理上字（声母）与下字（韵母）方面的基本原理及具体运用。陈澧进行系联的结果是得到的声类为四十个，得到的韵类共有三百一十一个。四十声类与唐末守温三十六字母的不同是，三十六字母的明、微两母合为一个声类，照、穿、床、审、喻五个字母各分为两类。三百一十一韵类，与宋代等韵图的分类也有不小出入。

陈澧的这个思路是否正确？方法是否科学？结论是否令人信服？对此，后世学者给予了基本的肯定，但同时也指出了陈澧的一些错误与不足。

首先，陈澧生前不可能见到存世的几种《切韵》残卷。20世纪以来，唐本韵书不断有所发现，如敦煌写本《切韵》残卷三种（通称《切一》《切二》《切三》），以及王仁昫《刊谬补缺切韵》残本三种（通称《王一》《王二》《王三》）等。其中，故宫博物院宋濂跋本王仁昫《刊谬补缺切韵》（即《王三》）是迄今为止所发现的最完整的《切韵》版本，最为珍贵。这使后人研究《切韵》比之陈澧仅仅依靠《广韵》而言，有了更可靠的文献资料支撑与更有利的条件依据。将今日所见之唐写本韵书，与陈澧《切韵考》相对照比较，则觉陈澧之说犹有未妥之处，即从《切韵》残卷来看，《切韵》与《广韵》的分部是有所不同的，《切韵》韵部的次序和《广韵》也有些不同，四声各类的分部也不是完全相应。

其次，陈澧的"系联法"确为一客观、科学的方法，但《广韵》反切中的实际情况并非那么简单，而是存在许多其他非规范、不合常轨、错综复杂的情况。如果说"同用者""互用者""递用者"三个基本条例为"正例"的话，那么，对于用"正例"不能解决的一些问题，陈澧又辅以"变例"，

---

① ［清］陈澧著，黄国声主编：《陈澧集》三，《切韵考·条例》，上海古籍出版社2008年版，第2－3页。

试图对此加以解决。由于在"正例""变例"的关系上不能正确处理,不能完全遵守他自己定下的原则,"或以变例乱正例,或以类隔淆音和,义例不明,故劳而少功"①,陈澧得出的结论并没有得到后来学者的完全认可。

虽然有以上缺陷、错误及不足,但后世学者都十分重视陈澧的研究工作,公认《切韵考》为中国音韵学研究不可多得的杰作。近代著名学者周祖谟著《陈澧切韵考辨误》一文,专门辨析《切韵考》存在的错误,是迄今为止批评《切韵考》最为具体详尽、最为权威的专篇。周祖谟在文中推崇陈澧说:

> 以言音韵,辨析毫发,淖入肌理,若婺源江氏之长于审音,休宁戴氏之精于考辨,犹未深虑及此。②

周祖谟认为陈澧在音韵学研究方面的成就超过清代著名学者江永、戴震,这是十分客观、公正的评价,陈澧确能受之无愧。

大致而言,陈澧《切韵考》一书,其学术价值和贡献主要表现在两方面。

第一,对《切韵》系统的声母首次进行了整理。陆法言《切韵》只涉及了韵部、调类(四声),还没有涉及声母。中国最早归纳出声母系统的是唐末僧人守温,他首先创造了三十字母,以后经宋人加以整理增益,便成了传统的三十六字母。但三十六字母是后起的东西,比韵书产生要晚,字母的创制不完全以《切韵》《广韵》等所代表的音系为根据,两者之间是有差距的,可是宋元时期一直没有人对《切韵》系统的声母进行整理,直到陈澧关注,这种情况才彻底改变,《切韵考》的意义就在这里。③

第二,创造了著名的"系联法",被后世学者奉为不二法门。在中国音韵学史上,"系联法"是陈澧的独家发明,后世学者一致认为它是"创造性的""著名的""完全正确""对汉语音韵研究做出了重大贡献""比较科学的"等,评价极高,众口一词,并无异议。

---

① 周祖谟:《陈澧切韵考辨误》,《问学集》,中华书局1981年版,第522页。
② 周祖谟:《陈澧切韵考辨误》,《问学集》,中华书局1981年版,第517页。
③ 丁启阵:《音韵学》,程裕祯主编:《中国学术通览》,北京语言学院出版社1995年版,第201页。

而且，陈澧的反切"系联法"的意义不限于对《切韵》音系的归纳。作为一种从反切归纳音系的方法，它为后人开创了一条研究韵书音系的新途径，系联法成了音韵学研究的基本方法之一。如黄淬伯《慧琳一切经音义反切考》、白涤洲《集韵声类考》、刘文锦《洪武正韵声类考》等，都是仿效陈澧以系联法作为基本手段归纳音系的。对此，近人张世禄评论说："陈氏这种切语系联的方法，纯粹是采取客观的归纳，颇为近代构拟某种音韵系统者所取法。"①

《切韵考》大体完成后，并未马上付刻，而是不断地修改补充、斟酌完善。陈澧对于该书下过许多功夫，付出了长时间、艰苦的劳动。在其与好友、门人的书信以及随笔札记中，有不少涉及该书的写作编撰情况。如在与好友徐灏信中，陈澧说："近又复理故业，如切韵□□之类，欲从头修改一过，便以付梓。"②"从头修改"，可见工作量之大，也可见他认真严谨的著书态度。在其他地方，又说自己在编撰《切韵考》时，"惟以考据为准，不以口耳为凭，必使信而有征，故宁拙而勿巧"③。"宁拙勿巧"，透露出他著书的艰辛及一丝不苟的精神。陈澧弟子桂文灿回忆说："壬子、癸丑间，会试后留寓京师，番禺陈先生嘱觅麻沙小字本《广韵》。时询贾人，博访朝士，多不知也。"④壬子、癸丑即咸丰二年（1852）、三年（1853），陈澧搜求麻沙小字本《广韵》，显而易见，正是为修改增订《切韵考》之用，将其作为参考。

---

① 张世禄：《中国音韵学史》下册，商务印书馆1998年版，第308页。
② ［清］陈澧：《与徐子远书二十一首》，［清］陈澧著，陈之迈编：《东塾续集》卷四，《近代中国史料丛刊》第77辑，第181页。
③ ［清］陈澧：《序》，［清］陈澧著，黄国声主编：《陈澧集》三，《切韵考》卷一，上海古籍出版社2008年版，第1-2页。
④ ［清］桂文灿：《经学博采录》卷四，王大隆辑：《辛巳丛编》，1941年排印本，第15页。

四、越台词社与大挑二等

自明代以来，由于经济的快速增长和长期的承平富庶，广东尤其是广州士大夫结社吟咏之风盛行一时，经久不衰。明代广州最著名的诗社便是南园诗社，南园前后五先生，享誉海内，与有明一代相始终，为粤人所津津乐道。降及清代，此风不减，如清初之西园诗社、东皋诗社，清中期之晚成堂诗社、懒圈四子诗社，等等，故乾隆《番禺县志》云："广州好为诗社，迨今犹盛。"① 嘉道以后，此风不减，方兴未艾，或云："道光间广州多诗社。"② 可见一斑。

岭南多诗人少词人。陈澧年轻时也十分爱好词，自称"余素好为词"③，兴之所到，也偶尔为之。道光二十三年（1843），许玉彬、黄玉阶发起，邀陈澧、谭莹、桂文耀、沈世良、徐灏等人于学海堂创建越台词社，月凡一会，觞咏为乐。对于填词，陈澧有一些自己的见解。他说：

> 余少日偶为小词，桂君星垣见之曰："此诗人之词也。"自是十余年不复作，或为之，岁得一二阕而已。去岁黄君蓉石、许君青皋邀为填词社，凡五会，而余仅成二词，两君谓余真词人也。此三君皆工词而其言如此。盖词之体与诗异，诗尚雅健，词则靡矣。方余学为诗，故词少婉约，今十余年，不学诗久矣，或可以为词欤？然亦才分薄耳，昔之诗人工词者岂少耶！④

---

① 乾隆《番禺县志》卷十七《风俗》，第4页。
② 宣统《番禺县续志》卷二十《人物志三·国朝》，第33页。
③ ［清］陈澧：《景石斋词略序》，［清］陈澧著，黄国声主编：《陈澧集》一，《东塾集外文》卷三，上海古籍出版社2008年版，第373页。
④ ［清］陈澧著，黄国声主编：《陈澧集》一，《忆江南馆词》，上海古籍出版社2008年版，第643页。

陈澧 评传

"诗尚雅健,词则靡矣。"这是陈澧对诗与词不同风格的大体界定,与流行的观点并无二致。但陈澧认为自己因为学诗而词少婉约,不学诗时便可以为词,即诗、词难以兼容,这可能是带有陈澧个人色彩的独特看法。

越台词社第一、二会,陈澧都应邀参加,均有词作。词社第三会在城西光孝寺西廊诃林举行,这一次陈澧虽然参加了,但未填词。醉中他仿赵子固水仙,画于好友沈世良团扇上,石宝田大令为补芝石。这一幅画虽未流传下来,但作画一事在沈世良诗文中有所记载。由此可知陈澧兴之所至,也偶尔挥毫戏墨,所画多水仙、兰竹、梅菊、山水之类。番禺潘光瀛有题陈澧画水仙诗,诗云:

> 成连一去陈思死,更有何人妙写真。今日半瓯残墨汁,天然貌出洛川神。

成连,谓春秋时著名琴师,传说伯牙曾学琴于成连。陈思,指陈思王曹植。此处成连、陈思,皆以喻艺术大师。又,广州河南海幢寺僧石夔也有题陈澧画山水七绝诗一首,诗云:

> 青峰高耸与云齐,流水潺潺绕石溪。寺隐寒松烟翠里,横桥疏柳夕阳低。

从以上二首题咏诗中大致可以推知,陈澧所画乃纯文人风格,喜以水仙比喻洁身自好,以兰竹自拟清高傲骨,以山水寄托归隐遁世,意境皆秀逸出尘,绝世脱俗,与他的人品、性格、气质完全一致。但陈澧并非专业画师,作画只是个人爱好而已,所谓"经师余事,可想见老辈风致"[①]。

但越台词社不久因俗客阑入,竞设盛馔,冠盖赫然,大失文人雅趣,不得已只好罢散。词社前后凡五会,因集所为词为《越台箫谱》,刻梓刷印。陈澧有两首收入其中:一为《凤凰台上忆吹箫·越王台春望》,一为《绿意·苔痕》。两首词均为应景之作,虽无深刻的用意,但格律精严,措辞醇

[①] [清]汪兆镛编纂,汪宗衍增补,周锡复点校:《岭南画征略》卷八,广东人民出版社1988年版,第183-184页。

雅，心思细密，大得行家赞赏，后一首有"讶看到、斜阳成碧"句，为时传诵。①

转眼又到了会试之年。道光二十三年（1843）冬，陈澧又一次启程北上，与李能定、章凤翎同行。次年春抵京，寓宣武门外上斜街番禺会馆。

但第五次会试又不中，大挑二等。所谓大挑，"清制，举人应会试三科不中后得赴大挑，亦入仕之一途也"②。大挑在会试后举行，拣选应考三次而不中的举人，由礼部分省造册，咨送吏部，派王大臣共同拣选。选取者分二等：一等以知县用，二等以教职铨补。大挑6年一次，人数名额按各省情况不同有一定比例。且大挑后未到任，告假回原籍再应会试者，准其会试。

陈澧四月出都，与李能定同行南归。行至扬州，再次拜谒阮元。关于这次拜谒，陈澧写道：

> 甲辰春，谒阮文达公于扬州。公赠以新刻《再续集》，有《镇江柳氏穀梁大义述序》，乃知海内有为此学者，为之喜慰。③

甲辰即道光二十四年（1844）。《再续集》指阮元文集《揅经室再续集》。陈澧从中了解到镇江柳兴恩已著成《穀梁大义述》一书，此书正好与自己所研究的内容相同，为此他感到十分高兴，可引为同志。这一次临别时，陈澧没有错过索要墨宝的大好机会，他请阮元为书"忆江南馆"横额，阮元欣然命笔，上款"兰甫请书"，下款"颐性老人"，右上角钤"颐性延龄"长方朱文印，款后钤"湖光山色阮公楼""癸卯年政八十"朱文方印二。"颐性"乃阮元80岁后自号。因陈澧先世江南金陵人，故请书此额以为斋名，又尝号"江南倦客"以寄思念之意。

此次扬州之行是陈澧最后一次向阮元拜谒请安，几年后，阮元以86岁高龄逝世。晚年，陈澧在向门人弟子讲述自己拜谒阮元时的情景时说："至

---

① 汪兆镛：《棕窗杂记》卷三，1943年排印本，第2页。
② 徐凌霄、徐一士：《凌霄·一士随笔》，《近代中国史料丛刊续编》第64辑，第965页。
③ ［清］陈澧：《柳宾叔穀梁大义述序》，《东塾集》卷三，光绪十八年（1892）刻本，第12页。

仪征谒阮太傅,拳拳于岭表之文风。年八十,犹读书不辍也。"① 对这位学界泰斗、一代儒宗表达了无限敬意。

辞别阮元,离开扬州,一路南下。由于接连几次会试失败下第的打击,陈澧心绪低落,觉得前途渺茫,心烦意乱,情绪极不稳定,故途中常与李能定发生争辩。至于争辩何事及其详情,二人均无相关记载,他人不得而知。但陈澧后来在札记中写道:"中年以前,为近时之学所锢蔽,全赖甲辰出都,途中与李碧舲争辩,归而悔之,乃有此廿年学问。"②

所谓近时之学,当指科举时文、帖括八股等。据此不难推测,二人争辩的不外乎功名利禄、仕途学问以及个人出处进退之事。在此之前,陈澧一直过分看重科举功名,以至于沉溺迷恋于其中而不能自拔。经过与李能定的争辩,陈澧忽然有所省悟,有所启发,萌生了绝意科举仕途、一心一意献身学术著述的志愿,领悟到"后退一步天地宽"的深刻含义。虽然旅途中的这次争辩并没有立刻促使陈澧下最后的决心,但无疑对他转换思维角度和改变人生方向触动很大。从这一点来看,与李能定的争辩是一件大事,所以陈澧一直记得清清楚楚。

李能定(1797—?),字碧舲。广东番禺人。道光十七年(1837)举人。学海堂首届专课肄业生。生平笃志力学,遇义所当为而不辞劳瘁。居南海之佛山,授徒数十年,循循善诱,贫者不受束脩,转助以膏火,成才甚众。顺德李文田曾执经门下。李能定工诗画,性澄淡,厌嚣争,治家严,与物无争。会试下第南归,到家赋诗云:"如天一路平安福,权作春风及第还。"③其旷逸如此。陈澧曾聘其"在澧家教家侄等读书"④,二人关系之密切可知。

但陈澧就没有如此散淡的心绪和旷逸的情怀。陈澧的性格与李能定有所不同,虽然二人都比较恬淡,但陈澧恬淡之中还包括不懈追求和隐忍执着的成分。此次下第南归,陈澧决定顺道去江宁省墓,同时拜访一些远亲族人。祭扫祖茔是陈澧多年的一桩心愿,但此次江宁之行,他也有散散心、放松放松,借此疏解抑郁、烦闷的目的。

---

① [清]文廷式:《纯常子枝语》卷二,赵铁寒编次:《文芸阁(廷式)先生全集》第五册,《近代中国史料丛刊续编》第14辑,第3页。
② 《陈兰甫先生澧遗稿》,《岭南学报》1931年第2卷第2期,第164页。
③ 宣统《番禺县续志》卷二十《人物志三·国朝》,第16页。
④ [清]陈澧:《东塾读书记》卷八,中华书局1936年《四部备要》本,第5页。

"江南佳丽地,金陵帝王州。"作为六朝古都的南京,龙盘虎踞,气势确实不凡,陈澧为自己祖籍之地优越的自然地理位置和雄伟气势感到由衷的自豪。这是陈澧第一次到南京,除省墓拜访远亲外,还借机畅游了莫愁湖、小仓山、秦淮河、雨花台诸名胜古迹,登临凭吊,抚今追昔,发思古之幽情。但落第失败的阴影挥之不去,像幽灵一样缠绕不清。陈澧心绪不能安宁,恍然不定,若有所失,江宁之行表面上十分惬意欢畅,但并不能抚慰消除会试失意带来的隐痛和抑郁。

离开金陵,陈澧一路南下,离家乡越近,心情越是烦闷复杂,别样滋味哽在心头,所谓"剪不断,理还乱"。此次落第南归途中,陈澧填词多首,如《甘州》《百字令》《齐天乐》《满庭芳》《浣溪沙》《鹊桥仙》等。多年来陈澧填词甚少,而此次却一反常态,幽思泉涌,不可遏止。追溯起来,主要原因恐怕是连续五次会试的失败,令陈澧伤心至极,动摇了他一直以来深信不疑的根本信念,一时彷徨迷惑,不知所措,无限忧愤、愁思、苦楚无处排解,只好借填词来宣泄抒发,以消缓烦憹。如《齐天乐·十八滩舟中秋雨》上阕云:

倦游谙尽江湖味,孤篷又眠秋雨。碎点飘灯,繁声落枕,乡梦更无寻处。幽虫不语,只断苇荒芦,乱垂烟渚。一夜萧萧,恼人最是绕堤树。①

词尚婉约凄恻,最能表达陈澧会试落第后的蹉跎失意和羁旅情怀。故此次南归所填之词,都浓浓涂抹着一层抑郁、无奈、忧伤、失落的色彩,哀怨悱恻,百般化解不开。归途行至江西赣州,百无聊赖,陈澧在舟中编辑整理前所为词,汇为一集,并序云:

……今年下第归,行箧书少,铅椠遂辍,江船雨夜,稍稍为词以销旅愁。时方以广文待选,取杜诗语题之曰《灯前细雨词》,并旧作都为

---

① [清]陈澧著,黄国声主编:《陈澧集》一,《忆江南馆词》,上海古籍出版社2008年版,第649页。

一卷。甲辰新秋，章贡舟中识。①

章指章水，发源于江西崇义县聂都山。贡水一称东江，又称会昌江，上游称绵水，发源于福建武夷山。二水至赣州汇合为赣江。所谓"广文待选"，指大挑二等以教职铨补而言。《灯前细雨词》是陈澧生前所编的唯一词集，以先世为金陵人，凡道光二十四年（1844）以后所作，并为一卷，更名曰《忆江南馆词》。晚年复手自删定，遗命不付剞劂，存于家。直至1926年，曾孙陈之达乃付石印于山东济南。

此次下第南归，一路上滞留耽搁数月之久，直至入秋还在江西境界，可见他有意放纵自己，徜徉恣情于山水之中，以获取某些慰藉，来消除化解胸中的烦闷积怨。回到广州，已是八月中旬。从四月出都，至此，在路上整整消磨了四个月。归里后，好友梁廷枏来信慰问，陈澧复信云：

此行原不敢望巍科鼎甲，第以十年奔走，窃冀挑得一官，而此时县令殊不易为，不若广文冷官，转可痛饮高歌之乐，今竟得之，复何所恋而不为归计乎。或舍任秋闱获隽，亦未尝不可同赋北征，否则不作春明之梦矣。②

这封信，语气强作旷达放逸，但字里行间仍难以掩饰无可奈何的悲郁情怀。此时陈澧内心深处处于进退两难的极度矛盾之中。多年的科场失意使他心灰意冷，疲惫已极，促使他考虑拣选一闲散教职，终老此生；但实际上，他内心深处又不甘心，对科名仕途终究抱有些许期望，依依难舍，割不断最后这份情缘。

梁廷枏（1796—1861），字章冉，号藤花亭主人。广东顺德人。副贡生。历任澄海县教谕，广州越华、粤秀书院监院，学海堂学长。鸦片战争期间，粤督林则徐、祁墇、徐广缙等均聘梁廷枏入幕府，出谋划策，对其十分倚重。梁廷枏学问淹贯，著述宏博，而于史学尤精。著有《粤海关志》《夷氛

---

① [清]陈澧著，黄国声主编：《陈澧集》一，《忆江南馆词》，上海古籍出版社2008年版，第643页。

② [清]陈澧：《复梁廷枏书》，[清]陈澧著，陈之迈编：《东塾续集》卷四，《近代中国史料丛刊》第77辑，第195页。

闻记》等，皆闻名于世，久播艺林。梁延枏于陈澧为前辈，二人同年补为学海堂学长，时常宴游唱和，情谊在师友之间。

五、《汉书地理志水道图说》

第五次会试失败后，陈澧对科举功名的热情明显减退，故道光二十五年（1845）乙巳宣宗太后七旬万寿恩科、二十七年（1847）丁未正科二次会试，他均未北上参加。十余年的风尘奔波劳累，太多的失意、挫折、悲伤，使得陈澧心力交瘁，疲惫已极，他需要一段时间来恢复，放松调整。但他并非从此自暴自弃，消极颓废，无所事事，而是将主要精力倾注于自己所热爱的学术著述之中，以便从中获得某种安宁和慰藉。

因此，陈澧一面馆于狮子禅林，教授塾童读书，借以维持生计，一面着手重新捡起一度暂停的学术著述工作，加紧编撰。他首先编撰《穀梁春秋条例》，但进展缓慢，成效不大。乃暂时辍业，转而专注于编撰《汉书地理志水道图说》，而该书的编撰，起源于绘制历代地理图集。

陈澧年轻时对历史地理即有浓厚的兴趣，早有绘制历代地理图集的志愿，他写道：

> 仆弱冠时为历代地图不能成，至今以为憾。其后属章云轿为之，自西汉至北魏，郡县略具，而水道未备，此仆之《地理志水道图》所以作也。①

这段话，将陈澧撰著该书的来龙去脉讲得十分清楚了。

章凤翎，字云轿。广东番禺人。他是陈澧同父异母兄长陈清的女婿，故二人有一层姻亲关系。陈澧蓄志欲绘制历代地图，一直在留心搜集购求古今

---

① ［清］陈澧：《与桂皓庭书二十二首》，陈澧著，陈之迈编：《东塾续集》卷四，《近代中国史料丛刊》第77辑，第167页。

地理书籍与地图册，但由于其他各种事务的繁杂干扰，加之性不耐作细字，故此事一再拖延，并未着手进行。时章凤翎馆于陈澧家，教诸子侄读书。陈澧乃与之商量，将自己酝酿多年的著作意图告诉他，请其动手编绘。章凤翎听后欣然答应，立即着手进行，于是昼夜考察不倦，用心绘制，不到一年，两汉、三国、两晋、刘宋、北魏各朝诸郡县草图略具。

以后章凤翎因会试留寓京师，绘制古郡县地图的工作因而中断，时间大约在道光二十四年（1844）。但陈澧一直惦记此事，时时牵挂，不能忘怀。以后章凤翎自京师南还归里，陈澧向他索观图稿，但见蝇头细书，丹墨纷然，细致工整，深深佩服他立志之锐、用功之勤。十分可惜的是，章凤翎绘制古郡县地图的工作只进行了一半，并未全部完成，最主要的是没有绘制水道。

陈澧一向认为，考地理以水道为主，他说：

> 《禹贡》九州，自冀之外，八州皆先举山川为界，后又有导山、导水诸条，为地理之学者，当奉以为法。《汉书·地理志》言推表山川，正是此法……澧谓山水二者，又以水为主。盖二水之间，即知为山脊，明乎水道，即明山势矣。山水条理既明，然后考某水某山之东西南北，为某国某郡，则若网在纲矣。①

本此精神，陈澧决定"乃考《汉志》水道为之图说"，即增绘两汉水道，加以考证解说。但不考水道则已，一考才知问题牵涉广泛，纷纭烦琐，错综复杂，短时间内难以理清头绪。著述态度一向十分认真负责、细致严谨的陈澧，当然不会苟且马虎，敷衍塞责，他决心全力以赴，不将此问题彻底弄清楚决不善罢甘休。

在酝酿、准备撰著该书的过程当中，陈澧十分幸运地购买到三本内府地图，对其著述研究工作进展的推动与帮助很大。他说：

> 余昔为《汉书地理志水道图》，有以地图三本求售者。一为康熙内府图，一为乾隆内府图，皆刻本，一为道光时修《会典》地图写本。自

---

① ［清］陈澧：《东塾读书记》卷五，中华书局1936年《四部备要》本，第4页。

言其父昔为会典馆供事所得也,余买得之。①

按,明末清初,西方近代地理学知识经由传教士之手,开始传入中国。受此影响,中国的地理测绘技术获得了长足发展。康熙时,清政府曾命西方传教士白晋(P. Bouvet)、雷孝思(P. Regis)、杜德美(P. Jartoux)等人主持测绘全国各省地图,他们采用经纬图法,梯形投影,于康熙五十七年(1718)完成,名为《皇舆全览图》,包括全国总图和32幅(一说41幅)分省图和地区图。其测量虽不甚精密,并且西藏部分也有错误,但因经过大规模全面实测,其在中国地图发展史上是划时代的进步,是当时最先进、最科学的中国实测地图。乾隆时,又在康熙《皇舆全览图》基础上,订正了西藏部分错误,完成新疆测量工作,约在乾隆二十五年(1760)编绘成《乾隆内府舆图》,共104幅,内容较之《皇舆全览图》更为丰富精密。道光内府图写本当是在《乾隆内府舆图》基础上的进一步完善。陈澧拥有这三本当时最先进、最精确的内府地图作为参考,古今迁异变化,了然在目,可以一一寻其渊源脉络,"余著《汉志水道说》,亦多言盖今某某地"②。这对他从事地理考证研究,无疑是一个极大的帮助,也是一个极为有利的条件。

陈澧撰著《汉书地理志水道图说》,前后酝酿、准备时间比较长。至于正式写作,则是从道光二十六年(1846)开始,至二十八年(1848)撰写自序,前后凡3年,所谓"三历寒暑,定著斯篇"③。撰写序文表明该书已大体完成,但以后又经过多次修改、增删、润饰,直到咸丰三年(1853),陈澧才在《自记》中写道:"著《汉书地理志水道图说》七卷成。"④至于正式刻梓,又在两三年以后,可见前后延续近10年之久。

该书宗旨,陈澧在序文中讲得很清楚,他说:

---

① [清]陈澧:《记地图三本》,《东塾集》卷二,光绪十八年(1892)刻本,第32页。

② 桑兵主编:《续编清代稿钞本·东塾遗稿》第70册,广东人民出版社2009年版,第587页。

③ [清]陈澧:《序》,[清]陈澧著,黄国声主编:《陈澧集》五,《汉书地理志水道图说》卷首,上海古籍出版社2008年版,第255页。

④ 汪宗衍:《陈东塾先生年谱》,《近代中国史料丛刊》第77辑,第55页。

> 读史不可不明地理，考地理不可无图，澧尝欲为诸史地图而未能也。惟以地理之学，水道尤难，乃考《汉志》水道，为之图说，起于蒲昌，讫于黑水，自西而东，自北而南，刺取志文，编排次第，以今释古，著其源委，而略其中间，循班《志》之例也。①

该书七卷，卷一西北诸水，卷二东北诸水，卷三河水及入河诸水，卷四河南、江北诸水，卷五江水及入江诸水、江南诸水，卷六郁水及入郁诸水，卷七西南诸水。之所以如此安排，是因为中国地势北高而南下，西高而东下，故顺其自然之势。

陈澧对撰著该书下过苦功，不但时间前后长达近 10 年，而且大体著成后，又反复斟酌修改，不厌其烦地补充完善。在一段时间里，他甚至停下所有其他的读书著述工作，将全部精力集中倾注于此书，有诗云：

> 我近少读书，惟读地理志。十目乃一行（阮太傅语），不肯放只字。②

又在与友人信中说："澧近修改水道图，以古今各书逐条考核，尚未写定，汗青尚无日耳。"③ 而且在刊梓之后，发现有错误，马上改刻。他给弟子的信中写道："拙著水道图说第一卷，今付工改刻，内有不妥者，甚矣著书之难，见□君时宜告以此非定本。"④ 即可见他著书之专注与精勤。由于拥有当时最科学、最精密的内府地图作为参考依据，陈澧在考证西汉水道时拥有前人无法企及的优势，故他的学术研究成果自然胜人一筹，更为权威。"其图以内府地图为本，虽缩大为小，而长短有度，方位不差，汉地、今地相并书之，庶使览者开卷了然矣……盖自有我朝地图，而《汉志》地理乃可得而

---

① ［清］陈澧：《序》，［清］陈澧著，黄国声主编：《陈澧集》五，《汉书地理志水道图说》卷首，上海古籍出版社 2008 年版，第 254 页。
② ［清］陈澧：《读书饮酒醉后得诗又五首》之一，汪兆镛辑：《陈东塾先生遗诗》，1931 年刻本，第 19 页。
③ ［清］陈澧：《与徐子远书二十一首》，［清］陈澧著，陈之迈编：《东塾续集》卷四，《近代中国史料丛刊》第 77 辑，第 182 页。
④ ［清］陈澧：《与桂皓庭书二十二首》，［清］陈澧著，陈之迈编：《东塾续集》卷四，《近代中国史料丛刊》第 77 辑，第 154 页。

说也。"① 此外，该书虽然考证繁博，但并不流于芜冗，而是在繁博之中体现了简约，纲举目张，有条不紊。陈澧弟子黎永椿对此评论说："先生著此书，考索极博，而采取甚约，惟以简明为主，使读者一览而得。"② 这个写作特点，正体现了陈澧一贯主张坚持的"事繁文省，旨晦词明"和"以浅持博"的学术著述宗旨。

考证精详、事繁文省，是《汉书地理志水道图说》的两个鲜明特点，但该书的长处远不止此。黎永椿写道：

> 先生著成此书，未见洪氏颐煊《汉志水道考证》，颇以为憾，后乃得之，其书亦编排班《志》之文，其序与先生之序又有略同之语，先生称之，以为实获我心。永椿取其书与此书比而观之，其中大有舛错者：如沽水、治水，同在今天津入海，相距甚近，南籍端水、呼蚕水、弱水、谷水、松陕水、濯水、泥水，则皆在甘肃境，而洪氏以此七水置之沽水、治水之间……盖不绘图，故编排舛错而不自知，远不及此书之精密。以此益知为地理之学，不可无图也。③

《汉书地理志水道图说》每卷终附图一幅，图文并茂也是其特点和优长之处。但该书的主要学术贡献，集中体现在两方面。

其一，详于平原水道变迁，有廓清之功。陈澧在序文中说："两山之间有水，两水之间有山，山川相间，古今无改，若究其曲折，则有国朝齐氏《水道提纲》，按籍可考。惟水行平土，湮变遂多，是用钩稽本志，证以《水经郦注》，备详其故渎焉。"④ 也就是说，平原地区水道古今变化最为错综复杂，考索难度也最大，其中尤以京师以南至淮北水道平壤，即华北、黄淮大平原上水道，古今湮变最多，如滹沱河、滹沱别河、滹沱别水等尤为纠

---

① ［清］陈澧：《序》，［清］陈澧著，黄国声主编：《陈澧集》五，《汉书地理志水道图说》卷首，上海古籍出版社2008年版，第254－255页。
② ［清］黎永椿：《目录后谨识》，［清］陈澧著，黄国声主编：《陈澧集》五，《汉书地理志水道图说》，上海古籍出版社2008年版，第260页。
③ ［清］黎永椿：《目录后谨识》，［清］陈澧著，黄国声主编：《陈澧集》五，《汉书地理志水道图说》，上海古籍出版社2008年版，第261页。
④ ［清］陈澧著，黄国声主编：《陈澧集》五，《汉书地理志水道图说》，上海古籍出版社2008年版，第254页。

纷，屯氏河、屯氏别河、清河、张甲河等尤为混杂，周水、类水、縻水、壶水等尤为茫昧。陈澧乃钩稽本志，得其故渎，能正郦道元以后众书之误，在此方面有超越前人之功。

其二，注重边疆地区水道，纠正前人之失。陈澧在序文中特别指出："若夫边徼僻远之域，川渠交络之区，昔之考据，恒多阙误，今所审定，岂免致疑，乃加自注，以明己意，然亦不为博辩以求胜前人也。"① 即今天四川、云南、贵州、广西等省区水道，以前属于边陲荒远之地，昔人考证存在许多错误讹舛。陈澧利用文献地志参考互订，纠正了不少前人过失，皆能明其故道之所在。例如，陈澧当时考豚水、郁水，不得夜郎、毋棳所在，废书而叹者累月，其后以地图水道排比钩稽而竟得之。对此陈澧门人桂文灿感慨地说："盖自班氏撰志千余年来无人问津者，沉霾幽僻，一旦疏通，言水道者叹观止矣！"②

由于陈澧呕心沥血，倾注了大量时间和精力，该书精密翔实，多发前人所未发，故刻梓问世后，即获得学界一致赞誉，交相推崇。莫友芝称其"穿贯古今，海内无匹"③，曾国藩读后"服其精博"④，皆非虚誉，而是出自内心之言。《汉书地理志水道图说》是陈澧正式刻梓刊布的第一部学术专著，也是他的成名之作。

诚然，陈澧此书并非尽善尽美，无懈可击，自有它的历史局限和不足之处。以后吴承志在陈澧《汉书地理志水道图说》的基础上，作《汉书地理志水道图说补正》，于陈澧所未备者补之，其疏舛者纠正之，又广征古籍，参稽众说，审辨班固《汉书·地理志》原文之讹。如此一来，基本弄清楚了《汉书·地理志》所载水道的情况。吴承志（1844—1917），字祈甫，号逊斋，又号横阳。浙江钱塘人。光绪二年（1876）举人。官浙江平阳县学训导。著有《今水经注》《山海经地理今释》《逊斋文集》《横阳札记》等。

《汉书地理志水道图说》大体完成之后，绘制历代地图集的任务又提上

---

① [清]陈澧著，黄国声主编：《陈澧集》五，《汉书地理志水道图说》，上海古籍出版社2008年版，第254页。

② [清]桂文灿：《经学博采录》卷四，王大隆辑：《辛巳丛编》，1941年刻本，第13页。

③ 汪宗衍：《陈东塾先生年谱》，《近代中国史料丛刊》第77辑，第99页。

④ 《曾国藩全集·日记三》，岳麓书社1989年版，第1617页。

日程，陈澧欲将此任务交给自己的弟子桂文灿去完成，他给桂氏写信说：

> 仆弱冠时为历代地图不能成，至今以为憾。其后属章云辑为之，自西汉至北魏，郡县略具，而水道未备，此仆之地理志水道图所以作也。云辑既久不为此学，邹特夫云欲为之，今不知其所成若何。然昔闻其自明代逆溯而上，鄙意以为如此则尤不易成耳。今仆之图粗已写定，用此绘西汉地图甚易，由此而顺考东汉以下，势若破竹。星南劝仆为之，然仆为此数年，目力已昏，今欲属之吾弟，以钱献之地理志，注章云辑地理志郡县图，及仆之地理志水道图，合而裁之为西汉地图，凡钱氏、章氏之失，仆既稍稍正之，仆之失则有望于弟之正之也。由此而绘东汉以后，使历代具备，则真为千古绝作，凡读史者必有乐乎此也。①

此事在道光三十年（1850）前后。此前桂文灿绘有朱墨字《春秋地图》及《地图说》册，大得陈澧赞赏，"叹吾弟真有著书才"②，故陈澧特地与之商量，欲由其完成之。但由于各种原因，桂文灿未曾动手，此事便无下文。

按，自北宋税安礼作《历代地理指掌图》后，直至清末，传世的木刻本历代地图集不下十余种，这个数量不能说太多。清代编绘历代地图集是学术研究的一个重要趋势，从事于此者颇不乏人，较著者有道光间李兆洛《历代舆地沿革图》、同治间厉云官《历代沿革舆图》及宣统间杨守敬《历代舆地图》等。陈澧发起倡议、章云辑草绘的《古郡县图》，比厉云官、杨宁敬早，大约与李兆洛同时，因此陈、章可称为清代从事历史地图编绘、研究的先驱者。

值得一提的是，在撰著《汉书地理志水道图说》的过程中，陈澧连带所及，触类旁通，还有一些意外的学术著述收获，是为副产品。

◎《考正德清胡氏禹贡图》一卷

陈澧购得的康熙、乾隆二朝内府地图，皆为民间罕有之物，故其十分得

---

① ［清］陈澧：《与桂皓庭书二十二首》，［清］陈澧著，陈之迈编：《东塾续集》卷四，《近代中国史料丛刊》第77辑，第167－168页。

② ［清］陈澧：《与桂皓庭书二十二首》，［清］陈澧著，陈之迈编：《东塾续集》卷四，《近代中国史料丛刊》第77辑，第168页。

意。一日他忽然有所感触：何不据以为本，先为《禹贡图》，以正国朝学者胡渭之误？

胡渭（1633—1714），字朏明，号东樵。浙江德清人。清代经学家、地理学家。笃志经义，尤精舆地学。曾与修《大清一统志》，任分纂。所撰《禹贡锥指》二十卷，是研究中国古代地理沿革的重要参考书。《四库全书总目提要》评称："宋以来……注《禹贡》者数十家，精核典赡，此为冠矣。"①

陈澧认为，自古至今说《禹贡》者，当以胡渭的《禹贡锥指》一书最为详善，但该书仍有不少缺陷。因为考古地理必以当时地图为据，胡氏著书当康熙之初，其时内府地图犹未颁布，乾隆地图更远在其后。胡渭所据皆明代以前地图，不能精确，故其所为《禹贡图》也多不精确。另外，《水经注》一书不可能无误，而胡渭悉依据之；加之其时《水经注》未有武英殿校本，经注混淆，胡渭也不能分辨；而且胡渭既依据郦道元注，则于郦注错误不能通者，也不免迁就，恐有所据地图不误而胡渭改之而误者。凡此种种，都说明《禹贡锥指》一书有重新订正修改的必要。陈澧在序中说："澧既读内府地图，又考得郦书之误，乃取胡氏图订正之。凡胡氏之说不误而其图位置不确者，移而置之。胡氏据郦书为图而郦书实误，及胡氏自为说之误，皆改而正之。"陈澧特别声明，自己并非专意揭发攻击前人的错误、短处，"诚以胡氏之书为千古绝作，不欲其留此遗憾，非掎摭前人之短也，且使读《禹贡》者披此图可以今日地图并观焉，而易明也"②，表明了他著书谦虚坦诚的公心。

《考正德清胡氏禹贡图》草创粗成约在道光二十七年（1847）丁未，而正式刊刻却在同治二年（1863），中间相隔16年之久。且刊刻时乃署长子陈宗谊之名，陈澧又将前序删去，另作序文，殆以陈宗谊曾助绘图，遂署其名。序曰：

> 余既得康熙、乾隆地图，绘成《汉书地理志水道图》，遂欲为《禹贡》图，而眼昏不能绘矣。乃为条例，使儿子宗谊绘之，未及成而宗谊

---

① [清]永瑢等撰：《四库全书总目》卷十二，中华书局1981年版，第103页。
② [清]陈澧：《考正德清胡氏禹贡图序》，[清]陈澧著，陈之迈编：《东塾续集》卷二，《近代中国史料丛刊》第77辑，第43页。

死，今补缀以成完帙，刻之，以附吾书之后焉。同治二年二月陈澧书。①

但王先谦《皇清经解续编》收录此书，仍署陈澧撰。

◎《水经注西南诸水考》三卷

研究考证中国古代地理，学者们历来公认《水经注》是一部必不可缺的经典、权威著作。陈澧在编撰《汉书地理志水道图说》的过程中，尤其依靠《水经注》一书，不可一日或缺。但在阅读、参考过程中，他发现该书存在不少错误，特别是在西南诸水方面，错误讹舛更多，于是，重新考订、纠正西南诸水错误的想法油然而生。

陈澧在《牂牁江考》一文中说："《汉志》无牂牁水之名，郦氏误读《汉志》耳……郦氏北朝人，未谙南方水道，故其书于今云贵两广诸水多不合。"②又说："郦道元身处北朝，其注《水经》，北方诸水大致精确，至西南诸水，则几乎无一不误。"③于此可见《水经注》错误的严重程度。

《水经注西南诸水考》三卷，主要考证青衣水、温水、㾕水、若水、淹水、沫水、叶榆水、存水等诸篇注文之谬，又连带及于江水篇之注。该书格式，顶格为经文，低一格为郦注，再低一格为考证之文。凡郦注之谬，"条而辨之，既正以今日水道，复就郦《注》为图，俾览者晓然，于其差谬而弗相沿焉"④。序文作于道光二十七年（1847）二月，表明该书此时已大致完成。但该书于陈澧生前并未付刊，直至光绪中才由广雅书局首次刻梓问世。

由于此书专为纠正郦道元书中错误而发，因此陈澧一再声明："盖郦君之书，讲水道者固宜奉为鸿宝，然于郦君之误说，墨守而沿袭之，以误后

---

① [清]陈澧：《考正德清胡氏禹贡图序》，[清]陈澧著，黄国声主编：《陈澧集》五，《汉书地理志水道图说》（附考正德清胡氏禹贡图），上海古籍出版社2008年版，第379页。

② [清]陈澧：《牂牁江考》，《东塾集》卷二，光绪十八年（1892）刻本，第10－11页。

③ [清]陈澧：《水经注西南诸水考序》，[清]陈澧著，黄国声主编：《陈澧集》五，《水经注西南诸水考》卷首，上海古籍出版社2008年版，第450页。

④ [清]陈澧：《水经注西南诸水考序》，[清]陈澧著，黄国声主编：《陈澧集》五，《水经注西南诸水考》卷首，上海古籍出版社2008年版，第450页。

人,不可也。"① 仍然本着实事求是的精神和谦逊低调的态度,这是陈澧一贯的思想作风。

◎《水经注提纲》四十卷

《水经》一书,相传出于汉代钦桑。北魏郦道元为之注,征引繁博,遂成名著。自明至清初,该书唯朱谋㙔校本行世,其文与诸古书所引往往不合,颇有改窜,不但舛谬层出叠见,错简漏简更有多至四百余字者。盖明人学问寡陋,又喜率意改书,已成风气。因此之故,清初阎若璩、顾祖禹、胡渭诸儒,最号精博,而其引据《水经注》,恒多舛谬。乾隆年间开四库馆,戴震从《永乐大典》所载《水经注》加以校辑,排缀成编,而郦书始有善本,这就是著名的《水经注》四库馆校本。

虽然如此,戴氏《水经注》校本仍然注文征引繁博,川渠交错,支派纷纭,杂厕骈罗,寻省不易。对此,陈澧开始萌发新的写作思路:

> 以为水道者,地理之最要者也。因取四库校本,于注文所言诸水,依次钞录。而每水自为一条,使此水与彼水,其文不相连接。条列之中,又以水之大小为之等差,如《河水篇》,则注言河水者,与注文平写;而入河之漓水、洮水、湟水,则低河水一格;而诸小水之入漓、洮、湟诸水者,则又低一格;其余诸水,以此类推。而注中纪载名胜、摹绘风景之语,则双行夹注,附于每水之下。②

显而易见,这是将《水经注》一书,依照"纲目体"的体裁格式,重新编排改写,变其体例结构。如此一来,纲举目张,有条不紊,学者读之,可以一览而明。所以此书虽属改写,并无考证功夫,但匠意独运,令人耳目一新。

陈澧在文章或读书札记中,曾多次提到自己的这部著作。他写道:

---

① [清]陈澧:《水经注西南诸水考序》,[清]陈澧著,黄国声主编:《陈澧集》五,《水经注西南诸水考》卷首,上海古籍出版社2008年版,第450页。
② 桑兵主编:《三编清代稿钞本·陈澧事实》第108册,广东人民出版社2010年版,第527-528页。

> 仆昔年所抄《水经注》未有名，今定其名曰《水经注提纲》，将来删去记事写景之语，则易刻矣。①
>
> 昔所抄《水经注》，名曰《水经提纲》，或避讳曰《郦注提纲》。然何必避，以此字非余所题也。删去记事及写景语，乃易刻。②

所谓"避讳"云云，当指清代著名学者齐召南撰有《水道提纲》二十八卷，与陈澧所撰书名雷同。但齐氏之书专叙水道源流分合，与陈澧重新编排改写的《水经注》，在内容、体例、宗旨、结构上并不重复。陈澧晚年在《自述》一文中，讲到自己著作情况时明确指出："……其余有《说文声表》十七卷，《水经注提纲》四十卷……"③ 表明该书已经完成。但在陈澧生前，《水经注提纲》始终未能付刻。陈澧去世后，光绪末年，该书曾交广雅书局开雕，后因循未果。今稿本也不知藏在何处，更不知尚存人间否，实为遗憾。

---

① ［清］陈澧：《与赵子韶书》五首，《东塾集外文》卷五，［清］陈澧著，黄国声主编：《陈澧集》一，上海古籍出版社，2008 年，第 472 页。

② 黄国声选录：《东塾读书论学札记》，［清］陈澧著，黄国声主编：《陈澧集》二，上海古籍出版社 2008 年版，第 388 页。

③ ［清］陈澧：《自述》，［清］陈澧著，黄国声主编：《陈澧集》二，《东塾读书记》卷首，上海古籍出版社 2008 年版，第 11 页。

第四章　与科举仕途诀别

一、邹伯奇与徐灏

清人有言曰:"国朝师儒之为学也,皆得力于师友,渊源有自,故能卓然有所成就。"① 这种情况陈澧自不能例外,他曾赋诗云:

生世有天幸,师友偏多贤。谈艺得捧手,抒情时拍肩。性拙本寡交,交辄金石坚……②

陈澧师友,包括了前述陈钟麟、陈鸿墀、程恩泽、张维屏、侯康、桂文耀、杨荣绪等人,而道光、咸丰之际,他的交游范围更加广泛,其中以与邹伯奇及徐灏二人之关系最为密切,最为重要。

邹伯奇(1819—1869),字一鹗,又字特夫。广东南海人。少聪敏绝人,数岁入塾,于《朱子集注》能略通大义。稍长,于诸经义疏无不研究。会戴熙督学,试广属文童,问音韵源流,伯奇所对独详赡,洒洒千言,遂拔进邑庠。嗣后闭户覃思,于声音、文字、度数之源,无不洞达,"而尤精于天文、历算,能萃会中西之说而贯通之,为吾粤向来名儒所未有"③。邹伯奇曾经自

---

① 徐珂:《清稗类钞》第八册,中华书局2003年版,第3577页。
② [清]陈澧:《读书饮酒醉后得诗五首》之三,汪兆镛辑:《陈东塾先生遗诗》,1931年刻本,第19页。
③ 同治《南海县志》卷十八《列传·文学》,第10页。

言:"余自童年,九数之学,既禀承庭训。"① 而据谭宗浚《荔村随笔》载,南海梁序镛"生平于算学不甚深,而藏算学书甚多。邹特夫伯奇少年曾从受业,故于算学粗通涯略,后始融会中法之书妙通微奥,而其始实公导之也"②。这里清楚交代了邹伯奇治学的渊源背景。

陈澧认识邹伯奇是因为看了他写的一篇文章。陈澧说:"昔余未识特夫,见所作《戈戟考》,知其精通算术,乃定交焉。"③ 二人是因为兴趣爱好一致而结识、交往的,是纯粹的学问之友。相见之初,二人即谈学问,谈算学。邹伯奇告诉陈澧,《墨子》经上、经下二篇有算法,此为中国算书之最古者,且西方算法多与之同。陈澧听了以后将信将疑,二人拿书共观,果然如此,相对拊掌。这一发现,使得陈澧对邹伯奇大为钦佩,另眼相待。时阮元正在编撰《畴人传》一书,陈澧打算写信告诉阮元,应将墨子补入《畴人传》中,后因阮元逝世,此事只好作罢。受邹伯奇启发,陈澧对《墨子》一书也产生了浓厚兴趣,钻研攻读,摘抄批注,曾著《读墨子》一文。梁启超在《墨经通解叙》中说:"吾乡先达邹(伯奇)、陈(澧)两先生,以西来之数学、几何学、力学相沟会悬证,为读此经者辟一新途径。"④ 即指此而言。

自订交后,陈澧与邹伯奇越谈越投机。二人志同道合,关系日益密切,遂成为挚友。二人时常见面,见面即谈论学问,谈论天文、地理、历算以及经史疏注,交流心得体会,互相探讨发明,引为至乐。关于他们切磋商量学问的情况,陈澧曾有所记载,他写道:

> (邹伯奇)又尝在余斋中论测日旧法未密,日光穿表端之孔而下为圆锥形,斜射平版而成椭圆,椭圆心非圆锥心,即非日心,乃创椭圆求圆锥心法。时梁南溟、侯子琴、徐子远同在座,三君与余皆疑圆锥斜截之面两端不等,非真椭圆也。余遂设数以算之,两端正相等。乃叹此法

---

① [清]邹伯奇:《学计一得自序》,陈建华、曹淳亮主编:《广州大典》第377册,广州出版社2015年版,第223页。
② 谭宗浚:《荔村随笔·书梁云门教授遗事》,王大隆辑:《辛巳丛编》,1941年排印本,第13页。
③ [清]陈澧:《邹特夫学计一得序》,《东塾集》卷三,光绪十八年(1892)刻本,第15页。
④ 梁启超:《墨子学案》附录三《墨经通解叙》,《饮冰室合集·专集之三十九》,中华书局1989年版,第84—85页。

为中西天算诸书所未及也。①

这段记载,既反映了邹伯奇在算学方面精邃的学识和过人的发明创解,又是陈澧与邹伯奇诸师友相与探讨析义、切磋砥砺的生动写照。

不止如此,邹伯奇又读书细,善思善悟,凡古书疑难诋脱千古不解者,能得其解,洞见弊源。陈澧写道,邹伯奇"尝告余曰,《大戴礼》说明堂所谓二九四七五三六一八者,皆当有图而记其数,横书之自左而右。及图亡字存,后人纵写之,自右而左,故错乱如此。且图有赤点、白点以记户牖,故曰,赤缀,户也,白缀,牖也,缀者点也。余为之惊喜"。不但陈澧听了惊喜,以后陈澧在京师,将此事告知镇江柳兴恩,他听了也惊喜,"录其说置怀袖间而去"②。

陈澧对邹伯奇的学问才能十分敬佩推崇,他在《默记》中写道:"人有恒言曰,学问渊博,博者固少,渊者尤少。嗟乎,吾安得渊者而与之游乎?其惟特夫乎?"③并赋诗云:

自我识邹生,如针得磁石。信读书千卷,不如话一夕。其形清且癯,目光不盈尺(短视)。偏能读古书,章句无钩棘。风神亦潇洒,仙鹤比标格。累月不过谈,一谈辄日昃。欲邀城北徐,与讲《三统历》。④

城北徐,指徐灏。从此诗中可以了解到二人交往的亲密无间,也可从中窥见邹伯奇的容貌风采之一斑。

陈澧对邹伯奇的敬重,并非表面上客套,泛泛虚誉,而是出自内心的真情流露。这一点,在他荐举邹伯奇为学海堂学长时,表现得最为诚挚,真切感人。学海堂遴选学长向来极为严格,而邹伯奇仅为一秀才,资格履历皆

---

① [清]陈澧:《邹特夫学计一得序》,《东塾集》卷三,光绪十八年(1892)刻本,第15页。
② [清]陈澧:《邹特夫学计一得序》,《东塾集》卷三,光绪十八年(1892)刻本,第15页。
③ 《陈兰甫先生澧遗稿》,《岭南学报》1931年第2卷第2期,第161页。
④ [清]陈澧:《读书饮酒醉后得诗又五首》之三,汪兆镛辑:《陈东塾先生遗诗》,1931年刻本,第20页。

浅。故当陈澧推荐邹伯奇时,有人表示怀疑不解。陈澧回忆说:

> 昔我谓特夫精学,不信者云,未必真精。我举特夫为学长,有问我者曰,特夫是你学生乎?我答曰,是我先生。其人笑问,何也?我答,我所不知者,特夫教之,非先生而何?①

陈澧长邹伯奇9岁,而称之为先生,能如此虚心推重,正好反映了陈澧品格为人的一个侧面。事实上,陈澧也是经常向邹伯奇询问请教一些专业知识方面的问题。现存陈澧书信文稿中也保留了一些痕迹。如《与邹特夫书》云:"昨读通典边防类,赤土国直厓州之南,便风十余日,经鸡笼岛至其国,所都冬至之日,影直在下。此今南洋何国也,祈示知。"② 这是询问请教地理问题的一例。又如,他在读书札记中,抄写《南齐书·天文志下》云:"建元四年六月丁酉岁星昼见。""永明元年七月壬午岁星昼见。"随手批注:"岁星何以昼见?问特夫。"③ 这是询问请教天文问题的一例。因此,后人在清检整理邹伯奇书稿信札时写道:"陈澧是广东有名的学者,但他许多工作都得到邹伯奇的帮助和支持,书信来往特多,其中多数是陈澧请邹伯奇给解决学术问题的,经伯奇后人于'辛丑春二月'整理的就有八十八封之多。"④

如果说陈澧与邹伯奇的交往交流偏重于天文、历算、地理之学,并且往往是陈澧从邹伯奇处获益良多的话,那么,陈澧与徐灏的交往交流则是另一番情景了。

陈澧与徐灏讨论商榷学术,比较集中于小学、音韵方面。而更为重要的是,二人经常讨论交流对当前学术状况、将来学术发展趋势的总体看法和意

---

① 桑兵主编:《续编清代稿钞本·东塾遗稿》第82册,广东人民出版社2009年版,第348页。

② [清]陈澧著,陈之迈编:《东塾续集》卷四,《近代中国史料丛刊》第77辑,第171页。

③ 桑兵主编:《续编清代稿钞本·东塾遗稿》第68册,广东人民出版社2009年版,第272页。

④ 李迪、白尚恕:《我国近代科学先驱邹伯奇》,广东省南海市政协文史和学习委员会、中共广东省南海市黄岐区委宣传办编:《南海文史资料》第三十五辑,2002年,第6页。

见。而其中，往往是陈澧借此机会，向徐灏倾吐自己内心深处的思想抱负，梳理、发挥、演绎自己对当前学术界末流积弊的观点以及对未来学术发展潮流的趋势展望。从这一点来看，与徐灏的交往，对陈澧个人未来的学术著述而言，显得更为重要、更为关键。

徐灏（1810—1879），字子远，自号灵洲山人。先世浙江杭州人，祖父辈迁广东，遂为番禺人。生有异禀，10岁而孤，读书读律皆有深识。先世习刑名之学，18岁时佐南海县幕，敏断过于老吏，由是迭佐名郡大邑，皆有能名。

徐灏虽为衙门幕府、刑名师爷，却笃好经史，以风节自励。少好为诗古文辞，年近30岁，始肆力于经训诸史百氏，博涉多通。与广州耆宿名儒张维屏、曾钊、谭莹、陈澧、邹伯奇等人交游唱酬，过从遂密。他是越台词社、西堂吟社的主要成员和热心参与者。他在《曾勉士学博暂寓三元道院与陈兰甫李碧舲两孝廉黄蓉石主事载酒访之余因留宿二首》之一诗注中说："是日勉士、兰甫辩论《水经》，碧舲讲《易》，余与蓉石赋诗。"[1] 反映的正是他与广州名流学者交游论学、互相切磋的生动一幕。谭莹序其《灵洲山人诗录》云："今读《灵洲山人诗集》若干卷，而窃叹其具万夫之禀，通四部之全，乃许兼材，皆臻绝诣。《颜氏家训》曰：'既有寒木，亦有春华。'徐君之谓矣。"[2] 陈澧也称："灏工诗，通六书九数，老师宿儒咸称之。"[3] 众口一词，交相推重，可知徐灏是当时广东文化群体中以刑名师爷资格参加游艺的独特一员。

在道咸之际，徐灏是陈澧最为要好的学友之一，二人曾经有过一段异乎寻常的亲密交往关系。这不但表现为徐灏常常在经济上接济陈澧，例如会试时馈赠路费、物品等，更重要的是，二人志同道合，兴趣爱好一致，谈论投契，彼此可以毫无保留地辩论商榷，交流意见观点和思想情感，互相切磋技艺，砥砺学行。陈澧的知交中能够达到如此程度者，除桂文耀、杨荣绪外，

---

[1] ［清］徐灏：《灵洲山人诗录》卷四，同治三年（1864）粤东省城龙藏街萃文堂刻本，第6页。

[2] ［清］谭莹：《灵洲诗录序》，［清］徐灏：《灵洲山人诗录》卷首，同治三年（1864）粤东省城龙藏街萃文堂刻本，第1页。

[3] ［清］陈澧：《广州府学生徐君墓碣铭》，《东塾集》卷六，光绪十八年（1892）刻本，第21页。

唯有徐灏了。而桂、杨二人长期服官在外，远在千里之遥，故尤显得徐灏的难能可贵。道咸之际是陈澧学术思想发生转变的重要阶段，其间，陈澧与徐灏交往频繁，通信数量较多，保留下来的也不少。从这些传世的书信中可以窥测，二人讨论的问题涉及范围十分广泛，巨细兼该，无所不谈。归纳起来，陈澧和徐灏热衷畅谈的学术议题，主要集中在四个方面。

第一，汉学已衰，应警惕陆学。

陈澧在与徐灏信中说：

> 又汉学风气已渐衰，将来宋学必兴，而人心浅躁，未必能为朱学，必讲陆学。陆学偏驳，其害不小，澧近删陆氏书，而存其精语，仿二程《粹言》之意，以为一书，预防其流弊，异时作一中流砥柱，亦未可知。言虽近夸，然儒者著书眼光须及上下数百年，此昔者吾友侯君模之教也，非弟无以发吾之狂言。

不久徐灏回信，谈了一些自己对当前及未来学术发展趋势的看法。陈澧复信，加以引申发明，他说：

> 来示云，百余年后，士不复区分汉宋，到此自是胜境，其流弊则有浅尝之病，过此以往，又不知作何补救之法。澧则谓此病已见，不待百余年后矣。今海内大师，凋谢殆尽，澧前在江南，问陈石甫江南学人，答云无有，在浙江问曹葛民，答亦同。二公语或太过，然大略可知，盖浅尝者有之，深造者未必有耳。①

第二，必须补好"小学功夫"。

汉学何以衰歇？陈澧认为一是时代使然，一是人心使然。他这样解释道："汉儒经学，至唐而衰。朱子之学，至明而衰。本朝诸儒之学，今已骤衰。盖博学于文，必勤其力而后能之。世愈降，则人心愈偷，好逸恶劳，故

---

① ［清］陈澧：《与徐子远书二十一首》，［清］陈澧著，陈之迈编：《东塾续集》卷四，《近代中国史料丛刊》第77辑，第173、174页。

此学易衰耳。"① 此外，欠小学功夫也是重要原因，陈澧分析发挥道：

> 夫以百年来诸儒提倡之力，而衰歇之易如此，推原其故，非尽时文之为害，此朱子所云欠小学一段功夫耳。我辈既无势力以振之，又不尚声华标榜，惟有著书专明小学一段功夫，以教学者，使其易入，或学者渐多，有可望也……如能补小学功夫，则汉学、宋学皆有基址，然后可以义理、考证合为一矣。②

第三，重视学术启蒙。

由欠小学一段功夫的讨论，两人的话题自然而然就转到学术启蒙、普及上来。在与徐灏的交往及书信之中，陈澧一再强调学术启蒙、学术普及的重要性，主张多编一些浅显的普及读本，推广通俗化的学术，使更多的初学者容易得门而入，以壮大学术队伍，繁荣学术文化。其时徐灏著有《象形文释》一书，陈澧认为该书可为学童讲授之本，真古人所谓小学，是理想的启蒙读物。但徐灏自己对《象形文释》一书很不满意，将之改编扩充为《说文解字注笺》。对此，陈澧信中说：

> 前索尊著《象形文释》，来书云已入《说文笺》，此书可覆瓿，怪澧欲存之，且谓以此启蒙，更当删节谨严。澧谓删节谨严是也，谓可覆瓿非也。且推吾弟之意，似轻视启蒙者，与澧所见不同，请得论之……夫学问之事，莫难于入门，既入其门，则稍有智慧者，必知其有味，而不肯遽舍，在乎教师宿儒引而入之，入门者多，则此道日昌，其能深造者为通儒，不能深造者亦知其大略，而不至于茫昧，而文学彬彬矣。故精深浩博之书，反不如启蒙之书之为功较大，而独恨百年以来，未有著此等书者也。且启蒙之书，又非老师宿儒不能为，盖必其途至正，其说

---

① ［清］陈澧著，黄国声主编：《陈澧集》二，《东塾杂俎》卷十一，上海古籍出版社 2008 年版，第 668 页。

② ［清］陈澧：《与徐子远书二十一首》，［清］陈澧著，陈之迈编：《东塾续集》卷四，《近代中国史料丛刊》第 77 辑，第 174 页。

至明，约而不漏，详而不支……①

第四，反对门户之争，主张汉宋调和。

对于学术界一向存在的汉学、宋学门户有别，互相攻讦，势同水火的争斗局面，陈澧一向持反对态度，厌恶各立门户的极端倾向，而主张汉宋调和。对此，他在与徐灏信中有初步的议论，他写道：

抑澧更有说焉。自宋以来，学术迭变，固由风气之转移，亦由门户之争竞，有争竞，故有兴衰，然门户之争，总不出孔门之四科。德行，道学传也，言语，文苑传也，文学，儒林传也，政事则大而将相，小而循吏传也。四科之人，皆天下所不可无，故孔门兼收而不偏废，尤不交争，争则有胜负，有胜负则必偏废，偏废则天下受其害矣。近著《四科论》一篇，以明此意，欲学者各因所长，以成其学。然言语、政事、文学固断不可无德行，而德行、言语、政事又断不能不由学而入，德行、文学，即宋学、汉学两派也。此两派者，其末流之弊，皆入于无用。然使四科之人，不交争而偏废，则空山之中，有一二腐儒，拱手而谈理学，埋头而治章句，皆大有益于世，无用即是有用，惟以一端，倡率天下，而靡然从之，则或为空疏，或为繁碎，不但无用且有害矣。鄙见如此，吾弟以为何如。②

按，四科之义，大致相当于专业分工的意思。陈澧从孔门四科之学的角度出发，来发挥、阐释他关于调和汉、宋之学的宗旨主张，这应该是最早见诸文字的记载。这表明其时陈澧开始摆脱传统汉学一味训诂、考证、笺释的束缚，开始向注重义理，注重宋学，进而向汉宋调和的方向转移。故他建议徐灏与自己一起多读宋儒之书，他写信给徐灏说："吾两人读书皆同，惟宋儒书弟未读。此不可少，又不宜再迟，盍及今读之。百年以来，专门汉学者

---

① ［清］陈澧：《与徐子远书二十一首》，［清］陈澧著，陈之迈编：《东塾续集》卷四，《近代中国史料丛刊》第77辑，第178－179页。

② ［清］陈澧：《与徐子远书二十一首》，［清］陈澧著，陈之迈编：《东塾续集》卷四，《近代中国史料丛刊》第77辑，第175－176页。

多不读此，亭林、百诗则熟读之矣。"① 显然，此时陈澧已有自觉跳出"专门汉学"的窠臼，独立走一条新的学术道路的意图。

陈澧经常毫无保留地向徐灏倾吐自己内心深处的一些思想观点，并得到徐灏积极而热情的回应和反响。这种深层次交流对于陈澧来说十分重要可贵，它对于此期间陈澧在学术著述方面的深邃思考，对于他形成自己一整套新的学术思路体系有积极的启发、推动作用，十分有益。

二、与魏源的交往及对龚自珍的批评

《南京条约》签订后，广东全境虽无直接的战争威胁，却长时间被租地、入城问题所困扰，群情激愤，局面长期动荡不安。道光二十七年（1847）二月，英国公使率英军船舰闯进省河，以武力威胁，要求入城和租地，于是广州士绅自发组织街约团勇，按户出丁，轮流巡缉，定期会哨，严阵以待，防止英人强行入城。二十九年（1849），英国公使文翰（Bonham）照会两广总督徐广缙，又提入城要求，结果"官绅谕城厢内外各街团练防堵，灯火戈铤，竟夜巡逻，求官司分往阅视者，络绎至十余万人。事竟寝，上大悦，赏赉有加，锡制府徐广缙子爵，抚部叶名琛男爵"②。同时，士绅373人皆咨部奖，有职者递进一阶，无则给以九品职。陈澧的许多师友姻亲，是此次反英人租地、入城斗争的活跃头面人物，大多受到褒奖，如好友梁廷枏，给内阁中书衔；陈澧妻兄潘正炜，恩赐花翎道衔等。

其时陈澧资历尚浅，未曾积极参与到斗争之中。但他并非置身事外，不闻不问，而是密切关心时局，注视事态的发展。他对国家大事的关心，可在其对魏源《海国图志》一书的评论中真切表现出来。

魏源（1794—1857），字默深。湖南邵阳人。道光二十五年（1845）进士。近代中国著名的思想家、史学家、文学家。他与龚自珍齐名，同属于主

---

① ［清］陈澧：《与徐子远书二十一首》，［清］陈澧著，陈之迈编：《东塾续集》卷四，《近代中国史料丛刊》第77辑，第186-187页。

② 同治《续修南海县志》卷三《舆地略·前事沿革表》，第6-7页。

张"通经致用"的今文学派代表人物。著有《海国图志》《圣武记》《元史新编》等。《海国图志》是中国第一部较系统地介绍世界各国地理、历史、政治、经济、文化等内容的新书,有世界地图和各国分地图,有枪、炮、船、水雷、望远镜等军事资料和图样,还有介绍地球、天文等自然科学的知识内容等。而卷首《筹海篇》四篇,则是纵论对付外国侵略者的方法、策略。该书在开拓中国人眼界,介绍世界地理形势以及富国强兵诸方面,产生了巨大的影响和推动作用,开风气之先。张维屏与魏源是旧交,正是张维屏最早向陈澧推荐阅读《海国图志》,这是陈澧与魏源交往的开始。

陈澧阅读了《海国图志》后,立刻被该书吸引,再三赞叹,并对作者表示了由衷的敬佩。他特地写了《书海国图志后呈张南山先生》一文,开首便说:

> 前者见示魏氏《海国图志》,读之三叹曰,魏君可谓有志之士矣!非毅然以振国威,安边境为己任,何其编录之周详,议论之激切如此哉!澧谓其书罗列荒远之国,指掌形势,可谓奇书。其所论则以调客兵不如练土兵,及裁兵并粮,水师将弁用舵工炮手出身诸条为最善,切实可行,真有用之言也。①

对魏源的忧国忧民,以天下为己任,以及提倡知己知彼、富国强兵的御敌建议策谋给予了充分的肯定,并大加推崇。

作为一个真诚正直的学者,陈澧并没有停留在泛泛虚誉上,他也对《海国图志》一书的不足之处提出了自己的不同意见和善意的批评,目的是"去其瑕正所以显其瑜,固厚待魏君之意也"。陈澧认为,魏源《海国图志》卷首《议守》《议攻》《议款》三篇中,最可议者即最值得商榷者莫如《议攻》篇中"以夷攻夷"之说。魏源主张借廓尔喀、俄罗斯、美利坚、法兰西等国之力助攻英吉利,陈澧认为此论有"未喻三""不可三",并详列论据,层层深入以申说自己的主张。

陈澧认为,要抵抗强敌入侵,最重要的在于"中国兵强乃能驱策四夷"。而要做到这一点,"为今之计,中国贵乎崇廉耻、核名实、刑政严明、赏罚公当,则可战可守,外夷自不敢欺"。一句话,当务之急在于治本,而非治

---

① [清]陈澧:《东塾集》卷二,光绪十八年(1892)刻本,第23页。

标,只有从培补正本入手,才能"国威已振,大患即除"①。这是陈澧所持的中心思想。

此外,陈澧还对魏源《议守》篇中"调水师不如练水勇""守海口不如守内河",以及《议款》篇中某些条款议论,都提出了自己中肯的批评意见。

陈澧是诚挚的、认真的,他所提出的某些批评意见,不乏真知灼见,有理有据,表现了他的深思熟虑和远见卓识。但不可否认,他毕竟是书斋型学者,没有从政经验和军事外交阅历,故所论所议有些终不免书生之见,纸上谈兵,失之迂阔。例如,他所提出的治本举措"崇廉耻、核名实、严刑政、明赏罚"等,在当时清政府腐朽已极,文治武备松弛无以复加,社会风气糜烂不可救药的情况之下,从何着手施行?又例如,他在文中认为林则徐勒令外商缴烟、出结,又令提督关天培击夷商之船以取败,又讳败为胜以见轻于外夷,故导致夷寇中国之激变,即认为林则徐在广东禁烟举措失当,操之过急是导致鸦片战争爆发的主因,就显然失之偏颇,有以偏概全之嫌,不符合历史事实。

道光二十七年(1847),魏源离开扬州到岭南游历。他在广州访问老友张维屏,也特地拜访陈澧。② 二人初次见面,一见如故,相见恨晚。在交谈之中,陈澧仍不忘《海国图志》的问题,对书中所说不妥之处,向魏源当面提出了自己的意见。出乎陈澧意料的是,早已享有盛名且比自己年长16岁的魏源,很虚心地听取了意见,并爽快应允改正不妥之处。陈澧后来写道:"后数年,魏君来粤,余以此书所说质之,魏君大悦,遂定交焉。并屡改《海国图志》之书,其虚心受言,殊不可及也。"③

咸丰元年(1851),魏源补任高邮州知州。高邮位于京杭大运河东岸,故次年陈澧会试落第,南归途中正好顺道拜访。旧友异地重逢,畅谈甚欢,学问著述当然是二人主要话题。当谈及魏源的另一部著作《诗古微》时,魏源连声说:"君勿复言,余自悔作此书之粗率也。"④ 既然如此,陈澧也不强

---

① [清]陈澧:《书海国图志后呈张南山先生》,《东塾集》卷二,光绪十八年(1892)刻本,第23-24页。
② 黄丽镛:《魏源年谱》,湖南人民出版社1985年版,第151页。
③ [清]陈澧;《书海国图志后呈张南山先生》篇末,《东塾集》卷二,光绪十八年(1892)刻本,第26页。
④ [清]文廷式:《纯常子枝语》卷二,赵铁寒编次:《文芸阁(廷式)先生全集》第五册,《近代中国史料丛刊续编》第十四辑,第3页。

人所难，因而避开话题，转而谈论其他。

魏源悔其《诗古微》之作，龚自珍也曾论及。其在与张维屏书信中写道："魏君源居忧吴门，其所著《诗古微》，颇悔少年未定之说，闻不复示人。"① 此信当写于道光十一年（1831）左右。

按，魏源所著《诗古微》《书古微》二书，后人批评很多，主要是认为他太主观，缺乏实证，"盖考据非其所擅，而新理解则时出也"②。如章太炎就认为，"魏源不得附常州学派。如说《诗》多出三家之外（以《小雅》'念彼共人'为厉王既放，共和摄位时作），说《书》不能守欧阳、夏侯（以黄道周《三易洞玑》说《洪范》），杂糅瞀乱，直是不古不今，非汉非宋之学也"③。陈澧也正是从汉学考据家的立场出发，欲对之进行驳诘疑问的。虽然如此，学界也有不同意见和声音，如梁启超评论说："前此治今文者，则《春秋》而已，至魏默深乃推及它经，著《诗古微》《书古微》。《诗》主齐、鲁、韩，《书》主欧阳、大小夏侯，而排斥毛、郑，不遗余力。由今日视之，其无谓亦甚矣。然一家之言，不可诬也。"④ 梁启超主要是从学术发展史角度肯定魏源的开拓性贡献，称之为"一家之言"。

二人不谈经学，于是改谈地理。魏源知道陈澧深于地理之学，有专著刻梓问世，所以他拿出自己的《禹贡说》手稿，请陈澧审阅批评。关于此事，陈澧后来写道：

> 昔邵阳魏君默深来广州，访余谈《禹贡》，甚相得也。其后君知高邮州，余会试不第，归访之。君所著《禹贡说》适成，出其稿曰，为我阅之，有误者驳而正之，明年以归我。是岁咸丰二年也。⑤

然而，陈澧并未参加咸丰三年（1853）的会试，乃托北上会试的同乡好

---

① ［清］龚自珍：《与张南山书》，见［清］张维屏：《花甲闲谈》卷六，道光刻本，第23页。
② 支伟成：《清代朴学大师列传》，岳麓书社1986年版，第391页。
③ 支伟成：《清代朴学大师列传》，岳麓书社1986年版，第6页。
④ 梁启超撰，夏晓红导读：《论中国学术思想变迁之大势》，上海古籍出版社2001年版，第126页。
⑤ ［清］陈澧：《禹贡说序》，［清］陈澧著，陈之迈编：《东塾续集》卷二，《近代中国史料丛刊》第77辑，第51页。

友金锡龄携其稿往交。不料金锡龄行至江西,因太平军正攻打南昌,交通阻断,只好返回。咸丰七年(1857),魏源逝世。陈澧藏其稿10多年,直至同治六年(1867)才由广东盐运使方浚颐出资刊刻以传。陈澧在序中满怀深情地说:"人言君性傲,然属余阅其书乃谦甚。余念之不忘……"① 陈澧与魏源的这一段友谊,从另一侧面反映了魏源的精神风貌,也可视为晚清学术史上可资谈助的一则佚闻掌故。

而与魏源齐名的龚自珍,陈澧则始终无缘与他谋面交往。陈澧在手批《定庵初集》中写道:

> 余在京师时,吴虹生约与定庵共饮而未果;过杭州,曹葛民邀同访之而不遇;未几定庵死矣,遂未谋面。睹其文如见其人耳。②

《定庵初集》刻于道光三年(1823),是龚自珍早期文章的汇辑。陈澧阅读该书,并随手在上面写下了一些眉批评语,这些评语当写于龚自珍道光二十一年(1841)去世以后。

通观陈澧所写的眉批评语,否定多于肯定,贬斥多于褒扬,下面摘录片段,以见一斑。

[《平均篇》]

何苦为此。元遗山所谓鬼画符,归震川所谓文理不通。

定庵之文,病在膺古,有此病根,故章法句法字法无不受病。

[《皇朝硕辅颂二十一首》]

骈体如此,竟可不作,且如此大题,非胡稚威,谁能作乎?其次则袁简斋、洪稚存耳。

稚气。(按,指文中"天佑圣清,笃生硕辅"至"有论道之忠"。)

[《徐尚书代言集序》]

文章最忌浮艳,俗人不知则赏之耳。

---

① [清] 陈澧:《禹贡说序》,[清] 陈澧著,陈之迈编:《东塾续集》卷二,《近代中国史料丛刊》第77辑,第51页。

② 管林:《陈澧和他的"定庵文评"》,《文教资料》2000年第1期,第134页。

衙门必作牙门，不得谓之古，直当谓之陋。（按，指文中"自大小牙门百执事"。）

只几个"自珍又曰"，便以为古雅耶？（按，指文中"自珍又曰：康熙中，……"一段。）

[《与徽州府志局纂修诸子书》]
此篇所论是也。

[《资政大夫礼部侍郎武进庄公神道碑铭》]
作僭伪衰帝王诬周孔，乃可以济天下乎！

人人诋《古文尚书》，则偏欲翻案，欲翻案而不能，则借口于上书房讲授以为说，定庵之意如此而已。

[《农宗》]
如上篇《送夏进士序》乃是文章，此篇则吾不知也。

如此渊渊夜思，真有心人也。惜无人告以不如读书，读书则议论乃有实际，胜于为此游谈无根也。

[《家塾策问一道》]
定庵为此文，以示其曾读段氏书耳。

定庵盖识等韵故云尔，抑知等韵乃其末流，儒者所当知者魏晋以来之双声叠韵也。段茂堂所刻戴氏《声韵考》，论之甚明，定庵岂未之见耶？抑以佞佛之故，推尊等韵也。

[《答人求墓铭书》]
此定庵之文之佳者。
此所讥甚当。

[《西域置行省议》]
凡府名有州字者，皆由州升为府者也。定庵未知之也。

桂星垣告余，昔时问定庵，大风扬沙，所设衙署皆掀翻，则如之何？定庵笑曰：不过作文章云尔。

[《拟进上蒙古图志表文》]

此等当是定庵所长，惜不见其书也。但有所长便佳，何必说经讲小学作骈体文，强作解事乎？

[《五经大义终始论》]

以孔子至圣但为《易传》，七十子以下，至汉之大儒，所著者《礼记》《春秋传》《书大传》《诗传》《外传》，从无总五经之义以著论者，但观此题，即知其全无学问，直狂妄而已。

此之谓不知量。

凡人学问浅深，当有自知之明。读书十年廿年，潜心研究，就其所学，以为文章，或高或下，总有可取。若动于客气，欲以虚诞欺人，当知不可欺者不少，适为所笑而已。此学者之大戒也。

……①

可见，由于学术思想、见解的不同，陈澧于龚自珍所为文章多不以为然，痛诋其失，批评得体无完肤，毫不客气。主要是认为他读书不多，学问肤浅，文辞浮躁，好扬才露己，狂妄自大。此手批《定庵初集》为私人读书札记，并非公开正式著述，故陈澧可以毫不隐讳自己的真实想法，畅所欲言，坦率陈词，借此也可折射出陈澧对于当时学风、文风以及对于学界名流、风云人物的真实态度。陈澧是一位态度严谨、传统的、典型的汉学家，而龚自珍却是一位慷慨论天下事，但开风气不为师的今文经学派代表人物，二人的差别是明显的。

对于今文经学派的学风文风，晚清著名学者李慈铭因魏源《古微堂外集》而发的一段议论最具代表性，其曰：

自道光以来，经学之书充栋，诸儒考订之密，无以复加。于是一二

---

① 引自管林：《陈澧和他的"定庵文评"》，《文教资料》2000年第1期，第135—139页。

心思才智之士，苦其繁富，又自知必不能过之，乃创为西汉之说。谓微言大义汩于东京以后，张皇幽眇，恣意妄言，攻击康成，土苴冲远，力诋乾隆诸大儒，以为章句饾饤，名物繁碎，敝精神于无用，甚至谓海夷之锢，粤寇之乱，酿成于汉学。实则自便空疏，景附一二古书，寱语醉謷，欺诳愚俗。其所尊者，《逸周书》《竹书纪年》《春秋繁露》《尚书大传》，或断烂丛残，或悠谬无征，以为此七十子之真传，三代先秦之古谊。复搜求乾、嘉诸儒所辑之《古易注》《今文尚书说》《三家诗考》，攘而秘之，以为此微言大义所在也。又本武进庄存与之说，力尊《公羊》，扶翼解诘，卑《穀梁》为舆皂，比《左氏》于盗贼。盖几于非圣无法，病狂丧心。而所看之书不过十余部，所治之经不过三四种，较之为宋学者，尚须守五子之语录，辨朱、陆之异同，其用力尤简，得名尤易，此人心学术之大忧，至今未已也。魏默深才粗而气浮，心傲而神狠，于学无所得，乃遁而附于常州庄氏，其臆决穿谈，固无待驳辨也。①

李慈铭所论，可以帮助后人理解陈澧对龚自珍文章尖刻、辛辣、无情批评的时代背景。而陈澧的批评没有超出学术的范畴，与政治立场、改革思想并无关系牵连。

三、河源县学训导

道光二十九年（1849）正月，陈澧选授河源县学训导。恰好第二年又是会试之年，是赴河源县学训导任还是继续参加会试呢？陈澧面临抉择，感到左右为难。

应该说，县学训导并不是一个令人十分满意的美差，但好不容易熬了几年才候选上，此时若主动放弃，终有些可惜。正当陈澧瞻前思后、犹豫不决

---

① 徐珂：《清稗类钞》第八册，中华书局2003年版，第3825页。

之时,他忽然想起去年除夕收到好友桂文耀寄来的一首长诗,诗云:

> ……我望君一第,揽辔登云逵。未第君何伤,天马不可羁。从此又别去,折尽杨柳枝。我亦守郡出,昆陵江之湄。江海一水通,焉得苇航之。转眼又会试,迟君慰渴饥。或者开制科,诏试宏博词。南下五色云,举首非君谁……①

桂文耀在诗中极力怂恿陈澧去参加会试,并称之为"天马""举首",这是真正的知心好友才会吐露的肺腑之言。好友的期望是一种激励、鞭策,是一片真情厚意,不可辜负。因此,经过一番权衡比较之后,陈澧决定暂停河源之行,到县衙递呈告病假,欲俟明年方赴考验。乃于是年冬,又启程北上会试,与张瑞墀、冯焞如同行。抵京,寓番禺会馆。

此次京师会试期间,陈澧结识了两位著名学者,值得一提。一位是柳兴恩,另一位是莫友芝。

柳兴恩(1795—1880),字宾叔。江苏丹徒人。道光十二年(1832)举人。为人敦朴纯谨,勤力劭学。所撰《穀梁春秋大义述》三十卷,阮元大赏之,许以为扶翼孤经,并亲自为之作序。陈澧多年以来治《穀梁》而无成效,拜读阮元序后,乃知海内有治此学的学者,为之喜慰,乃向柳兴恩写信求索其书拜读。柳兴恩如命寄赠,陈澧读后,叹其精博,心仪已久。故此次在京师,二人一见如故,遂订交。柳兴恩将自己新刻的《穀梁大义述》一帙相赠,并嘱请为序,陈澧欣然应允。陈澧对柳兴恩评价极高,他曾赋诗说:"元始春秋学,寥寥二百年(本朝诸儒无专治《穀梁春秋》者,宋元明不必论矣)。大师今屹起,空谷喜跫然……"②将友人推称为"大师",于陈澧实不多见。

莫友芝(1811—1871),字子偲,自号郘亭。贵州独山人。家穷嗜古,喜聚珍本书,爱通苍雅故训,六经名物制度,旁及金石目录。自道光十一年(1831)辛卯举于乡,其后连岁走京师,朝贵争欲罗致,必慎择其可,否则婉谢之。陈澧与莫友芝相晤于琉璃厂书肆,在此之前二人早已闻名相思,垂

---

① 汪宗衍:《陈东塾先生年谱》,《近代中国史料丛刊》第77辑,第42页。
② [清]陈澧:《寄柳宾叔同年》,汪兆镛辑:《陈东塾先生遗诗》,1931年刻本,第18页。

慕已久，遂订交，二人友谊维持多年。以后莫友芝投曾国藩幕下，深为后者倚重，此是后话。

但第六次会试陈澧又以落第终。其时候补京堂张锡庚奏请复开博学鸿词科，仿清初之制，以搜访山林遗老才学之士。陈澧将出都，临行前向座师翁心存辞行，翁心存极力挽留，他对陈澧说："吾当具疏特荐子。"后部议格不行，事遂寝。①

南归途中，路过清江浦，陈澧特地拜访老友桂文耀。时桂文耀任淮海兵备道，知陈澧将至江宁省墓，特地为书一函，嘱江宁县出告示禁侵毁陈氏族墓，对此，陈澧从心底里感激不尽。多年以后，陈澧在札记中写道：

> 我所见之人可称为介者，郑小谷也。
>
> 桂星垣官淮海道时，余会试过而访之，星垣赠余程仪，余不受。星垣曰，不见数年，君愈介矣。
>
> 星垣、郑小谷与余所谓同志，曰友也。②

"程仪"，也称"程敬"，指旧时赠送旅行者的财礼。郑小谷、桂星垣，包括陈澧自己，品德上都属于狷介一流，所以是同志，是好友。

回到广州，已是七月。会试中举希望的又一次破灭，使陈澧不得不认真考虑河源县学训导这一职位。加之学使年底将按试惠州，如不赴任，将会引起诸多麻烦。经过慎重考虑，陈澧决定赴任。他写信给好友徐灏说："学使按试惠州，澧当赴任。"③ 故于道光三十年（1850）十一月二十日，赴河源县训导任，暂时谋一教职。

河源在广州东北 400 余里处，时为偏僻贫穷的山区小县。清制，学政岁时按临，周行各府，各府所属生童，齐集府城参加考试。故陈澧一上任，第一件事就是至惠州送考。

惠州旧名归善，位于东江和西枝江交汇处。历史悠久，名胜众多，其中

---

① 《国史儒林传采进稿》，《东塾集》卷首，光绪十八年（1892）刻本，第 2 页。

② 桑兵主编：《续编清代稿钞本·东塾遗稿》第 82 册，广东人民出版社 2009 年版，第 500 页。

③ ［清］陈澧：《与徐子远书二十一首》，［清］陈澧著，陈之迈编：《东塾续集》卷四，《近代中国史料丛刊》第 77 辑，第 185 页。

尤以西湖闻名遐迩。惠州西湖与杭州西湖、颖州西湖合称中国的三大西湖。惠州西湖由平湖、丰湖、鳄湖、菱湖、南湖、红花湖六湖组成，烟波浩渺，曲岸港汊，风景佳绝，素有"苎萝西子"的美称，也有"浓抹杭州惠淡妆"之誉。因北宋苏东坡曾谪守于此，故有关苏东坡的传说和遗迹，惠州尤多。

陈澧送考到了惠州，公事之余，免不了游山玩水，寻幽访胜。他记得早年读苏东坡诗，其《江郊诗序》云："归善县治之北数百步，抵江少西，有磐石小潭，可以垂钓。"故奇兴大发，于是就向当地人士打听磐石、小潭的所在地。但由于时代遥远，被问者都茫然摇头，一问三不知，令人失望。但陈澧并没有泄气，仍继续设法打听。以后他与朱墨庄、冯铁华同访，经过多方辗转探问，终于在城外寻觅到旧址。三人大喜过望，坐在巨大的磐石上，望着一泓清潭，"更吟坡老江郊诗，垂钓小潭坐磐石"[①]。遥想苏东坡当年在此的情景，陈澧不觉心荡神移，发思古之幽情，乃赋《摸鱼儿》一首，下阕云：

幽寻处，付与牧村樵径，江郊诗句谁省？平生我亦烟波客，笠屐侥堪持赠？云水性，便挈鹭提鸥，占取无人境。商量画幨，向碎竹丛边，荒芦叶畔，添个小渔艇。[②]

县学训导，卑微不足道，屈居此职，地远人荒，郁郁不得志，令人气短。思念至此，陈澧不免心灰意懒，想从此放浪形骸，隐居江湖，做一个无忧无虑的樵夫渔父，闲云野鹤，自得其乐，终老此生。但"身在江湖，心存魏阙"，陈澧始终割不断对功名之念的最后一线希望，下不了最后放弃的决心，不免长吁短叹。

转眼就是岁末年尾了，除夕一过，又是新的一年，又要"年增光阴人长岁"了。该年的除夕之夜，陈澧是在惠州寓舍孤独度过的，他有《咸丰元年元旦惠州寓舍作》诗，诗云：

---

① [清]陈澧：《沈伯眉属题丰湖秋泛图》，汪兆镛辑：《陈东塾先生遗诗》，1931年刻本，第23页。

② [清]陈澧著，黄国声主编：《陈澧集》一，《忆江南馆词》，上海古籍出版社2008年版，第651页。

  响竹喧喧酒梦醒，晨光淡淡到窗棂。中年霜鬓欺人白，隔岁寒灯向我青。穷饿故应胜冷宦，归休行欲老岩扃。九重此日多新政，闲坐渔矶仔细听。①

  这是一个极不平凡的新年。道光皇帝已于道光三十年（1850）一月十四日驾崩于圆明园。临终时，宣示御书，立皇四子奕詝为皇太子。正月二十六日，奕詝即皇帝位，以次年为咸丰元年。

  新皇帝登极，君临天下，照例有一番新的举措，有一番新的气象，"九重此日多新政"，即指此而言。这是一件大事，不免又勾起陈澧某些隐约的希望，因此他虽远在千里之遥的岭外，也要"闲坐渔矶仔细听"。但对陈澧个人来说，最主要、最重要的直接利害关系，是新君登临天下，照例要特开恩科，这样就又多了一次新的会试的机会。说不定还有新的举措，如一洗旧的积弊陋习、破例取士等，这使他重新燃起一线新的希望。但转念想到自己已过不惑之年，双鬓不知不觉已经斑白，穷处海滨，只是一名地位低下、卑微不足道的县学训导，又不免百感交集，希望欣喜之中又掺杂了些许淡淡的伤感和失落。

  大年初一这一天，陈澧是孤身独自一人，在茫然而毫无目的地漫游西湖之中消磨打发掉的。天气很好，晴空万里，温暖宜人。西湖岸边，人群如织，士女如云，人们尽情享受新春佳节的欢乐。陈澧在人潮之中独来独往，漫步信游，另有一番特别的感触。他有《高阳台》词，题云：

    元日独游丰湖，湖边有张氏园林，叩门若无人者，遂过黄塘寺，啜茗而返。忆去年此日，游南昌螺墩，不知明年此日，又在何处也？②

  在正月初一这个欢乐喜庆的良辰佳节里，陈澧远离家人，远离亲友，独自来往于茫茫人海之中，形单影只，闷闷不乐，满腹惆怅。新年的热闹喧腾，对他而言，反而显得格外的孤寂冷落，一种说不清、道不明的苦涩滋味，久久壅塞在胸中，难以排遣。

---

  ① 汪兆镛辑：《陈东塾先生遗诗》，1931年刻本，第17页。
  ② ［清］陈澧著，黄国声主编：《陈澧集》一，《忆江南馆词》，上海古籍出版社2008年版，第652页。

出路何在呢？终老此生于训导任上吗？何处才是自己的安身立命之所呢？陈澧上任才月余，就一直被这些问题纠缠困扰，茶饭无味，寝食不安，心绪不宁。经过激烈的思想交锋并反复权衡各种利害关系，他决定放弃此职，一走了之。咸丰元年（1851）正月，陈澧终于辞掉河源县学训导一职，告病而归。他在此任上前后仅两月余。

决定辞职有多重原因，陈澧自己后来在许多地方也多次提及，加以解释。他在《与黄理崖书》中说：

> 且澧亦非不欲出者。澧于癸巳岁会试入都，人谓宜得一甲翰林，澧则愿得县令，或有益于一方。及屡试不中，大挑又不得县令，而得教官。然亦未尝不乐，以为不能治民，犹可以教士，天下治乱未有不由士习而起者。及选授河源训导，则盗贼遍地，不可一朝居，而当事者不问，遂告病而归，未几而河源令遂为贼捉去矣。①

这是说自己并非不喜爱训导教职，只是时局动乱，暴动频繁，安全无保障，虑及生命危险，所以才辞职而归。

而在与老友徐灏信中，他讲得更为详细、更为具体：

> 澧已告病开缺。去岁原拟引疾不赴任，所以暂行者，覃恩不可虚领耳。此官真所谓饭不足者，如索诸新生印金，又甚可愧报。大约教官有学租者可为，专食印金者不可为；一学一教官者可为，一学两教官者不可为也。如果能启导此邑人士知读书史，亦是一事，然此殊不易，不谈举业而劝读书，恐无人肯听耳。不能稍尽愚心，而专为求食，不如早赋归去来矣。②

由于徐灏是可以推心置腹的知己，陈澧在此信中讲得比较坦率，可以吐露真心。在这里他将辞职原因主要归于束脩薪金太少，难以养家糊口，维持生活；加之又不能引导学生认真读书做学问，专为时文帖括科举考试，不遂

---

① ［清］陈澧：《东塾集》卷四，光绪十八年（1892）刻本，第17页。
② ［清］陈澧：《与徐子远书二十一首》，陈澧著，陈之迈编：《东塾续集》卷四，《近代中国史料丛刊》第77辑，第188页。

其志；等等。这里所说的两个原因或许更客观真实，比较符合陈澧的思想实际。

但还有一层原因陈澧没有明讲。按照传统惯例，凡新皇帝君临天下，必有登极恩科，也就是在正科之外又多开设一次考试，让天下士子多一次录取中第的机会。这不免燃起陈澧心中最后一线希望，说不定在这"九重此日多新政"之机，能够时来运转，高第中式，取得功名，步入仕途，实现自己多年以来梦寐以求的理想抱负。这个希望虽然不大，也不是十分有把握，却值得一试。但只有下定决心辞去训导这一教职，才有资格去参加来年的会试，以为最后的搏击。这一层考虑，应该是促使陈澧辞职的深层原因。他后来在书信中说："是年复北上会试，以皇上初政，欲得一第，或可以自效。"① 恰好印证了这一点。

从河源回到省城广州，回到熟悉的生活起居环境和亲朋师友圈子，陈澧的心情好多了，也舒坦多了，这与孤零零地栖身于穷困僻远的山区小县寂寞冷署之中相比，自不可同日而语。回顾自己仅仅两个多月的训导生涯，回顾自己的所见所闻，陈澧有许多想法和感触。他对整个国家的教育机构、教育体系和教育制度有许多感慨，认为大有改善的地方，故欲著《学校贡举私议》一文。其自序云：

> 人主所以治天下者，人材也。所以教育人材者，学校也。取人材而用之者，贡举也。是故学校、贡举之法善，则得人材，而天下可得而治也。其法不善，则不得人材，而以治天下，不可得也。昔朱子著《学校贡举私议》一篇，指陈当时之弊，而思变其法。自朱子之殁，至今六七百年，天下莫不尊朱子，而朱子之议卒未行也。今学校贡举之弊，殆又甚于朱子之世。澧以海滨贱士，蒙朝廷选为学官，无以自效，到官两月告病归，辄仿朱子之意，竭愚心著议一卷，不敢好高远深博之说，庶几切实可行，或有裨圣治于万一也。②

---

① ［清］陈澧：《与黄理崖书》，《东塾集》卷四，光绪十八年（1892）刻本，第17页。

② ［清］陈澧：《学校贡举私议序》，陈澧著，陈之迈编：《东塾续集》卷二，《近代中国史料丛刊》第77辑，第44页。

现存《学校贡举私议》只有数页"提纲式的初稿"①，陈澧由于各种原因并未动手编撰，故仅存目录于读书札记中。其目录为：

> 教官、书院、书塾、专经、兼经、史学、书数、辞章、课程、县州府试、学政试、乡试、副榜、岁贡、拔贡优贡、贡院、三场不连考、会试、殿试、复试、授官、翰林、国子监等等。②

从现存目录来看，《学校贡举私议》内容广泛，涉及教师队伍、教育设施、教学内容、考试制度、考试方法、荐举制度、授官制度等方方面面，还涉及具体的程序措施和操作环节。简言之，陈澧欲对当时整个教育体制和考选制度来一番彻底的考察检讨，重新审视，提出自己一整套的改革方案，一系列的新建议、新措施。然而情况之错综复杂、工程量之浩繁、难度之大，是可想而知的，以致陈澧根本不可能胜任这个工作，也不可能短时间加以完成。这是《学校贡举私议》一文未能动手撰写或者完成的根本原因。

考虑到陈澧并无功名地位可言，考虑到陈澧仅仅是一名"海滨贱士"，考虑到陈澧欲仿效朱子，以圣贤自居，有"有裨圣治于万一"的气概，人们不禁敬佩陈澧的勇气和以天下为己任的热忱抱负，或许这也显现了他的一些近似迂阔和天真的成分。但从这件事可以看出，陈澧并非冷漠无情的利己之辈，而是对国家大事抱有热忱，关心关注国家的政治命运和前途，满怀忧国忧民之情，并在力所能及的范围内做出一些自己的微薄贡献，这是他精神风貌中非常可贵的一面。

---

① 黄国声：《点校说明》，[清]陈澧著，黄国声主编：《陈澧集》五，《学校贡举私议》，上海古籍出版社2008年版，第699页。

② 桑兵主编：《续编清代稿钞本·东塾遗稿》第79册，广东人民出版社2009年版，第29页。

四、最后一次会试

咸丰元年（1851），又恰逢闰八月，中秋两度，百年罕遇。闰中秋这一天，张维屏招金菁茅、杜游、陈澧、刘益子等人同至珠江赏月，以志兴逸。面对良辰美景、百年难遇的佳节，各人诗兴勃发，吟哦不断，陈澧也赋诗云：

中秋两度百年期（康熙五十七年闰八月，至今一百三十三年矣），莫负今宵共酒卮。玉宇琼楼天渺渺，花香人语夜迟迟。谈深粤峤东西事，过尽吾生少壮时（席间偶谈兵事，又有询及余乡举之年者）。一醉何须更惆怅，咸丰景象似康熙。①

所谓"偶谈兵事"，指其时刚刚爆发的洪秀全领导的太平军在广西金田起义。时局动荡不宁，大有山雨欲来风满楼之势，明眼人都不难看出，一场大的暴风骤雨正在酝酿之中，结果如何难以预料，故忧心忡忡。众人谈及至此，满座唏嘘，心绪黯然，欢乐的气氛也为之减色。但陈澧在诗中仍然振作精神，强抱乐观。他幻想新皇初临天下，必能一新朝政，有一番大的作为，或许百年难遇的闰八月是一个好的征兆，预示咸丰帝能重振康熙帝当年文治武功的盛世雄风。但扭转乾坤的国事非一介寒儒可力所能及，对陈澧个人来说，少壮已过，时不我待，当务之急，是争取参加恩科考试这最后一次机遇。席间有人问及陈澧乡举之年，即暗示有人鼓励、希望陈澧参加明年的恩科会试，以做最后搏击之意。

果然这年冬天，陈澧又毅然踏上了北上会试征途。临行前，张维屏有《古诗赠陈兰甫学博即送北上》诗，诗云：

---

① ［清］陈澧：《闰中秋同张南山先生金醴香杜洛川珠江看月》，汪兆镛辑：《陈东塾先生遗诗》，1931年刻本，第17页。

皇天生才难，贤才尤不易。华实罕得兼，德艺鲜能备。我友太邱孙，天与大智慧。髫龄即嗜学，长老已惊异。寸衷赴千古，心力靡不至。于经通十三，于史综廿四。经义精训诂，史法明体制。三角研天文，九州穷地志。班郦皆北人，南水未亲诣。君特为证明，一一绘图记（君著有《汉地理志水道图说》，又著《水经注笺》）。解字宗《说文》（著《说文声类谱》），余事工篆隶。行草法元章，运腕兼指臂。小学尤专门，嘉惠到童稚（君以近儒小学书皆奥博，著《初学篇》，于六书训诂音韵皆浅言之，使初学易晓）。音韵洞源流，焕若指掌示（著《切韵表》《切韵说》）。至于为文章，克自树一帜。唐宋号八家，昌黎实称最。君为古文辞，苍健得韩意。岂惟工散体，乃又擅骈俪。其骨则松筠，其馨则兰蕙。其声则鸾凤，其力则骐骥。诗歌不多作，有作则妙制。律奚界唐宋，古或追汉魏。碧海掣鲸鱼，兰苕珍翡翠。兴到偶填词，隽语足心醉。由胸有积书，故笔有余味。汉学与宋学，偏执遂歧视。君能会其通，百虑实一致。腹实而心虚，小心乃大器。遐思古文人，不少行乖戾。君才既淹通，而行又醇挚。小节或不拘，大德必无愧。孝友至性敦，当为力忘瘁。亦有考据家，不善作制艺。君又工时文，名齐卢（同伯）杨（荣）桂（文耀。陈厚甫太史主讲粤秀，时有卢桂杨陈之目）。康熙乾隆间，宿学屡遭际。往者何（焯）任（启运）戴（震），一荐膺显贵。后来加慎重，事每循定例。仕出非一途，士进由一第。必能登朝廷，乃获展经济。方今圣天子，前席求俊乂。其羽可为仪，拔茅征以汇。君今上燕台，时来奋鹏翅。梁栋巨室材，圭璋大帮瑞。嗟余卅年长，遇君三舍避。虽然已无能，笃好人有技。临别当赠言，走笔五百字。贤人应德星，君家有故事。行矣向京华，斗南耀光气。①

这首长诗涉及陈澧的人品、才华、学行、著述、造诣、爱好等各个方面，堪称一篇小型传记。由于张维屏是陈澧的前辈师长，看着陈澧从小长大，两人又是多年的忘年交，相知最深，相知最真，这种特殊的关系，使得

---

① ［清］张维屏：《张南山全集》卷三《松心诗集·草堂集》，陈建华、曹淳亮主编：《广州大典》第93册，广州出版社2015年版，第327页。

诗中所说不无溢美之辞,似乎陈澧多才多艺,尽善尽美,达到无可挑剔的地步。但事实俱在,可以说基本上真实可信,并非虚誉夸张。这首长诗是当时人对陈澧最为集中、最为详尽的描述,也是研究陈澧中年时期事迹的重要珍贵资料之一。

陈澧怀着一种既满怀希望又十分茫然、忐忑不安的复杂心情,踏上了北上会试之路。一路舟船转换,风餐露宿,含辛茹苦,长途奔波。次年春入都,三场考试下来,已是十分辛苦、筋疲力尽了。三月十九日,陈澧给侄儿硕卿写了一封信,讲述了自己考试的情况及今后打算,他信中说:

> 明岁恩科并加额,吾侄宜及今用功,以期上进。我自问今年必不中,所以仍来此者,以吾侄仍未举于乡故也。我此后决不再来会试,吾侄当努力,盖今人之重科名,亦古人重门第之遗意,是以科名未可轻也。然我年过四十,又筋力渐不如前,颇觉场中辛苦难受,此后断不踏棘闱矣。三场策题问小学、音韵及《禹贡》水道,我十年来所学在此,各条对千余言,可见读古书于举业未必无用,其获隽与否有命存焉,可不计也。①

这封信是考试结束之后、未发榜之前写的。按,商衍鎏在《清代科举考试述录》中载,咸丰二年(1852)壬子为登极恩科,三年(1853)癸丑为正科,与陈澧所说有些出入。总的来看,陈澧虽然预感到此次中式的希望并不大,但自忖自己对小学、音韵及《禹贡》水道下过十年的苦功,有专门著述,造诣不可谓不深,仍然心怀希望,或许自己的策问卷子能被某位学问渊博、求贤若渴的内行主考所相中,破格赏识提拔,说不定仍有出人头地的机会。但清代科举惯例,三场考试重首场,视二场、三场为具文虚设。尽管历史上也有不少考官搜罗策问、提拔俊才的先例,但这种情况毕竟凤毛麟角。所以陈澧心存的最后一丝希望,在四月十五日发榜的那一天又破灭了。这是陈澧第七次,也是最后一次会试失败,时年43岁。从此以后,陈澧才真正绝意科举功名仕途,与科举考场正式告别,一心一意献身于学术著述。他后

---

① [清]陈澧:《与硕卿侄书》,[清]陈澧著,陈之迈编:《东塾续集》卷四,《近代中国史料丛刊》第77册,第194页。

来在与友人信中曾提及此事,说:"是年复北上会试,以皇上初政,欲得一第,或可以自效……而又不中,至是而始有不出之意也。"①

陈澧会试不中,出都将南归。时礼部给事中、番禺同乡梁同新来送行,他安慰陈澧说:"尊公仁厚积德,君当不终穷也。"② 这番慰藉虽于事无补,且带有浓郁的宿命色彩,但毕竟温馨感人,给一再落第、情绪低落、失意之极的陈澧以某种隐隐的期盼与希望。

辞别了同乡好友,陈澧一人踏上了独归之路。途经山东泰安,陈澧顺道去曲阜拜谒孔林。孔林即孔子家族的私人陵园,占地广阔,园内古木参天,森森耸立,气氛庄严肃穆。陈澧找到孔子墓,在墓碑前顶礼膜拜,沉思静默,驻足良久。遥想当年至圣先师孔子周游列国,厄于陈蔡,在乱兵围困之中,仍聚徒危坐,讲学不倦的情景,以及晚年整理《诗》《书》《礼》《乐》《春秋》,成就了一番伟大事业的经历,陈澧不觉有所感悟,心绪也稍稍为之舒缓。出于对金石文字的爱好,离开之前,陈澧特地手拓孔林二坟坛汉篆以归,算是有所收获,留作纪念。

离开曲阜,路过高邮,陈澧又顺便拜访时任高邮知州的友人魏源。二人会面详情前文已述,此不赘言。

告别魏源后,陈澧到达扬州,又去拜访友人柳兴恩。柳兴恩曾馆于阮元府上多年,现住扬州西门内剪子巷柳氏宗祠。柳兴恩邀陈澧同访扬州名士宿儒刘文淇、刘毓崧父子,并与罗士琳会面。

刘文淇(1789—1854),字孟瞻。江苏仪征人。嘉庆二十四年(1819)优贡生,候选训导。一生以课徒游幕为业,但在经学研究方面为当时学界所推重,尤其研究《春秋左氏传》,是他一生专门之学,有大名于当时。其子刘毓崧(1818—1867),字伯山,一字松崖。道光二十年(1840)优贡生。少承家学,淹通经史,有声江淮间。长于校书,后居曾国藩、曾国荃幕中最久,任事金陵书局,负责校勘《王船山遗书》,用力独勤。据陈澧遗稿札记所记,刘文淇、刘毓崧父子时住扬州城运司东圈门外三祝庵桥西。

罗士琳(1789—1853),字茗香。江苏甘泉(在今扬州市)人。住扬州

---

① [清]陈澧:《与黄理崖书》,《东塾集》卷四,光绪十八年(1892)刻本,第17页。

② [清]陈澧:《先考知县府君事略》篇末,《东塾集》卷五,光绪十八年(1892)刻本,第18页。

府旧城南门内卫后街。监生。循例贡太学，游京师，考取天文生。出阮元之门，故相从最久，精历算之学，又甄录古今畴人，依阮元《畴人传》体例，作《畴人续传》。

柳兴恩、刘文淇、刘毓崧、罗士琳皆当时名士学者，非等闲之辈。而更为有趣的是，包括陈澧在内，这些人皆为阮元门人或再传弟子，志同道合，有相同的学术渊源背景。五人相聚扬州，探讨学问，互相请益，相谈甚欢，十分投契。

在扬州度过了愉快的几天，陈澧告别诸同人，渡江至金陵。在此，他还有一件事情需要办理，还有最后一件心事需要了结。

陈澧江宁先世墓皆族葬，集中于吴家洼、大塘陈和朱家牌楼三处，唯曾祖妣韩宜人墓在陶吾镇龙王庙前，最为僻远。道光二十四年（1844）陈澧来金陵省墓，老友桂文耀时任淮海兵备道，曾特地为书嘱江宁县出告示禁侵毁墓地，陈澧对其感激不尽。这次又来金陵省墓，陈澧打算以告示刻石，置诸墓前，以保平安无事。但金陵族人听信阴阳家之言，以为不吉，不肯刻石。陈澧思忖吴家洼、大塘陈、朱家牌楼三处，皆数百年前族葬，无侵毁事，独曾祖妣韩宜人墓距城最远，又为人侵地甚多，乃将告示独刻一石置韩宜人墓前，"今而后宜人可永安于幽宫矣。桂君与澧为友，相爱若昆弟，又推爱于我先人，保其邱坟。呜呼！我子孙其毋忘桂君哉。刻既成，爰书其事于碑阴"①。完成了刻石置碑，陈澧心中久悬的一件心事终于落地，心情顿时感觉轻松多了。

离别金陵族人，再至杭州，已是大暑天了。六月九日，陈澧又独自一人游览西湖。徘徊于熟悉的西子湖畔，望着四周美丽的湖光山色，点缀其中的楼台亭阁，以及湖面上摇曳来往的画舫游船，陈澧不禁百感交集，思绪惘然。今后已决定不再参加会试了，那么再来杭州的机会也就很少很少了，恐怕这也是最后一次游赏西湖了。陈澧有《韬光》诗一首，诗云：

  小坐虚亭酌冷泉，旧时吟伴半成仙（丙申与侯君模、子琴同游，今君模下世十余年矣）。竹阴红日韬光路，补得游踪十九年。②

---

① ［清］陈澧：《曾祖妣韩宜人墓告示碑阴记》，［清］陈澧著，陈之迈编：《东塾续集》卷三，《近代中国史料丛刊》第77辑，第128页。
② 汪兆镛辑：《陈东塾先生遗诗》，1931年刻本，第18页。

坐在小亭里,四周湖光山色依旧,景色依然,一切都那么熟悉,又仿佛十分陌生。往事如烟,十几年南来北往路过杭州西湖的情景,一幕幕飘然浮现,仿佛就像昨天发生的一样。可是屈指一算,自道光十二年(1832)冬初次出岭北上会试到如今,19年的光阴转瞬即逝,真是弹指一挥间。而最令人难以忘怀的,是旧友侯康、侯度兄弟,当年大暑三人同游西湖的情景依稀在目。可惜侯康已逝,他那诙谐乐观爽朗的笑貌,似乎仍在眼前。而今这一切的一切,都只能深藏在记忆之中,永远都不能再重现了。

陈澧怀着依依不舍的心情,告别了美丽的杭州,告别了美丽的西子湖,坐船溯富春江而上。过浙江富阳县时,突遇狂风大作,航船几乎倾覆,令人心惊胆战。陈澧后来特别提到这段经历:"仆昔于富阳遇暴风,乃知舟行不若陆行之安稳。"① 可见这次富阳遭遇暴风的惊险情景,给他留下了深刻的印象,至老难以忘怀。翻过屏风关,进入江西境界,过玉山县后,又屡遇大风。此次落第南归,一路颇不顺利,大风大雨不断,似乎老天有意所为,特意烘托这最后一次失魂落魄而归的凄凉境界。所幸只是有惊无险,最后总算平安返粤归里。从此以后,直至老死,陈澧再也没有离家越岭,时年43岁。

五、对科举制度的批评与建议

陈澧在科举考场上耗费了宝贵的光阴和无数的精力。他从14岁开始,两次参加童试,三次参加乡试,七次参加会试,一直考到43岁为止,终未能考中进士,金榜题名,了却一生最大的心愿。他在漫长的科考征途上摸爬滚打了近30年,可谓历尽坎坷曲折,饱尝辛酸苦涩,因此,他对科举考试制度弊病有切身体会。他后来说:"天下人才败坏,大半由于举业。"② 这是

---

① [清]陈澧:《子韶舟行遇暴风有诗志感仆昔于富阳遇暴风乃知舟行不若陆行之安稳深有感于亭林语也(亭林云不喜乘舟食稻而喜食麦跨鞍)》,汪兆镛辑:《陈东塾先生遗诗》,1931年刻本,第34-35页。

② [清]陈澧:《与胡伯蓟书》,《东塾集》卷四,光绪十八年(1892)刻本,第27页。

他对科举制度发出的沉痛声讨。

陈澧对科举制度的批评及改良建议，散见于他的著作、书信、札记以及与门人弟子的言谈讨论之中，而以《科场议》三篇和《推广拔贡议》一文最为集中，可为典型代表。

在《科场议一》文中，陈澧一开始就写道："文章之弊，至时文而极。时文之弊，至今日而极。"这是说科场时文即八股文、帖括文流弊丛生，败坏学风，今天已到了无以复加的地步。

科举考试制度的盛行，使得"士之应试者，又或不自为文而剿袭旧文。试官患之，乃割裂经书以出题，于是题不成题，文不成文。故朱子谓：'时文为经学之贼，文字之妖。'其割裂出题，则经学贼中之贼，文字妖中之妖也"①。为防止剿袭旧文而割裂出题，二者形成恶性循环，互相激荡，愈演愈烈，陷于不可收拾的局面。这是陈澧批评科举考试败坏了文风，败坏了学风。

关于科举考试割裂出题，陈澧后来在各种场合加以针砭痛诋。他在札记中写道：

> 余幼时闻学使者试童生，以"亦曰君夫人阳货欲见夫子"为题，人皆以为怪，其后愈趋于怪……复有知府试六县，出"金马玉堂之客"六字为题，每县一字……其游戏如此。各省考试童生者，莫不以割裂诡谲为题，人心士习，安得不坏。且分裂破碎至此，气象甚不祥也。②

又说：

> 有时文五百年，无未出之题。大约每一题有数千万篇，不割裂则不能避录旧者，而割裂又大坏文风。夫自古帝王立法无五百年而不弊者，何况时文非古帝王之制也。惟有废时文而后免于录旧之弊，而浅陋不通

---

① ［清］陈澧：《科场议一》，《东塾集》卷二，光绪十八年（1892）刻本，第 12 - 13 页。
② 桑兵主编：《续编清代稿钞本·东塾遗稿》第 77 册，广东人民出版社 2009 年版，第 436 页。

之人，犹谓时文不可废，此不足与论也。①

时文之弊如此，那么能否在考试时废除时文而以经说史论代替之呢？陈澧认为也不行。他说："时文弊极矣，而不可骤废也。经说史论善矣，而不能骤行也。大凡变法者，渐则行，骤则不行。"简言之，陈澧一向主张温和的、渐进式的改革，反对激烈的、暴风骤雨式的革命。他认为，时文之弊有二：代古人语气，不能引秦汉以后之书，不能引秦汉以后之事。于是为时文者，皆不读书，凡诸经先秦之注疏，诸史治乱兴亡之事迹，茫然不知，而可以取科名，得官职，这是一弊。破题、承题、起讲、提比、中比、后比，从古文章无此八股体格，而妄立名目，私相沿袭。心思耳目束缚既久，痼弊既深，凡骈散文字诗赋皆不能为，此又是一弊。陈澧认为，前之弊大，后之弊小，"当先去大弊。考试仍用时文，而去其代语气之法，以能援据诸儒之说、引证诸史之事者为上"。如此一来，"则士人渐读书……经史之学盛，文章之道昌，如是士习醇而人才出矣"。② 在这里，陈澧主张在科举考试中废除代古人语气之法，以营造良好的读书风气，借以促进文风、学风的改变。

在《科场议二》文中，陈澧又进一步深入，主要是批评科举考试的命题。他认为，"今之试士，第一场以《四书》题八股文及八韵诗，第二场以《五经》题八股文，第三场对策，其法备矣。然行之久而有弊，有当改法者"③。如何改革呢？陈澧主张以下四点。

其一，"五经"题当试经解。他说："八股文代古人语气，古之文章本无是体也。《四书》文不能骤变，所当变者，《五经》文也。夫说经者必根据先儒之说，而后不失于杜撰；必博考先儒之书，而后不失于固陋；又必辨析先儒之说之异同而择其善，而后不失于驳杂。今使之代古人语气，不能引证先儒之说，应试者挟一坊刻《五经》标题足矣，是适以困读书之人而便不读书之人。故曰，《五经》题当改试经解也。"

其二，当恢复专经之旧例，又当增《周礼》《仪礼》《公羊春秋》《穀梁春秋》为九经。陈澧认为："夫治《五经》而不通，不如治一经而通。今谓

---

① 桑兵主编：《续编清代稿钞本·东塾遗稿》第77册，广东人民出版社2009年版，第435页。
② ［清］陈澧：《科场议一》，《东塾集》卷二，光绪十八年（1892）刻本，第13页。
③ ［清］陈澧：《科场议二》，《东塾集》卷二，光绪十八年（1892）刻本，第14页。

宜以《九经》试士，会试十八房，每一经二房，乡试卷多者亦如之，卷少者九房皆均分其中额，以杜士之避难趋易，如是则经学必盛。试观乾隆以前专经之时，经学盛于今日，其效可睹也。"

其三，改对策为史论，而命题以《御批通鉴辑览》为准。陈澧说："夫士不可不知史事，前代之治乱兴亡与夫典章制度、前言往行，有益于人者甚大。但二十四史之书太多，《资治通鉴》亦复繁博，且作史者人非圣贤，不能无偏。惟《御批通鉴辑览》，书不多而事备，又经圣人之论定，以此命题著论，则士必通知古事，有益政治，与陈陈相因之对策，相去天渊矣。"

其四，试诗改为试赋，或不废诗，但增试赋。陈澧认为，"夫士通经史，原不必以赋见长。然八股文、经解、史论，或可场外预拟，以其无韵也。诗虽有官韵，而一韵亦可以预拟。赋则限以八韵，虽同题而不同韵，则不可以直抄，其于鉴别真伪为最易，当以第三场试之。如其赋不通，则四书文、经解、史论非其自作可知也"。

总之，关于考试命题，陈澧最后总结说："如是则四书文为一场，经解为一场（如不废诗，则第二场并试之），史论及赋为一场，其法尽善矣。"①

在《科场议三》中，陈澧更进一步主张改变科举考试的阅卷程序和录取淘汰方法。他说："今之科场士子多者至万余人，人各为十四艺，试官不能尽阅也。于是三场专重第一场，视二场、三场无足轻重，甚至有不阅者。故士皆专力于四书文，而成荒经蔑古之风也。"针对此积弊，陈澧建议采用逐步淘汰法，可在第一场试后，"去其文不佳者，其留者视中额三十倍以为准，乃试第二场。又去其不佳者，其留者视中额十倍以为准，乃试第三场，然后取中如额"。之所以第一场、第二场所取必限以数额，是为了防止考官苟且自便，偷懒取巧，于第一场仅取足中额，而第二场、第三场无所去取。陈澧以为，此法如行，则考官于第二场、第三场卷可尽阅，且第二场、第三场皆所以定去取，且亦不能不尽阅。而士子因为第二场、第三场皆所以决得失，故其必专心致志尽力于考试，用力必笃，不敢懈怠，"十年之后，通经博古之才必渐多矣"。②

---

① ［清］陈澧：《科场议二》，《东塾集》卷二，光绪十八年（1892）刻本，第14-15页。

② ［清］陈澧：《科场议三》，《东塾集》卷二，光绪十八年（1892）刻本，第15-16页。

除了对科举考试制度的各个方面、各个环节提出尖锐的批评以及具体的改革建议措施外,陈澧还针对科举考试制度的狭隘性和局限性,提出了扩大拔贡的意见,借以完善选人制度。

所谓拔贡,指贡入国子监的生员之一种,与考试不同,它是一种推荐制。清制,生员(秀才)一般是隶属于本府州县学的,若考选升入京师国子监读书,则不再是本府州县学的生员,而称为贡生,意思是以人才贡献给皇帝。清初,拔贡定为6年一次,乾隆中改为12年一次。每府学2名,州、县学各1名,由各省学政从生员中考选,保送入京,作为拔贡。拔贡经过朝考合格者,可以充任京官、知县或教职。

为了扩大拔贡的选拔人才途径,陈澧特地撰写了《推广拔贡议》一文,认为拔贡之法要比科举考试优越。陈澧说:"取士之法有二:荐举也,考试也。论者曰,考试善,糊名易书,至公也;荐举不善,夤缘奔竞,多私也。窃以为不然。今之拔贡非荐举耶?举人、进士夤缘关节者岂无其人耶?举人、进士文理不通多矣,而文理不通之拔贡实少,然则荐举之法善矣,其何故也?"对此,陈澧分析论证说,这主要是因为拔贡有一套严格规范的推荐选择制度和程序方法。他解释道:"拔贡始举于教官,必尝试高等无劣行者,否则惧学政诘责。学政三年一任,其试士也再,又合前任所试以稽其高下,而三年中于士之知名者亦必有闻焉。及教官之举之也,又一再试而后拔之,非如乡试、会试以一日之短长而去取之也。且一县而拔一人,苟文行庸劣,即不能服一县之士之心,非如乡试、会试可谢以糊名易书,而文字之真伪,素行之善否皆不得而知也。此拔贡之法所以善也。"

陈澧认为,如今乡试、会试作弊之案叠见,层出不穷,法久而弊多,防不胜防。在这样的情况下,不如推广拔贡,分其登进之途。但现行拔贡之法也有不完善的地方,需要加以调整、改进,主要问题是名额太少,周期太长。他说:"夫一县之士,文行优者必有数人。今惟拔一人焉,又十二年而一拔焉,其得才也几何?"所以陈澧建议,"莫若仿乡试之例,三年一拔,其数以州县之大小为差,其廷试授官也,与进士等。使天下之士得由二途并进,岂不善哉!"①

---

① [清]陈澧:《推广拔贡议》,《东塾集》卷二,光绪十八年(1892)刻本,第16-17页。

陈澧以上的批评、建议，都是针对科举考试制度最明显的症结和积弊而发的。因为他自己是过来人，所以感受自然最为真切，洞悉病源，所评所议无不切中要害，鞭辟入里，入木三分。他针对科举考试制度流弊丛生所提出的某些具体的改革意见和建议措施，在当时的历史条件下，不乏真知灼见，合理可行，确属难能可贵。

虽然如此，以今天的立场眼光来看，这些所谓的批评与建议，终究还是囿于旧格局之中的小修小补。陈澧还不具备冲决一切藩篱罗网的勇气和胆识，他不敢，也不可能去全盘否定整个腐朽过时、积重难返的科举考试制度。这是陈澧的局限之所在，也是时代使然，我们不能过分苛求前人。

一直到同治年间，陈澧的观点仍然没有太大改变。他在札记中写道："盗贼纷纭，断非议改选举之时，若近时黎庶昌之论，必不行者也。将来议改，必先命天下士子于十三经内各专一经，默写不错，文理通顺者，即取为附生。岁试、乡试、会试，更命士子为经说，能依注疏及程朱说者即取中。"① 说来说去，还是不敢提出废除科举考试制度，而是囿于修修补补，维持现状。

按，黎庶昌（1837—1898），字莼斋、纯斋，号麓农山人。贵州遵义人。同治年间，黎庶昌以廪贡生应求言之诏，上书论时事万余言，天下震动。其在《上穆宗毅皇帝书》中论及改革科举选举制度时，要求罢去一切八比、小楷、试帖之弊，兼举德行、才能、文学与夫孝弟力田、茂才异等之属，以复前代取士之良法。② 言论比较激进，但也未正式提出废科举之说。后天子命以知县发往曾国藩安庆大营差遣，与张裕钊、吴汝纶、薛福成称"曾门四弟子"。

---

① 《陈兰甫先生澧遗稿》，《岭南学报》1931 年第 2 卷第 2 期，第 162 页。
② ［清］黎庶昌：《拙尊园丛稿》卷一，《近代中国史料丛刊》第八辑，第 31 页。

第五章　动乱的岁月

一、洪兵起义与避居萝冈村

道光帝在内忧外患之中驾崩于北京圆明园，留给他的继任者咸丰帝的是一个十分严重的内外交困的复杂局面，是一个百孔千疮的烂摊子。但新皇帝登基，多少给普通平民百姓带来一些新的希望和憧憬。陈澧也是一样，怀着企盼的心情，他真诚地期望"咸丰景象似康熙"，能够盛世再现，恢复天下太平，自己也能够继续安静、悠闲地生活，读书著述，埋头做学问。但事与愿违，时局的演变发展非但没有好转，反而越来越糟，江河日下，完全出乎意料。

几乎与咸丰皇帝登基同时，洪秀全在广西桂平县金田村揭竿起义，开始了震惊中外的太平天国运动。不久，太平军攻入湖南，连下城邑，势如破竹，沿途贫苦百姓纷纷加入，声势愈壮；清朝军队望风披靡，节节败退，溃不成军。太平军如星星之火，顿成燎原之势。

时陈澧好友桂文耀丁忧在籍，二人经常聚晤，讨论时局和军事形势自然成为二人谈话的主要内容和重点。桂文耀平生以功业自任，留心天下大事，其洞察时局，分析形势及预测未来发展趋势等，皆胸有成竹，洞若观火。史载：

>文耀忧之，谓番禺友人陈澧曰，江南北必破败，以督抚鲜知兵故也。计各省督抚能御贼者，山东李惠耳。已而贼破岳州，顺流而下，陷武昌、陷安庆、陷江宁，督抚多死，两淮绎骚，而不敢入山东境，其言

遂验。①

此段文字是后人追记，故多少有些夸张的成分。但无论如何，事实最终是太平军于咸丰三年（1853）二月攻克南京，改名天京，定为都城。从此，太平天国与清政府长期南北对峙，成为清政府心腹大患，严重威胁清政府的统治地位。

咸丰四年（1854）二月，陈澧馆于南海县署，知县胡湘延课其子胡锡燕、胡同寿二兄弟。胡湘，字子萧，一字筠帆。湖南湘潭人。他在公事之暇，常至书室与陈澧谈论时局战事、学问文章、家庭琐事，无所不谈。时两广总督叶名琛负其才，傲睨僚属，自巡抚以下皆逊且畏，莫敢与言，而胡湘独侃侃而论，叶名琛言听计从。南海为广东首县，政事繁剧，胡湘才干杰出，应付裕如，"同时州县官百余人，论吏才者，以君为第一"②。但胡湘不久去世，两年后，其妻柳宜人也病逝，其子锡燕、同寿奉柩归，将其合葬于长沙，陈澧乃解馆归。

咸丰四年（1854）是多事之秋，也是令人悲伤的一年。这一年，学海堂学长、前辈师长曾钊抑郁去世。曾钊（1793—1854），字敏修，又字勉士。广东南海人。他是广东朴学的先驱，学问渊博，经术精湛，得阮元赏识，选为学海堂首任学长。鸦片战争期间，曾钊激于爱国热情，积极投身到反击英国侵略者的军事斗争之中，时总督祁𡎴与曾钊有师生之谊，一切安内攘外之谋，悉资赞襄。桂文灿写道：

> 道光二十有一年，英咭唎寇广州城，粤督高平祁恭悫公虚怀下士，共筹防剿，专委学正（指曾钊）以总办团练之役，领众七千，布置完密，远夷卒不敢窥伺。积劳得旨，以知县选用，加知州衔。③

祁𡎴死后，继任者信小人谗言，诬以不洁之词，曾钊坐是落职，后竟典

---

① 同治《续修南海县志》卷十三《列传》，第 52－53 页。
② ［清］陈澧：《广东知州衔候补知县署南海县事胡君墓表》，《东塾集》卷六，光绪十八年（1892）刻本，第 13 页。
③ ［清］桂文灿：《经学博采录》卷四，王大隆辑：《辛巳丛编》，1941 年排印本，第 8 页。

裘以自给,晚景颇为凄凉,抑郁而终。陈澧说:"吾粤讲汉学者,老辈惟勉翁在,而近年为俗事所扰。"① 即指此而言。

而最令陈澧悲痛的,是老友桂文耀在这年三月因病卒于家,年仅48岁。桂文耀是陈澧年轻时结交的挚友,二人情若兄弟。文耀目光炯炯,聪明绝世,读书不屑屑章句,恒以功业自任,陈澧的人生目标追求与他大相径庭。陈澧为其撰墓碑铭,在文中写道:

> 澧昔与君同为诸生,坐同席,出同行,劝善规过,情若昆弟。尝问君曰,我二人性情、学术、出处无一同者,而独相好,何也?君徐思曰,我亦不解也。君今死矣,三十年交情,痛不能已。虽然,岂独为交情耶,窃为天下惜此才也。②

语气沉痛真切,哀艳感人,对好友英年早逝、不获大展其才的遭遇,表达了深深的惋惜。

而广东的局势也更加险恶,更加动荡,令人惶恐不安。原来,太平军主力虽未进入广东,但太平天国的迅猛发展和节节胜利,极大地鼓舞了广东的民间秘密结社天地会。鸦片战争之后,广东各地天地会先后多次发动武装起义,虽然斗争一再失败,但此伏彼起,从未断绝。咸丰四年(1854)的广东洪兵大起义,就是在太平天国的直接影响和推动下爆发的,其规模之大,时间之长,参加人数之多,在近代广东历史上是罕见的。起义军自称"洪兵",这是取天地会"洪门"造反军的意思;又因打红旗、束红巾,也称"红兵"。

洪兵起义来势异常迅猛,在广州附近地区,如东莞石龙、南海佛山等地最先揭竿而起,成为这场大起义的前奏。史载:

> 六月,会匪起佛山。先是,佛山鹰嘴沙等处,入夜纷纷拜会。五月以后,茶楼酒肆多奇服异言,见者惊骇。而会城相隔数里,竟无一矢加

---

① [清]陈澧:《与徐子远书二十一首》,[清]陈澧著,陈之迈编:《东塾续集》卷四,《近代中国史料丛刊》第77辑,第174页。
② [清]陈澧:《江南淮海兵备道桂君墓碑铭》,《东塾集》卷五,光绪十八年(1892)刻本,第28-29页。

遣，酿成贼势。六月十一日，匪首陈开据全镇为巢穴，揭竿倡乱，远近应时蠢动，据村场，敛财物，设伪号，诱胁乡愚入会，徒党动以千计，驯至水陆盘踞，声教梗塞。①

这段记载，是当时对洪兵起义的典型实录。除佛山陈开之外，东莞何六，三水陈金釭，清远练四虎、侯陈带、林大年，新会陈松年、吕萃晋，顺德陈吉，香山搭棚英等几股洪兵先后闻风而起，相继暴动，率领会党攻陷城邑，掠杀贪官，开仓赈粮，号召群众，其势锐不可当，短时间内即演变成燎原烈火之势。当年六七月间，省会附近的各路天地会起义军互相联络汇合，纠集约20万人马，联合从水陆四面开始围攻广州城，连营数十里，战船数千艘，旌旗蔽天，战鼓动地，"环逼省垣、省河"②，场面十分宏伟壮观。"在广州，7月30日开始了守城战。形势危急，人心波动。正如一份英国领事馆报告所描述的那样：'从广州向四乡及澳门、香港逃难的人络绎不绝。开始是有钱人，现在则不那么富裕的人家也大量出逃。'"③围城战斗以城北一带最为激烈，起义军占据城北燕塘、柯子岭、佛岭一带山头，架炮日夜轰击，杀声震天动地。时缙绅孔继芬身陷围城之中，他惊呼道："（咸丰）四年红巾之乱，为二百年所未睹。"④并赋诗云：

　　城门昼闭云堆墨，红巾如火明山北。炮声日夕震雷霆，胆落心寒愁默默……⑤

这是当时围城战斗残酷、激烈的真实反映。

在洪兵围攻广州的日子里，陈澧本人并不在围城之中，在此之前他已携全家逃难，暂时避居于番禺县萝冈洞。

---

① 宣统《续修南海县志》卷二《舆地略一·前事补·前事沿革表》，第60页。
② 广东省文史研究馆、中山大学历史系：《广东洪兵起义史料》（上），广东人民出版社1996年版，第8页。
③ ［澳］黄宇和著，区铿译：《两广总督叶名琛》，中华书局1984年版，第76页。
④ ［清］孔继芬：《乡居咏怀》诗注，《养真草庐诗集》卷下，民国八年（1919）广东省西湖街超华斋刻本，第38页。
⑤ ［清］孔继芬：《土匪勾结外匪逼勒人财因避地省垣作四歌纪之》之三，《养真草庐诗集》卷上，民国八年（1919）广东省西湖街超华斋刻本，第10页。

萝冈（今称萝岗）洞，又名萝冈村，位于广州城东 60 余里，是一个群山环合、水石幽邃、风景优美的地方。萝冈盛产甜橙、荔枝、梅花，皆以万计，其中以梅花最为著名。每年冬季，梅花缤纷，争相绽放，一片花海，素有"萝冈香雪"美誉，为广州近郊闻名遐迩的一处风景名胜。文人墨客，常来游赏，吟诗赋词，以为至乐。

洞中十余村，皆钟姓，以农圃为业，风气古朴。钟氏首户钟逢庆，与陈澧同举于乡，又申之以婚姻。因为有这样一层亲密的关系，陈澧才得以在大乱之际，暂时栖身躲避于此，他在萝冈洞受到钟逢庆一家热情的欢迎，并得到周到的照顾。

萝冈洞之东有峰秀出，名萝峰。峰之麓有一精舍，名萝峰书院。钟氏子孙，每月之望，课文于此，此做法相沿已久，从未间断，反映此地民风淳朴，重学知礼的传统风俗。书院颇具规模，房舍整肃，曲廊庭院，楼台亭阁，错落有致，环境幽静。陈澧避居期间，时往游憩，徘徊于曲廊亭榭之间，抚今追昔，浮想联翩，感慨不已。陈澧有《甲寅避寇萝冈洞五首》，诗云：

幽绝萝冈洞，桃源在世间。聚粮先隔岁，拔宅共游山。烽火重城闭，村墟尽日闲。主人解留客，栖托意相关。

避贼全家在，偷闲一卷亲。廿年积心血，几日警兵尘。世事谁能料，文章或有神。名山藏已定，不必问传人。

兀坐愁炎暑，闲行爱晚风。林深喧鸟雀，水浅戏儿童。早稻垂垂熟，新炊户户同。天心真可感，世乱得年丰。

忆昔探梅到，而今二十年。故人长已矣（侯君模、桂星垣），山色自苍然。忧乐心情别，飞驰岁月迁。结茅吾有愿，长住洞中天。

林壑当门见，亭轩入画看。池清知水活，山远觉地宽。闻道兵戈苦，深惭饮啄安。何当扫群盗，主客一杯欢。①

这几首诗，明白如话，浅显易懂，真实记录了陈澧在这段时间里的生活经历和心情感受，读来令人感到十分亲切可信。萝冈洞与广州虽然近在咫

---

① 汪兆镛辑：《陈东塾先生遗诗》，1931 年刻本，第 24 – 25 页。

尺，但与广州兵戈相残，炮弹如雨，血肉横飞的杀戮场面相比，已是截然不同的僻静安详、鸡犬相闻、悠然自得的另一个世界了，真像是世外桃花源。遥想当年，自己曾与好友侯康、桂文耀、侄儿陈宗元一起结伴来此游玩，观赏梅花，并题名刻石。刻石在萝峰书院东斋石壁，上书"玉屏"二篆书，下题名曰："道光十三年十一月萝冈梅始华，侯康、桂文耀、陈澧、陈宗元泛舟同游。"① "玉屏"二字及题名皆为自己亲手所书，如今刻石赫然在目，但转眼之间，20年光阴已逝，真是似水流年，弹指一挥间。当年自己与诸好友正值年少气盛、风华正茂之时，回想起当时徜徉于十里香雪之中，指点江山，高谈阔论，"浴乎沂，风乎舞雩，咏而归"的快乐情景，历历在目，仿佛发生在昨天。而情同手足、亲密无间的好友侯康、桂文耀已先后去世，抚今追昔，令人百感交集，徒生感慨惆怅而已。自己虽然有幸避开兵血之灾，没有陷身于腥风血雨的围城之中，但心情却难以平静。多年以来，自己耗尽心血，努力著书立说，可是时局却一直动荡不安，兵尘不断，何时才能结束这天下汹汹的战乱日子，重享太平年华呢？面对灾祸连绵、纷扰不安的现实，陈澧不禁有"结茅吾有愿，长住洞中天"的打算，他想从此永远离开这喧嚣纷乱的尘世，在萝冈这样一个僻静幽绝、古风淳朴的桃源世界隐居起来，了此余生，省去许多无谓的烦恼和惊恐。但一想到自己的名山事业，一想到自己耗尽多年心血还未刻梓问世的学术著述，一想到自己还有许多没有实现的宏伟计划和抱负理想，又欲罢不能了。但愿时局能够稳定，恢复昔日的承平安宁，重享太平时光，这样就可以安静地读书著述，重过悠闲的书斋生活。除此之外，自己没有其他奢望了。

避居萝冈洞之前，陈澧已开始刊刻所著《汉书地理志水道图说》一书，但不久因洪兵起义围城，省城戒严，久未刻成，此事遂被耽搁下来。而在避居萝冈洞期间，陈澧也开始编纂另一部重要著作——《汉儒通义》。

红巾军围攻广州期间，两广总督叶名琛负责指挥清军与之作战。叶名琛"日登粤秀山五层楼督战，因号其楼为'筹边楼'"②。在此后长达半年的时间内，广州成为一座孤城，总督、巡抚的号令不出城外，与外界的联系基本断绝。叶名琛迫于形势危急，乃以钦差大臣身份照会英国公使约翰·包令

---

① 宣统《番禺县续志》卷三十八《金石志六·国朝》，第10页。
② 宣统《续修南海县志》卷二《舆地略一·前事补·前事沿革表》，第60页。

(John Bowring)，乞求英国出兵襄助镇压天地会洪兵起义。包令遂与美、法公使合谋，派遣舰队来广州，协同广东当局一起镇压洪兵起义，并出动舰只运送武器、弹药、粮食等物资，接济被围城中的清军，由此中外反动派便相互勾结起来。而广东洪兵起义虽有"约期皆反""以陈开为盟主"的记载，但实际上各路义军并无统一的指挥和领导，因而谈不上什么号令肃然、军纪整齐，加之缺乏训练，纪律松弛，武器落后，补给困难等诸多原因，故起义军虽然人数众多，围攻广州长达半年之久，却未能克敌入城。最后起义军于年底撤围转移，洪兵起义开始由高潮转入低潮。

广州撤围后，清军立即开始疯狂报复，实行惨无人道的大屠杀。容闳在《西学东渐记》书中写道：

> 一八五五年予居粤中……当予在粤时，粤中适有一暴动，秩序因之大乱……统计是夏所杀，凡七万五千余人。以予所知，其中强半皆无辜冤死。予寓去刑场才半英里，一日予忽发奇想，思赴刑场一觇其异，至则但见场中流血成渠，道旁无首之尸纵横遍地……①

而据英国人约翰·斯卡思《在华二十年》（John Scarth: Twelve Years in China）记载，"据估自革命发生以来，全省在一年之内，超过一百万人死亡，其中十万人以上在广州的刑场上被斩首"②。真的是惨绝人寰，令人发指。

在起义军与守城清兵陷入僵持时，陈澧见局势稍稍安稳，乃于当年八月回到广州城中旧居，他在萝冈洞避难暂居前后有3个多月。

回到家中，他收到老友张其翱的来信，老友在信中诉说自己遭遇战乱、兄长去世、家产损失、文稿尽丧诸不幸遭遇。陈澧回信说："兄弟无故，人生难得之乐，阁下老而遭此，犹远胜于澧，澧年甫十五而遭此也。贼氛所及，家产萧条，亦是同病。惟敝庐书籍幸得保全，为较胜耳。"③ 也就是说，

---

① 容闳：《西学东渐记》，湖南人民出版社1981年版，第29-30页。
② 广东省文史研究馆、中山大学历史系编：《广东洪兵起义史料》（上），广东人民出版社1996年版，第1858页。
③ ［清］陈澧：《复张雁皋书》，《东塾集》卷四，光绪十八年（1892）刻本，第22页。

在洪兵围攻广州期间，陈澧的房屋财产及图书文稿等幸未遭受直接损毁，这可算是不幸中的万幸了。

二、《初学编·音学》

从萝冈洞回到广州不久，次年正月十三日，陈澧忽然收到王宗涑来信，王自称"私淑弟子"，并寄所著《说文笺疏》数条就正。王宗涑，字倬甫。江苏嘉定人。他是清代著名学者王鸣盛的族裔。少好学，博览群书，贯通经传，尤深于《礼》《说文》之学。年近40，犹困诸生。咸丰初游京师，应京兆试，因入国子监。为人和易谦逊，而论学则斷斷不阿其所好，精思妙论，多发前人所未发。

陈澧在复信中谈及目前局势时说："广东群盗蜂起，省城戒严，逾年未解，时事可忧。然忧之如何，闭门读书而已，此澧之近状也。"① 在谈到自己最近的著述情况和将来打算时，陈澧写道：

> 近刻所著《地理志水道图说》，因省城戒严，久未刻成。又有《汉儒通义》一书，采两汉经师义理之说，分类排纂，欲与汉学、宋学两家共读之。尚有未成之书二种。一则以《荀子》云："以浅持博，是大儒者也。"本朝儒学奥博，而无以浅持博之书，初学之士难得其门而入，故其道易衰。因欲取礼、乐、书、数、天文、地理之类，以其浅者粗辟门径，启导初学。一则读郑君之书，举其宏旨。如《诗笺》有宗主，亦有不同，故异于许氏异义之学，亦异于何氏墨守之学。又如《诗谱序》云："解一卷而众篇明。"则知当时讥其繁者，非也。《六艺论》云："《孝经》为道之根源。"则知后世讥其支离者，尤非也。此二书成，窃

---

① [清]陈澧：《复王倬甫书》，《东塾集》卷四，光绪十八年（1892）刻本，第14页。

冀学术不至乖绝。①

此信对于了解其时陈澧的学术思想和著述情况最为真实可靠。据信中所写可知，其时《汉书地理志水道图说》已完成，正在刻梓中；而另一著作《汉儒通义》正在编纂之中。同时，陈澧还有编撰另外两种著述的打算：一种是属于以浅持博的启蒙之书，另一种是专门发明东汉大儒郑玄意旨的"郑学之书"。关于"郑学之书"，后面会论及，这里先述关于启蒙之书的情况。

陈澧关于学术启蒙的思想，来源于他对学术尤其是汉学衰歇的忧虑和反省，同时也与他意欲发愤重振学术有密切的关系。早在道光十八年（1838），在与好友杨荣绪信中，陈澧就明确提出了"诸儒之书多宏通之篇，寡易简之作，可资语上，难谕中人"，以及"澧所为书，事繁文省，旨晦词明，思欲视而可识，说而皆解，庶几稽古之初桄，研经之先路"。② 这是陈澧学术启蒙思想的最早表露。

以后，在与好友徐灏的交流中，陈澧反复谈论及探讨这一问题，一再引申发挥，阐释发明。随着时间的推移，陈澧关于学术启蒙的思想越来越深入，也日益具体成熟。他在与徐灏信中说：

> 且推吾弟之意，似经视启蒙者，与澧所见不同，请得论之……故精深浩博之书，反不如启蒙之书之为功较大，而独恨百年以来，未有著此等书者也。③

这里陈澧十分明确地提出了"启蒙之书"的口号，旗帜鲜明，毫不含糊。

启蒙，又可称为普及、通俗化，三者名称虽不同，而其实质则一。陈澧有时将之称为"以浅持博"，这是他一贯强调、一生坚持的学术思想。他也

---

① ［清］陈澧：《复王倬甫书》，《东塾集》卷四，光绪十八年（1892）刻本，第15页。

② ［清］陈澧：《答杨黼香书二首》，［清］陈澧著，陈之迈编：《东塾续集》卷四，《近代中国史料丛刊》第77辑，第141页。

③ ［清］陈澧：《与徐子远书二十一首》，［清］陈澧著，陈之迈编：《东塾续集》卷四，《近代中国史料丛刊》第77辑，第178－179页。

并非仅仅停留在口头上说说而已,而是身体力行,热心倡导,努力将之付诸实践。他自己不但在著书立说时力求做到"事繁文省,旨晦词明",力求通俗易懂,从不炫耀奥博,而且主动发起、邀请几位志同道合者,包括师友门生,计划编写一套专门针对初学者的入门书籍——《初学编》。他在《与王倬甫书》中说:"因欲取礼、乐、书、数、天文、地理之类,以其浅者粗辟门径,启导初学。"透露的正是编撰《初学编》的缘由及大旨所在,也对其内容、体系、结构有一个大致的规定。这是一个比较庞大的写作计划,涉及范围比较广泛,内容包括礼制、音乐、书法、数学、天文、地理几个学科门类,可以说是一套内容涵盖儒家基本学科领域的小型丛书。

但邀集同人共同编撰《初学编》的计划,由于各种原因进展并不顺利,故迟迟未能付诸实行。例如他曾劝好友徐灏编撰《说文》方面的启蒙书,在给徐灏信中写道:"今当著一书,略如君家楚金通释之意,发凡起例,开通门径,使许书义例,易知易从,则于此学为功大矣。所谓理而董之也,任此事者,非君而谁?"① 但徐灏对此兴趣不大。徐灏撰有《象形文释》一书,陈澧认为该书"可为学童讲授之本,真古人所谓小学"②。后来徐灏将《象形文释》改为《说文注笺》,繁征博引,已失启蒙之意,陈澧为之惋惜不已。

陈澧还有与侯度共同编写小学启蒙书的计划。他写道:"澧前数年即欲与子琴大令同著小学之书,极精深而出以极简浅,庶几可以开发初学。其实古人所谓小学,正是如此,能成此等书,其功正不小耳。容稍暇再详具条例奉商,同力合作乃易就也。子琴今方之官粤西,恐未必能为此矣。"③

按,侯子琴即侯度(1799—1855),侯康之弟。道光十五年(1835)举人。学海堂首届专课生。少贫困,庸书于外,夜归读书。年37岁,始为县学生员。道光二十四年(1844),大挑一等,试用知县,分发广西,署河池州知州。因与上官不和,遂告病归。甫至家,病卒。时在咸丰五年(1855)。

陈澧与侯氏兄弟关系十分亲密,他说:"计自弱冠得交君模,始知治经,

---

① [清]陈澧:《与徐子远书二十一首》,[清]陈澧著、陈之迈编:《东塾续集》卷四,《近代中国史料丛刊》第77辑,第177页。
② [清]陈澧:《与徐子远书二十一首》,[清]陈澧著、陈之迈编:《东塾续集》卷四,《近代中国史料丛刊》第77辑,第187页。
③ [清]陈澧:《与徐子远书二十一首》,[清]陈澧著、陈之迈编:《东塾续集》卷四,《近代中国史料丛刊》第77辑,第187页。

是吾师也。子琴则同志,曰友者也。"①

除了与好友徐灏、侯度等人商榷编撰启蒙教科书外,陈澧还鼓励自己的门人弟子从事此项工作。他在给门人桂文灿信中写道:

> 前日携来朱墨字《春秋地图》,仆一见以为甚善,夜间复思之,喜而不寐,此庶乎可当荀卿所谓"以浅持博"者,有益于读《春秋左传》者不小。仆尝谓无人能著浅书,盖书虽浅,用功实深,否则粗浅而已,浅陋而已,何能持博哉。所谓浅者,能使人从此得门而入,及其学问大进,而仍不能出其范围,故足贵也。近者,震伯为《说文检字》,与足下之为此图,皆可当浅之一字,更望于此用功,精益求精。所谓精者,心精、力精、体例精,及其成书,而人仍不见其精,乃可谓以浅持博也。见震伯时,并以此告之。若礼、乐、天算等事,皆有此一种书,则后学之幸矣。②

按,震伯即黎永椿,为陈澧入门弟子。

陈澧热衷于编撰启蒙之书的殷殷之心并未得到热烈反响,他给桂文灿写信,谈到此问题时说:"至《初学编》之作,明年看来,又不能专功,且未必人人皆勤奋,各人各自勉成之可也。"③ 也就是说,这个《初学编》的编纂计划一开始即进行得不太顺利,他人反应比较冷淡,最终不了了之,令人遗憾。

虽然《初学编》的编撰最后未能如愿实现,但陈澧自己还是完成了其中的一部分,这就是《音学》一书,并且曾刻梓刷印。关于此书,陈澧后来写道:"昔时欲作《初学编》数卷,先作《音学》一卷,尝刻于版。今失其版矣,此稿尚存,欲重刻之。丁卯小除夕兰甫记。"④ 丁卯即同治六年(1867)。

---

① [清]陈澧:《二侯传》,《东塾集》卷五,光绪十八年(1892)刻本,第14页。
② [清]陈澧:《与桂文灿书二十二首》,[清]陈澧著,陈之迈编:《东塾续集》卷四,《近代中国史料丛刊》第77辑,第165—166页。
③ [清]陈澧:《与桂文灿书二十二首》,[清]陈澧著,陈之迈编:《东塾续集》卷四,《近代中国史料丛刊》第77辑,第156—157页。
④ 汪宗衍:《陈东塾先生年谱》,《近代中国史料丛刊》第77辑,第51页。

关于编写《音学》一书的情况，陈澧在与好友徐灏信中曾有所提及，他说："澧近著音韵书一种，甚有法，以授小儿小女。四声、清浊、双声、叠韵，累累然脱口而出，老夫侧耳听之莞然。昔年颇耗心力以成此学，冀异时门生儿子能传之，并欲以贻同好。今录副本未就，容下次寄呈，倘弟来面商，以成定本，尤善也。此正可与《象形文释》并传。"又说："拙著《音学》，盍抄一册寄与子深，近日金芑堂亦持一册去，遂欲刻之。"① 按，子深，即徐灏弟徐浚。金芑堂，即陈澧好友金锡龄。

由于陈澧深邃于小学、音韵，著有《说文声统》《切韵考》等专著，下过苦功，故编撰启蒙读物《音学》一书，可谓驾轻就熟，举重若轻。他对该书也很满意，正符合他所说的"且启蒙之书，又非老师宿儒不能为"的宗旨。《音学》曾刻版，以后版片遗失，不过金武祥《粟香四笔》载有全文，其目录为"四声清浊""双声""迭韵""切语""字母""音学简明法七条"等，均用极浅显文字叙述有关音韵学方面的基本知识、概念，并加以举例说明，以使读者易学易懂。

如"四声清浊"条云：

平上去入四声，各有一清一浊，举例如左。医（平清）倚（上清）意（去清）亿（入清）腰（平清）夭（上清）要（去清）约（入清）怡（平浊）以（上浊）异（去浊）翼（入浊）遥（不浊）鹞（上浊）耀（去浊）药（入浊）。

右十六字熟读之，以类推于他字，至任举一字，皆能辨其四声清浊乃止。

又"双声"条云：

凡音有出有收。二音同出，谓之双声。每一类略举十二音如左……

又"迭韵"条云：

---

① ［清］陈澧：《与徐子远书二十一首》，［清］陈澧著，陈之迈编：《东塾续集》卷四，《近代中国史料丛刊》第77辑，第173、176页。

二音同收，谓之叠韵，叠韵易知也，但韵有相近，而洪细不同者，举例于左……①

　　按，从前竖写，故有"左""右"之称。

　　《音学》仅一卷，篇幅很小，其价值如何，姑且勿论，但它的编撰刻板问世，反映了陈澧学术思想的一个重要方面。乾嘉汉学兴起以来，迄道咸之际，百余年来，学术界弥漫着一股追求精深浩博、繁杂琐碎的浓郁风气。在此背景下，陈澧却反其道而行之，大声疾呼倡导"以浅持博"，主张学术通俗化，重视学术启蒙，强调学术普及，不可不谓具有远见卓识。不但如此，他还身体力行，以实际行动来加以贯彻推行，这一点尤为可贵。一直到今天，陈澧关于学术启蒙的思想仍具有积极的现实意义，值得肯定。

　　咸丰五年（1855），陈澧正处于学术著述创作的高峰期：一方面，他要将自己的已成书稿陆续刊刻问世；另一方面，他又在酝酿着许多新的著述意图和学术思想。这些新的著述意图和学术思路，有些已经成熟，呼之欲出；有些则尚处于萌芽状态，仍在游移不定之中。但情况往往出乎意料，正当陈澧忙于校勘刻书、潜心构思启导初学的启蒙教本和发扬郑玄宗旨的"郑学之书"时，他忽然被另一学术课题所吸引，并且撰著进展迅速，在短时间内取得突破，获得重要成果，这就是《声律通考》一书。

三、《声律通考》

　　陈澧一向喜好音乐，尤喜古乐。他常常与二三好友相聚，聆听欣赏古乐曲，以为至乐。陈澧自言："余好古音律，闻庆辉山司马善琴瑟，心向往之。前年会于城北梦香园，司马鼓瑟，使其门人鼓琴，翕然如一音，座客皆服其精妙。"② 陈澧好友沈世良也回忆道："客夏与丈（指陈澧）携姜白石《古

---

①　金武祥：《粟香四笔》卷六，光绪十五年（1889）序刊本，第1—11页。
②　[清]陈澧：《琴瑟合谱序》，[清]陈澧著，陈之迈编：《东塾续集》卷二，《近代中国史料丛刊》第77辑，第54页。

怨》琴曲往南园，觅悦成上人按遗谱鼓之，声极清越。"① 即是陈澧雅好古乐、精于鉴赏的反映。陈澧又在《风入松》词题记中写道："……又于中秋夜集，以北曲《风入松》谱此词授歌者，颇协律云。"② 说明陈澧不但妙解音乐，而且还能动手谱曲。

陈澧对古音律素有研究，道光二十三年（1843），其曾编纂《唐宋歌词新谱》一书，时年35岁。按，清乾隆中编纂成书的《九宫大成南北词宫谱》（简称《九宫大成谱》）八十二卷，收录了我国从9世纪到18世纪近千年的传世唐宋诗词、诸宫调、元曲、元明散曲以及明清传奇的曲调，包括南曲的引、正曲、集曲，北曲的双曲，共2094个曲牌，连同变体共4466个曲调。此外，尚有北曲套曲185套，南北合套36套。详举各种体式，分别正字、衬字，注明工尺、板眼，是研究南北曲音乐最丰富的参考资料。陈澧依据《九宫大成谱》之例，选五代、两宋词人牛希济、蒋捷、李煜、和凝、欧阳修、苏轼、秦观、周邦彦、柳永、吴文英等名作50首，每首词牌下注曲谱宫调，词句旁注工尺谱。其自序云：

> ……昔东坡、山谷借《小秦王》《鹧鸪天》二调以歌绝句，盖惜古调之已亡，托新声以复奏。国朝《九宫大成谱》多录诗余，即坡、谷之遗意。爰广斯例，校录成篇，凡词曲调名既符，字句亦合者，得若干阕。采词苑之英华，注曲谱之音拍……今为新谱，惟尚古词，庶追燕乐之遗，亦附文章之末。其有依旧曲琢新词者，彩笔甫停，清弦已作，将复过旗亭而发唱，有井水而能歌。凡在词人，亦有乐乎此也。③

《唐宋歌词新谱》原书未见，据后人所藏抄本，陈澧在书中作批注五条，即考正字句一条、当删一条、补写改写《玉连环》曲词一条、待再考二条，说明该书殆未写定，估计也未付梓刊刻。④ 但此书的编纂表明，陈澧确实雅

---

① 见汪兆镛：《棕窗杂记》卷三，1943年排印本，第2页。
② ［清］陈澧著，黄国声主编：《陈澧集》一，《忆江南馆词》，上海古籍出版社2008年版，第645页。
③ ［清］陈澧：《唐宋歌词新谱序》，《东塾集》卷三，光绪十八年（1892）刻本，第21—22页。
④ 见汪宗衍：《陈东塾先生年谱》，《近代中国史料丛刊》第77辑，第32页。

好古音律，熟悉曲谱宫调、工尺谱即中国古代传统记谱法等基本音乐知识，所有这些，对于他以后研究古乐律，从事《声律通考》的撰著，都是有利的前提条件。

陈澧一向认为，"乐为六艺之一，而不可废绝也"①。欲知乐，必先通声律，"余惧古乐之遂绝也，乃考古今声律为一书"②，清楚表明他撰著该书的宗旨在于复古。而陈澧撰著《声律通考》，是直接受凌廷堪《燕乐考原》一书的影响启发，对此他毫不隐讳，他说："自念少时惟好世俗之乐，老之将至，因读凌氏书，考索故籍，覃思愈年，始得粗通此学。"③

凌廷堪（1757—1809），字次仲。安徽歙县人。乾隆五十五年（1790）进士。改教职，毕力著述。廷堪之学，无所不窥，于六书算历，以迄古今疆域之沿革，职官之异同，靡不条贯，尤专《礼》学。《礼经》而外，复潜心于乐。谓今世俗乐与古雅乐中隔唐人燕乐一关，蔡季通、郑世子辈俱未之知，因以隋沛公、郑泽五旦七调之说为燕乐之本。又参考段安节《琵琶录》、张叔夏《词原》、《辽史·乐志》诸书，著《燕乐考原》六卷。江藩谓其由燕乐通古乐，思通鬼神矣。

燕乐，一作"宴乐"。其名称始见于《周礼·春官》，指天子及诸侯宴饮宾客时所用的音乐，一般采自民间俗乐，以别于庙堂典礼所用的雅乐。隋唐时期，汉族及各少数民族民间音乐吸收部分外来音乐，形成了供宫廷宴饮、娱乐时用的九部乐、十部乐、坐部伎、立部伎等，唐杜佑认为，这些统称为"燕乐"。宋沈括把含有少数民族和外国成分的汉族民间音乐——"清乐"称为"燕乐"。近代学者范文澜认为："隋唐两朝，胡乐盛行，是汉乐与胡乐融合发展的时代……唐太宗时，定为十部乐，即燕乐、清商、西凉、天竺、高丽、龟兹、安国、疏勒、康国、高昌十部。十部乐中，燕乐是唐自造，清商乐是汉魏南朝旧乐，其余均从外国传入。"④ 可见，燕乐的概念十分

---

① ［清］陈澧：《琴瑟合谱序》，［清］陈澧著，陈之迈编：《东塾续集》卷二，《近代中国史料丛刊》第 77 辑，第 54 页。
② ［清］陈澧：《序》，［清］陈澧著，黄国声主编：《陈澧集》六，《声律通考》卷首，上海古籍出版社 2008 年版，第 4 页。
③ ［清］陈澧：《序》，［清］陈澧著，黄国声主编：《陈澧集》六，《声律通考》卷首，上海古籍出版社 2008 年版，第 5 页。
④ 范文澜：《中国通史简编》修订本第三编第二册，人民出版社 1965 年版，第 759 页。

错综复杂，众说纷纭，各有所据，言人人殊。

清代考据学兴盛发达，经学、史学、小学、音韵、历算、金石、地理诸学科领域，学者辈出，成就斐然，唯乐律一门，极少有人涉足问津，故成孤门绝学。虽然毛奇龄、江永、戴震、胡彦昇诸人都有所论著，但凌廷堪认为："毛西河武断，江、戴二君亦无确见。若胡彦昇，但知唱昆山调及推崇考亭耳。"① 考亭指朱熹。至于自己，他又说："廷堪于斯事初亦未解，若涉大水者有年，然后稽之于典籍，证之以器数，一旦始有所悟入，乃以鄙见著为《燕乐考原》六卷，于古乐不敢妄议，独取燕乐二十八调详绎而细论之，庶几儒者实事求是之义。"② 该书开近代唐宋燕乐研究之先河，筚路蓝缕，有先导之功，受到当时及后世学者一致推崇，但也存在不少问题。

陈澧弟子桂文灿说："近时言乐律，辄推凌次仲《燕乐考原》，然无能解其书者。江郑堂、钮匪石集乐工共讲求之，仍不解也（见郑堂所著《乐县考》）。番禺陈先生取其书读之，久乃悟其参错不合，故不可解，遂厘正而推究之，为《声律通考》十卷。"③ 可见，"不可解"是因为凌氏书本身存在许多"参错不合"的错误。陈澧著书首先是为纠正凌氏错误，故其书原名《燕乐考原笺》，后老友金锡龄改名为《声律通考》。

古乐历经上千年的历史演变，留存的文献和音乐作品又极其匮乏，这使它成为一个难度很大的课题。陈澧在与友人信中说："弟为此书，每当困思冥索，头苦目昏，及其得之，苦极而乐，辄自慰藉曰，将来必有人览此书而相赏于千里之外者……"④ 描述的正是他冥思苦想、艰辛探索的实情。当时陈澧之妻即将临盆，而陈澧也正在沉思苦索声律问题，他后来在《女律遣奠文》中回忆说："昔我初为律吕之学，而未通晓，连夜不眠。忽然而悟，闻汝母产汝呱呱声，遂名汝曰律。"⑤ 研究难题的解决与女儿的出生恰好同时发

---

① ［清］凌廷堪：《与阮伯元侍郎论乐书》，《校礼堂文集》卷二十五，中华书局1998年版，第224页。
② ［清］凌廷堪：《燕乐考原序》，《校礼堂文集》卷二十六，中华书局1998年版，第245页。
③ ［清］桂文灿：《经学博采录》卷四，王大隆辑：《辛巳丛编》，1941年排印本，第17页。
④ ［清］陈澧：《与张彦高书》，［清］陈澧著，陈之迈编：《东塾续集》卷四，《近代中国史料丛刊》第77辑，第212页。
⑤ ［清］陈澧：《东塾集》卷六，光绪十八年（1892）刻本，第29页。

生，这纯属巧合。但"忽然而悟"，表明大彻大悟正是长期冥思苦索的自然结果，这也是研究学问的共同规律。关于"忽然而悟"的关键，陈澧后来曾向门人弟子透露讲述过，其弟子文廷式写道：

> 师自言，考订声律之时，恒彻夜思之不寐。一夕起检《礼记》五声、六律，十二宫旋相为宫正义，遂有悟入。由此入手，于诸书迎刃而解。后读《朱子语类》，亦亟称此疏为学乐之要方，知朱子事事理会过，不可及也。①

陈澧既然能读懂《礼记》正义，遂能读懂凌廷堪《燕乐考原》，更能洞悉凌氏书的错误疏漏之所在。在陈澧看来，凌廷堪《燕乐考原》一书存在以下一些根本性的错误。

第一，今之字谱非宋之字谱。宋之字谱配律吕，今之字谱代宫商，二者截然不同。凌廷堪未明乎此，遂谓宋之字谱与今之字谱无异，其有不合，则执今之字谱以驳宋之字谱，此不可不辨。

第二，凌廷堪沿用宋姜夔的错误，乃谓八十四调出于隋苏祗婆琵琶，而不知梁武帝时万宝常已创有八十四调。

第三，"考唐宋之乐，则赖有二十八调。若考古律，则必考古尺、制律管，乃能得之，与二十八调无涉"②。但二十八调之四韵，实为宫、商、角、羽，其四韵之第一声皆名为黄钟，凌氏于此未明，故其说多参错不合。

陈澧并非有意专门挑剔凌氏的毛病，以攻讦为能事，他说："此编于《燕乐考原》之说，驳难最多，非掎撼前人也。余于凌次仲实资其先路之导，其精要之说，固已采录之。至其持论偏宕，则不可不辩；其纷纭舛错，读之而不可解者，尤不能不为订正。九原可作，当以为诤友焉！"③ 并且认为，《燕乐考原》一书本未卒业，而凌氏遽殁，故多舛误。陈澧的态度无疑是诚挚公允的。

---

① ［清］文廷式：《纯常子枝语》卷二，赵铁寒编次：《文芸阁（廷式）先生全集》第五册，《近代中国史料丛刊续编》第十四辑，第4页。
② ［清］陈澧著，黄国声主编：《陈澧集》六，《声律通考》卷六，上海古籍出版社2008年版，第113页。
③ ［清］陈澧著，黄国声主编：《陈澧集》六，《声律通考》卷九，上海古籍出版社2008年版，第169页。

那么,《声律通考》一书的贡献何在呢？陈澧自己对此有一简单概括,他在给友人曹葛民的信中写道:

> ……澧所通者,将使学者由今之字谱,而识七声之名,又由七声有相隔、有相连而识十二律之位,识十二律,而古之十二宫、八十四调可识也。又由十二律四清声而识宋人十六字谱,识十六字谱而唐宋俗乐二十八调可识也。①

即陈澧自认为廓清了前人对唐宋时期乐律术语、概念、范畴等基本情况的认识,并认为:"观《隋志》所载苏祇婆琵琶,则西域但知有七声,不知有十二律也。中国古乐有十二律,胡乐但有七声。古乐、胡乐之不同者在此。考古乐者,当于此辨之。今俗乐但有七声而无十二律,正与苏祇婆同矣,可胜叹哉！"② 因而对中国古代音乐发展渊源流变的复杂情况做了一次深入的梳理。

章太炎说,清儒研究音律,"亦有二派。其一,借此衍算,如钱溉亭是。其一,专明乐艺,如诸琴谱是。兼综二者,盖只凌次仲、陈兰甫而已"③。梁启超评论说:"清儒最能明乐学条贯者,前有凌次仲,后有陈兰甫。"④ 寥寥数语,将陈澧在清代乐律学研究史上的地位表达得一清二楚。

陈澧不但从理论上探讨古音律,而且还根据文献所载相关资料,亲自动手制造古乐器,把理论和实践紧密结合起来。"司马温公云：'古律已亡,非度无以见律。'"（《与范景仁论乐书》）陈澧认为,"此千古至论也"⑤。晋朝音乐家荀勖依《周礼》制尺,后世谓之"荀勖尺"或"晋前尺"。宋王复斋《钟鼎款识》中有"荀勖尺",王氏书已佚,清阮元摹刻《钟鼎款识》载有

---

① [清]陈澧：《复曹葛民书》,《东塾集》卷四,光绪十八年（1892）刻本,第23－24页。
② [清]陈澧著,黄国声主编：《陈澧集》六,《声律通考》卷四,上海古籍出版社2008年版,第72页。
③ 支伟成：《清代朴学大师列传·章太炎先生论订书》,岳麓书社1986年版,第13页。
④ 梁启超：《中国近三百年学术史》,天津古籍出版社2003年版,第397页。
⑤ [清]陈澧著,黄国声主编：《陈澧集》六,《声律通考》卷九,上海古籍出版社2008年版,第155页。

此尺。此外,《晋书》《宋书》皆载有"荀勖笛"的有关资料。陈澧乃根据以上诸书,截竹仿制晋十二笛。他在与友人信中详细描述了自己仿制古笛的艰辛:"……然而荀勖尺易制也,荀勖笛难知也。《宋书》《晋书》所载荀勖笛制,文义深晦,自来读者不能解。澧穷日夜之力,苦思冥悟,而后解之,而后仿制之,于是世间乃有古乐器。"①

仿制荀勖笛成功以后,陈澧又读朱子《仪礼经传通解》,中有唐开元《鹿鸣》《关雎》十二诗谱,陈澧认为这应该是在他那个年代所能见到的最早的古乐章即古乐谱了。他说:

> 朱子所传之谱,每字但注律吕而不注七声,盖宋人乐谱皆如此。(姜尧章《越九歌》亦然。)今人所不习也。戴氏长庚《律话》录此十二诗谱,每字注以宋字谱及七声。今更为之谱,不注宋字谱而注今俗字谱……则俗工皆解,可以被诸管弦矣。②

如此一来,于是世间乃有古乐章,以古乐器演奏古乐章,"古莫古于此,详亦莫详于此。授之工人,截竹可造,付之伶人,按谱可歌,而古乐复出于今之世矣"③。至此,"复古"的任务,陈澧便自以为大功告成了。

为了便于理解掌握要点,陈澧门人殷宝康曾撰写跋文,对《声律通考》一书内容宗旨予以简明扼要地概括,其云:

> 昔保康受业于番禺陈兰甫先生,时先生方著《声律通考》,今此书已成,保康请任剞劂,先生授以定本,写刊校对三阅月而毕。保康既受而读之,谨撮其大略而言曰:五音宫、商、角、徵、羽,即今所谓上、尺、工、六、五也,加变宫,变徵为七音,即今所谓一、凡也。七音七律,宫与商之间有一律,商与变徵之间有一律,徵与羽之间有一律,羽

---

① [清]陈澧:《复曹葛民书》,《东塾集》卷四,光绪十八年(1892)刻本,第24-25页。

② [清]陈澧著,黄国声主编:《陈澧集》六,《声律通考》卷十,上海古籍出版社2008年版,第176页。

③ [清]陈澧:《复曹葛民书》,《东塾集》卷四,光绪十八年(1892)刻本,第25页。

与变宫之间有一律，是为十二律也。十二律者，高下一定者也。七音者，施转无定者也。十二律各为宫，则各有商、角、徵、羽，是为十二宫也。十二宫各为一韵，每一韵转七调，则八十四调也。若以七音各为一韵，每一韵转十二调，亦八十四调也。唐、宋俗乐二十八调者，七音去二变及徵声不为韵，宫、商、角、羽四韵，每一韵转七调也。每一韵用一笛，四韵当用四笛。今俗乐只用一笛，故只有七调也。宋人以工尺等字代十二律之名，今以工尺等字代七音之名，行之既久，故不知孰为宫、孰为商也。今当由工尺而识宫商，由宫商而识律吕。其乐器则有晋之十二笛，其乐歌则有唐之《鹿鸣关雎十二诗谱》，古乐尚未绝于世也。先生闻之曰，善！命保康笔而记之，附于简末。咸丰十年四月门人大兴殷保康谨识。①

这篇跋文可作为阅读《声律通考》的向导，也是陈澧撰著该书宗旨的撮要，且其实出自陈澧之手。其弟子文廷式写道："阅兰甫师所著《声律通考》二卷，略解三分损益之理。是书凡十卷，师自谓用功最深。其跋撮举大意，盖师所自作，而托名于殷君者。"② 观此，则可知陈澧用心之良苦。

但老友徐灏则对所谓晋十二笛持强烈的反对意见，他写信给陈澧说：

> 晋十笛，乖僻离奇，久经废弃。阁下乃从故纸中理而出之，此诚不敢附和。苟勖论笛，以匀开六孔为无法，而创为上度、下度之法，别制十二笛，推移其孔，密者二孔相并，一指不能按，二指又不能容；其疏者则相去太远，而指不能及。正使音律和谐，尚犹不适于用，况无一音相叶者乎？此真强作解事，可笑之甚。故当时不能行用，旋作而旋废，凌次仲讥其妄以笛孔取则琴徽是也。而阁下顾特好之，如式制造，以为晋笛复出于人间，亦好奇之过也。夫箫笛匀开六孔，而声调自合，此天地生成之妙，非人力之所能为也。今以其为俗伶所用而鄙弃之，别制不匀之孔，以为必如是，然后为有法之古乐器也。法则法矣，其如指不能

---

① ［清］陈澧著，黄国声主编：《陈澧集》六，《声律通考》卷十，上海古籍出版社2008年版，第191页。

② 汪叔子编：《文廷式集·日记》卷九，中华书局1993年版，第1058页。

按，声不能谐何？愿阁下之亟毁之也。①

这封信措辞之尖锐、语气之激烈，毫无客气可言，这在二人的交往中极为罕见。按，徐灏也颇留心研究古乐律，二人曾往复切磋讨论过相关问题。陈澧曾在致徐灏信中说："复示领悉，欣喜之至。凡人著书为后人所疑而不能知，何如为同时人所疑而我知之，如果有误，可自改耶。惟前日闻子韶言，大弟看出《八十四调考》有误，及论今日曲子未精。而来示未及此二事，极知公事无暇，但祈稍示其端，如昨所惠书，即可寻思而细考矣。"② 可见，对于批评，陈澧的态度一贯是谦虚、诚恳的。

声律学问专门，古乐律更深奥难懂，外行不容置喙。梁启超即郑重声明："吾之无乐曲学常识。"③ 今人汪申申在《清代音乐理论管窥》一文中，对凌廷堪、陈澧二人有一个基本的评价。他认为，凌廷堪"他的一个致命弱点是他在音乐实践方面的知识相当贫乏，这在《燕乐考原》一书中已有所显露，而且他的律学知识也不够用，一上来就混淆了律学和乐学两者在研究对象、角度、方法上的关系，所以他对荀勖的理论与实践就产生了一系列的误解，导致了一系列错误的推论"。至于陈澧，汪申申认为："他有较丰富的声学知识和管乐器的实践经验，因此他的研究不再限于纸上谈兵……陈氏对荀勖笛律的研究，是建立在复制试验的基础上的。他以文献所载'晋前尺'即荀勖所用尺的实际长度为标准，按《宋书》的记载计算出各笛的长度与孔距，复制出了十二枝笛。在复制过程中，发现了一些问题，引发他进行了进一步深入的研究。他的分析，有理论，有实践，显露出严谨求实的学风。"④ 此段议论出自音乐专家之笔，可作参考。

---

① 见金武祥：《粟香三笔》卷一，光绪十三年（1887）广州刻本，第 20 – 21 页。
② [清]陈澧：《与徐子远书二十一首》，[清]陈澧著，陈之迈编：《东塾续集》卷四，《近代中国史料丛刊》第 77 辑，第 189 – 190 页。
③ 梁启超：《中国近三百年学术史》，天津古籍出版社 2003 年版，第 396 页。
④ 汪申申：《清代音乐理论管窥》，《黄钟》（武汉音乐学院学报）2002 年第 1 期，第 68 – 69 页。

四、困处围城之中

天地会洪兵起义失败后,广东局势稍稍趋于平稳。陈澧本来想趁大乱之后难得的安定时机抓紧整理一下自己的已成文稿,如《汉儒通义》等书,以便付梓刊刻,了结多年的心愿。但事与愿违,没想到一场更大的战争风暴接踵而来。

鸦片战争后,英、法等国与广东地方当局围绕着入城和租地等问题一直摩擦不断,双方关系愈来愈紧张,形势愈来愈危急,战争威胁愈来愈加剧。而广东士绅民众也群情激愤,反入城和租地斗争也愈来愈高潮迭起。到了咸丰六年(1856),英、法等国为了攫取更大的在华利益,要求修改《南京条约》,并借"亚罗号"事件蓄意扩大事端,不惜诉诸武力。英国军舰于当年越过虎门,攻占了珠江沿岸的猎德、龟冈、海珠等重要炮台,发动了第二次鸦片战争。英军开始炮击广州城,曾一度攻入广州外城,抢劫总督衙门。后由于兵力不足,供给困难,英军被迫撤退。

次年,英国和法国组成联军,再度对华进行侵略。英法联军向两广总督叶名琛发出最后通牒,限10天内答复,否则将进攻广州。史载:

> (咸丰七年)十月,英夷战船数十入省河,其陆兵分屯河南,夷首投递照会,有求地、补饷、入城三事。总督亦以照会答之,反复辩论不能决。①

在对待英法联军态度以及阻止侵略准备方面,总督叶名琛傲慢无礼,举措失当,严重贻误战机,所作所为为当世及后人所诟病。

叶名琛(1807—1859),字昆臣。湖北汉阳人。道光十五年(1835)进士。历任陕西兴安府知府、云南按察使、甘肃布政使、广东巡抚。在广东巡

---

① 同治《番禺县志》卷二十二《前事三·国朝》,第32页。

抚任内，因阻止英人入城有功，封男爵。咸丰初又因镇压天地会洪兵起义，晋总督，可谓官运亨通，一路飞黄腾达。也正因为如此，叶名琛乃居功自傲，刚愎自用，目空一切，在对待英法外交事务上，既不听僚属建议劝告，进行有效的外交斡旋，又不积极做军事防御部署，以防不测，而是一味求神扶乩，心存侥幸，以为英、法军队可不战自退。结果英法联军于1857年年底攻入广州，叶名琛被俘，后由英船送往印度加尔各答囚禁，不久病死。他是清代封疆大吏中唯一当了西方侵略者的俘虏而又客死异国者。时人郭嵩焘评论：

> 汉阳叶相督粤，声名极盛，朝廷眷顾亦极隆，而自诩所得，全在镇静。咸丰四年，全省构乱，州县日报失守，讫不为动。惟募勇万人自备，围攻省城一加堵御而已，粤人亦相与诵其度量。卒用此术施之洋人，遂至溃败决裂，以陨其身，贻误国家。而其用财之汰与人之滥，一皆不可为训。①

叶名琛在英法联军入侵广州战役中的态度和表现，遭到民众的一致谴责和鞭挞，最著者为当时人将一副揭帖贴在叶名琛之父叶志铣居住的广州粤秀山长春仙馆前，曰："不战不和不守，不死不降不走。二十四部史中，求如此人没有。"② 措辞既确切，语气亦沉痛，代表了当时民众对叶名琛的总体评价。

而陈澧作为一介文人，对于时局极少直接上书大吏，慷慨陈词，发表意见，但也并非无动于衷，漠不关心，袖手旁观。对于叶名琛所作所为的态度，陈澧在读书札记及诗文之中也有所表露，例如他抄写《魏书·裴粲传》："左右白言贼致，粲云：'岂有此理！'左右又言'已入州门'。粲乃徐云：'耿王（贼耿翔）可引上厅事，自余部众，且付城外。'"在此段下，陈澧批注云："前时抄此条，非有所指，乃近日叶相之于夷寇，正复相类，为之慨然。戊午正月六日书。"戊午即咸丰八年（1858）。又在《北史·穆寿传》

---

① ［清］郭嵩焘：《玉池老人自叙》，《近代中国史料丛刊》第11辑，第17页。
② 宣统《续修南海县志》卷二十六《杂录》，第25页。

所抄一段后写道:"信卜筮谓贼不来,而不设备,叶相似之。"① 可见陈澧一直在密切关注时局的发展变动,而对叶名琛所作所为深感不满,爱憎十分鲜明。陈澧还有《有感》诗一首:

> 晋时王凝之,世事五斗米。孙恩攻会稽,凝之为内史。僚佐请设备,内史偏禁止。靖室自祷祠,出告诸将吏。吾已请大道,击贼自破矣。贼至破其城,凝之遇害死。②

毫无疑问,这首诗借用东晋时王凝之的故事以讽刺叶名琛,是有感而发。咸丰九年(1859),叶名琛之丧归自海外,时人汪瑔《旅谭》载云:"至广州,当事为易棺衾殡于斗姥宫,时挽联极多,而措词颇难得体。惟陈兰甫学录代其友人作一联云:'公论在人间,只缘十载旧恩,频挥涕泪;英灵归海外,想见一腔遗恨,化作波涛。'语意最浑融可味。"③

广州失陷后,广东巡抚柏贵、广州将军穆克德纳投降。英法联军在广东巡抚衙门成立以英国驻广州领事巴夏礼(Harry Smith Parkes)为首,英、法军官参加的"三人委员会",掌握实际大权,而让卖国投敌的广东巡抚柏贵、署按察使蔡振武、广州将军穆克德纳等在联军"三人委员会"的控制监督下,继续担任原职,充当维持殖民统治秩序的工具。他们与英、法恢复通商,劫掠库银,收缴军器炮械,一同巡逻守城,并与英、法侵略军头目联衔署名出布告示,宣称"中外一家,业经和好,百姓不得再滋事端";"如殴打洋人,及擅敢借词团练等情,定照叛逆治罪"。④ 广东巡抚衙门成为中国近代史上第一个地方傀儡政权。

战争期间,英法联军炮击、攻占省垣,作为全省学术文化中心的广州损失惨重,也最令人痛心疾首。史载:"会城陷,英法两国兵分据将军署、藩

---

① 黄国声选录:《东塾读书论学札记》,[清]陈澧著,黄国声主编:《陈澧集》二,上海古籍出版社2008年版,第406页。
② 汪兆镛辑:《陈东塾先生遗诗》,1931年刻本,第25页。
③ [清]汪瑔:《旅谭》卷一,陈建华、曹淳亮主编:《广州大典》第100册,广州出版社2015年版,第332页。
④ 引自蒋祖缘、方志钦:《简明广东史》,广东人民出版社1993年版,第475页。

署、学署以逮贡院、学海堂、惠济东仓暨南海学宫等处。"① 学海堂、贡院的考课被迫中止，士子学业荒废；而繁荣一时、鳞次栉比的双门底书肆被焚，书版灰飞烟灭；成立不久的志局被炮火击中，修史工作不能进行……时学者陈璞在纪实诗中写道：

> 话到沧桑感喟多，岂徒荆棘卧铜驼。南州图籍成灰烬，前辈文章费网罗（时方修番禺志，设局尊经阁，阁焚，诸稿一空。拱北楼及各书坊亦俱毁）……②

好不容易才在天地会洪兵起义战乱之后获得一个喘息机会的文人学者，惊魂初定，又再次面临动乱战火，陷入胆战心惊、失魂落魄的颠沛流离之中。

在咸丰七年（1857）九月英法联军开始攻打广州之时，陈澧家居外城，该处由于城墙堞楼单薄低矮，又靠南面临珠江，首当其冲，在英法联军炮火轰击范围之内。所以仓皇之中，陈澧乃于十月携家转移，借寓内城豪贤街梁国琦家。

梁国琦，字小韩。广东番禺人。国子监生，盐提举衔，工书、善画，尤善画梅。他是梁国珍之弟。陈澧与梁氏兄弟，或同学，或同举于乡，而与梁国琦不但是同学，还申之以婚姻，故关系最为亲近。陈澧大难之时举家投奔借寓，梁国琦予以热情收留款待，愈发显现亲情友谊的真诚可贵。时陈澧女儿阿律生病，梁国琦懂医术，把脉投方，将其治愈，更令陈澧感激不已。

但不幸的是，梁国琦家并不安全，住宅遭到英法侵略军炮火的袭击，梁国琦的书房被摧毁，邻居又被炮弹炸死。血淋淋的场面使得陈澧惊恐万分、惶惶不可终日，他赋《二石咏有序》诗专记其事，序云：

> 作此二诗，时在梁小韩家，夷炮碎其书室，又击死其邻人。余甚恐，扪心曰，心犹在乎？作诗以自试。见案上有二石，即咏之，笑曰，

---

① 同治《南海县志》卷二十六《杂录下》，第10页。
② ［清］陈璞：《丁巳十一月十四日夷陷会城余窜归故里惊喘甫定感慨转增追赋数章聊纪身世》之四，《尺冈草堂遗诗》卷四，光绪十五年（1889）息庐刻本，第13页。

心尚在也。①

这是陈澧生平第一次被困在炮火纷飞的围城之中，第一次亲身经历血肉横飞的战争场面。一个弱不禁风、手无缚鸡之力的文人书生，何曾见过这般残酷情景？故他一见到有人死亡，就马上神经紧张，敏感地联想自己是否还活着，怀疑自己是否还尚在人世，以至于要"扪心"，要"作诗以自试"。胆小惊恐与神经质过度之态虽令人忍俊不禁，但的确是他当时情感的真实流露，毫无矫揉造作之处。

身陷围城，栖居托庇于亲朋寓所，四周飞弹如雨，大炮声日夜隆隆不停，在这种危险严酷的环境下，在这种朝不保夕、险象环生的焦虑之中，陈澧自然精神紧张，茶饭无心，寝食不安，度日如年。漫漫长夜之中，他常常被隆隆的炮声惊醒，之后便转辗难眠，不能合眼，一直熬到天明。惊惶恐慌之余，陈澧也开始陷入沉思，开始分析时局何以如此糟糕，何以败坏到如此地步。困处围城之中的他写有《炮子谣二首》，最能代表和表达其时他对时局的分析和看法，诗云：

>   炮子来，打羊城，城里城外皆炮声。炮声一响子到地，打墙墙穿打瓦碎，轻者受伤重者毙。老夫夜中起长叹，寻思炮子何由至。炮子之来自外洋，外洋人至由通商。通商皆由好洋货，钟表绒羽争辉煌。钟表绒羽人人喜，谁知引出大炮子。吁嗟乎！炮子来，君莫哀，中国无人好洋货，外洋炮子何由来？
>
>   请君莫畏大炮子，百炮才闻几人死？请君莫畏火箭烧，彻夜才烧二三里。我所畏者鸦片烟，杀人不计亿万千。君知炮打肢体裂，不知吃烟肠胃皆熬煎。君知火烧破产业，不知吃烟费尽囊中钱。呜呼！太平无事吃鸦片，有事何必怕炮怕火箭。②

这首诗采用的是民间歌谣形式，明白如话，通俗易懂。在鸦片战争爆发之后，陈澧本能地意识到炮弹火箭并不可怕，可怕的是中国人吸食鸦片烟的

---

① 汪兆镛辑：《陈东塾先生遗诗》，1931年刻本，第26页。
② 汪兆镛辑：《陈东塾先生遗诗》，1931年刻本，第26页。

恶习,这不但熬煎肠胃,伤害身体,而且浪费钱财,损害国力。从这一点来说,陈澧看问题还是比一般人深刻一些,能透过现象看到本质。

但陈澧并未因此而更进一步。在反思鸦片战争爆发的背后原因时,他将之归结为中国人喜好洋货,因喜好洋货而与外国人通商,由此而招致战争爆发。然而,鸦片战争的爆发,自有其深刻的政治、经济、外交、社会、文化诸方面因素及时代背景。在这个问题上,陈澧的一些认识过于肤浅,有以偏概全之嫌。而且,基于这一思考,陈澧主张禁用洋货,甚至主张断绝与外国贸易往来。他在札记中写道:

> 知忧鸦片,仍吸鼻烟,好钟表,衣呢羽,可谓知其一不知其二,鼻烟即有深意,即鸦片之嚆矢也。

又写道:

> 《诗序》云:"挈壶氏不能掌其职",正今日之谓也。壶漏废而外夷之钟表盛行,所费几亚于鸦片。余尝谓中外各衙门及城楼,皆当设壶漏,书时刻于牌,揭之以示众,则钟可不用矣。①

很明显,这是《老子》"绝圣弃智",主张倒退到"小国寡民"社会思想的典型表现。陈澧反对吸食鸦片,反对吸鼻烟,这无疑是正确的,但他连带所及,反对洋货,反对呢绒钟表,进而反对通商,要求断绝一切中外贸易,甚至主张禁用先进的钟表而恢复使用中国古老传统的计时工具——壶漏,则显然矫枉过正了,不免显得有些落后、顽固、迂腐,不合时宜。

困处围城之中,陈澧每天都伴随着隆隆的炮声生活,久而久之,也就不免有些麻木,有些习惯了。恐惧的心理也稍稍缓解,不再像刚开始的时候那样神经绷得紧紧的,处于极度担心害怕,惶惶不可终日。但是在艰难危急的困苦时刻,平日令人难以觉察的普通亲情友谊,却显得异常的温馨动人,令人倍感亲切可贵。久处围城战火之中,友人一纸来信,寥寥数行文字,一声寻常问候,要比平时温暖千百倍,令人感动不已,精神上获得的慰藉非笔墨

---

① 《陈兰甫先生澧遗稿》,《岭南学报》1931 年第 2 卷第 2 期,第 154、153－154 页。

所能形容。《得藕江书却寄》就表达了陈澧感激友人关心的至深情怀："炮火轰虺际，音书反复看。从来出豪杰，所遇必艰难。剑淬锋愈劲，松高气息寒。良朋真益我，安卧且加餐（时每夜听炮声毕乃寝）。"① 在这首诗中，陈澧一方面对好友在困难时刻的真诚关怀表示衷心的感谢，另一方面又用传统儒家"天行健，君子自强不息"的积极精神来激励自己，把困处危城、亲历战火当成一次考验，认为是磨炼自己的一次难得的机遇。这其中虽然不免带有一些自我解嘲、自我安慰的味道，但毕竟显示的是一种激昂向上、奋发有为的积极人生态度。这种积极的人生态度和精神境界，在陈澧一生之中始终占据着主导地位。

咸丰七年（1857）十一月十四日，英法联军攻陷广州。由于城中不宜再居，陈澧只好又一次加入逃难的人群，携全家避居于南海县横沙村。困处围城炮火中的一个多月时间，是陈澧一生之中最为危险、最为惊心动魄的一段经历，这段记忆他永远不会忘怀。

五、寓居横沙村

横沙村位于广州城西北20余里，属南海县草场堡。这是一个僻静的小村落，数十户人家，以种植园圃为业。四周岗峦起伏，一片青翠，又濒临珠江，可以听到潮起潮落。村里古榕参天，修竹映掩，蕉林婆娑，池塘涟漪，村民善良淳朴，古风依然。

在横沙村，陈澧赁居昔日学海堂学生招太冲家之小园。他在《招太冲诗文遗稿序》中说：

> 昔余在学海堂，见南海招太冲之文，谭玉生评之曰："古音璆然。"余读而爱之。余居省城，太冲居横沙村，相去二十里，以为相见易耳。及余避夷乱至横沙，访太冲，太冲死矣。问其年甫三十，悲叹久之。余

---

① 汪兆镛辑：《陈东塾先生遗诗》，1931年刻本，第26-27页。

赁居其家之小园，其兄法先数与余谈宴，以太冲诗文属为序……园中有高楼，每当夕阳西下，凭栏远眺，粤秀山黝然堕氤雾中，学海堂尺椽片瓦，不知犹有存否？昔时友朋相聚论文之乐，何可复得。盛衰生死，倏忽变灭，执笔以序此编，不自知涕泗之交集也。①

抚今追昔，思绪万千，令人感慨不已。虽然时局动荡，兵戈相残，大乱不止，不知何时才能重享太平，令人忧心如焚，但即使是在最困难无望、最危厄低潮的时候，陈澧也并未消极沉沦，自暴自弃，随波逐流，而是本着儒生以天下为己任、忧国忧民的信念，自强不息，以知其不可为而为之的精神，奋发自励，顽强奋斗。他将自己所居之楼命名为"崇雅楼"，在《崇雅楼铭并序》中写道：

《六月》诗序曰："小雅尽废，则四夷交侵。"孔疏曰："明小雅不可不崇，以示法也。"咸丰七年，余避夷乱寓横沙村之水楼，偶读《诗》疏，感慨系之，乃题曰"崇雅楼"而为之铭曰：小雅尽废，四夷交侵。毛公诗序，实感愚心。正义有言，崇雅示法。我铭斯楼，自勖志业。②

尽管在这里，陈澧仍然摆脱不了儒家"华夷之辨"传统思想观念的束缚，但他以"崇雅"为中心主旨，则显而易见主要是为了"自勖志业"，是要在天崩地裂的大动乱之中，以中国传统学术文化的传承人自居；是要在中国传统学术文化岌岌可危、不绝如缕的危急时刻挺身而出，自觉以"兴废继绝"的文化守护神自命，当仁不让，并以"舍我其谁"的精神，做中流砥柱，挽狂澜于既倒。这是中国文人学士强烈的责任感、使命感和忧患意识的鲜明体现，充分展示了中国优秀知识分子精神风貌和人格魅力中最可贵、最为闪光的一面。

借寓横沙村，经过初期短暂的搬迁整顿忙乱之后，一家人生活很快就安定下来，恢复到以前的节奏和秩序。如同平时一样，陈澧的主要活动仍然是

---

① ［清］陈澧：《东塾集》卷三，光绪十八年（1892）刻本，第27页。
② ［清］陈澧：《东塾集》卷五，光绪十八年（1892）刻本，第20-21页。

读书、著述，偶尔吟咏写诗，借以抒发情怀。他在与门人桂文灿的信中谈到此时生活情况和自己的心情：

> 时事如此，岂能不忧愤。即以家事而论，迁徙奔波，产业被焚，几无以糊口，亦岂能不愁思。然手无斧柯，虽有救乱之志，可奈何。至一身一家之穷饿，又不为然矣，此亦无可奈何。读书著述，自是本业，又何不自得乎？①

在手无回天之力、无可奈何的情况下，他仍以读书著述为本业，反映了一种随处而安、奋发有为的积极精神状态。

寓居江滨小村横沙，也有令人感到宽慰的一面。陈澧有一门人叫赵齐婴，字子韶。近几年来陈澧一直聘请他在家中教儿辈读书，暇时两人常常谈论，关系十分亲密融洽。陈澧避乱寓居横沙村，子韶也相随从，侍奉左右。有一弟子常在身边，可以交流商榷，可以倾吐解闷，可以互相慰藉，陈澧的心情感受自然十分宽舒畅意，所以他写信告诉友人说："每读书有得，则以告子韶，居乡甚乐，不欲遂回省城也。"②

此外，师友之中，还有不少人都居住在横沙附近，距离不远。如张维屏寄寓泌冲，而泌冲正是好友邹伯奇的家乡。又如徐灏避居横溪，相去不过数里，比泌冲还近。另有梁小韩、沈世良等，避难之所相距也不远，时有诗文、书信来往联系。兵荒马乱，颠沛流离之中，昔日关系密切的师友多在附近，不时寄书慰问，互相拜访，宴游唱和，有会晤聚谈之乐，冲淡了时事带来的苦楚。徐灏有《余避乱居横溪兰甫自洲村过访适寓园老梅初放折枝以归插于炊饭甖中属梁小韩为图而索余题诗》一首，③ 正是乱离之中老友相逢、苦中作乐、相濡以沫、风雅不减当年的真实反映。陈澧也有《自横沙过泌冲》诗，当是乘船造访张维屏、邹伯奇时所咏，诗云：

---

① ［清］陈澧：《与桂皓庭书二十二首》，［清］陈澧著，陈之迈编：《东塾续集》卷四，《近代中国史料丛刊》第77辑，第158页。
② ［清］陈澧：《复王峻之书五首》之一，《东塾集》卷四，光绪十八年（1892）刻本，第31页。
③ ［清］徐灏：《灵洲山人诗录》卷一，同治三年（1864）粤东省城龙藏街萃文堂刻本，第16页。

> 沙洲十里绕浔冈,小艇摇摇泛夕阳。除却芜城兼废垒,依然秋色满江乡。①

倚坐小舟之中,夕阳西下,彩霞绮丽,波光荡漾,满目秋色,一幅充满诗情画意的图卷,十分熟悉又十分生疏,依稀似曾相识。但触目惊心的荒城废垒,又将诗人从昔日的梦幻拖回到残酷的现实,虽然江山依旧,却已物是人非,唯有长叹而已。

横沙村有一人叫招培中,字北海。此人是陈澧老友邹伯奇舅氏,也是一位饱读经史、知书达礼之人。招培中久闻陈澧的大名,十分仰慕他,不时前来拜访,相与谈论学问。对此陈澧也感到十分高兴,认为"此间有此君可谈经学"②,不失为一乐事。招培中专治《周礼》,他向陈澧请益,陈澧赠以诗,劝其博考以成书,二人谈论投契,招培中也算是避难之中偶遇的志同道合之友。老友徐灏来横沙回访,招培中做东,略置酒席,于家中招待他们。徐灏有《同陈兰甫赵子韶饮招北海斋中作》一首,诗云:

> 北海开樽日,南楼纵酒时。尚疑春是梦,遑问夜何其。沦落今如此,澄清未有期。悲笳江上发,吹得鬓成丝。③

时局如此,战乱不休,不知何日才能重享太平。虽有友朋宴饮之乐、相聚之欢,但谈笑感慨之间,悲从中来,徒有唏嘘,无可奈何。

横沙村居生活表面上十分平静,陈澧重要著作《汉儒通义》正在刻板,他要忙于校勘。此外,陈澧又正在酝酿编纂几部新的著作,并且也仍按原定计划阅读《仪礼》《礼记》《吕氏春秋》《朱子文集》《周书》《北齐书》《隋书》《杜诗》等。但表面上的平静却不能掩饰内心的不平静,陈澧并不能做到心如止水,犹如古井无波。他在检查整理藏书、文稿时翻检到柳兴恩《穀梁大义述》一书,便不禁心潮澎湃。他写道:

---

① 汪兆镛辑:《陈东塾先生遗诗》,1931 年刻本,第 28 页。
② [清]陈澧:《与桂皓庭书二十二首》,[清]陈澧著,陈之迈编:《东塾续集》卷四,《近代中国史料丛刊》第 77 辑,第 165 页。
③ [清]徐灏:《灵洲山人诗录》卷四,同治三年(1864)粤东省城龙藏街萃文堂刻本,第 11 页。

第五章 动乱的岁月

道光甲辰春，谒阮文达公于扬州，公赠以新刻《再续集》，有《镇江柳氏穀梁大义述序》。时余方著《穀梁条例》，乃属徐韵生孝廉为求其书，得一帙。庚午春，与宾叔遇于京师，后见赠此帙。其后贼陷镇江，不知宾叔何在，不知此书草稿存否矣。咸丰戊午正月，避夷乱寓横沙，检所藏书，得此帙，感慨系之。①

尤其是咸丰八年（1858）秋，老友徐灏因按察使周起滨以隆礼聘之入幕，前往惠州后，陈澧的情绪不免产生波动，若有所失。他有《八月十五夜》诗，诗云：

孤灯照几迟迟睡，细雨敲窗暗暗愁。明月不来人又去（徐子远往惠州），不知今夕是中秋。②

徐灏离开后，陈澧连作《十八夜》《十九夜》《廿一夜》《廿二夜》诸诗多首，就是他心情波澜起伏的反映。这一段时间，每当夜深人静、万籁无声、村民熟睡之际，读书著述疲倦了，陈澧便放下书笔，有时走出小楼，到村外江边散散步，以资放松调节。每当此时，回顾往事，他便会心潮起伏，思绪万千，顿生无限感慨。他只有借写诗来加以排遣，以吟咏来抒发情怀。《廿一夜》诗云：

楼头缺月已三更，犹向池边觅句行。蟹火渔灯风翦翦，豆棚瓜架露晶晶。潮痕退岸还归海，山影和烟不见城。此际横街秋草遍，更无人迹有蛩鸣（旧居在西横街）。

此诗描述的是秋夜三更，诗人不能入睡，在寂静的山村池塘及江边漫步，吟咏推敲诗句。村居生活一片恬然平静，可自己毕竟是寄居之人，暂时漂泊至此，终归还是要离开。抬头远望，山林烟岚四起，遮挡了视线，看不到熟悉的万家灯火的广州城影。回想起城中西横街的旧居老宅，此时该是荒

---

① [清]陈澧：《题柳兴恩穀梁大义述》，[清]陈澧著，陈之迈编：《东塾续集》卷二，《近代中国史料丛刊》第77辑，第68页。

② 汪兆镛辑：《陈东塾先生遗诗》，1931年刻本，第27－28页。

草萋萋，秋虫劲鸣，一派荒凉败落的情景吧。自己蛰居在这江滨小村，广州虽近在咫尺，却不能回去，只能抬头仰望长空、无限浩叹。

又《廿二夜》诗云：

> 旁水竹栏花鸭睡，对门菜墱草虫声。他时记取横沙住，夜夜哦诗看月明。①

池水、竹栏、花鸭、菜墱、鸣虫，极其普通的农家秋夜小景，越发令人幽思绵绵，回味无穷。一想起时局的动乱不宁，村居平淡无奇的生活便令人倍感亲切珍惜。陈澧人虽在横沙，可思绪却已飞向未来，他在遐想：当我离开这里之后，有一天回忆起在横沙生活的情景，回忆起在这里避乱寓居的日日夜夜，其中最令人留恋，最令人难以忘怀的，恐怕就是像现在这样夜夜漫步村头，搜词遣句，对月吟诗了。陈澧是一位敏感的学者，具有诗人般神思飘逸的气质。尽管身处逆境，困厄在荒江野村，但他坚信眼前的一切都只是暂时的，终将成为过去。有朝一日回忆起今天的情景，将会是另外一番感受，反而会羡慕今天的悠然自得。

横沙村居生活平静如水，恬然安逸，但外面的形势却十分严峻，坏消息一再传来。八月，陈澧感愤时事，画山水于纨扇，题曰："云捧楼台出天上，风飘钟磬落人间。戊午八月崇雅楼戏墨。"后世学者研究后认为，此纨扇所画应当是番禺莲花山。因为道光二十一年（1841），钦差大臣琦善与英国公使义律私订《穿鼻草约》于番禺莲花山，英人旋侵占香港。自道光初启衅，至咸丰八年（1858）英法联军直抵津沽，国事每况愈下，追本溯源，祸乃始于莲花山城下之盟，故陈澧画此图以寄意。②

这年冬天，陈澧有《戊午冬日和沈伯眉移居》诗，诗云：

> 去年衰乱忆前年，又到今年更慨然。战守事机成一哄，提携家累已三迁。浮华已付东流水，实学如撑上濑船。案有残书樽有酒，醒时开卷

---

① 汪兆镛辑：《陈东塾先生遗诗》，1931年刻本，第28、29页。
② 汪宗衍：《陈澧莲花山团扇》，《广东书画征献录》，香港大同印务有限公司1988年版，第189-192页。

醉时眠。①

戊午即咸丰八年（1858）。"提携家累已三迁"，指全家避乱萝冈洞、投奔梁小韩、寓居横沙村三事而言。短短几年之内，颠沛流离，迁徙不定，令人浩叹不已。但面对动荡不宁的局势，身处艰难危苦的时期，陈澧并未徒唤奈何，自甘沉沦。虽然美好的年华已付流水，自己年近50，已到知天命之年，但他并不以年老体衰而消歇松懈，反而以逆水行舟、不进则退的精神激励自己，坚持读书著述。可见时时处处，陈澧的精神状态都是以积极进取、乐观向上为主旋律。

按，沈世良（1823—1860），字伯眉。先世浙江山阴人，后占籍广东番禺。少读书功德林，旋补县学生。熟精《南史》，能文章，工诗，尤工填词，所交必一时之隽。他是越台词社、西堂吟社的发起人和重要成员，与陈澧交好，二人常谈论诗词文章以及禅学，十分投契。陈澧写道："当夷寇之破城也，余迁居横沙村，伯眉迁于西关，犹以诗寄余。"② 可见二人关系非同一般。

利用寓居横沙村相对安静和无杂事烦扰的有利时机，陈澧加紧读书著述，编撰刊刻自己以前已经定稿的多种著作，其中以《汉儒通义》一书最为重要。

六、《汉儒通义》

《汉儒通义》是陈澧中年时期学术思想发生重大转变之后的第一部重要著作，在他个人学术生涯之中，该书具有特殊意义。

中年以后，陈澧学术思想开始发生重大转变。对此，他有一系列相关论述和说明。道光十八年（1838），陈澧29岁，他给在京师的好友杨荣绪的信

---

① 汪兆镛辑：《陈东塾先生遗诗》，1931年刻本，第29页。
② ［清］陈澧：《沈伯眉诗集题辞》，［清］陈澧著，陈之迈编：《东塾续集》卷二，《近代中国史料丛刊》第77辑，第80页。

中说："夫治经者将以通其大义，得其时用也。"表明他反对当时学术界以考据为目的、繁碎冗杂、弃本求末的学术风气，而赞同"通经致用""经世致用"的学术追求和主张。

陈澧弟子文廷式也说："师尝言三十时，读《易》至'志在随人所执下也'，悚然汗下，于是学术一变，务求心得，不敢蔑弃成说，亦不敢轻徇时趋。"① 这段话正好印证30岁左右的陈澧学术思想正在发生重要转变，开始准备走一条与流俗时尚不同、独立自主的学术道路。

陈澧中年学术思想发生重要转变，与当时的社会时局、学术环境和学术氛围有直接或间接的关系。清代考据学（即汉学、朴学）在乾嘉时期臻于鼎盛，然而物极必反，盛极必衰，至道光中叶学术呈现衰落之势。学术衰落，由多种因素交互影响所致。对此，陈澧也曾试图予以探索。他在《读书八首》之一中说：

国朝经史学，彬彬称极盛。风气最精博，乾隆与嘉庆。贤相为提倡，文达（纪）与文正（朱）。近者卅余年，儒风乃不竞。不复讲经史，但以小楷胜。人才骤衰颓，天下自此病。何人坏风气，后世有论定。②

诗中"何人坏风气"一句指的是谁呢？陈澧门人文廷式曾有所披露：

徐鼒《未灰斋文集》卷六《上云澹人师笺》云："既来京师，京师为海内辐辏之地，冀于此间博求当世贤杰，以自扩鄙陋之胸。而所遇知名之士，则自试帖、乡会房、行书外，绝口不言。间叩以秦汉唐宋之文，则已迂之、怪之、目笑存之。"是书自注云丁酉都中作。乾嘉学术之盛，至道光中叶而寥落如此，所谓百年成之而不足，一旦堕之而有余也。是时去曹文正相国之卒仅二年，其恶学人之风方炽盛耳。③

---

① ［清］文廷式：《纯常子枝语》卷二，赵铁寒编次：《文芸阁（廷式）先生全集》第五册，《近代中国史料丛刊续编》第十四辑，第6页。
② 汪兆镛辑：《陈东塾先生遗诗》，1931年刻本，第20页。
③ ［清］文廷式：《纯常子枝语》卷三，赵铁寒编次：《文芸阁（廷式）先生全集》第五册，《近代中国史料丛刊续编》第十四辑，第21页。

按，丁酉乃道光十七年（1837）。曹文正相国指曹振镛（1755—1835），字俪笙。安徽歙县人。乾隆四十六年（1781）进士。累官至军机大臣、武英殿大学士、太子太傅，道光十五年（1835）卒，谥文正。史载：

> 新进士殿试用大卷，朝考用白折，阅卷者偏重楷法，乃置文字而不问，一字之破体，一点之污损，皆足以失翰林，此之流毒，实道光时大学士曹振镛种之。振镛在枢府，宣宗以阅疏太烦为苦，振镛教以挑剔小过误字加之严谴，则臣庶震慑，封事自稀，可不劳而治。宣宗纳之。其后廷试亦专剔误字，不复衡文。桎梏天下之人才，纳诸无用之地，振镛之罪也。①

但汉学衰歇，除了与位高权重的枢府大臣的提倡有密切关系外，还与其他因素紧密相连。嘉道以来，外忧内患，时局动乱是外因；而学界长期流弊丛生、积重难返是内因。二者不期而交汇在一起，互相影响，互相激荡，故使得昔日盛极一时的汉学江河日下，颓势难挽，汉学的衰歇已是不争的事实。

陈澧身处乾嘉学术由盛转衰的道咸之际，亲历目睹学术界积弊丛生所引起的种种现象以及感受到汉学风气大势已去的潮流气息。博学精深而又敏感的他，忧时感事，耿耿于怀，自然要苦思良策，寻找出路。

对于汉学末流积弊，陈澧多有批评，如他说：

> 今时学术之弊：说经不求义理，而不知经；好求新义，与先儒异，且与近儒异；著书太繁，夸多斗靡；墨守；好诋宋儒，不读宋儒书；说文字太繁碎；信古而迂；穿凿牵强；不读史，叠床架屋。②

这里所说涉及诸多方面，应该是他对汉学末流弊病比较集中的批评。

陈澧关于汉学衰歇的言论也较多，他说："今海内大师，凋谢殆尽，澧前在江南，问陈石甫江南学人，答云无有。在浙江问曹葛民，答亦同。二公

---

① 徐珂：《清稗类钞》第二册，中华书局2003年版，第678页。
② 《陈兰甫先生澧遗稿》，《岭南学报》1931年第2卷第2期，第175页。

语或太过，然大略可知，盖浅尝者有之，深造者未必有耳。"① 又说："今文学极衰，海内老师宿儒，零落已尽。江浙书籍最多之地，兵燹残破。吾生长岭南，林、侯诸君子又凋谢已久，近者读书之士，皆清贫不能买书，且亦无书可买。呜呼！天之位置我此时此地，可谓穷矣！"② 诸如此类，比比皆是，不胜枚举。

对于未来学术发展的趋势，陈澧也思考很多，在与好友徐灏信中对此讨论最为集中。如云："又汉学风气已渐衰，将来宋学必兴，而人心浅躁，未必能为朱学，必讲陆学。陆学偏驳，其害不小……"又云："如能补小学工夫，则汉学、宋学皆有基址，然后可以义理、考证合为一矣。"总之，一向积极进取而又善思善悟的陈澧，已开始思考新的出路，准备走一条独立的、与众不同的学术道路。对此，他是以当仁不让的精神来要求自己的。他在与徐灏信中说：

> 仁以为己任，不亦重乎，死而后已，不亦远乎。著书以示后之学者，亦仁术也。澧近年最有得于任字，尝为星垣言之。人各有任，我辈穷而在下，又已明此学，虽欲不任，不可得也。③

因此，他要以"天下兴亡，匹夫有责"的精神，肩负起"兴灭继绝"的文化使命。正如他在抄录《昌黎集》李汉序文一段之后所写的那样："洞视万古则吾岂敢，悯恻当世，大拯颓风，教人自为，则吾之志也。"④ 本此精神，他首先从事于编撰《汉儒通义》一书。

咸丰三年（1853），《汉书地理志水道图说》著成。次年，陈澧即着手编撰《汉儒通义》。五年（1855），在与友人王侳甫信中，谈及自己著作近况时说："近刻所著《汉地理志水道图说》，因省城戒严，久未刻成。又有

---

① ［清］陈澧：《与徐子远书二十一首》，［清］陈澧著，陈之迈编：《东塾续集》卷四，《近代中国史料丛刊》第 77 辑，第 174 页。
② 《陈兰甫先生澧遗稿》，《岭南学报》1931 年第 2 卷第 2 期，第 156 页。
③ ［清］陈澧：《与徐子远书二十一首》，［清］陈澧著，陈之迈编：《东塾续集》卷四，《近代中国史料丛刊》第 77 辑，第 173、175、177 页。
④ 桑兵主编：《续编清代稿钞本·东塾遗稿》第 74 册，广东人民出版社 2009 年版，第 540 页。

《汉儒通义》一书，采两汉经师义理之说，分类排纂，欲与汉学、宋学两家共读之。"① 这是陈澧较早透露该书的内容及其宗旨。六年（1856），《汉儒通义》大体编成，陈澧是年撰自序，云：

> 汉儒说经，释训诂、明义理，无所偏尚。宋儒讥汉儒讲训诂而不及义理，非也。近儒尊崇汉学，发明训诂，可谓盛矣。澧以为汉儒义理之说，醇实精博，盖圣贤之微言大义，往往而在，不可忽也。谨录其说，以为一书。②

《汉儒通义》节录汉儒义理之说汇辑成书，编者不措置一词，属于汇编性质。全书7卷，分为天地、阴阳、五行、鬼神、人物、刑法、军旅、救灾、防乱等共67个条目。据该书《条例》，汇编原则是大致仿《白虎通》《近思录》之例，集众家之说，分类为书；又仿《初学记》之例，每一类中，各条次第以义相属。桂文灿在论及其师编纂该书的动机宗旨和体裁体例时说：

> 尝为《汉儒通义》若干卷，以徐伟长《中论》云："凡学者大义为先，物名为后。鄙儒之博学也，务于物名，详于器械，考于训诂，摘其章句，不能通其大义之所极。"宋以后轻毁汉儒者，其说多类此。因辑汉儒群经传注及《尚书大传》《韩诗外传》《春秋繁露》《白虎通义》等书言大义者，仿朱子《近思录》体例编之。③

这段话简明扼要地概括了《汉儒通义》一书的要点之所在。

咸丰八年（1858），该书刻竣，时正值英法联军攻陷广州，陈澧避乱寓居横沙村的特殊时期。在与门人黎永椿信中，陈澧谈及此事时说：

---

① ［清］陈澧：《复王倬甫书》，《东塾集》卷四，光绪十八年（1892）刻本，第15页。

② ［清］陈澧：《汉儒通义序》，［清］陈澧著，黄国声主编：《陈澧集》五，《汉儒通义》卷首，上海古籍出版社2008年版，第115页。

③ ［清］桂文灿：《经学博采录》卷四，王大隆辑：《辛巳丛编》，1941年排印本，第12页。

> 仆寓横沙，景况粗适。《汉儒通义》刻成，惟未暇校对。多年费心力为此书，值此兵燹，故先印数部，分存诸同人处，将来校对未迟耳。寄上一部，请看一遍，有误处记之，将来示知改刻。其分类处时时移易，遂有本不误而误者，须核其上下文也。百余年来说经者极盛，然多解其文字而已。其言曰不解文字何由得其义理，然则解文字者，欲人之得其义理也，若不思其义理，则又何必纷纷然解其文字乎？仆之此书，冀有以药此病耳。①

信中所说，对该书的编撰、刊刻经过做了补充说明，并对该书编撰的时代背景及宗旨内容又做了进一步发挥，以帮助读者加深理解。

《汉儒通义》的核心主旨就是"以为汉儒之书，固有宋儒之理"②，对此，陈澧有一段札记，所载较为详细具体：

> 汉儒宋儒之学，多有同者。如《说文》云："惟初太始，道立于一，造分天地，化成万物。"《公羊》何注云："元者，气也。无形以起，有形以分。"即濂溪《太极图说》之旨也。《论语》孔传云："无欲故静，仁者静"，即《太极图说》自注，"无欲故静"之所本也。《春秋繁露》，"圣者法天，贤者法圣。"即《通书》所谓"贤希圣，圣希天"也。《尚书大传》云："陂皆多自取，圣无容也。"即明道《论定性书》所谓"圣人之喜，以物之当喜，圣人之怒，以物之当怒，圣人之喜怒，不系于心，而系于物"也。赵氏《孟子题解》云："孟子既没之后，大道遂绌。"即伊川为明道墓表所谓孟轲死后，圣人之道不传也。《毛诗》传，"王者天下之大宗也"。（《大雅》板传）即横渠《西铭》所谓"大君者，吾父母宗子也。"《白虎通》云："阳道不绝"，即伊川《易传》所谓"阳无可尽"之理也。此皆宋儒之大义，而汉儒经说未尝不知之，未尝不言之，为宋学者以为宋儒所创获，为汉学者以为汉儒所不言，岂

---

① [清]陈澧：《与黎震伯书》，《东塾集》卷四，光绪十八年（1892）刻本，第29页。

② [清]胡锡燕：《汉儒通义跋》，[清]陈澧著，黄国声主编：《陈澧集》五，《汉儒通义》卷末，上海古籍出版社2008年版，第246页。

其然乎？岂其然乎？①

以上所举，中心主旨是汉儒也言义理，与宋儒同，二者并无区别。这是陈澧调和汉宋的初衷所在，也是他的苦心所在。但陈澧此论值得商榷及可驳诘之处颇多。章太炎在重订本《訄书》"清儒"一节中说：

> 晚有番禺陈澧，当惠、戴学衰，今文家又守章句，不调洽于他书，始匀合汉、宋，为诸《通义》及《读书记》，以郑玄、朱熹遗说最多，故弃其大体绝异者，独取小小翕盍，以为比类。此犹揃豪于千马，必有其分刌色理同者。澧既善附会，诸显贵务名者多张之。弟子稍尚记诵，以言谈剿说取人。仲长子曰："天下学士有三奸焉。实不知，详不言，一也；窃他人之说，以成己说，二也；受无名者，移知者，三也。"（见《意林》五引《昌言》）。②

章太炎批评陈澧于郑玄、朱子弃大取小，可谓击中要害，惜语气尖酸刻薄，涉及人身攻击，有失学者风度。

《汉儒通义》虽仅仅节录有关汉儒言大义者的原文，属于辑录体，但它公开标举汉儒也言义理，与宋儒无异，这一点具有鲜明的调和汉宋门户壁垒的倾向。就这一点而言，它的编撰和刻梓问世是当时学术界的一个新气象，顺应了当时学术发展的新趋势，开风气之先，是晚清学术风气即将发生重要转变的标志之一。今人支伟成在谈及清末汉宋兼采一派的兴起时强调说："……于是番禺陈澧、南海朱次琦辈，闻风兴起，终为晚清学术之枢纽焉。"③将汉宋兼采视为"晚清学术之枢纽焉"，重视程度可想而知。

也正因为如此，当时有不少学者深明此义，独具慧眼，理解或领悟到了该书的价值之所在。如同治十一年（1872），著名学者戴望寄书陈澧，他在信中即大力推崇《汉儒通义》一书，说："又于同学刘君叔俛处，见大著四

---

① 《陈兰甫先生澧遗稿》，《岭南学报》1931年第2卷第2期，第179页。
② 章太炎：《訄书 初刻本 重订本》，生活·读书·新知三联书店1998年版，第161－162页。
③ 支伟成：《清代朴学大师列传》，岳麓书社1986年版，第271页。

种：声律、音韵、地理，皆辨析毫芒，而尤有功来世者，为《汉儒通义》一书。"①"有功来世"四字，即点明了该书的学术价值及现实意义之所在。

按，戴望（1837—1873），字子高。浙江德清人。少倜傥有大志，补诸生，一赴秋试不售，遂弃举业。"君学凡三变，始好为词章，继读博野颜氏元之书，则求颜氏学。最后至苏州，谒陈先生奂而请业焉，通知声音、训诂经师家法。复从宋先生翔凤，授《公羊春秋》，遂研精覃思，专志治经，成戴氏《论语注》二十卷……"②曾国藩器赏之，延校金陵书局。他是晚清今文经学著名代表人物。

关于学术问题，戴望在信中对陈澧说："唐以后人之言道者，皆不出河洛太极之旨，佛老之说，得以汩乱其间，若汉人则有其粹，而无其疵矣。拟辑周、程至王、刘诸君子言之纯正，不杂二氏者为诸儒粹言，与先生书相辅而行。"③正因为戴望在学术观点方面与陈澧有许多不谋而合之处，所以他是当时能够深刻理解《汉儒通义》价值所在的少数学者之一。

但近代著名学者钱穆对《汉儒通义》一书却评价不高，颇有微词。他在《中国近三百年学术史》中评论：

> 惟其书既限于辑录，又所录专采说经之书，于两汉学术精要所在，尚未能发挥呈露。又排比众说，不欲讲家法而但求通义，其意虽是，而于两汉四百年诸儒，流变派别，因亦无所发明。其去取抉择，在作者虽自有微意，而自今言之，则其书亦不得为研治汉儒思想者一完备之参考书也。④

钱穆批评指责该书不足之处确为事实，但陈澧辑录该书的初衷，并不是要发挥两汉学术精要，也不是要揭示两汉四百年诸儒流变派别，更不是要将之作为研治汉儒思想者的一本完备参考书，而是别有目的、别有用意。该书主要宗旨是揭示论证"汉儒之书固有宋儒之理"以及调和汉宋门户之争，因此是一部具有鲜明的时代特色、目的十分明确、针对性十分强的"得其时

---

① 汪宗衍：《陈东塾先生年谱》，《近代中国史料丛刊》第77辑，第109页。
② 金武祥：《粟香三笔》卷二，光绪十三年（1887）广州刻本，第21页。
③ 汪宗衍：《陈东塾先生年谱》，《近代中国史料丛刊》第77辑，第109页。
④ 钱穆：《中国近三百年学术史》，中华书局1997年版，第663页。

用"之作。离开了当时特定的学术发展态势和背景,而去要求该书应当如何如何,显然是失之苛求。

《汉儒通义》完成后,陈澧意犹未尽,又有编辑整理东汉大儒郑玄全书之志,欲在表彰郑学。咸丰八年(1858),在与门人赵齐婴信中,陈澧写道:

> 百年来崇尚郑学,然浮慕其名者多,真识者甚少。仆近读《三礼》注,确知经学必宗郑氏,千古无匹,千古无弊,许叔重、何邵公尚不能及,若不整齐为一部大书,何为崇尚乎?何以示后之学者乎?故欲诸君成之。①

这是陈澧意欲编辑《郑氏全书》见诸文字的最早记载。以后陈澧在多处提到过该书,但《郑氏全书》是否编纂完成,以及刻梓问世与否,因未见刊本,旁人不得而知。

此外,陈澧又欲编纂《朱学管窥》一书,意在表彰朱学,自言:

> 朱子之学,衰绝近百年矣。澧早年涉猎世学,不知读朱子书,中年以后始读之。以《语类》繁博,择其切要,标识卷端,冀可寻其门径。②

陈澧曾在札记中写道:"《朱子语类》恁地一部好书,不知明朝人何以读了只成迂腐道学?到乾隆以后何以又都不读?真不可解。"③足见对其之重视。但因忙于他务,这两部书的摘抄辑录整理工作,陈澧乃委托诸门人弟子及长子陈宗谊分担。

避居横沙成为陈澧著述生涯的高产、高峰期,他幽思泉涌,头绪纷繁,齐头并进,正如他在此期所作的《自题所著书后》一诗中所描述的:

---

① [清]陈澧:《与赵子韶书六首》,《东塾集》卷四,光绪十八年(1892)刻本,第28—29页。
② [清]陈澧:《朱子语类日钞序》,[清]陈澧著,黄国声主编:《陈澧集》五,《朱子语类日钞》卷首,上海古籍出版社2008年版,第562页。
③ 桑兵主编:《续编清代稿钞本·东塾遗稿》第82册,广东人民出版社2009年版,第57页。

暮暮朝朝手一编，也谈地理也谈天。牙签涉猎三千卷，锦瑟侵寻五十弦（今年四十九）。髫龀回思如昨日，乱离又恐及衰年。羊城兵燹惊心后，剩稿犹思取次镌。①

光阴如箭，似水流年，弹指一挥间，差不多50年过去了，自己即将步入知天命之年，抚今追昔，感慨万千。他眼下最担心的是世事难料，一旦遭遇不测，自己一生孜孜追求、倾注大量心血的名山事业将付之流水，功亏一篑，故有将昔日撰著书稿早日付梓、公之于世的心愿。

七、苦闷中的彷徨

横沙村居生活是恬然平静的，读书著述也悠然自得，令人惬意，但美中不足的是，长子宗谊的生病，搅得陈澧心绪不宁，寝食不安。

陈宗谊，字孝通。生于道光十九年（1839）十一月，为元配潘宜人出。宗谊为人性孝，出于至诚，平日沉默寡言，无世俗嗜好，尤不好为时文。他对父亲陈澧十分敬仰，凡陈澧所言，笃信谨守，从不违拗。陈澧对宗谊十分器重，寄予厚望，他亲自督促指导宗谊的读书学习，示以方法途径。例如他教宗谊以朱子读《论语》法，每日一章，读书有疑问，或有心得，辄以其意记于卷端。宗谊一一依从，遵命而行，所记大都以《论语》之言，自责自奋，研究义理，颇有所得。例如他写道："以勇为第一义，虽愚必明，虽柔必强，勇之效也。"又说："为人当从大道上行，读书亦然。小街曲巷，不成学问。"又说："圣贤之学在安贫，士不安贫，足以乱天下。"②

陈澧也对宗谊的读书躬省十分嘉许，他在《石砚屏刻论语孟子两句书后示宗谊》中说：

---

① 汪兆镛辑：《陈东塾先生遗诗》，1931年刻本，第29页。
② ［清］陈澧：《长子宗谊墓碣铭》，《东塾集》卷六，光绪十八年（1892）刻本，第24-25页。

吾不敢望尔读万卷书，但望尔读《论语》《孟子》，且望尔读《论语》第一句、《孟子》第一句九字而已，诵之行之，便是士人。若天下士人皆诵行此二句，天下太平矣。今以二砚屏各刻此九字，置吾室中，一以畀尔，日日读之，呜呼，勉之哉。①

陈澧与宗谊不但是父子关系，而且还兼师生情谊，陈澧说："昔时饮酒，有汝侍侧，每举一杯，讲书史一二事，我饮酒乐，汝听讲亦乐。"可见一斑。宗谊平时不但是陈澧的忠实听众，而且是陈澧编撰学术著述的得力助手。他帮助父亲查找文献书籍，核对资料，校勘誊抄，做了大量事务性、辅助性的烦琐工作。陈澧写道："所著《学思录》，采取诸书，多汝所钞……《切韵》《声律》诸书，多汝所写。"② 另外，在陈澧的指导下，宗谊也尝试进行学术著述，例如《考正德清胡氏禹贡图》一卷，是陈澧撰定条例，由宗谊编绘而成。而《朱子语类日钞》五卷，也是在宗谊所抄朱子训门人语基础上，陈澧增损排类而定。

咸丰七年（1857），英法联军攻占广州，炮火丛集之中，宗谊随父避乱横沙村，身体感到不舒适，开始发病，吐血逾年，后经医生治疗病情稍稍好转。陈澧在给门人王国瑞信中谈及此事时说："小儿宗谊一病将两月，今甫痊愈而虚弱极矣。"③ 次年九月，陈澧暂寓广州西关十三甫，为宗谊娶妇张氏，意在"冲喜"。旧时迷信，在人病重时，用办理喜事来驱除所谓的邪祟，想以此化凶为吉，促使病情好转。宗谊迎娶婚事、宾客筵席诸事告一段落后，十月，陈澧又回到横沙。

宗谊婚娶后不到一年，即咸丰九年（1859）六月，旧病复发，又开始吐血，到七月才止。当年八月，陈澧见局势大体稳定，无安全之虞，同时考虑到横沙村偏僻，治病抓药不如城里方便诸因素，乃从横沙村迁回到广州城南木排头旧居。

---

① ［清］陈澧著，陈之迈编：《东塾续集》卷一，《近代中国史料丛刊》第 77 辑，第 35 页。

② ［清］陈澧：《亡儿期年祭文》，《东塾集》卷六，光绪十八年（1892）刻本，第 28 页。

③ ［清］陈澧：《复王峻之书五首》，《东塾集》卷四，光绪十八年（1892）刻本，第 31 页。

但自八月二十二日从横沙回到省城旧居家中后，宗谊竟旧病复发，且病情日益加重，不及一月，即九月十五日病卒，年仅21岁。陈澧将之权葬于白云山下长腰岭，并安排自己死后，当将宗谊迁葬于自己墓旁，使父子相依于终古。

宗谊死后，张维屏手书挽联，将之以比颜子。陈澧对老友谭莹悲泣，自悼"无福"，谭莹答以"广东无福"。① 宗谊一时被老辈宿儒推许如此。

宗谊死后，陈澧的精神支柱突然崩溃，整天神志恍惚，茶饭无心，颓坐垂泪，以至于失声痛哭，完全变成另外一个人。他哀叹："自汝死后，我食饭减半，不饮酒则不能睡，然对酒则复呜咽。"又说："每逢家祭及上祖考坟墓，回视不见汝，心肝如割。"宗谊死后一年，陈澧的悲恸仍然未减，他写道：

> 汝之有志学问，以古贤自期……我于穷老晦乱之时，独守斯学，而汝和之。呜呼！人世茫茫，性情相合，学问议论相契者，千万人中无一二人，不意近得之于其子也。行年五十，无事不屯蹇，惟此为平生最得意事，而一旦失之，能不悲哉?②

缓解痛苦的最好方法莫过于时间的消磨，但陈澧的苦楚悲痛太大太深，经过漫长的时间也难以化解消弭。多年以后，他在与老友杨荣绪信中仍心有余痛地说：

> 长子死今将十年，偶一念之，犹为泪下。是时所见之物，皆有悲态，所闻之声，皆有悲音。渐于竟夜不寐，以酒取醉，乃暂时合眼。食饭不下，减半食后数刻，化为酸水上涌，以手自搊，两腓如布囊而空中者。偶见朋友，语言恍惚。③

---

① ［清］陈澧：《长子宗谊墓碣铭》，《东塾集》卷六，光绪十八年（1892）刻本，第25页。
② ［清］陈澧：《亡儿期年祭文》，《东塾集》卷六，光绪十八年（1892）刻本，第28页。
③ 汪宗衍：《陈东塾先生年谱》，《近代中国史料丛刊》第77辑，第80页。

从这段对老友倾吐的肺腑之言中，可以感受到陈澧悲恸欲绝，肝胆俱裂，万念俱灰，其痛苦历十年之久都不能化解。遭此沉重一击，陈澧的精神状态陷于极度低迷，长期不能自拔。

宗谊死后仅三天，即咸丰九年（1859）九月十八日，张维屏病逝于省城清水濠里第，享年80。殁前数日，他以《崔东壁遗书》《居业堂集》为赠，并题云："此书世间少见，兹特送与兰甫先生，咸丰己未九月记。珠海老渔时年八十。"① 己未即咸丰九年。张维屏是陈澧一生中对其影响最大的长辈、师友，陈澧在《张南山先生墓碑铭》中说："自嘉庆、道光、咸丰数十年，同辈诗人零落殆尽，而先生岿然独存。"又说："澧童时蒙先生奖誉，至老契好弥笃……先生殁时，澧丧长子，哀伤成疾，不能握笔。"②

但哀痛接踵而至。正当陈澧痛悼长子宗谊，陷入深深悲哀之时，次年五月十三日，幼女阿雅又因惊风而死，距宗谊之死不及一年。阿雅生于咸丰八年（1858），时陈澧刚从英法联军占领的广州城中迁居横沙村，题所居之楼曰"崇雅楼"，六月朔日，副室江氏生女于楼下之室，因名之曰雅。

宗谊死后，陈澧沉陷于哀恸之中，整天呆坐屋中，悲泣无语，以泪洗面。其时阿雅正在蹒跚学步，她见陈澧老泪纵横，便会自己去取面巾，递给陈澧拭泪，聪慧感人。副室江氏善解人意，常常有意地携带阿雅在陈澧座旁嬉笑游玩，借以分散他的悲伤，减轻他的哀痛，以博一笑。陈澧见此情此景，也不免强颜欢笑，不扫江氏之兴，暂时忘却苦楚。但阿雅一死，陈澧连强颜欢笑的机会都没有了。他在《女雅圹志》中写道："我口虽笑，心愈悲也，今并此一笑而无之矣。"有亲朋好友劝慰说："君儿女尚多，可勿悲。"陈澧回答说："譬如十指，断其一二，岂不痛乎？"③

经此接二连三的沉重打击，陈澧的情绪陷于低谷，一时难以完全恢复。而此时中国的政局形势也更加险恶，噩耗不断，令人忧心如焚，扼腕长叹。

中英、中法《天津条约》签订以后，英法联军舰队从大沽口退回香港，但事情并未平静完结。咸丰九年（1859）五月，英法联军以换约为借口，又率军舰到达大沽口，由此引起第二次大沽口之战。这次战斗，英法舰队受到重创，不得不撤兵，狼狈退走。

---

① 汪宗衍：《陈东塾先生年谱》，《近代中国史料丛刊》第77辑，第81页。
② ［清］陈澧：《东塾集》卷五，光绪十八年（1892）刻本，第30—31页。
③ ［清］陈澧：《东塾集》卷六，光绪十八年（1892）刻本，第25页。

次年六月，英法联军2.5万人再次进犯大沽口，由于清军前敌统帅钦差大臣僧格林沁昏庸无能，骄傲轻敌，结果英法联军由北塘登陆，清军溃退，大沽炮台失陷。英法联军继而占领天津，又在通州八里桥大败清军，京师震动，咸丰皇帝从圆明园仓皇逃奔热河避暑山庄。继之，英法联军火烧圆明园，占领安定门，控制了北京城，迫使清政府签订了条件更为苛刻、更为屈辱的中英、中法、中俄《北京条约》，割地、赔款、丧失主权，中华民族遭受了前所未有的奇耻大辱，中国社会的半殖民地化进一步加深。

陈澧远在广东，僻处岭外，对从天津、北京接二连三传来的战争失利消息和时局的剧变，他只是一知半解而已。对于时事政局，陈澧虽不像他的许多前辈师友那样，或充当幕僚，积极参与其事，或上书献策，慷慨陈言，但还是为国家民族的命运深深焦虑，忧心如焚。他在札记中写道：

> 嘉庆四年己未会试，朱文正公、阮文达公为总裁，一榜进士多名儒，可谓极盛。岂能知六十年己未寇天津乎？再后六十年己未，盛衰又何如也。

"己未寇天津"指咸丰九年（1859）英法联军天津战役。又写道：

> 闻天津音耗甚恶，夜不能寐，起而读《诗·变风》一篇。庚申七月廿七日夜四鼓。①

庚申即咸丰十年（1860）。"此年七月初八日，英法联军攻陷天津，并宣布天津城置于军事管制之下，文官仍留原任，由英军翻译官巴夏礼'监督政务'，直隶总督恒福、天津县知县等清朝官员遂成了侵略者的附庸，天津绅商张文锦等还专门成立'支应局'替侵略者输供应等事。陈澧闻之而忧心不已，至于不能寐，便因时势之'变'而读《变风》。其所为之事，不出读书人的范畴，然其所思、所忧，则非仅读书之事。"②很明显，这是陈澧以自己的方式表达对国家形势的关心和对时局的忧思。

---

① 《陈兰甫先生澧遗稿》，《岭南学报》1931年第2卷第2期，第153、156页。
② 曹美秀：《汪宗衍〈陈东塾（澧）先生年谱〉补遗》，（台湾师范大学）《师大学报》（语言与文学类）2009年第2期，第26页。

第五章 动乱的岁月

咸丰年间是陈澧一生之中生活最为艰难、遭遇最为悲惨、精神最为苦闷的低谷时期。兵燹动乱，国破家亡，时局险恶，颠沛流离，家庭不幸（长子病卒，幼女夭折），亲近师友相继辞世……许多厄运都不期而至，交织在一起，沉重的压力和过度的苦楚让一向坦然达观的陈澧也不禁发出无可奈何的浩叹，悲叹命运的不公，满腔悲愤不知向何处发泄。他写道：

> 名位不昌，又值衰世，家计不给，长子早夭，师友零落，命蹇如此！呜呼，奈之何哉！昔桂星垣谓我不牢骚为难能，我今景况较星垣在时更大不如矣，安能不牢骚？向何人牢骚耶？长叹而已。①

陈澧陷入了深深的苦闷和彷徨之中。他撰有《默记》数册，为未完之作，每条间有纪年，多为咸丰末年所记。这些随手所写的短篇杂感笔录，是他当时思想深处真实情感的自然流露，是他苦闷沮丧精神状态的最好反映，如：

> 读书毕，悽然泣下，自古来独自读书如我者，真可悲也。八月廿四夜。
> 每读书至夜半以后，人静灯残，超然默契于二千载之上。
> 空斋萧然，一杯点灯，一酒，一卷书，窗外有微月在黑云际，家人皆睡，独衰翁与古人相对耳。此时必心光耿耿，自叹自惜，及此形骸，独在人间。读几篇书，有益于己，著几篇书，以有益于人而已。今之人且勿与谈也。
> 每读书至夜半，饮酒下之，而酒冷灯昏，心光炯然。上下千年，无人可谈，乃叹曰，可谈者，惟酒意耳。
> 衰年深夜，读书自语，秋凉疏雨，残荷作声，孤灯炯炯，游心千古上下。良朋墓木已拱，九泉其谁与归？欲哭不得，欲笑不能，长叹就枕而已。八月初三夜书。
> 近来真觉少可语者，愈欲作怀鬼诗。鬼可语，吾非斯鬼之徒而谁与？侯、桂、虞皆鬼久矣。

---

① 《陈兰甫先生澧遗稿》，《岭南学报》1931年第2卷第2期，第172页。

浦乡、伯蓟、卓人、宾叔,故人渺渺隔天外!

已逝之人,相爱者甚多,后世之人,相知者不少,而皆不得见,奈何奈何!前后顾望,嗟叹而已。①

以上所引,多是陈澧深夜读书之后,在空斋冷灯之下,自艾自叹时所写。陈澧自中年以后,养成了读书著述至夜深的习惯,自云:"我惯摊书深夜坐。"② 衰年、深夜、空斋、残灯、一杯酒、一卷书,这就是一个孤独者此时此刻的真实写照。昔日最能开怀畅谈的几位师友门人如侯康、桂文耀、虞必芳均已作古,不可再得;而杨荣绪、胡锡燕、陈立、柳兴恩,这些可与之深谈共语的知己又远在天涯,天各一方;心爱的长子也已夭折,如今只剩下自己一人,孤零零与古人默契于两千年之中,孑然一身,形影相吊,寂寞凄凉。而最令人伤感痛苦的,是自己的学术追求无人理解,自己的著述抱负难以实现,而原先可以与之共谈、可以交流切磋者,现在却有意回避疏远,岂不令人心灰意冷?

命运对陈澧是不公平的,然而这些艰难危厄,从另一角度来讲,又磨炼了他的意志,考验他的毅力,这就是《孟子》所谓的"故天将降大任于斯人也,必先苦其心志,劳其筋骨……"这一点,陈澧自己也有所认识,有所感悟,他在《默记》中写道:

深夜自思,天只使我读书,置之于孤穷之境。书卷不得多,朋友不得多,甚至儿子稍知读书识道理者亦夭折之,买书之地焚烧之,买书之钱匮乏之。呜呼!穷哉!然安知非造物者玉成之乎?君子不怨天,不尤人。抱几卷书,招一二人,共寻绝学,力追古人可也。昨夜书此,今夜闻夷事,则得孤穷而幸矣。忧之至,愤之至!③

情绪低落沮丧,陷入苦闷彷徨之中,使得陈澧"意有所郁结,不得通其

---

① 《陈兰甫先生澧遗稿》,《岭南学报》1931年第2卷第2期,第150-164页。
② [清]陈澧:《闻蛩》,汪兆镛辑:《陈东塾先生遗诗》,1931年刻本,第33页。
③ 《陈兰甫先生澧遗稿》,《岭南学报》1931年第2卷第2期,第154页。

道，故述往事，思来者"①，游移上下千古。但穷则变，变则通，穷极思返，一旦省悟到"或造物者有意欲玉成我乎"②，陈澧的迷茫、彷徨、抑郁、忧思等情怀得到宣泄，亦有所悟，精神为之一振，愁思苦闷逐渐消除排解，像凤凰涅槃一样，经火的洗礼而重获新生。因此，经历了这番苦闷彷徨的低潮之后，陈澧开始大彻大悟，精神得到升华。他要以"天降大任于斯人也"，当仁不让的精神，去完成造物者"玉成"的重托，在这文学极衰、大师凋零的危难时期，肩负起挽狂澜于既倒、"兴亡继绝"的重任，当今之世，舍我其谁？因之，他信心更为坚定，使命感更为强烈，以更成熟、更稳健的心态，重新振作起来，努力去实践造物主的玉成。

咸丰年间是清代政局动荡不宁的多事之秋，梁启超说：

> 咸丰、同治二十多年间，算是清代最大的厄运。洪杨大乱，痈毒全国，跟着捻匪、回匪、苗匪，还有北方英法联军之难，到处风声鹤唳，惨目伤心。政治上、生计上所生的变动不用说了，学术上也受非常坏的影响。因为文化中心在江皖浙，而江皖浙糜烂最甚，公私藏书，荡然无存，未刻的著述稿本，散亡的更不少，许多耆宿学者，遭难凋落。后辈在教育年龄，也多半失学，所谓"乾嘉诸老的风流文采"，到这会只成为"望古遥集"的资料。考证学本已在落潮的时代，到这会更不绝如缕了。③

梁启超这番话是就全国形势而言的，但广东情况也大同小异。陈澧生逢衰世，作为一个软弱无力的文人学者，他身不由己，被卷入这个巨大的政治动乱的漩涡之中，出入围城，饱经兵燹，转辗迁徙，一日数惊，饱尝兵荒马乱之苦。但在这艰难困苦的岁月，陈澧并非意志消沉，自暴自弃，无所作为，反而以顽强的毅力，坚持读书，坚持学术研究，发愤著书立说，坚持自己的信念、理想与追求。因此，咸丰年间这个动乱不宁、多灾多难的艰苦困厄时期，又恰恰成为陈澧一生之中著述成果最为丰硕的收获时期，他的几部

---

① ［汉］司马迁：《报任安书》，引自王力：《古代汉语》下册（第一分册），中华书局1979年版，第869页。
② 《陈兰甫先生澧遗稿》，《岭南学报》1931年第2卷第2期，第156页。
③ 梁启超：《中国近三百年学术史》，天津古籍出版社2003年版，第29-30页。

重要的、具有代表性的学术著作，大都完成或刊刻于这个时期，如《汉书地理志水道图说》《切韵考》《汉儒通义》《声律通考》等。这些学术著作奠定了陈澧在全国学界的重要地位。

不仅如此，咸丰时期还是陈澧学术思想发生重要转变的酝酿、转折时期。经过一番苦闷彷徨的冥思苦索之后，大彻大悟的陈澧形成了新的学术理想宗旨，有了新的目标追求。他决心在整个汉学衰落已成定局、无法挽回的大潮流、大趋势、大背景下挺身而出，在学术探索上走出一条与众不同的道路，去完成自己的最终抱负，这就是他所谓的"学术一变"。陈澧隐约预感到，自己后半生将要走的这条学术道路，虽然充满了荆棘，充满了风险，存在着许多未知因素，却又是一条前人从未涉足过的新的道路，而自己一生的名山事业将与这条新的道路紧紧联系在一起。他决心在后半生以全部心血去完成一项学术事业壮举，即编撰《学思录》一书。

八、《学思录》的写作酝酿

《学思录》的撰著，是陈澧中年以后学术思想发生重要转变的标志。这一转变，为他后半生的学术研究、学术著述重新奠定了方向。陈澧自言：

> 中年以前治经，每有疑义，则解之、考之，其后幡然而改，以为解之不可胜解，考之不可胜考，乃寻求微言大义，经学源流正变得失所在，而后解之、考之、论赞之，著为《学思录》，今改名为《东塾读书记》。①

可知，《东塾读书记》与《学思录》原为一书，它的写作动机陈澧已讲得十分清楚明白了。

---

① ［清］陈澧：《复刘叔俛书》，《东塾集》卷四，光绪十八年（1892）刻本，第20页。

《学思录》,取自《论语》"学而不思则罔,思而不学则殆"。陈澧放弃自己已从事多年、驾轻就熟的传统的训诂考据之学,转而从事于生疏的、艰难繁重的"寻求微言大义、经学源流正变得失所在"的学术史的研究著述,于他自己而言是需要有极大的学术勇气的,同时这一转变也具有其深刻的时代、学术背景。

大致而言,清代考据学(汉学、朴学)鼎盛在乾嘉时期,进入道光以后,盛极趋衰,流弊丛生,江河日下,考据学的衰歇已是不争的事实。导致汉学衰微的原因很多,错综复杂,一言难尽。从学术内部而言,主要是考据学严重脱离社会现实,烦琐玄奥,支离破碎,为人诟病;加之门户壁垒森严,与宋学互相攻讦,势同水火,为有识之士所厌恶。从社会外部环境而言,道咸时期是清代政局动荡不宁的多事之秋,两次鸦片战争、太平天国农民运动等接踵而起,清廷内外交困,社会政治危机日益严重,统治秩序岌岌可危。在这样严峻的形势背景下,一味钻故纸堆,两耳不闻窗外事,以慕古、复古为能事的训诂名物考据之学,实在难饫人心,受到冷遇、责难、批评与极大冲击便是情理中事,完全可以理解了。所谓"锢天下聪明智慧,使尽出于无用之一途"①,语虽辛辣偏激,却一针见血,入木三分。因此,晚清学术潮流、学术思想早已在酝酿大的变动,宋学的复兴,经世致用思潮的兴起,以及今文经学的流行,已是大势所趋,不可避免。在此大背景下,一向思想开明,惯于独立思考,以"兴废继绝"为己任的陈澧,也在学术思想、学术追求上萌生转折,决心改弦易辙,放弃一味训诂名物穷经的老路,意欲融合汉宋,探索一条新的学术出路,便自然可以理解了,《学思录》乃应运而生。

陈澧准备编撰《学思录》,前后考虑酝酿时间很长。他在给老友徐灏的信中说:

> 拙著《汉儒通义》,草创已成,惟当时读汉儒诸书,不能一一皆精细,当采而未中者不少,故不可付梓。若服阕必须出山,则亦聊且刻之矣……近来读书,更觉有味,时时钞古今人书,或附以己意,为读书

---

① [清]魏源:《武进李申耆先生传》,《古微堂外集》卷四,光绪四年(1878)淮南书局刻本,第27页。

记，其体例全仿《日知录》，惟专论经学为异……①

按，咸丰三年（1853）十月二十八日，陈澧生母王太宜人卒。十二月，葬于广州大东门外长腰岭。六年（1856），拣选知县到班，陈澧自顾蹉跎，不愿出仕，请京官得国子监学录衔。所谓"若服阕必须出山"云云，当指此事而言。据此推测，此信当写于咸丰六年（1856）左右，这是陈澧关于酝酿撰著《学思录》见诸文字最早的论述。

八年（1858），《汉儒通义》刻成，陈澧在给门人黎永椿的信中说：

> 既成此书，乃著《学思录》，通论古今学术，不分汉宋门户，于郑君、朱子之学皆力为发明，大约十年乃可成耳。②

这是他正式开始撰著《学思录》的明确表白。从此以后，陈澧撰著《学思录》的有关论述记载，常常散见于他的书信、著作、札记以及《自记》之中，不曾中断。如咸丰九年（1859）寓居横沙村时，写信给弟子王国瑞说："仆每日功课如常，读《礼记》注疏五页，余力则著《学思录》。"③正式撰著《学思录》，可以说是从寓居横沙村期间开始的。

关于《学思录》的编撰动机及宗旨目的，陈澧在书信、札记或其他场合中多次论及，反复申述，不厌其详。前引"通论古今学术，不分汉宋门户，于郑君、朱子之学皆力为发明"，这是最早在致门人黎永椿信中所讲，简明扼要，惜语焉不详。以后在与另一门人胡锡燕信中，陈澧又更进一步、更深入地阐释发挥。他说：

> 仆近年为《学思录》，惟钞撮群书，不成著述之体，欲待二三年后乃编定之。今内度诸身，外度诸世，不可复缓，然且及今为之，犹恐汗

---

① ［清］陈澧：《与徐子远书二十一首》，［清］陈澧著，陈之迈编：《东塾续集》卷四，《近代中国史料丛刊》第77辑，第184页。

② ［清］陈澧：《与黎震伯书》，《东塾集》卷四，光绪十八年（1892）刻本，第29页。

③ ［清］陈澧：《复王峻之书五首》，《东塾集》卷四，光绪十八年（1892）刻本，第31页。

青无日，为一生之遗恨，今以论著之大旨告足下。仆之为此书也，以拟《日知录》，足下所素知也。《日知录》上帙经学，中帙治法，下帙博闻，仆之书但论学术而已。仆之才万不及亭林，且明人学问寡陋，故亭林振之以博闻，近儒则博闻者固已多矣。至于治法亦不敢妄谈，非无意于天下事也。以为政治由于人才，人才由于学术，吾之书专明学术。幸而传于世，庶几读书明理之人多，其出而从政者，必有济于天下，此其效在数十年之后者也。天下人才败坏，大半由于举业，今于此书之末，凡时文、试律诗、小楷字，皆痛陈其弊。其中发明经训者，如《论语》之四科，《学记》之小成、大成，《孟子》之取狂狷恶乡愿，言之尤详，则吾意之所在也。①

这封信很重要，是陈澧关于《学思录》一书宗旨内容较为详细、深入、具体的表白。这封信也说明，《学思录》是一部实践他早年"夫治经者将以通其大义，得其时用也"愿望的通经致用之书，只是不能急功近利，其功效要等待数十年才能显现。显然，陈澧深信学术可以有济于天下，通经可以致用，但也知道这是一种间接效应，需要很长时间。效果是否如此自当别论，但陈澧本人是极为认真的，对此深信不疑。

毋庸置疑，对于《学思录》一书具体的宏纲宗旨、体例结构、内容范围等，陈澧本人起初也不是成竹在胸，而仅有一个大致的目标方向，或者说仅仅有一个含混松散的框架，比较空泛，比较模糊笼统。以后在搜集资料和实际的写作准备过程中，他反复思考比较，缜密地推敲斟酌，不断予以调整修改，补充完善，使之逐渐清晰、明确、具体、定型。不言而喻，这里有一个长期的探索深化过程。在现存遗稿和读书札记中，陈澧留下了一些他平时对《学思录》宗旨目的、体例结构以及内容范围等的思考的片段记录，这些记载可以揭示出陈澧在长期构思探索过程之中某些思维的特征、习惯与痕迹。例如他写道：

> 由汉唐注疏以明义理，而有益有用（繁酿之文无益无用者置之）；

---

① ［清］陈澧：《与胡伯蓟书》，《东塾集》卷四，光绪十八年（1892）刻本，第26－27页。

由宋儒义理归于读书，而有本有原（师心之说无本原者弃之），此《学思录》大指也。①

这是关于《学思录》宗旨目的的论述。又说：

《学思录》要驳高邮王氏古韵廿一部之说。
《学思录》当采《文选》，当采《汉魏百家集》。
《学思录》只论学术，然政事亦兼有之。君德、相业、六曹、侍从、台谏、封疆、郡县、学校、营伍，及民俗之弊，皆余波及之，无所不有。②

这些基本上是关于《学思录》内容范围的归纳。

以上所举，说明《学思录》的内容、宗旨、范围等，处于不断调整完善之中，陈澧也是随时对其变更增损。如果说，以上所举还只是一些零星片段的思维，是一种"备忘录"性质的偶记，那么下面一大段文字则完全不同了：

《学思录》大指
劝经生读一部注疏。
救惠氏之学之弊。
救高邮王氏之学之弊。
辟王阳明之谲。
分别士大夫之学、老博士之学。
辨语录不由佛氏。
明朱子之学为汉学。
于晋人尊陶公，明其非诗人，非隐逸。
辟老氏流为申、韩、李斯。
明法家之弊。

---

① 《陈兰甫先生澧遗稿》，《岭南学报》1931 年第 2 卷第 2 期，第 182 页。
② 《陈兰甫先生澧遗稿》，《岭南学报》1931 年第 2 卷第 2 期，第 158、164、165 页。

发明狂狷之学。

发明性善。

发明《论语·学而》章。

发明《学记》。

发明四科之学。

拈出以浅持博。

尊胡安定。

尊江慎修。

指出欧阳公之病。

发明昌黎之学。

昌言科举八股之害。

明训诂之功。

分别传内、外传之不同。

指汉《易》之病，拈出费氏家法。

标出《礼》意之说。

标出《诗》谱大指。

辨《周礼》之谆。

发明《礼记》之体裁。

标举《孝经》为总会根源。

标出《中庸》博学五事为《中庸》之妥要。

辨格物。

辨明德。

引伸格物补传。

感时事。

辨别先师、名臣之不同。

拈出陆清献"书自书，我自我"之语。

考周末儒者。

说自己著书之意。

明郑学维持魏晋南北朝世道。

引申阮文达《春秋》学术之说。

辨戴东原《孟子字义疏证》。

明辑古书之功，与其误处。

明读书提要钩元之法。

以上三四十条乃其荦荦大者。①

此"《学思录》大指"不知何年所写，但毫无疑问，它是现存陈澧读书札记中关于《学思录》内容宗旨最为全面详细的一次记载，带有明显的阶段性总结的性质。对比此前陈澧所表达过的宏观概括和零星片段的散记，"《学思录》大指"更清楚具体，也更丰富系统。尽管如此，"《学思录》大指"仍然还只是一个关于该书具体宗旨内容的初步胪列，并未最后定型，而且也并未涉及《学思录》一书的体例、结构、形式等关键性问题。可以说，直到此时为止，陈澧本人对《学思录》一书并未完全思考成熟，该书的内容宗旨、体例结构等并未成型固定下来，仍处于不断探索、修改、游移中。

陈澧为了编撰《学思录》，做了前所未有的、大规模的资料搜集和积累准备工作。因为《学思录》内容范围涉及十分广泛，不仅要"通论古今学术"，而且还要兼及政事、教育、营伍及风俗之弊，"皆余波及之，无所不有"。为了能够实现这个宏大的目标，陈澧不能凭空臆说，坐而论道。通论古今的前提是通读古今之书，否则便是空论，毫无价值可言。他抄录《汉书·刘向传》赞曰："自孔子后，缀文之士众矣，唯孟轲、董仲舒、司马迁、刘向、扬雄此数公者，皆博物洽闻，通达古今，其言有补于世。"在此段批注道："不博物洽闻，通达古今，则其言岂能有补于世哉。"② 因此，凡与古今学术有关的文献资料，如《十三经注疏》、二十四史、诸子百家、典章制度以及名家文集等，他都要通读一遍，有些还要反复精读，其阅读量之浩繁与工作量之巨大可想而知。《东塾遗稿》中有一段他对自己读书情况的记载，现抄录于此：

汉以前书未阅者：《方言》、《东观汉记》、《吴越春秋》、《越绝书》、《孔丛子》（似已阅）、《潜夫论》（似已阅，下二种同）、《申鉴》、《申论》、《握奇经》（似已阅，下七种同）、《六韬》、《孙子》、《吴子》、

---

① 《陈兰甫先生澧遗稿》，《岭南学报》1931年第2卷第2期，第168–170页。

② 桑兵主编：《续编清代稿钞本·东塾遗稿》第71册，广东人民出版社2009年版，第210页。

《司马法》、《尉缭子》、《三略》、《素书》、《素问》（已阅一半）、《灵枢经》、《难经》、《金匮要略》、《伤寒论》、《周髀算经》、《九章算学》、《孙子算经》、《宅经》、《灵棋经》、《易林》、《京氏易传》（似已阅）、《鹖子》（似已阅，以下五种同）、《子华子》、《严文子》、《慎子》、《鹖冠子》、《风俗通义》、《穆天子传》、《神异经》、《海内十洲记》、《汉武故事》、《汉武洞冥记》、《列仙传》、《周易参同契》（似已阅）。

以上四十五种，查未阅者当遍阅之。似已阅者廿种，阅半者一种。余廿四者，除医书四种、算书四种、术数二种、小说七种、神仙一种，共十八种可不阅，必阅者六种。

点读过者：注疏十三部、汉儒说经诸书、《周易集解》、《论语皇疏》、《说文》、《国语》、《国策》、《史记》至《辽史》、《金史》、《通鉴》、《通典》、周秦诸子书、司马温公书、二程遗书、朱子诸书、《陆象山集》、《亭林集》、《日知录》、《陆清献集》、《抱朴子·外篇》、《文选》、《骈体文钞》、李杜集、韩、柳、欧、曾、王、苏集、《山谷集》。①

以上札记何时所写，不得而详，但这段记载与撰著《学思录》有密切关系，却是确凿无疑的事实。它昭示后人，当年陈澧为了编撰《学思录》，的确是踏踏实实地认真阅读过大量的文献资料，且并非一扫而过，随便泛泛浏览，而是一丝不苟地逐字逐句点读过。这篇札记文字可视为陈澧庞大读书计划的一个阶段性总结和回顾，虽然仅是一个粗线条，但从中也可窥探陈澧读书的大致范围以及涉猎程度。不可否认，为了准备编撰《学思录》，陈澧首先进行了广泛而深入的阅读，读书数量之多、范围之广、态度之认真、阅读之仔细，于他本人而言是前所未有的，在同时代人中也不多见。

另外，陈澧年轻时兴趣爱好极多，涉猎广泛。中年以后，为了节省时间和精力，不至于"多好竟无成"，他放弃了许多嗜好，如诗词、书法、篆刻等，集中精力于地理、小学、音韵、声律等几个领域的学术撰著。当他年近50，决心致力于《学思录》的编撰时，又自觉地对读书重点、范围做了一次重大调整。他在致友人的信中说：

---

① 黄国声选录：《东塾读书论学札记》，[清] 陈澧著，黄国声主编：《陈澧集》二，上海古籍出版社2008年版，第387页。

> 自尔以来二十余年，不惟不学诗，不学书，乃并小学、音韵之属亦皆辍业。近年惟读经史，日有课程，如学童初入塾者。①

为了撰著《学思录》，陈澧重新规划、调整读书计划，决心重读《十三经注疏》、二十四史、先秦诸子以及诸名家文集，并规定日有课程，每日不间断，扎扎实实稳步推进。他在札记中写道：

> 王伯厚《辞学指南》曰："凡作工夫，须立定课程，日日有常，不可间断，虽风雨不移。"②

这一点陈澧是完全做到了。他撰有《自记》一册，除记载每年所发生的大事外，对自己某年某月读某书均有详细记载。如咸丰八年（1858），"四月，读《仪礼注疏》毕，读《礼记注疏》，读《吕氏春秋》，再阅《朱子文集》，读《周书》《北齐书》《隋书》，读《杜诗》"。又十一年（1861），"十一月，读《尔雅正义》，十二月毕。读《淮南子》《论衡》《盐铁论》"。③此外，陈澧读书，多用笔点读圈阅，并习惯在书上随手记下阅读的时间等。《陈东塾先生年谱》云：

> 先生点读广州大活字本《通典》第一册卷五末，有"丙寅四月初六日"七朱字。第二册卷十末，有"四月十五日"五朱字。第三册卷十五末，有"四月十九日"五朱字。
>
> 先生点读广州大活字本《通典》第四十册卷二百末，有"己巳四月初七日读毕"九朱字。④

丙寅为同治五年（1866），己巳为同治八年（1869）。可见陈澧读《通

---

① ［清］陈澧：《与陈懿叔书》，《东塾集》卷四，光绪十八年（1892）刻本，第21页。
② 桑兵主编：《续编清代稿钞本·东塾遗稿》第77册，广东人民出版社2009年版，第575页。
③ 汪宗衍：《陈东塾先生年谱》，《近代中国史料丛刊》第77辑，第70、88页。
④ 汪宗衍：《陈东塾先生年谱》，《近代中国史料丛刊》第77辑，第94、101页。

典》二百卷，前后断断续续花了三年左右。以上所引，反映了陈澧对自己的严格要求，表明他并非停留在口头上，而是身体力行，值得后人敬佩。其实，单以遍读二十四史来说，在当时同辈学者之中已属凤毛麟角。陈澧弟子文廷式回忆道：

> 师终身读书，必端坐。藏书五万卷，丹黄几遍。晚年复读二十四史，加朱点勘，至《元史》，未卒业而卒。①

这种认真读书，艰苦积累，不苟且马虎，不敷衍塞责，严格要求自己，几近苛刻的治学精神，令后世学者肃然起敬。正因为有这种广博艰深的阅读积累，才使得《学思录》的编撰根植于深厚坚实的材料基础之上。也正因为如此，才使得陈澧在编撰《学思录》时，能够站在一个宏观的、通览全局的高度，因而视野开阔、成竹在胸，能够融会贯通，游刃有余，避免了一知半解所带来的狭隘、浅薄和片面。通读天下书是通论古今学术的前提和先决条件。

除了广泛阅读，陈澧还动手抄写摘录与《学思录》有关的各种原始资料、素材，以便将来编撰时使用。这就是他自己所说的"抄撮群书""零碎抄录，以俟其通"。这些大量摘录抄写下来的原始资料可视为《学思录》的"丛录"，类似当年司马光修《资治通鉴》时先作"丛录"，再作"长编"，最后定稿。陈澧在与门人的信中说："仆近年为《学思录》，惟钞撮群书，不成著述之体，欲待二三年后乃编定之。"② 又说："《学思录》稿，已一尺余，所当录者犹未及半，大约明年乃可专力于此。"③ 反映的正是他辛勤摘录、抄撮、积累原始资料的实情。由于摘录群书的工作量十分浩繁，积累起来的草稿数量自然十分惊人。现存所谓的《东塾遗稿》有千余册之多，即为陈澧生前编撰《学思录》暨《东塾读书记》已成之余稿或未成之草稿，而其中绝大部分是他广泛阅读各种经、史、子、集，群书文献时摘录抄撮下来

---

① ［清］文廷式：《纯常子枝语》卷二，赵铁寒编次：《文芸阁（廷式）先生全集》第五册，《近代中国史料丛刊续编》第十四辑，第8页。
② ［清］陈澧：《与胡伯蓟书》，《东塾集》卷四，光绪十八年（1892）刻本，第26页。
③ ［清］陈澧：《与胡伯蓟同生兄弟书》，见汪宗衍：《陈东塾先生年谱》，《岭南学报》1934年第4卷第1期，第100页。

的原始材料。这些原始材料，陈澧给它们做了一些相关的编目，标识于卷端，以示区别，如："日录""备采""备忘""书抄""择录""摘抄"……这些编目名称鲜明地反映了这些材料本身的性质，同时间接反映了陈澧辛勤"钞撮群书"的长期积累过程。他在札记中写道："读经史必须摘录，用《黄氏日抄》之法。此所谓提要钩元。"又写道："《北周书·薛憕传》：'终日读书，手自抄略，将二百卷。'此三句正与余同，余之《日录》当名为《抄略》。"① 正是夫子自道。

陈澧并不以广泛阅读、辛勤摘抄为满足，更没有停留在"抄撮群书"的阶段而止步不前。他从小记忆力不好，容易遗忘，所谓"善忘"，为了弥补这一缺陷，他很早就养成了随笔札记的良好读书习惯，自言："读书有所得则记之，有所论则记之，积久成编。"② 这些所得、所论就是在读书过程中写下来的大量眉批、评论或按语，或谓之批注。对此，近人伦明曾经指出：

> 先生（指陈澧）治学之法，凡阅一书，取其精要语，命钞胥写于别纸，通行之书，则直剪出之。始分某经，继分某章、某句、某字，连缀为一。然后别其得失，下以己见，如司法官之搜集证据，乃据以定案也。余因阅《学思录》与《读书记》，而悟其法如此。③

伦明所言，在某些具体程序步骤上或有偏差，但大体上抓住了陈澧治学著述方法的核心与实质。关于治学著述方法，陈澧自己有所论及，他在《顾亭林手钞曲江集湛甘泉邱琼山两序跋》一文中说：

> 澧读《亭林集》有《钞书自序》，述其祖训曰："著书不如抄书。"又自言客游四方，有贤主人以书相示者，或手抄，或募人抄之。然则抄书乃顾氏家学，亭林所恪守者……抑抄书之说有二，有抄而读之，有读

---

① 桑兵主编：《续编清代稿钞本·东塾遗稿》第79册，广东人民出版社2009年版，第11、13页。
② [清]陈澧：《东塾读书记序》，[清]陈澧著，陈之迈编：《东塾续集》卷二，《近代中国史料丛刊》第77辑，第61页。
③ 伦明著，雷梦水校补：《辛亥以来藏书纪事诗》，上海古籍出版社1990年版，第10页。

而抄之。抄而读之者,《抄书自序》之说是也。读而抄之者,《日知录》《天下郡国利病书》皆其读书时抄录群书而成一家之书。其学之博洽,乃或为古人之书所不及,此则抄书、著书合而为一,盖抄书之极功矣。①

总之,"抄书、著书合而为一",被陈澧奉为圭臬,也是他编撰《学思录》的主要方法。

所以大致而言,陈澧一面广泛阅读经史群籍,一面勤奋摘录抄撮原始资料,一面眉批评论,时下按语,这就是他撰著《学思录》的一整套基本程序、方法和步骤。在这个过程中形成的东西,可称为草稿或"长编","长编"是最后定稿成形前的重要一步和必不可少的中间环节。如此一来,日积月累,经过长期辛勤耕耘劳作,《学思录》的写作进程虽时有停辍,但总体来说一直在有条不紊地推进,"丛录"、草稿或"长编"数量在不断增加,积稿盈尺。与此同时,陈澧对《学思录》的内容宗旨、体裁体例、结构安排、前后顺序等的思考推敲,也就在这个长期准备和写作过程中逐渐酝酿成熟,日益清晰具体起来。

同治初年,陈澧在写给老友杨荣绪的信中,谈及自己著述情况时说:"弟近年以幽忧之疾,右手风痹已久,去冬稍减,而转入左手,加以精神销亡,读书都不记忆,自分无用于世,但存视息幸矣。以此严定课程,并力撰述,十年来著一子书,通论古今儒学得失,关乎世事盛衰,此生平志业所在。但身世如此,成与不成,正不可知。"②讲的正是他自己在疾病缠身、倍感压抑痛苦的情况下,发愤著述《学思录》的情形。

陈澧本人对《学思录》颇为自豪,因此他在札记中一再提及。如说:"仆为《学思录》,真可谓成一家之言者,辞义亦复典雅,足传于后,窃冀不朽。不自度才学何如,不知美志得遂否也。"③又说:"《学思录》之书必不能完密,以俟后之君子耳。若后来有因此书而昌大之者,则吾死不朽

---

① [清]陈澧:《东塾集》卷四,光绪十八年(1892)刻本,第4页。
② [清]陈澧:《与杨浦香书》,《东塾集》卷四,光绪十八年(1892)刻本,第17页。
③ 桑兵主编:《续编清代稿钞本·东塾遗稿》第86册,广东人民出版社2009年版,第296-297页。

矣。"① 以"足传""不朽"自诩，可见期望之高。

  但是，当时陈澧不可能将全部精力和时间都投入《学思录》的编撰中，因为还有许多其他的著作需要他去编纂、修改、校勘，还有一些社会活动和应酬要分散他的时间精力，故《学思录》只能作为一项长期任务，利用点滴空闲时间抓紧进行，进度也因此断断续续，时举时辍。陈澧自己也已经意识到《学思录》在短时间内根本不可能完成，他做好了长期进行的思想准备。

---

① 桑兵主编：《续编清代稿钞本·东塾遗稿》第 77 册，广东人民出版社 2009 年版，第 408 页。

第六章 繁忙的学术生涯

一、局势的稳定与学术文化事业的恢复

叶名琛被俘后，清政府于咸丰七年（1857）十二月任命刑部右侍郎黄宗汉为两广总督。黄宗汉在上任路上足足走了半年才到达潮州府公廨接总督关防，以后又进驻惠州，却始终不敢入驻省城广州。由于黄宗汉与英法联军侵略头目关系不洽，应英法侵略者的要求，九年（1859）四月，清政府将黄宗汉调离广东，另任命广西巡抚劳崇光为广东巡抚，兼署两广总督（九月起卸任广东巡抚，正式出任两广总督）。

劳崇光（1802—1867），字辛阶。湖南善化（在今长沙市）人。道光十二年（1832）进士。历任山西平阳知府、广西布政使等。劳崇光到广东后，不顾僚属的劝告、反对，执意要到被英法联军占领的广州城上任，主动送上门去当傀儡。他处处媚外，出卖主权，对英法侵略者有求必应。他上任的当天，用照会正式同意将沙面租给英法建立租界；不久又仿照上海办法，用英人管理粤海关，把海关主权拱手奉送给外国侵略者；又同意英国在广州设立招工所，使多年来西方殖民主义者掳掠华工（俗称"卖猪仔"）的罪行合法化；并且擅自与英国驻广州领事巴夏礼订约，将九龙司地方一区永租给英国，年租500两，并匿不上奏；又与法国订约，将广州新城原两广总督衙门旧址土地43亩永租给法国建天主教堂。因此之故，广东巡抚耆龄上奏参劾劳崇光，谓其"自到广东，始则畏夷，继则与夷首巴夏礼交情甚密，夷人凡有要求，无不允准"[①]，要求将其召令入京，然后再颁旨严办。但清政府并未处分劳崇光，反而实授他两广总督职务，实际上是默认他一系列的卖国投降

[①] 齐思和等编：《第二次鸦片战争》（五），上海人民出版社1978年版，第519页。

活动有功。在劳崇光任内，广东局势大体稳定，所谓"粤东自劳崇光入城任事以后，迭据奏报在城夷兵无多，民夷亦尚相安无事"①。这与同期天津、北京一带战事屡起、炮火连天、剑拔弩张的紧张局势恰成鲜明对比，形成"北战南和""北紧南松"的奇特局面。

《北京条约》签订后，英法侵略者按照条约的规定，于咸丰十一年（1861）九月十八日从广州撤出，结束了长达3年多的统治占领。

在英法联军撤出广州之前，咸丰十年（1860）三月，陈澧为谋生计，应聘前往东莞主讲龙溪书院。龙溪书院位于石龙镇，始建于乾隆四年（1739），"北枕罗浮，南临杯渡，山川映发，水木清华，洵造士之胜区，藏书之福地也"②，是一个环境幽雅、适合读书做学问的理想之地。

龙溪书院距离风景名胜罗浮山相去不远，陈澧早有游览之志，却一直苦于没有适当的时间和机会。此次可谓天赐良缘，故来书院半月后，乃于闰三月初八日，与陈友珊、叶静轩、黎遂之三人结伴同游。

罗浮山横跨增城、博罗、龙门三县，纵横广袤500余里，号称360余峰。山势雄伟奇特，溪涧幽深，烟笼雾锁，素有"蓬莱仙境"美誉。相传晋朝葛洪在此修行炼丹，遂为道教胜地，有"神仙洞府"之称，与南海西樵山、肇庆鼎湖山、仁化丹霞山并称广东四大名山。

陈澧一行，自石龙登舟出发，由于水浅舟大，行速迟缓，从上午到下午，只行了20余里，至九子潭，弃舟登岸。由于只雇得一乘肩舆，故让长者陈澧乘坐，其余三人年轻力壮，皆步行。陆行约20里，几人多次在路旁茶亭休憩，至夜暮才抵梅花院。晚饭毕，步行二三里许，过延祥寺，寺僧客气殷勤留宿僧房。

初九日清晨，早饭后，他们游宝积寺、卓锡泉、味泉亭、黄龙洞、钓台、龙珠坡等处。其中黄龙洞建筑最为雄伟宏敞，洞中有道观，道士甚贫。观旁有四贤祠，祀周濂溪、陈白沙等。又有庞公精舍，祀庞弼唐。薄暮返梅花院，晚饭毕，仍留宿延祥寺。

初十日，游五龙潭，泉流涧石，数折而下，潺潺有声，有石如臼，人称此乃葛洪捣药处。陈澧坐在石上良久，遥想当年，发思古之幽情。又游览华

---

① 广东省地方史志编委会办公室、广州市地方志编委会办公室编：《清实录广东史料》（五），广东省地图出版社1995年版，第149页。

② 郑师许：《龙溪书院考略》，《岭南学报》1935年第4卷第1期，第158页。

首台、合掌岩、洗纳石、蝙蝠洞等景点。蝙蝠洞乃无蝙蝠,而多小黄蝶,上下翩翩飞舞,惹人注目。晚上返梅花院,有长冈村刘昆山者,贡生,设馔款客。饭毕,陈澧回延祥寺赏月,夜间开窗凝望,皎月当空,一泓朗澈,深叹其妙,因书张维屏《游酥醪观夜坐洗梦轩作诗》"孤月出波圆"句为楼额,又书一联云:"老树庭前忘岁月,好山云外隔仙凡。"至夜半乃寝。

初十一日下山,陈澧尝汲卓锡泉水以归,至九子潭瓶破,笑曰:"山泉不出山也。"因纪以诗,并作《游罗浮记》一文。①

从罗浮山回到龙溪书院不久,因总督劳崇光延聘总校补刊《皇清经解》,陈澧即匆匆收拾行李,离开石龙,回到广州。他给弟子王国瑞写信说:"仆以刻《皇清经解》事,不能不急急回省,然颇恋龙溪风景也。"陈澧在龙溪书院任上时间很短促,前后仅一月余。虽然时间不长,但他却时时注意留心查访"读书好古之士"。在给王国瑞的信中又说:"甚欲如来书所云,得读书好古之士,但匆匆未能知也。有一童生刘性善来问程朱所说'敬'字,仆甚奇之,以朱子书示之。渠读至不重科举之说,又疑信参半。然此人想可以引进耳。"②陈澧常常感到"近来学侣日稀","深恐此道衰歇,故求友之念甚殷耳"③,所以才随时随地注意留心发现人才,有意加以诱掖培养,以使其学术后继有人,不至于断绝。

陈澧任教龙溪书院时间虽短,但东莞人士却十分珍惜、看重此事,引为荣耀。陈铭珪《家兰甫掌教龙溪书院赋赠》诗云:

> 清澜教泽已无存,莞学于今孰与论(陈清澜世称之为东莞学)。且喜先生来鹿洞,遂令多士仰龙门。韩膏矻矻功宜邃,边笥便便道更尊。何日礼堂亲写定,合将汉宋溯渊源。④

---

① 据 [清] 陈澧:《游罗浮记》,[清] 陈澧著,陈之迈编:《东塾续集》卷一,《近代中国史料丛刊》第 77 辑,第 39-40 页。

② [清] 陈澧:《复王峻之书五首》,《东塾集》卷四,光绪十八年(1892)刻本,第 32 页。

③ [清] 陈澧:《与桂皓庭书二十二首》,[清] 陈澧著,陈之迈编:《东塾续集》卷四,《近代中国史料丛刊》第 77 辑,第 160 页。

④ [清] 陈铭珪:《荔庄诗存》,陈伯陶辑:《聚德堂丛书》,1918 年刊本,第 7 页。

这首诗表明，早在咸丰末年，广东士人已十分尊崇陈澧，将之视为可令士子跳"龙门"的大宗儒师了。按，陈铭珪（1824—1881），字友珊。广东东莞人。他是陈澧门人、光绪十八年（1892）探花陈伯陶之父。

咸丰、同治之际，广东地方官府、文化教育界等组织补刊《皇清经解》、重刊《阮通志》和修葺学海堂，这是久经兵燹战乱之后广东学术文化教育事业重新繁荣昌盛的重要标志和象征，具有深远影响。

◎ 补刊《皇清经解》

《皇清经解》为道光初年粤督阮元辑刊，乃聚清代解经之书，以继《十三经注疏》之迹，共收书183种，1400卷，清代嘉庆以前解经之书，搜罗无遗，正如吴兰修所说："师仿陶九成《说郛》例，集《皇清经解》一书，洵经训之渊海也。"① 它的辑刊，是清代学术史、文化史、出版史上的一件大事。因版片藏于粤秀山学海堂，故又称为《学海堂经解》。从此以后，学海堂之名随着《学海堂经解》的流布不胫而走，蜚声海内，成为广东的骄傲，也成为广东学术文化界一笔不可多得的精神、文化财富。

咸丰七年（1857）十一月，英法联军攻陷广州，占据粤秀山学海堂。学长等以山堂多藏书版，担心损毁，募有能取出者，重金厚赏。后有通事（翻译）某将书版取出，然已缺失大半。乃以舟载至城西之泌冲，藏于邹氏祠堂。十年（1860），总督劳崇光为了点缀太平，标榜右文兴教，乃捐银700两，倡议补刊《皇清经解》，诸官绅也捐资助成之，共捐银7000两。乃设局于广州西关长寿寺，聘郑献甫、谭莹、陈澧、孔广镛四人任总校，时谓得人。

《皇清经解》正式补刊始于咸丰十一年（1861），至同治元年（1862）完成，"以卷计者凡数百，以页计者凡数千，鸠工阅一岁而书完"②。又补刊时，加入冯登府所著《石经考异》7种于后，合前所刊，共书190种，1408卷。陈澧有《题半帆亭修禊图时劳制府命修补学海堂经解设局于此》诗，诗云：

---

① ［清］吴兰修：《送宫保芸台夫子移节滇黔》诗注，［清］吴兰修著、刘奕宏点校：《荔村吟草》，香港文艺出版社2013年版，第110页。
② ［清］劳崇光：《皇清经解补刻后序》，［清］阮元辑：《皇清经解》卷首，道光九年（1829）广东学海堂刊咸丰十一年（1851）补刻本，第20页。

广州城西长寿寺，花木深深春色丽。往日承平《修禊图》，而今乱后修书地。半帆亭下水粼粼，流去人间四十春。后四十年访书局，也应还有赋诗人。①

按，《修禊图》，指嘉庆中广东布政使曾燠（字宾谷）任职期间，在广州建三贤祠、浚六脉渠、创文澜书院，一时颇得士民爱戴。嘉庆二十年（1815），曾燠禊饮于长寿寺半帆亭，同会者 11 人，徐承熙作画，诸子赋诗，曾燠自作一序冠其首，这就是著名的《曾宾谷修禊图卷》。该图卷旧藏于长寿寺，后移置清远峡山寺。

劳崇光倡议补刊《皇清经解》，标志着久经战乱之后一直处于停滞状态的广东学术文化从此开始复苏，步出低谷，重新走向活跃繁荣。正因为这一点，广东士人对他怀有感激之情。劳崇光移任后，广东士人乃建"补经堂"于长寿寺殿侧，镌劳崇光画像于东壁，以纪念他对补刊《皇清经解》所做的特殊贡献。陈澧撰有《劳制府六十寿序》一文，文中说："比者士课中辍，孰兴举之？经版摧毁，孰校补之？试院荒颓，孰栋宇之？今之善化，昔之仪征也。"② 善化指劳崇光，仪征指阮元。将劳崇光与阮元相提并论，不免推崇太高，劳崇光应当之有愧。但劳崇光在广东任期内，重开课试，补刊《皇清经解》，修葺试院，在广东士人看来，已是重文兴教、扶植学术文化教育事业的有益举措，善莫大焉，故对他表示了应有的谢意。

◎ 重刊《阮通志》

道光初阮元主修的《广东通志》，共 334 卷，体例仿谢启昆《广西通志》而略有增损变通。由于延聘众多硕学名儒参与编纂，加之组织领导得力，该书取材博雅，内容翔实，考订精审，为广东文献掌故渊薮，其价值久为学界公认，后人称之为《阮通志》。

《阮通志》刻成后，版片旧藏于广州城内双门底拱北楼，在第二次鸦片战争中遭兵燹焚毁。咸丰十一年（1861），广州重建贡院，惠济义仓出资助成之。工既毕而资有余，广东士绅史澄等乃请于官重刊《阮通志》，任总校

---

① 汪兆镛辑：《陈东塾先生遗诗》，1931 年刻本，第 34 页。
② ［清］陈澧著，陈之迈编：《东塾续集》卷三，《近代中国史料丛刊》第 77 辑，第 94 页。

者为史澄、谭莹、陈澧三人，于同治三年（1864）二月完成。

史澄（1813—?），字穆堂。广东番禺人。幼慧劬学，受业于侯康之门。道光二十年（1840）进士。官至国子监司业，后乞归家居。先后掌教惠州丰湖书院、肇庆端溪书院及广州粤秀书院，在粤秀尤久，凡18年，培植甚众。晚年于粤秀山麓得黎民表（字惟敬，自号瑶石山人）清泉精舍故址，先营家庙，于祠后筑楼藏书，旁辟地莳花养鱼，名曰"继园"，本《孟子》"为可继也"意。史澄乞归后，尤热心乡梓公益文教事业，倡举颇多。

◎ 修葺学海堂

英法联军攻占广州期间，驻兵粤秀山学海堂，不但四季课士及每年雅集等日常事务被迫中断，而且建筑房舍也遭严重损毁。英法联军撤走后，重新修葺学海堂便提上议事日程。同治元年（1862），学长领款修葺堂宇，这次动工规模不大，有些因陋就简，故不久因风灾毁圮。次年又重修。这次重修比较认真彻底，而且对学海堂的建筑布局结构也做了较大调整，工程量很大，如：原"启秀山房"气象崇深，于祠祀为宜，乃改为"阮太傅祠"，奉神牌于其中，以纪念学海堂创建人阮元；外门之内旧有藏书之室，英法联军毁之，乱后拓地建屋，以藏书版，遂移"启秀山房"之名以名之；以后又陆续增筑"此君亭""玉山泉""离经辨志斋"等。经此重修，学海堂面貌可谓焕然一新，陈澧撰有《重修学海堂碑》，对此次修葺经过述之甚详，碑云：

> 咸丰七年，谙乞黎、佛朗机入广东省城，据粤秀山，学海堂、文澜阁皆毁，《皇清经解》刻版缺失过半。十年，补刻完具，课士如旧。同治元年，修葺堂宇，七月之朔，圮于风灾。二年重修工成，以启秀山房为阮太傅祠，春秋享礼，礼器咸备。太傅留金四千，爰置祭田，别营山房于堂之阳，经版永藏，岿然乔木，增植华竹，凿井得泉，沾溉优足。嗟哉，堂毁复全，阁成何年，刊石纪焉。①

所谓"阁成何年"，因当时文澜阁还未修复而言。

---

① ［清］陈澧著，陈之迈编：《东塾续集》卷二，《近代中国史料丛刊》第77辑，第71页。

学海堂新修落成后,同治二年(1863)冬日,学长周寅清、谭莹、陈澧、金锡龄、陈良玉、李光廷、陈璞等置酒宴集,以示庆祝,陈璞绘图,诸人皆题诗其上。

陈璞诗云:

山堂容易再跻攀,人似惊鸟散复还。意外登临今日酒,眼中苍翠旧时山。十年文字应销劫,百树梅花未尽删。三见蓬莱水清浅,萧萧休诧鬓毛斑。①

李光廷诗云:

高台古树黯斜阳,此是承平校士堂。屋向眼前仍突兀,人从画里阅沧桑。浣花松竹余兵气,芳草郊园有国殇。应触老莲兴废感,玉山图出已灵光。②

陈澧诗云:

劫火焚玉似祖龙,秋天破屋又颠风。定知俎豆馨香在,不遣丹青户牖空。新竹喜看千个活,故人难得一樽同。酒边欲乞河东笔,署我山堂种树翁。③

诸人诗中所咏,不外乎对乱离前后不幸遭遇的唏嘘感慨,以及对今日学海堂修葺落成后故友重逢的喜悦欢愉心情,悲喜交加,溢于言表。按,学海堂外梅花200株,为昔日陈璞、谢念功诸人醵钱分种,已成为远近闻名的一

---

① [清]陈璞:《癸亥冬日学海堂重修落成同周秩卿大令谭玉生陈兰甫李梦畦陈朗山四学博李恢垣员外金芑堂孝廉对酒余为图题诗其上诸君皆有作》,《尺冈草堂遗诗》卷六,光绪十五年(1889)息庐刻本,第7页。
② [清]李光庭:《题陈古樵大令同年璞学海堂图》之一,《宛湄书屋遗诗后集》卷二,光绪八年(1882)刻本,第9页。
③ [清]陈澧:《题古樵学海堂重开对酒图》,汪兆镛辑:《陈东塾先生遗诗》,1931年刻本,第37页。

大景观,"种树翁"即指陈璞而言。

补刊《皇清经解》、重刻《阮通志》、修葺学海堂,以及"课士如旧"等,表明经历了长期兵燹动乱之后,广东的学术文化教育事业正在摆脱萧条,逐渐恢复,步入正轨,其象征意义不言而喻。而此时国内的政治局势也已发生了重大变化。

第二次鸦片战争结束后的次年,即咸丰十一年(1861)七月十六日,咸丰皇帝病逝于热河行宫,年仅6岁的长子载淳继位,遗命怡亲王载垣、郑亲王端华、户部尚书肃顺等八人为"赞襄政务王大臣",定次年改元为祺祥。载淳的生母慈禧太后与恭亲王奕訢勾结,发动"祺祥政变",解除五个赞襄政务大臣的职务,并处死载垣、端华、肃顺三人,废祺祥年号,改元同治,表示东、西两宫太后和皇帝一同治理国家,实际上,慈禧太后以"垂帘听政"的形式,夺取了最高统治权。

新君登基,政权更迭,当然是政治上的头等大事,与国家民族命运前途攸关。在这一系列重大事件相继发生的剧烈转变时期,陈澧的态度如何呢?同治元年(1862),陈澧写信给在京师的杨荣绪,书云:

> 圣主登极,两宫垂帘,天下虽乱,而朝廷清明,大兄必有切至之言,封章入告。弟远在海滨,恨不得闻其一二耳……前年伏闻先帝驾幸热河,窃取陆宣公《翰苑集》读之,为之下拜。去年伏闻两宫听政,窃取司马文正公《传家集》读之,又为之下拜。此两集者,实今日之龟鉴,草莽腐儒,但能读之而已。吾兄虽未居陆公、司马公之位,然天下之事,宰相能行之,御史能言之,盍取两集中议论切于今日者,条陈入告,天下幸甚。想不以为习见之书而笑弟之浅陋也。①

按,唐代陆贽和北宋司马光是陈澧生平最为敬重服膺的两位政治家和大学者。同治改元,为了展示新气象,朝廷下诏求中外直言,特开忌讳。时杨荣绪任河南道御史,署刑科、礼科给事中,陈澧真诚希望杨荣绪能利用这次机会,取陆贽、司马光文集中议论切合今日时弊者,上书言事,或许能对时

---

① [清]陈澧:《与杨浦香书》,《东塾集》卷四,光绪十八年(1892)刻本,第16-17页。

事政局有所裨益。这种想法虽不免有些天真迂腐，书生气十足，但表明陈澧虽僻处海滨，无职无权，地位卑微，但仍然密切注视时事，关心政局，希望在改元换代之际，新朝廷能革除积弊，清明政治，有一番新作为，有一番新气象。

同治朝与咸丰朝相比，形势的确有所好转，多少有一些改观，给人一些希望。中英、中法《北京条约》签订后，英法二国即表示扶助清政府镇压太平天国，并支持奕䜣当政，而慈禧太后也同意采用奕䜣的"借洋兵助剿"政策，中外反动势力开始走上了互相勾结的道路。同治三年（1864）六月，湘军攻陷南京，轰轰烈烈的太平天国运动至此失败，其余波仍持续了数年之久。以后清军又相继镇压了云南、贵州、陕西、甘肃的回民、苗民等武装起义，使得摇摇欲坠的清朝统治暂时喘了一口气，消除了心腹大患和生存威胁，恢复了苟安局面。

太平天国运动风暴的巨大冲击和两次鸦片战争的沉重打击，迫使清政府统治集团内一部分文武官员痛定思痛，反省自新，其中以清政府中枢大臣奕䜣和地方封疆大吏曾国藩、左宗棠、李鸿章等人为典型代表，他们主张"借法自强"，学习西方列国的器物来挽救腐朽的封建统治，于是有"洋务运动"的兴起。主要内容包括派遣留学生，学习外国科学技术，翻译西洋书报，购买洋枪洋炮，开办厂矿，使用机器生产，兴办铁路轮船，雇用洋人按"洋法"操练军队，建立新式陆海军队，等等。由于采取了以上一系列措施，同治一朝，清政府残破的统治局面有了一定的恢复和起色，清朝统治者与外国侵略者之间出现了短暂的所谓"和好"的局面。

同治年间，思想、学术、文化、教育方面也发生了某些转变，其中以曾国藩影响力、推动力最大。曾国藩在道咸之交提倡宋学，太平天国运动爆发时，他号召读书人起而"卫道"，率领湘军围剿太平军，所谓"罗罗山泽南、曾涤生国藩在道、咸之交，独以宋学相砥砺，其后卒以书生犯大难成功名"①。镇压太平天国之后，曾国藩自然成为宋学、理学经世派的领军人物，倡导汉宋调和，主张义理、考据、辞章、经济四者合一，对晚清学术的发展走向起了推波助澜的作用。他首先在原太平天国统治区恢复乡试，收揽人心。"同治甲子夏，江宁既克，粤寇平。及冬，江督曾文正公国藩奏请补行

---

① 梁启超：《中国近三百年学术史》，天津古籍出版社2003年版，第30页。

江南乡试，藉以鸠集流亡也。不以八月而以冬，故不曰秋闱而曰冬闱。"① 此外，他还大力推动各省创建官书局，延聘博雅之儒主持其间，刊刻经史群籍。他又热心恢复创办学校书院，捐赠藏书，以稽古右文相标榜。在他的倡导、鼓吹、扶持之下，各地大小官吏纷纷起而效尤，一时蔚为风气，封建社会的学术、文化、教育、出版等事业一度繁荣活跃，呈现回光返照之势。清朝政治、经济、学术、文化上的这种复兴局面，后世学者称为"同治中兴"。广东学术文化的恢复，无疑是在此大背景下出现的，而且由于某些因素，广东的恢复还要稍早于全国其他地区。而陈澧也由于各种机缘运会，参与了其中许多有关的学术文化活动，迎来了他一生之中最为繁忙的学术文化活动高峰时期。

二、广东舆图局

同治三年（1864），朝廷有旨命各省绘地图以进。这也是久经战乱之后，清政府在政治文化建设方面的一个表现。广东督抚命文武官各绘图，而开舆图局于广州府学宫。三月，两广总督毛鸿宾、广东巡抚郭嵩焘聘陈澧总核广东舆地图事，同核者邹伯奇、徐灏、赵齐婴、桂文灿。此五人皆娴熟地理之学，有著述行世，堪称专家，为一时人选。陈澧在给胡锡燕兄弟信中说："仆今年为同乡诸君请校重刊省志，督抚二公奉旨绘地图，亦命司其事。"② 即指此而言。

开局绘图，首要之事在于确定体裁凡例，然后才能有章可循，有法可依，从而循序渐进，有条不紊。广东舆图局总校五人中，陈澧年岁居长，邹伯奇、徐灏为其好友，赵齐婴、桂文灿为其门人，故自然而然成为核心人物。陈澧乃与诸人商议，交换意见后，负责起草《广东舆地图凡例》，共11条，其主要精神：

---

① 徐珂：《清稗类钞》第二册，中华书局2003年版，第652页。
② ［清］陈澧：《复胡伯蓟同生兄弟书》，《东塾集》卷四，光绪十八年（1892）刻本，第26页。

> 钦奉谕旨，绘广东地图，檄行通省文武各官，绘图呈缴，以为底本。乃以《广东通志》及各府厅州县志书所载地图，详加考核，又采访近日商民所绘水道海岛之图，以备参考。
>
> 自来志书绘图，皆多不确，此次文武官所绘，亦有工拙不同，互为校勘，各不相合。
>
> 今窃取《汉书·地理志》推表山川之意，先以府厅州县交界之山水为主，其余不合者，长短疏密，逐渐移改，仍就文武官图尺寸，以算法三边四边等形，为之剪裁，虽未必尽得其真，而较胜于旧图矣。①

以上为重绘广东地图总的宗旨和指导原则。此外，《凡例》还对一些其他的内容和问题，如比例尺、经纬度、水道洲渚、都堡乡村、沿革系说、海港沙线、山名形势、墟市塘铺、营汛炮台等，都做了具体、细致的规定，以便于实际操作。陈澧对地理舆图之学下过十几年工夫，已编纂过数种专著，故起草《凡例》可谓驾轻就熟，游刃有余。

《凡例》定稿，标志着舆图局的工作也正式步入正轨。而当地方府、厅、州、县遵命摹绘、上呈的地图陆续送到，数量日益增多，舆图局事务也开始进入繁忙高峰期。作为舆图局总校，在一段时间里，陈澧不得不抽出相当一部分时间和精力，以应付处理局里的各种大小事务，包括召集聚会、商议切磋、聘请有关绘图人员、商讨材料工价与进度日期、向上峰请示等。这一时期，在陈澧与徐灏、桂文灿信中，许多内容都涉及舆图局有关事务。如与徐灏书云：

> 昨在局商议，即令应办之事，须阁下来共商。其最要者，进呈之本，约一百幅，若俟稿本俱全然后绘图，须数十日乃能绘毕。兹欲预觅工于绘事如龚蕙林者与商之，此人能识经纬，甚聪明。今局中所试三人，不知能绘此否，或试之。我辈所绘图稿已定者，即先付绘。进呈之本，兼请工书者写图中之字，细心者校对之。如此逐渐绘写校对，庶免将来丛积，尊意以为何如。子韶有福建阅卷之聘，亦须商酌，祈于廿六

---

① ［清］陈澧：《广东舆地图凡例》，［清］陈澧著，陈之迈编：《东塾续集》卷一，《近代中国史料丛刊》第77辑，第17页。

日命驾到局，面商一切。图之尺寸，或绸或绢，即须商定，乃白两院。①

两院指总督、巡抚。时徐灏在粤督毛鸿宾幕府，公牍繁忙，多半顾不上舆图局具体事务，但他担负着联系协调之职。据《郭嵩焘日记》，同治三年（1864）二月十七日，"刘云生、陈经甫见示《团防局章程》，徐子远见示《舆图局章程》，均尚详备，为酌定数条刊发"。可见，《舆图局章程》是由徐灏负责起草呈交的。《日记》又云："督署徐子远、张璞臣、管才叔、蔡苹南四幕友皆得一见。徐君著有《通介堂经说》，亦学人也。"对徐灏初步印象也颇好。两个月后，郭嵩焘亲至舆图局视察，四月十八日的日记载："随至舆图局，与陈兰坡（甫）、桂浩亭、赵子韶、邹特夫、王兰汀诸君晤谈。"② 所谈即绘地图有关事宜。

陈澧又有与门人桂文灿信，其中也谈及舆图局事务。他写道：

> 特翁已来局否？远翁、子韶知湖北所刻地图已发到局否？前抚院札送远翁阅过未？皆寄字通知何如。仆腹疾增剧，殊闷闷也……前闻子韶往福建，未知已告辞两院否，或未必能辞耳。若既辞则局中少一能绘者，仆意中无可以任此者也。顺德陈君树，不知肯来否？即来亦尚须看其于此学何如，乃敢荐之于两院也。但闻其通算学，已刻书，并笃好绘地图，非由朋友所荐，乃访闻也。③

信中特翁指邹伯奇，远翁指徐灏。观此二信，可知局中事务纷繁，且事无巨细，均需陈澧一一过问，筹划安排。而当时局中最迫切、最紧要之事，在于寻找熟练、细心而又负责的绘图人员，因此陈澧在多方打听，留心物色。

但舆图局工作进展并不顺利，更谈不上令人满意，主要原因在于府、厅、州、县缴呈上来的所绘地图，草率粗糙，错误百出，质量很差，局中绘

---

① ［清］陈澧：《与徐子远书二十一首》，［清］陈澧著，陈之迈编：《东塾续集》卷四，《近代中国史料丛刊》第77辑，第189页。
② 《郭嵩焘日记》（二），湖南人民出版社1981年版，第153、147、161页。
③ ［清］陈澧：《与桂皓庭书二十二首》，［清］陈澧著，陈之迈编：《东塾续集》卷四，《近代中国史料丛刊》第77辑，第164页。

图难以为据。邹伯奇在与友人信中对之叙述甚详,他一提及此事,便十分不满。他说:

> 余则自上年正月,郭抚台延请开局绘广东地图,今尚未脱稿。初余欣然欲教人行测,颇购诸器。又搜求番字沿海之图,自南洋至黑龙江口数十幅,又得番字行海洋历,所载日月星表行度,最为细密,可据以测定随地经纬矣。乃绝无过而问者,余亦手足疲倦,不任远行,但坐玩过日而已。所为图,但守候州县造送,而方向道里,了无解者,展转斗凑,实难密合。①

邹伯奇是近代广东第一位科学家,精通天文、历算、地理、物理之学。他学问精深,治学严谨,欲借开舆图局之机大展身手,绘制一整套根据实地测量,参考西方地图和行海洋历,颇具近代科学精神的精密的广东地图。但事与愿违,其时广东当权者既不懂近代地理科学,对绘制先进地图也毫无兴趣可言,唯求敷衍塞责,马虎交差了事而已。因理想抱负与现实情况差距太大,书生气十足的邹伯奇大失所望,终日闷闷不乐。

陈澧对舆图局之事也满腹苦衷,认为这是一件费力大而无甚价值、吃力不讨好的苦差。他在《与张彦高书》中说:"弟与特夫皆为督抚二公请绘地图,据文武官呈督抚之图,以志书考核之。然此摹绘繁密,亦非衰老所能为。此则辛苦而无补者,聊备一种官书而已。"②"聊备一种官书而已",是陈澧对绘制广东地图一事的总体评价。可见,在内心深处,他认为舆图局绘图之事实在没有什么学术价值可言,徒然浪费时间精力而已。

如此一来,广东舆图局事务便陷入进退维谷、骑虎难下的尴尬局面:徐灏忙于政务,无暇参与;邹伯奇不遂其志,闷闷不乐;陈澧认为无甚价值,勉强应付。但无论如何,此事总得完成,以便交差,约一百幅地图总要有人绘制定稿,以便进呈。幸好当时在舆图局中,陈澧门人赵齐婴肩负起了这份苦差,他勤勤恳恳,任劳任怨,出力最多,贡献最大,许多苦累繁重的工作

---

① [清]邹伯奇:《与冯竹儒帖》,《邹征君遗书·邹征君存稿》,同治十三年(1874)粤东省城双门底拾芥园刻本,第26页。
② [清]陈澧著,陈之迈编:《东塾续集》卷四,《近代中国史料丛刊》第77辑,第213页。

都由他一人默默独力承担完成。因此可以说，赵齐婴是陈澧在舆图局最得力的助手，最后他不幸积劳成疾，以身殉职，死于舆图局任上。

赵齐婴（1826—1865），字子韶。不知何许人，也不知原本姓氏，自幼被广东番禺赵氏收养。居广州城北门，性和易狷介，与其友数人为古学，颖锐勤笃，尤好考究地理。家贫授徒自给，教诲勤挚，遇读书者，虽非其徒，亦勉以经学。尤好周人之急，倾囊以赠，绝无吝惜。

陈澧十分赏识赵齐婴，他说："子韶从余学，余以其学博而力锐，意深望之。每与言，往复契洽。"① 二人关系密切的最好证明，是陈澧聘请赵齐婴馆于家，教儿辈读书，暇时二人常得谈论，十分投机。赵齐婴博通经史，深于天文舆地，尝手摹《康熙舆地图》与《乾隆舆地图》，又尝撰《汉书西域传考证》一卷，于汉地、今地考证极精。

咸丰七年（1857），英法联军攻陷广州，陈澧举家避乱寓居横沙村，赵齐婴亦相随从，侍奉左右。故陈澧在与友人信中写道："每读书有得，则以告子韶，居乡甚乐，不欲遂回省城也。"② 陈澧在从事学术著述时，赵齐婴也是得力助手，帮助他搜集资料、校勘文字、誊录抄写，并相与切磋商量，提供修改意见。陈澧有时也将某些著述任务，如编纂《郑氏全书》等，委托赵齐婴等人去完成。而对赵齐婴深邃于地理之学，陈澧更是十分推重。他在与门人桂文灿信中说："世俗之所谓经学、小学，今尚有人，但少实学。若吾弟属于礼，仆属于乐，特夫属于天算，子韶专于地理，庶几此等实学，不至遂绝。"③ 可见，赵齐婴于地理之学乃专门名家，得到陈澧首肯。

本来，赵齐婴有往福建阅卷之役，但因广东舆图局任务繁忙丛杂，加之又聘请不到理想合适的绘图人手，赵齐婴只好辞掉福建阅卷之役，留在局中，担负起最重要、最繁重的绘图定稿的任务，日日苦干，夜以继日，不能脱身。陈澧说："文武官所绘图及旧志书之图，皆龃龉不合，子韶昼夜钩稽，绘图若丝发，字如粟米，遂病，夜起顿于地，不能语。特夫扶登肩舆，送至

---

① ［清］陈澧：《子韶墓碣铭》，《东塾集》卷六，光绪十八年（1892）刻本，第20页。

② ［清］陈澧：《复王峻之书五首》，《东塾集》卷四，光绪十八年（1892）刻本，第31页。

③ ［清］陈澧：《与桂皓庭书二十二首》，［清］陈澧著，陈之迈编：《东塾续集》卷四，《近代中国史料丛刊》第77辑，第157页。

其家，越日卒。同治四年七月某日也。"卒时年仅 40 岁。

赵齐婴英年早夭，固然与工作过度劳累有关，也与他家庭贫困、身体一向虚弱多病有关，更与他因身世不明而长期精神抑郁、悲哀有莫大关系。陈澧写道，子韶因为不知道自己亲生父母，"常悲泣吐血。应学政试，久不取。捐监生，欲乡试，已而悲叹曰：'假我中状元，官一品，封赠何人哉？'遂不试。尝与其友游学海堂，饮酒甚欢，忽不见子韶，众起觅之，得之堂后，面壁而泣。其烦冤怫郁，随处辄发，皆知其不能久矣"。又写道："近时与谈论，则默然如有所失，盖悲极伤心，神明亡矣。"① 由此可见，赵齐婴长期情绪低落，抑郁烦懑，精神恍惚，已显示出不久于人世的征兆。

赵齐婴死后，家贫无以下葬，陈澧特地将此事告之巡抚郭嵩焘，请求帮助。郭嵩焘听了之后十分同情，予以优厚抚恤，并告属下藩司、府县皆优恤之。事情完毕之后，陈澧又特地给郭嵩焘上书，代表赵齐婴寡妻和 5 岁的儿子表示感谢。陈澧在信中引用历史上郭隗说燕昭王以千金使人求千里马的典故，称："赵生齐婴，今之千里马也。"又说："澧赋性狷狭，凡事涉资财者，虽于等夷，未尝有所言，而况言于大官哉。独于赵生之死，乃趋告执事。"② 以千里马比喻赵齐婴，实非同一般，表明陈澧对赵齐婴的器重和怜悯，为此他亲自为赵齐婴张罗后事，甚至一反自己平日清高矜持、不愿求人，尤其不愿求官的习性。

赵齐婴死后，舆图局少了一得力之人，定稿绘图工作受到严重影响，进展缓慢。同治五年（1866）五月，巡抚郭嵩焘因与新任总督瑞麟不合，被黜归里。人事上的变动，自然导致舆图局工作受到迁累，陷于拖延、观望、停滞状态之中。同年，陈澧在给郑献甫信中谈及此事时说："澧承乏地图之役，岁杪当可蒇事。尚有修县志之役，以衰暮之光阴，为此等事，分著书之精力，徒以薪水故耳。"③ 进退两难，勉强承乏，独力支持，无可奈何。

陈澧勉力支撑着舆图局事务，心情不好的时候，他选择登山到学海堂赏月，借以消除烦恼。他撰有《山堂看月记》一文，便是实录，文云：

---

① ［清］陈澧：《子韶墓碣铭》，《东塾集》卷六，光绪十八年（1892）刻本，第 19 - 20 页。
② ［清］陈澧：《上巡抚郭公书》，《东塾集》卷四，光绪十八年（1892）刻本，第 12 - 13 页。
③ ［清］陈澧：《复郑小谷书》，《东塾集》卷四，光绪十八年（1892）刻本，第 13 页。

> 丙寅七月之望，在十六夜，是日余在地图局，日将晡，上学海堂，坐至山亭，循石磴而下，月已出矣。晚饭辨志斋，读书至二更，复上至山亭，月在高树间，下至阮傅祠前，凭石案而坐。榕荫蔽亏，乃坐砖栏上，看月犹未畅，下至学海堂前檐，空无纤翳，庭院如水，啜茗一瓯，供茉丽花一盘，呼酒，饮半醺，复读书毕，徐步庭际，与影偕行，仰观乔木，露叶莹然，转过东荣，望石磴茂林，萤光虫语，风景幽绝，三鼓乃宿于辨志斋。①

深夜独自一人，在山上安坐赏月，既是一种放松，更是一种情趣，幽雅之怀，只能意会，难以言传。陈澧常常在这种孤立独处之中，找到一份宁静致远的感觉。

《广东图》二十三卷，同治五年（1866）开刻。六年（1867），陈澧便辞去舆图局总校差事。此时局里事务大体完成，剩下的只是一些校勘之类的收尾工作，陈澧可以放心而去。摆脱了这件耗费时间心力的烦琐差事之后，陈澧顿时感觉轻松，他又可以全力专注于自己所钟情的读书著述正业了。

绘编《广东图》职名：总裁为总督瑞麟、巡抚郭嵩焘等，绘图为陈澧、邹伯奇、赵齐婴，绘画兼总校为高学耀，编志为桂文灿，分缮、分校为李承绪、陈庆修、黎永椿等人。其中，有几点需注意：其一，无徐灏职名；其二，参与实际工作的人员中，多数为陈澧弟子门人；其三，赵齐婴卒后，舆图局绘图兼总校，也即局中最为辛苦繁重的工作，实由高学耀一人承担。

高学耀，字星仪。广东番禺人。附贡生。选学海堂专课肄业生，专习《礼记》。他是陈澧门人黎永椿的妻兄。其弟高学瀛，字子登。同治二年（1863）进士。时人称赞云："并通经学，竞爽一门，亦近世所罕觏也。"②

---

① ［清］陈澧著，陈之迈编：《东塾续集》卷一，《近代中国史料丛刊》第77辑，第41页。

② ［清］桂文灿：《经学博采录》卷八，《续修四库全书》第179册，第70页。

三、学海堂专课肄业生的复办

咸同之际，以补刊《皇清经解》、重刻《阮通志》、修葺学海堂、开舆图局编绘《广东图》为标志，久经兵燹战乱摧残的广东学术、文化、教育诸事业正在逐渐恢复元气，开始步入正轨，并日益活跃繁荣。但在同治初年，还有一件事情，对广东学术文化事业而言，意义重大，影响深远，那就是恢复举办学海堂专课肄业生（以下简称"专课生"），而推行有力者即为署广东巡抚郭嵩焘。

郭嵩焘（1818—1891），字伯琛，号筠仙。湖南湘阴人。道光二十七年（1847）进士。咸丰初随曾国藩办团练，后任职苏松粮储道，筹饷接济曾、左湘军，是湘军系统重要成员之一。湘军攻下安庆后，为了在财力殷富的广东筹饷专供苏、浙、皖三省军事所需，同治二年（1863），清政府诏赏郭嵩焘三品顶戴，命署理广东巡抚。郭嵩焘在粤凡三年，除整顿军务、饷务、洋务及吏治之外，对广东学术文化教育事业也十分关心，而其中贡献最大、最可称述者，即为恢复举办学海堂专课生一事。

按，学海堂专课生为道光中两广总督卢坤与著名游粤学者钱仪吉创办，首期10名。后因卢坤去世，无经费支持，难以为继，其事遂寝。同治四年（1865），郭嵩焘决定恢复举办该事，他在致学海堂学长札中云：

卢前部堂增设课业诸生，颁给日程簿，各择一书肄业，所以成就后进，讲求专门之学，为法甚美。徒以膏火经费无出，至今旷不举行。本署部院思远绍卢前部堂之美意，酌择才品清优士子，入学海堂肄业。

郭嵩焘又订有"应行事宜"，主要内容：

1. 肄业诸生日程，有句读、评校、抄录、著述四项工夫。句读即每日读书，用红笔挨次点句，毋得漏略凌乱，以符古法而杜浮躁。至于评校、抄录、著述三项，视乎其人学问浅深，凡为句读工夫者，不限以兼三项，为三项工夫者，必限以兼句读，期使学问风气益臻笃实。

2. 肄业生课程，每年四季由学长评定高下。

3. 肄业诸生，定以三年为期，期满复行举报更换，以期后来之秀，接踵相望。①

公举专课肄业生10名：桂文炽，广州府学增生，习《史记》；潘乃成，南海学附生，习《毛诗》；梁以瑭（梁起），南海学附生，习《昌黎集》；孔继藩，南海学附生，习《算经十书》；高学耀，番禺学附生，习《礼记》；陈庆修，番禺学附生，习《周礼》；崔颜问，番禺学附生，习《朱子大全集》；王国瑞，番禺学附生，习《尔雅》；周果，顺德学廪生，候选训导，习《仪礼》；伍学藻，顺德学廪生，习《春秋左传》。

据《郭嵩焘日记》载，同治五年（1866）正月二十日，"诣学海堂，送专经生十名入学，酌定学长陈澧、金锡龄、陈璞、邹伯奇四人专司课程"②。可见，专课生恢复首届入学仪式已正式举行。专课生经费，郭嵩焘"本拟捐廉为膏火，学长窃议，以为非经久之计"。之后郭嵩焘接受学长建议，令学海堂沙田佃户于每年纳官租银457两外，再增租银457两，为专课诸生膏火之用。③ 这使得经费问题得以彻底解决，无后顾之忧。

此次恢复举办专课生，除筹措经费，解决了根本问题外，还有一些新的内容和举措，如加增数学专业一门，肄业生学习以三年为期限，又议定将来学生名额扩充为18人（后实际为20名），等等。这些规定举措，奠定了以后学海堂专课生制度的牢固基础，也为广东学术文化教育界培养、输送了大批人才。从此以后，学海堂专课生每三年一届，定期招收新生，赓续不断，一直举办到光绪二十三年（1897）才终止，一共招收培养了专课生260余名。④ 清后期广东学术界、文化界、教育界、出版界以及政治、外交、实业

---

① ［清］林伯桐、［清］陈澧：《学海堂志·文檄》，同治、光绪间续刻本［道光十八年（1838）初刻］，第4—5页。

② 《郭嵩焘日记》（二），湖南人民出版社1981年版，第349页。

③ ［清］林伯桐、［清］陈澧：《学海堂志·经费》，同治、光绪间续刻本［道光十八年（1838）初刻］，第19页。

④ 容肇祖：《学海堂考》，《岭南学报》1934年第3卷第3期，第60—99页。

各界诸著名、头面人物，大多为学海堂专课生出身。同光乃至清末民初，广东学术文化以及相关领域事业的繁荣兴旺，实与学海堂专课生制度有直接或间接的联系。仅此而言，学海堂专课生的恢复举行，影响实为深远。

而向郭嵩焘建议恢复举办学海堂专课生的，正是陈澧。陈澧家人、弟子所编撰的《陈澧事实十三则》载：

> 道光中，故两广总督卢坤于学海堂中设专课生……未几，其事遂罢。澧告之粤中大吏，复设专课生如旧章。迄今二十年，后进好学之士，颇赖以成就焉。①

关于此事，陈澧自己也有记载："余言于大吏，于学海堂复专经之业，已得汉儒治经之法，然尚不能及于远方。至于兴汉儒之行，则但能以告同学数子而已。"② 这两条材料互相印证，正好说明建议恢复举办学海堂专课生的是陈澧，而郭嵩焘则欣然接纳建议，积极推行。

陈澧热衷于恢复举办专课生，是与他一贯主张专治一经的治学思想、教育思想密切相关的，这一思想在《离经辨志斋记》一文中表达得最为清楚透彻。郭嵩焘恢复举办学海堂专课生后不久，学海堂新筑一书斋，陈澧建议将其命名为"离经辨志斋"，众人一致同意。所谓"离经"，指断句；所谓"辨志"，指辨其志欲习何经。对此，陈澧认为经史文章之学皆精深浩博，自古以来罕有能兼之者。读书者涉猎零杂，今日读《诗》，明日读《礼》，其学必不成；今日读此卷，明日读他卷，其学亦必不成。非特不成而已，涉猎零杂，则性情浮躁，此学者之大弊也。他发挥并阐明：

> 夫救天下之弊必以古法救之，自汉以来儒者必专治一书，专治一书必始于章句。其时朝廷每一经置博士，某私家传习者，每一经亦必有师。今诸君子各专治一书，以句读为始，合于古法，积之久，学业

---

① 桑兵主编：《三编清代稿钞本·陈澧事实》第108册，广东人民出版社2010年版，第508—509页。
② ［清］陈澧著，黄国声主编：《陈澧集》二，《东塾杂俎》卷十一，上海古籍出版社2008年版，第665页。

必成。①

毋庸讳言，"救天下之弊必以古法救之"，反映了陈澧根深蒂固的复古倾向，是他落后迂腐的一面，不足为训。但他反对零杂涉猎，反对性情浮躁，主张专治一书，主张以句读为始，认真读书，却是合理、科学的治学读书方法，也是陈澧学术教育思想的基本起点。他热心提倡恢复举办学海堂专课生，以及积极建议将新书斋命名为"离经辨志斋"，都是与此思想、此出发点相一致的。

陈澧与郭嵩焘二人私交关系颇为融洽。郭嵩焘初至粤，礼贤下士，即登门拜访陈澧，"公始至粤，辱临敝庐"②。以后二人不时在舆图局、学海堂或宴集上聚首相会，见则论经史、论学问，不论时事。郭嵩焘十分钦佩、敬重陈澧的人品与学问，他曾上疏荐举陈澧、邹伯奇二人，在《保举实学人员疏》中说：

> 臣在粤两年，所见绩学之士，践履笃实，坚持一节者二人。一曰番禺举人陈澧，行谊渊茂，经术湛深，近年广东人才由该员陶成造就者为多。臣愚以为宜置之国子监，使承学之士，稍知学行本末，光益圣化。一曰南海生员邹伯奇，木讷简古，专精数学，臣愚以为宜置之同文馆，使与西洋教师，会同课习算学，开示源流。③

随后陈澧知道了此事，在回复老友郑献甫的信中说："郭抚军以贱名及邹特夫秀才列于荐章，而不以告。所幸疏入不报，否则被召固悝远役，而申饬亦觉赧颜也。郭公所请授者，国子先生也。刘学使闻之，来问人都否？澧对以一县两教官，尚不能独与诸生讲习，况国子先生如此之多，岂能开口说

---

① ［清］陈澧：《东塾集》卷二，光绪十八年（1892）刻本，第28页。
② ［清］陈澧：《送巡抚郭公入都序》，《东塾集》卷三，光绪十八年（1892）刻本，第3页。
③ 王先谦编：《郭侍郎（嵩焘）奏疏》卷十，《近代中国史料丛刊》第十六辑，第1—2页。

经史耶？学使深以为然。"① 信中提到的刘学使，指原广东督学刘熙载。郭嵩焘主动荐举陈澧、邹伯奇，说明他是真心敬佩二人的学问、人品。但陈澧认为自己未中进士，仅举人出身，到国子监讲学实觉不宜，心里总有一些自卑感，而且他对国子先生一职并不十分热衷。而邹伯奇也以病辞，未赴同文馆任。

同治五年（1866）五月，由于与总督瑞麟意见不合，关系紧张，郭嵩焘被黜归里。临行前，初六日，陈澧与吴子登、丁日昌、陈璞诸人饯于城西荔枝湾潘园，即著名的海山仙馆。海山仙馆乃广东绅士潘仕成别业，池广园宽，红渠千柄，亭楼台阁，烟波浩渺，逶迤十余里，为当时岭南名园，郭嵩焘称之为"此间第一胜景也"②。

这次饯行，陈璞绘有《荔湾话别图》，陈澧援笔为之序，序云：

> 晨出永清门，乘紫洞艇，抵荔枝湾，泊海山仙馆。入门，步长廊，坐池上之堂，啜茗毕，乘小舸行荷花中。少憩湖心亭，登高阁二重，望海上诸山，若拱揖于云际。阁之下有小亭，围坐啖荔。亭畔假山激水作飞瀑，淙淙有声。复登舸至枕溪之楼，闻龙舟竞渡鼓声。纵然日将暮，返池上之堂，登楼远望，苍波渺弥，乃置酒紫洞艇，欢饮而还，忘乎其为离别也。劝酬之间，各述旧游……③

诸人饯行，在海山仙馆耽留了整整一天，据《郭嵩焘日记》载："归时已二鼓"，但还未尽兴。过了十几天之后，即五月十九日，丁日昌邀同少鹤、伯英、吴子登、陈澧、陈璞诸人，重饯于粤秀山郑仙祠，其处境地超旷，楼阁玲珑。此次重饯，"（吴）子登并为照七人小影，以志一时之胜"④。时西方摄影术已传入广东，在这次摄影中，陈澧留下了一帧半身头像，时年57

---

① ［清］陈澧：《复郑小谷书》，《东塾集》卷四，光绪十八年（1892）刻本，第13页。

② 《郭嵩焘日记》（二），湖南人民出版社1981年版，第372页。

③ ［清］陈澧：《荔湾话别图序》，《东塾集》卷三，光绪十八年（1892）刻本，第25页。

④ 《郭嵩焘日记》（二），湖南人民出版社1981年版，第372、374页。

岁。关于这幅照片,后人谓:"此帧乃郭氏用西法为先生照像于荔枝湾头。"①显然将时间、地点均弄错了。由于《郭嵩焘日记》记载最为可靠,故这幅照片正确地说应是吴子登在粤秀山郑仙祠为陈澧所摄。

清政府派郭嵩焘抚粤,主要是为了筹饷,专供苏、浙、皖三省军用。在广东任上,郭嵩焘由于求治心切,操之过急,得罪了不少地方绅商官吏,故政声褒贬不一,毁誉参半。同治四年(1865)十一月廿五日《曾国藩日记》载:"夜与莲舫鬯谈,渠言云仙抚粤名望之坏,多误于左孟辛、王壬秋二人。"② 可见,谗毁之言已传至江浙,无人不知。时两淮盐运使丁日昌(字禹生,又一字雨生)因公返粤,他与郭嵩焘私交很好,对郭治粤有一段评价,据《郭嵩焘日记》载:

> 十一日。丁禹生言:在江苏惟闻人言,中丞求治太急,以为急于求效而已。洎来粤考求一切措施之宜,无一不搜求底蕴,维持而匡正之。取怨一时,成名数年之后,而收效则远及数十年之久,此王道之久道化成者也。以云求治太急,失之远矣。在此两年,亦颇有歌诵及之者,而皆不及禹生所言之精透。得此数语,亦稍足以自慰矣。③

郭嵩焘政绩之佳劣,姑置勿论,但他在广东三年颇得文人学者的好感,这是不争的事实。学海堂学长金锡龄评论说:

> 昔阮文达公创学海堂,卢敏肃公继之,兴专门之学。公乃复举其课,又设经费,使经久而行远,其以实学教士又如此……窃以为阮、卢二公当其盛,而公处其难。其为时也未久,其用心也甚劳,其有功于粤东也,方以阮、卢二公,何多让乎?何多让乎?④

---

① [清]陈澧著,汪兆镛编纂,汪宗衍续补:《陈东塾先生诗词》卷首,香港崇文书店1972年版。
② 《曾国藩全集·日记二》,岳麓书社2012年版,第1209页。
③ 《郭嵩焘日记》(二),湖南人民出版社1981年版,第373页。
④ [清]金锡龄:《送郭筠仙中丞还朝序》,《劬书室遗集》卷十六,光绪二十一年(1895)刻本,第12页。

这是专就恢复举办学海堂专课生而言的，仅此一点，也足以使广东士人对他感激不尽。陈澧在《送巡抚郭公入都序》中也说，郭嵩焘为人仁、明，"澧于是服公议论之深且大也"，"二三年来，辱公下交"。① 可见，他对郭也充满好感，基本上持赞誉态度。以后二人仍保持联系，时有音书往返。郭嵩焘归里后，著《礼记质疑》，还寄书求序，陈澧欣然命笔，在序中称赞他"于国朝经师中卓然为一家，其以封疆大吏，退归田里而精治经学，则昔之经师所未有也"②。郭嵩焘黜归故里长达8年。随后入都，擢侍郎，旋又外放，将出使英法，陈澧听闻，曾草一书函，祈人为代致。二人友谊断断续续地维持了一段时间，这是后话。

按，丁日昌（1823—1882），字禹生，一作雨生。广东丰顺人。由廪贡生捐教职，曾任训导、知县等职，后入曾国藩幕，深得曾国藩倚重，历充苏松太道、江南制造局总办、两淮盐运使、江苏布政使、江苏巡抚、福建巡抚等。晚年会办南洋海防，节度水师，充兼理各国事务大臣，是晚清洋务运动代表人物之一。

丁日昌还是清末著名藏书家。江南各省经太平天国战争后，家藏书多散出，丁氏留意搜求，不遗余力，遂成巨观。幕友莫友芝编为《持静斋书目》四卷，中多宋元旧本，号同光间海内藏书巨擘。

同治中，丁日昌因公回粤，陈澧与其在游宴应酬场所不时聚首。而陈澧最感兴趣的，自然是那些与自己学术研究著述有关的文献图书。关于这一点，他在与郑献甫信中写道：

> 近日江南旧家遗籍散出者甚多，丁雨生都转自两淮回粤，以所得书目见示，令人艳美。澧考声律，购求陈旸《乐书》不得，而丁君有之，许以见赠。既欣喜而又慨叹我与书之不易相值，又叹书即与我相值，我又老矣，不能多读矣。③

---

① ［清］陈澧：《东塾集》卷三，光绪十八年（1892）刻本，第3页。
② ［清］陈澧：《礼记质疑序》，《东塾集》卷三，光绪十八年（1892）刻本，第11页。
③ ［清］陈澧：《复郑小谷书》，《东塾集》卷四，光绪十八年（1892）刻本，第13-14页。

以后丁日昌果然不食其言，以宋本陈旸《乐书》寄赠，陈澧复书答谢不已。

作为一位学者，陈澧的最大心愿是能够安静地读书著述，故不愿过多地与达官显贵应酬周旋，在这上面浪费时间和精力，但迫于礼节，有时也只好虚应故事。不过，在官粤东者之中，也有少数几位志趣爱好十分投契者，这种友谊自属例外，不同于一般，如刘熙载即是一位。刘熙载（1813—1881），字融斋。江苏兴化人。道光二十四年（1844）进士。同治四年（1865）督学广东，陈澧与之一见如故，相与讲学甚契。次年刘熙载引疾归，陈澧作文送之云：

> 澧家番禺都会中，达官贵人有辱临敝庐者，强出谒谢而意恒自惭，以为官卑且病退矣，宜遁居村野自晦其迹。及见学使刘融斋先生，则又爽然曰，吾过矣！吾过矣……学政一官，世人所艳羡也，先生为之，未满任告病归。盖世之人皆好进而先生独好退，不知美官厚禄之可美，而惟知读书，此古之君子，而澧以得见为幸者也。且每一相见，论九流诸子之学，谈声音度数之艺，与澧有同好焉，信可乐也。①

刘熙载性格恬淡，不热衷于做官，好读书，好谈论学问。陈澧与其有相同爱好，这是二人友谊的基础。刘熙载是陈澧所交达官显贵之中不可多得的可以深谈之人，所以这段交情弥足珍贵。

四、掌教菊坡精舍

辞去了舆图局总校差事，送走了郭嵩焘、刘熙载，陈澧想静下心来重理旧业，继续从事耽搁停辍已久的《学思录》的编撰准备工作。他又开始了日

---

① ［清］陈澧：《送刘学使序》，《东塾集》卷三，光绪十八年（1892）刻本，第3-4页。

常功课：读《通典》《后汉纪》《世说新语》诸书，摘抄原始文献，整理校勘资料，撰写评语札记，等等。似乎这些才是他心目中最理想的正业，每日从事这些才是正轨，才能心安理得。但事与愿违，又有一件大事出乎意料地降临到他身上，迫使他不得不分心抽身去应付。但这次大事与舆图局之类的差事不同，它是一件令陈澧一想起来就十分惬意、十分志得意满之事，这就是掌教菊坡精舍。

粤秀山麓旧有道士祀神之庙曰应元宫，其西偏有一座台榭树木曰吟风阁。叶名琛督粤时，其父叶志诜随任就养，妄佛慕仙，将之改称长春仙馆，寄寓其中。英法联军攻占广州后，仙馆废圮。同治五年（1866），新任巡抚蒋益澧与两广盐运使方浚颐议改为书院，方将之修葺一新，题曰菊坡精舍，方浚颐又向蒋益澧推荐，以陈澧为掌教，蒋欣然同意。

蒋益澧（1825—1847），字湘泉。湖南湘乡人。早年参加湘军，一路擢升，由士兵、县丞、知府、道员，直至浙江布政使。《清稗类钞》载：

> 蒋果敏公益澧攻克杭州，自城及乡镇村落，无不为置学塾，一塾一师一仆，年费钱百千，村农子弟皆令就学，力不赡者，更予饮食。①

杭州在太平天国战争中久经兵燹，著名的书院诂经精舍鞠为茂草，一片残垣断壁，荒凉不堪。蒋益澧于同治五年（1866）二月斥帑7000缗加以重新修葺，"规模既立，公旋迁广东巡抚以去"②。在他奉命移任广东巡抚时，浙江著名学者俞樾即给他写信劝勉说：

> 惟望阁下至粤后，福星所照，燧息烽销。或踵阮文达故事，重开学海堂，招延海内名流。③

可能由于消息闭塞不通，俞樾还不知道广州学海堂的实际情况，以为学海堂也像杭州诂经精舍一样，仍然处于荒芜废弃状况。蒋益澧走马上任到广

---

① 徐珂：《清稗类钞》第二册，中华书局2003年版，第570页。
② 张崟：《诂经精舍志初稿》，《文澜学报》1936年第2卷第1期，第15页。
③ ［清］俞樾：《与蒋芗泉方伯》，《春在堂尺牍》牍一，《近代中国史料丛刊》第42辑，第494-495页。

州后，才知道学海堂早已重开，于是想另起炉灶，这就是菊坡精舍兴建的背景。

蒋益澧虽为一介武夫，却颇为留心扶植文教事业，这与当时"同治中兴"初期由曾国藩倡导的，在官场中广泛流行的以提倡学术自任、以稽古右文自命的风气和社会氛围有密切的关系。关于这一"武人好文"的特别风气，当时即有人特地指出，说：

> 当时帅节握于文人之手，曾、胡、李、左，皆以科第中人躬亲师旅，武功多有可观。于是武人好文，寖成风气。①

陈澧掌教菊坡精舍，在办学宗旨上完全效法学海堂，即以研究经史词章实学为主，不教授八股帖括时文。他在《菊坡精舍记》中写道："始议为书院时，以书院多课时文，此当别为课。澧既应聘，请如学海堂法，课以经史文笔。"② 显而易见，菊坡精舍从一开始就不是一间专为应付科举考试而设的普通旧式书院，而是一所讲求经史实学，以培养汉学、朴学人才为目的的，与诂经精舍、学海堂性质一样的新式研究型书院。同治九年（1870）所订《菊坡精舍章程》，内容包括：

1. 向建菊坡精舍为专课通省举贡生监经史诗赋之所，仿照《学海堂章程》，童生不得与试。
2. 聘请院长，须隔年九、十月间禀请院示，送关聘定，专主阅卷。
3. 省垣各书院，以时艺课士，此间向仿学海堂例，试以经史诗赋，不拘体格，俾得各尽所长，务为根柢之学。每月定期初八、十八、二十八日三课，在精舍扃试，当日缴卷，不准继烛，如违即除名出院。
4. 每岁分为十二课，自督抚两院及藩、臬、运、粮道挨次轮课，周而复始。其官课卷，即封送院长校阅。除官课外，每月小课，应由院长酌定，每月两课。
5. 课卷前列可备选刻者，另抄一册，由监院收存，俟集有成数，

---

① 刘体智著，刘笃龄点校：《异辞录》，中华书局1988年版，第177—178页。
② [清]陈澧：《菊坡精舍记》，《东塾集》卷二，光绪十八年（1892）刻本，第29页。

酌议送呈操选政者选改发刻，卷仍随时散给各生。①

由以上章程可知，菊坡精舍在办学宗旨方面大体上规仿学海堂，但也不是亦步亦趋，完全抄袭雷同，二者在某些方面还是有一些差别。

首先，学海堂一年四课，即分春、夏、秋、冬四季考课。而精舍一年三十课，每月三次，官课一，小课二，考课数量大大增加，差不多是学海堂的7倍。

其次，学海堂是公开开卷考试，课卷可以拿回家做，听任搜讨条对，到时缴卷。而精舍却是闭卷考试，限定当日缴卷。

再次，学海堂设学长八人，共司课事，轮流负责，永不设立山长，也不允荐山长。而精舍则仅聘一人为院长，专主阅卷；另委任监院一人，管理精舍其他事务。

最后，学海堂仅为单纯的四时课士，并无教学讲授可言。以后虽然恢复设置了专课肄业生，但专课生只是于学长中择师而从，随时请教问难，学长则析疑释惑，评定课卷高下，并无正规讲学授课可言。而精舍就完全不同了，陈澧写道："每课期诸生来听讲，澧既命题而讲之，遂讲读书之法。"② 可知在考课时，命题之后有专门的讲授，讲授内容既针对命题而发，又涉及读学方法和治学门径。讲课遂成为菊坡精舍的一项重要内容和基本的规章制度，至少在陈澧主持精舍时是如此。毫无疑问，这是自阮元督粤后广东朴学兴起以来在培养汉学、朴学人才方面正式讲学授课的开始，而陈澧是开创者。

关于菊坡精舍讲学，陈澧弟子文廷式在《丙子日记》中写道："晴。早往于晦若处，偕往菊坡书院，听兰甫老师讲。到者五十余人，林明仲、饶辅心咸在焉。"③ 于晦若即于式枚，林明仲即林国赞，饶辅心即饶轸，均是文廷式同窗、陈澧门下弟子。陈澧另一弟子梁鼎芬也回忆说："庆笙住居大石街，

---

① 《广州菊坡精舍章程》（同治九年），引自刘伯骥：《广东书院制度沿革》，商务印书馆1939年版，第139—140页。

② ［清］陈澧：《菊坡精舍记》，《东塾集》卷二，光绪十八年（1892）刻本，第29页。

③ 汪叔子编：《文廷式集》，中华书局1993年版，第1065页。

去菊坡精舍百步。先师陈先生课日,余与云阁每诣庆笙家,同往侍坐。"① 庆笙即陈树镛,云阁即文廷式。以上二人所记不期而同,均指前往菊坡精舍听陈澧讲学授课而言。由于陈澧长期掌教菊坡精舍,主持考课讲授,似乎可以这样说,菊坡精舍实际上成为陈澧一人的专门讲学之所。这样一来,菊坡精舍的创建,对陈澧来说就有非同寻常的意义:它既为陈澧提供了一个长期的、难得的专门讲坛,同时使得陈澧与应课诸生之间的师生关系空前密切起来。这两点对于东塾学派的形成具有十分重要的意义。

菊坡精舍与学海堂同在一山之上,相去不远,其位置关系,时人描述云:

> 越秀山在广州省城北,城跨其上,笋拔二十余丈,俗呼观音山。凭高下瞰,远江如带,目尽炎海。山之左则歌舞冈,相传南汉遗迹,磴道缭曲,楼观高敞,为登眺宴集之所。近年以长春仙馆改菊坡精舍。旁建崖台,再上郑仙祠,改奉三君祠。高处为天海澄清阁,祠之西学海堂,添建启秀楼,瓣香前贤,增饰名胜,园宇之美,卉木之繁,益足以供游览。②

这是当时人对学海堂、菊坡精舍的直观描述。精舍前临大池,俗呼之曰"将军大鱼塘"。课间休息时,学生士子常散步池畔,临塘观鱼。陈澧弟子梁起《大鱼塘观鱼》诗云:

> 城北大鱼塘,塘鱼多且肥。菊坡敞精舍,数武临清漪。清晨来听讲,讲毕暂俯窥。玉山多楼阁,倒影波间垂……③

这首诗可视为对菊坡精舍环境位置的介绍以及学生课间休息具体情景的实录。光绪中,著名学者缪荃孙游粤,曾游览过菊坡精舍,他在日记中对之有更细致具体的描述:

---

① 梁鼎芬:《追悼陈三(树镛)》诗注,《节庵先生遗诗》卷四,《近代中国史料丛刊》第75辑,第17页。
② 金武祥:《粟香四笔》卷四,光绪十七年(1891)序刊本,第12页。
③ [清]廖廷相编:《菊坡精舍集》卷十五,光绪二十三年(1897)刊本,第4页。

叔峤约游菊坡精舍。依山造屋,梯数百级,最高处曰崖台,崔文献公读书处也。梅花数十株甚茂密,暗香袭人,尚有桂花、菊花未落,闻桃李不日将开,合四季之花于一时,亦云奇矣。①

与学海堂一样,菊坡精舍也成为广州城内的一处文化名胜,外省文人学者、墨客骚人慕名前来登临、游览、题咏、流连者,络绎不绝。

菊坡精舍经费来源,原先由两广盐运使方浚颐安排,以藩署(指布政司)银匠月缴公费银230两,移解运库(指盐运司),作菊坡精舍膏火束脩之用。同治七年(1868)秋,方浚颐移任两淮盐运使。次年,广东布政使王凯泰于粤秀山创建应元书院,将此项公费银两拨回藩库,充应元书院膏火,于是菊坡精舍膏火束脩便无款可支,陷入财政危机。幸好在这个关键时刻,新任两广盐运使钟谦钧走马上任,乃于九年(1870)捐廉银22000两发商生息,每年缴息银2640两,遇闰照增,拨归菊坡精舍,永充山长束脩、监院薪水、肄业诸生膏火经费。②从此,菊坡精舍经费来源便有了可靠的保障,再无后顾之忧。

菊坡精舍也有藏书。后人谓:"澧掌教十余年,复于旧日吟风阁上设一书藏,藏书以供修士讲习。"③陈澧门人谭宗浚撰有《菊坡精舍书藏铭》一文,对此有较详细记载:

菊坡精舍书藏何为作也?盖仿焦山寺、灵隐寺书藏而作也……今盐运使钟公,笃于爱士,既刻殿板《十三经注疏》《通志堂经解》二书,又仿江浙书藏条例,贮书于菊坡精舍中,其嘉惠士林如此。④

谭宗浚于文中对两广盐运使钟谦钧大加推崇,应该说,钟谦钧在创建书藏方面有发起倡议之功。

陈澧自己对掌教菊坡精舍是十分满意的,因为长期以来,他对学术衰歇、人才缺乏、后继无人的状况十分担忧,常常为之殚精竭虑。他在与友人

---

① 缪荃孙:《艺风老人日记》,北京大学出版社1986年版,第92页。
② 光绪《广州府志》卷七十二《经政略三》,第13-14页。
③ 徐信符:《广东藏书纪事诗》,香港商务印书馆1963年版,第76页。
④ [清]谭宗浚:《希古堂文甲集》卷二,光绪十六年(1890)刊本,第22页。

徐灏信中说："近来学侣日稀，望有出而张之者耳。"① 又在与弟子桂文灿信中说："仆归家后，欲与黎高三君细谈经学。近又闻有赵君名九成者，欲往拜之，深恐此道渐衰歇，故求友之念甚殷耳。"② 可见，他平时对于志同道合者，尤其是后进人才十分渴求，只要有机会与可能，便想方设法加以联系访求。现在终于有了一个绝好的机会与阵地，可以公开地招收、吸引、聚集优异青年士子，加以讲授考课，提携引进。夙愿成为现实，怎能不令人万分惬意、欣喜之至呢？在与好友郑献甫信中，谈起菊坡精舍之事时，陈澧不免喜形于色："承乏菊坡精舍讲席，诸生肯来听讲，此亦堪慰老怀。"③ 又在与门人廖廷相信中说："菊坡精舍近日课期听讲者多至四十余人，好经学能文章者今年新得六七人，甚可喜。讲授阅卷，虽劳亦乐也，特以告吾弟知之。"④ 学生肯来听讲，学生人数大增，其中不乏优秀可造之才，这是最令人兴奋不过的事情，陈澧的欣喜之情溢于言表。

掌教菊坡精舍，使得陈澧终于有机会和可能去充分实现自己多年来在教育方面的理想、夙愿及抱负了。菊坡精舍平时考课题目，最集中保存者莫过于《菊坡精舍集》，如"释博""太极说""读毛诗注疏""周礼天官之属考""博学以知服说""国朝经学家法论""高欢宇文泰论"等。此外还有一些策问题目，《东塾续集》中载有数条，如：

问十经注疏，注者何代何人，疏者何代何人，其书之醇疵真伪。
问二十四部，某史者何代何人，其书之大概若何。
问汉志诸子周秦诸子书存于今者几种，某书为某家者流，分析言之……⑤

---

① [清] 陈澧：《与徐子远书二十一首》，[清] 陈澧著，陈之迈编：《东塾续集》卷四，《近代中国史料丛刊》第77辑，第184页。
② [清] 陈澧：《与桂皓庭书二十二首》，[清] 陈澧著，陈之迈编：《东塾续集》卷四，《近代中国史料丛刊》第77辑，第160页。
③ [清] 陈澧：《与郑小谷书》，[清] 陈澧著，陈之迈编：《东塾续集》卷四，《近代中国史料丛刊》第77辑，第201页。
④ [清] 陈澧：《与廖泽群书五首》，[清] 陈澧著，陈之迈编：《东塾续集》卷四，《近代中国史料丛刊》第77辑，第208页。
⑤ [清] 陈澧：《策问》，[清] 陈澧著，陈之迈编：《东塾续集》卷一，《近代中国史料丛刊》第77辑，第33页。

这些考课与策问题目可以鲜明地反映出题者的教育思想、办学宗旨、学术追求、学术品位、学术倾向及教学方法等，这也是深层次研究与了解陈澧的一条重要途径。正因为菊坡精舍为陈澧提供了一个长期的、固定的、经常性的讲学场所，陈澧不仅能够向学生传授书本知识，而且还能够从容不迫、详细而系统地讲授自己多年积累起来的读书方法、心得体会以及治学途径等，言传身教，把这些有益的东西传授给自己的门生弟子及追随者，以扩大影响，嘉惠后学。而且教学相长，在与门人弟子的侍坐交谈与讲学授课之中，在多次往返的商榷、探讨、砥砺之中，陈澧也逐步形成并完善自己的一整套教学思想方法体系，形成良性循环。正因为如此，陈澧对菊坡精舍十分重视，并全身心地投入教学考课之中。《东塾续集》载有《与菊坡精舍门人论学》，正是他平日讲学授业内容、宗旨、志趣的精华荟萃，如云：

> 凡为学必先自择其性之所近而施功焉，性所不近，虽欲为之，必无成也。
>
> 凡为学功夫要专，见闻要广，专习一书，日日不间断，且不错时刻，而以余功看《四库提要》，则得之矣（胡文忠公建书院则买《四库提要》）。
>
> 凡专习之书，必要落笔圈点，又要抄录。
>
> 凡课卷，高批取好者，从此更勉，乃有益。若自满，则不惟无益，而有损矣。不高取批坏者，看批坏之处，以后不再犯，则其益甚大，万勿以此而沮丧也。
>
> 凡经书，要识义理，非徒训诂考据而已。朱子书义理，仆有《语录日抄》五卷，汉儒经注义理，仆有《通义》七卷，皆可为先路之导。
>
> 凡史学，要知治乱兴亡之由（此陆宣公语）。
>
> 精舍以学问为重，不是为取超等。治经者更不是要作经解。如仆今日有虚名，人皆谓之有经学，然仆自中年以后，不作经解久矣。可见治经，不在乎作经解也。初学借经解以为治经之路，借取超等以为学问进益之征耳。
>
> 书卷虽不能丰，亦不可转相蹈袭。若以蹈袭为便宜，则亦不便宜

矣。凡学问文章，未有便宜而得者也。凡便宜皆折本折亏者也，戒之哉。①

……

这些语录式的短语，言简意赅，朴实无华，隽永秀逸，耐人寻味。既博引先贤教诲，又结合自己切身体会，深入浅出，如春风化雨，润物无声。如此谆谆善诱，启迪士子，嘉惠后学，体现了陈澧教育思想丰富的内涵和底蕴。菊坡精舍由于秉承了学海堂的办学宗旨和优良传统，加之有自己独特的一套教育方法和教学手段，很快声名远播，慕名前来求学、听讲、考课者日益增多，一跃而成为当时全国为数不多的著名新式研究型书院之一。菊坡精舍之所以闻名遐迩，与陈澧在以下两方面的着意提倡有十分密切的关系。

第一，提倡自由讲学。

清代学校、书院不但被完全纳入科举考试制度的体系，沦为其附庸，而且制度腐败，积弊丛生，其中最明显的表现就是学官、掌教不再讲授，只以考课为目的，教学活动形同虚设。《清史稿》说："讫于嘉庆，月课渐不举行……嗣是教官多阘茸不称职，有师生之名，无训诲之实矣。"②儒学教官如此，书院山长也莫不效尤。

对于清初承明代王学空谈心性的风气，学者们大加排斥，反其道而行之，故民间盛行的讲学之风大为减少，讲学风气日衰。清初顾炎武即"以聚徒讲学为非"③，曾说："吾见近来讲学之师，专以聚徒立帜为心，而其教不肃，故欲反其所为。"(《与毛锦衔》)对此，陈澧批注道："讲学之风，尔时已将衰，故亭林为言排之，而其风遂息也。"④清代自由讲学之风不振，有此渊源背景，应该不难理解。

自清中期乾嘉考据学（汉学、朴学）兴起之后，人说许郑，家称贾马，学者林立，大师辈出，著述繁博，一时称盛。相比学术领域的繁荣，教育领

---

① ［清］陈澧著，陈之迈编：《东塾续集》卷一，《近代中国史料丛刊》第77辑，第26-28页。
② 赵尔巽等撰：《清史稿》卷一〇六《学校一》，中华书局2010年版，第3116页。
③ 马宗霍：《中国经学史》，商务印书馆1937年版，第142页。
④ 桑兵主编：《续编清代稿钞本·东塾遗稿》第87册，广东人民出版社2009年版，第418页。

域则严重滞后，完全不能相称，聚徒讲学之风的绝迹，即是一个突出的表现。对于此种情况和现状，陈澧不以为然，认为这很不正常，有必要加以改变。他在摘抄《亭林文集》"承教以处今之时，但当著书，不必讲学，此去名务实之说，良获我心"（《与友人论父在为母齐衰期书》）这一段文字后，批注道："今日又似当兼讲学，不可专著书矣。"① 明确表示了学者除著书之外，应当恢复聚徒讲学之风的主张。道咸以后，汉学衰歇，陈澧认为拯救汉学的方法之一就是大力培养人才。而他有意识地提倡恢复古代书院独立探索、自由讲学的优良传统，正是与此密切相关。

陈澧对于古代，尤其是汉代传统讲学形式，抱有一种近乎顶礼膜拜的崇敬态度。如明万历间，将乐县令傅宗皋规仿汉世专门讲授之法，创五经书院，立五经师各一人，使之各精其业，以教其子弟。对此，陈澧赞美道："澧谓：此事为千年来所未有，安得天下书院皆仿此法，使经学大昌也！"② 又如清末，广东各地重视科第，广州及附近州县大馆、中馆、小馆林立，聘名师讲授其中，以猎取功名利禄，蔚为大观。对此，陈澧特著《讲书议》一文，加以发挥：

> 吾粤老师宿儒教授生徒百数十者谓之大馆，其来久矣，此风气大可用也……省城及近县大馆师十余人，弟子千余人，所讲授者四书五经，朝一讲，暮一讲，仿古人鼓箧之法以集众，师升讲堂南面坐讲，弟子两旁坐听，美矣哉！古人授经讲学，何以异此，此天下所罕有也。③

陈澧称颂广州大馆的讲学方式，推崇古人传统讲学，是因为当时学校、书院教育制度已腐朽不堪，教官、掌院均不讲学授课。"教官不讲书也，书院不讲书也。就令讲书，一学讲之，各学不讲；一书院讲之，各书院不讲。"推崇广州大馆讲书，正是针砭当时官方教育体系普遍存在的积弊。虽然广州大馆讲书内容是八股时文、帖括对策，目的是科举功名，但陈澧认为此风气

---

① 桑兵主编：《续编清代稿钞本·东塾遗稿》第 87 册，广东人民出版社 2009 年版，第 410 页。
② ［清］陈澧：《东塾杂俎》卷十，［清］陈澧著，黄国声主编：《陈澧集》二，上海古籍出版社 2008 年版，第 636 页。
③ ［清］陈澧：《东塾集》卷二，光绪十八年（1892）刻本，第 17 页。

可以加以利用改造，可以"变讲时文之风气为授经讲学之风气，其有益于学术人材者甚大"①。可见，他仅仅是取大馆讲学的形式，而落脚点仍是经史实学内容，仍是为了振兴已经衰歇的汉学。正因为如此，陈澧门人谭宗浚在《陈兰甫夫子七十寿序》中说："盖自道咸而后，讲学渐稀，惟夫子振厥宗风，蔚为时望。"②可谓一语中的，道出了陈澧在晚清教育界的地位及其作用。

第二，提倡"博学于文，行己有耻"。

陈澧不但大力倡导恢复古代授经讲学的优良传统，而且他在讲学之中，不以单纯讲授学问知识为满足，而是重视道德品质修养，将人品与学问有机结合起来，认为二者缺一不可。这是他教育思想的又一重要内容与特色，在当时的社会环境、学术氛围下显得尤为难能可贵。陈澧在掌教菊坡精舍时，即"取顾亭林说，大书'行己有耻，博学于文'二语揭于前轩，吾不自立说也。因而申之曰，博学于文，当先习一艺。《韩诗外传》曰：'好一则博，多好则杂也，非博也。'又申之曰，读经史子集四部书，皆学也，而当以经为主，尤以行己有耻为先"③。这是陈澧对"博学于文，行己有耻"二者关系的简明阐释。

顾炎武是陈澧生平最为敬慕的学者之一，他在读书札记中多次写道："今急宜有人提倡亭林之学。行己有耻，博学于文。"④ 又说："亭林举'博学于文，行己有耻'二语，而尤以有耻为先。后博学已成风气，而无人振起有耻之风矣。"⑤ 又在《黄氏日抄》卷六十五《黄涪翁书简》"数十年先生君子但用文章提奖后生，故华而不实"一段后面批注道："乾嘉诸老亦然。但以博学于文为提奖，而不以行己有耻为提奖也。"⑥

---

① ［清］陈澧：《东塾集》卷二，光绪十八年（1892）刻本，第18页。
② ［清］谭宗浚：《希古堂文乙集》卷四，光绪十六年（1890）刊本，第24页。
③ ［清］陈澧：《菊坡精舍记》，《东塾集》卷二，光绪十八年（1892）刻本，第29页。
④ 桑兵主编：《续编清代稿钞本·东塾遗稿》第80册，广东人民出版社2009年版，第585页。
⑤ 桑兵主编：《续编清代稿钞本·东塾遗稿》第87册，广东人民出版社2009年版，第422页。
⑥ 桑兵主编：《续编清代稿钞本·东塾遗稿》第88册，广东人民出版社2009年版，第645页。

很显然，陈澧有意识地大力提倡"行己有耻"，是为纠正学术流弊、时代积弊而发，有鲜明的针对性和深刻的时代背景。

"博学于文，行己有耻"这个口号虽然是顾炎武早在清初就提出来了，但陈澧在晚清重提这个口号，不但切合时宜，而且带有纠正乾嘉以来汉学风气偏颇狭隘的作用。陈澧是晚清有意识、自觉地振起"行己有耻"之风的著名学者之一，也是晚清大力倡导道德、学问、文章并重，自觉纠正乾嘉重"博学于文"，轻"行己有耻"偏颇风气的著名学者之一。他不但在口头上公开标榜提倡，而且身体力行，在实践中努力加以贯彻实行，这一点尤其受到当时学者一致公认和敬重。

由于努力实践"博学于文，行己有耻"的办学宗旨，十几年如一日，孜孜不倦，提引家乡子弟，陈澧声名远播，成就斐然，受人敬重，成为晚清教育界的一面旗帜。袁昶在《中江讲院现设经宜治事两斋章程》中评论：

> 近日书院、学堂、州县庠校、公私义塾，最苦难得经师、人师、经济之师，往往不在馆时多，即在馆亦茫无授受启发，俨同病坊冷署，只为颐养之地。此纵高才名士，亦为误人子弟，厚貌深情，心地最不可问。近世名师，若李申耆之主暨阳、钱衎石之主大梁、唐确慎之主钟山、陈兰甫之主菊坡、先师刘中允之主龙门、友人朱鼎甫之主广雅、黄元同之主南菁，乃为修己治人，朴实头地，孜孜讲授，多士乃能受益，可举为主讲之法。①

袁昶尖锐批评了那些误人子弟的所谓高才名士，由衷赞美了那些朴实头地、孜孜讲授的六七位近世名师，可谓爱憎分明，义正词严。而近世名师之誉，陈澧实当之无愧。

菊坡精舍仿照学海堂，也将历年优秀课卷保存下来，准备汇辑刻集出版。光绪二十三年（1897）刊成的《菊坡精舍集》，汇集了自同治六年（1867）迄于光绪七年（1881）凡15年间菊坡精舍考课成绩优异者的代表作，大部分皆陈澧生前所定，"前已刻成十之六，其余选录、或未刻、或需

---

① 引自席裕福、沈师徐辑：《皇朝政典类纂》卷二二六，《近代中国史料丛刊续编》第90辑，第4235页。

再订者，皆有手记"①。可见陈澧对之十分重视，花费了大量心血。陈澧去世后，稿本由其弟子保存，辗转多年，终于补校刊梓问世。这部《菊坡精舍集》，为后人研究菊坡考课内容、学术水平以及东塾学派门人弟子情况提供了绝好的材料，值得珍视。

五、主持广东书局

陈澧掌教菊坡精舍，正是踌躇满志，欣喜得意，紧接着广东书局的创建，对他来说无疑是锦上添花，双喜临门。可以这样说，同治中，以菊坡精舍讲学、广东书局刻书为代表，陈澧真正迎来了个人学术生涯的繁忙丰硕时期。

晚清学术文化事业的一个突出现象，是各省相继创建官书局，聘请名儒学者主持校雠，大规模刊刻经史古籍，掀起一个搜书、校书、刻书的文化高潮。最早提倡者是曾国藩，咸丰十一年（1861）八月，曾国藩攻克安庆，部署初定，即命幕友莫友芝搜访三阁亡书，几无所获。三阁者，指扬州文汇阁、金山文宗阁、杭州文澜阁，均藏颁赐《四库全书》一部。此外，曾国藩又"商之九弟沅圃方伯，刻《王船山遗书》。即复江宁，开书局于冶城山，延博雅之儒，校雠经史……此江南官书局之俶落也"②。之所以搜访遗书及创建书局刻书，直接原因是太平天国战争后，文化中心江、浙、皖三省备受战火摧残，公私藏书荡尽，学术文化倒退，士子无书可读；间接原因是曾国藩想借机振兴文教，大力提倡封建学术教育，作为巩固封建思想统治的重要措施之一。在他的倡导推动之下，不久，金陵官书局、浙江官书局、安徽敷文书局、四川官书局、山西官书局、山东官书局、直隶官书局、湖北官书局等相继成立，一时刻书出版呈现出畸形繁荣兴旺的局面，成为"同治中兴"在文化方面的一项重要内容。官书局创始于咸同，极盛于光绪，它在保存文

---

① ［清］廖廷相：《谨识》，《菊坡精舍集》卷首目录后，光绪二十三年（1897）刊本，第20页。

② 况周仪：《蕙风丛书·蕙风簃二笔》卷一，中国书店1926年刻本，第1页。

献、传布文化、繁荣学术、普及教育方面功不可没。广东书局就是在此大背景下应运而生。

广东书局创始于同治七年（1868）春，倡议推动者是巡抚蒋益澧和盐运使方浚颐二人。陈澧在《送方子箴都转移任两淮五首》之三诗中，对此事来龙去脉叙之较详，诗云：

> 教士有良法，首在多刻书。要使一亩宫，各有千卷储。自从兵燹后，梨枣多焚如。后来良可忧，风气愈空疏。挽回乏大力，寒士徒嗟吁。大吏询乌菟（蒋香泉中丞），嘉惠意不虚。其奈累万金，虽有仍如无。公乃发封椿，书局开通衢。命我司校雠，私意快且愉。众手集剞劂，众目辨鲁鱼。此局支十年，何止书五车。此惠被海内，何止及偏隅。①

从诗中可知，巡抚蒋益澧曾询问过陈澧，二人商量讨论过创建书局刊刻经史古籍之事，但由于所需经费数目过于庞大，一时难于筹集，只好作罢。以后两广盐运使方浚颐乃拨运库银支持，并推荐陈澧为总校，总司其事，至此，书局才得以运作起来。广东刻《钦定四库全书总目》，扉页有"同治七年广东书局重刊"牌记，这是广东书局正式见诸记载最早的一次。中山大学图书馆藏《东塾遗稿》抄本，有一处专记此事："刻《提要》，同治七年三月廿八日开局，八年五月廿九日毕。七年四月至九月现任官要添督瑞、抚蒋益澧、兼署抚瑞。"② 此处所记内容，对确定广东书局具体创建或运作时间最为重要，十分珍贵难得。书局另刻有《钦定四库全书简明目录》，扉页也有"同治七年广东书局重刊"牌记。

陈澧主持书局，总司校雠，并广泛招徕门人弟子参与其事，分工合作负责校刊，作为自己的得力帮手和主要辅助力量。他在与门人廖廷相信中说："近日阅新刻《四库提要》甚忙，欲请吾弟相助，如有暇，祈来舍小住数日

---

① 汪兆镛辑：《陈东塾先生遗诗》，1931年刻本，第47页。
② 桑兵主编：《续编清代稿钞本·东塾遗稿》第82册，广东人民出版社2009年版，第384页。

为荷。"① 即为一证。但书局运作伊始，方浚颐便于同年秋移任两淮盐运使。方的离去，使得广东书局也像菊坡精舍一样，面临着经费短缺、难以为继的关键问题。

本来按照陈澧开始时的设想，刻完《提要》之后，广东书局还有更大的、更重要的刻书计划，如尽刻唐以前罕见的、《十三经注疏》未收的古经书。他在《经典释文》跋文中写道：

> 昔劳文毅公督粤时，补刻《皇清经解》毕，遂欲尽刻唐以前经部书在《十三经注疏》之外者，而其事未果。近者广州书局复理前说，先刻《经典释文》，将来或可尽刻诸书以饷海内治经者，则此为之兆矣……澧乃借至书局复刻之，校雠亦皆精审，庶少讹谬矣。同治九年十月番禺陈澧题记。②

这里"广州书局"即指广东书局而言。但《经典释文》牌记题"粤秀山文澜阁藏板"，据此推测，广东书局由于方浚颐的离任，经费无出，该书由学海堂出资刊刻。幸运的是，正当广东书局面临夭折之际，曾国藩一纸信函使其绝处逢生，重获生机。

按，曾国藩在同治十年（1871）七月二十五日，分别致信两广总督瑞麟和两广盐运使钟谦钧，两封信内容大同小异，甚至字句也几近雷同，主要目的是敦促广东当局开设书局，重刻《十三经注疏》。致钟谦钧书信内容如下：

> 云卿尊兄大人阁下：
> ……兹有启者，迩来各省书板自经兵燹，残毁者十之八九。国藩往在安庆，因南中被兵尤甚，各处藏书荡焉无存，始谋创立书局，筹款刊刻经史，招延宿学数人专司校雠。嗣后江苏、浙江、湖北、安徽各省以次设立书局，所有昔称善本而近遭残毁者陆续翻刻颇多……因思广东近岁文明日启，自嘉道年间阮文达公设立学海堂，广罗英彦，刊刻《皇清

---

① ［清］陈澧：《与廖泽群书五首》，［清］陈澧著，陈之迈编：《东塾续集》卷四，《近代中国史料丛刊》第77辑，第211页。

② ［清］陈澧：《经典释文跋》，［唐］陆德明撰：《经典释文》卷末，学海堂同治十年（1871）刻本，第1页。

经解》各书，提倡实学，风流至今未沫。顷已函致澄泉中堂（指粤督瑞麟），劝其设立书局，先刻《十三经注疏》以为振兴文教之基。现闻粤东盐务尚有可筹之项，阁下若禀商澄相，善为设法，当可玉成斯举。有桂孝廉皓庭者，名文灿，广东举人。会试后出京过此，都中知好来书，盛称其学问淹博。国藩接见数次，又观所著书数种，知其绩学敦行，于国朝研经诸老辈洞悉源流，不独为粤中翘楚，抑不愧海内硕彦。尊处若开书局，似可派令总司其事，必于局务大有裨益。若刻书之事一时骤难举行，仍希阁下推爱垂青，为皓庭妥筹一席……①

很显然，这封信有两层用意在内，即劝广东当局追随潮流创开书局刊刻图籍，又有推荐桂文灿代为谋差之意。而且从信中语气也可了解到，曾国藩此前并不知道广东书局的存在及其刻书情况。

由于曾国藩当时所处的地位及声名威望，加之钟谦钧属于湘系，与曾国藩有密切关系，刊刻《十三经注疏》一事很快就雷厉风行地运作起来，而且仍然继承了广东书局的原有名称、原有人员及大体构架，并未另起炉灶。广东书局刻《十三经注疏》乃覆武英殿本，"爰以初印之本，敬谨重雕，校对再三，庶鲜讹舛。每卷考证之说，业已精详，守而不失"②。书名页右上题"武英殿版"，左下题"同治十年广东书局重刊"，书名页后有"同治十年广东书局重刊菊坡精舍藏板"牌记。

钟谦钧（1803—1874），字云卿。湖南巴陵人。少读书不遇，援例以从九品试用湖北，官至署汉黄德道，监督江汉关，"遇中外交涉事，壹以理折之。江督曾国藩谂其贤，檄办汉口淮盐局。八年，特旨除两粤盐运使"。在粤期间，钟谦钧对广东学术文化教育事业也颇热心，主要做了两件事：一是"蠲二万二千金供菊坡书院经费"，另一是"蠲俸金数万"，支持广东书局大规模刻书。③ 在钟谦钧任内，广东书局刻书达到高潮，他的鼎力支持和推进之功不可抹杀。除《十三经注疏》外，广东书局还重刊、辑刊了以下卷帙浩繁、大部头的经典名著。

---

① 《曾国藩全集·书信》，岳麓书社1994年版，第7503-7504页。
② ［清］瑞麟等：《重刊注疏恭纪》，《十三经注疏》卷首，同治十年（1871）广东书局重刊本，第1页。
③ 光绪《湖南通志》卷一百九十一《国朝人物·巴陵》，第14页。

其一，《通志堂经解》1792卷。此书乃郭嵩焘罢黜归里前遗金购赠，据《学海堂志》载："夷寇乱后，藏书荡然无存。同治五年，郭中丞入都，留赠百金，学长固让，不获命，乃购《通志堂经解》，藏于山房，与好学之士共读之。异时赠购群书，此为嚆矢矣。"① 该书本名《九经解》，题为纳兰性德辑，实出徐乾学之手。乃搜集唐、宋、元、明关于《易》《书》《诗》《春秋》《三礼》《孝经》《论语》《孟子》《四书》等九经的注释，加以汇刻。其特点在于，"此编承《注疏》之后，在《皇清经解》之前，宋元人之经学略备于此，不可不重刊也"②。题"同治十二年粤东书局重刊菊坡精舍藏板"。

其二，《古经解汇函》附《小学汇函》283卷。关于该书辑刊缘起经过，钟谦钧在序中言之甚详：

>《十三经注疏》之外，凡唐以前经部书传至今日者，皆经学不可无之书也。劳文毅公督粤时尝欲汇刻为一编，会去官，其事遂寝。近者谦钧重刻《十三经注疏》《通志堂经解》，乃复理前说，恭阅《四库全书总目》，自《十三经注疏》外，凡经部著录唐以前之书尽刻之，惟《提要》定为伪作者不刻，《通志堂》已刻者不刻……今择善本校而刻之，刻成题曰《古经解汇函》附《小学汇函》，大凡三十七种。③

牌记题为"同治十二年粤东书局刊菊坡精舍藏板"。

由于钟谦钧任内广东书局所刻都是经部之书，故当《古经解汇函》完梓之后，钟谦钧不无得意地说：

>昔阮文达公刻《皇清经解》，藏板于粤秀山学海堂。今谦钧重刻《十三经注疏》《通志堂经解》及此《汇函》，皆藏板于粤秀山菊坡精

---

① [清]林伯桐、[清]陈澧：《学海堂志》，同治、光绪间续刻本[道光十八年（1838）初刻]，第33页。
② [清]钟谦钧：《重刊经解序》，[清]成德（性德）辑：《通志堂经解》卷首，同治十二年（1873）粤东书局重刊本，第4页。
③ [清]钟谦钧：《古经解汇函序》，《古经解汇函》卷首，同治十二年（1873）粤东书局刊，第1页。

舍。自西汉至国朝经部之书,有此四大编同在一山之上,可谓藏之名山者矣。①

清学自当以经学为中坚,彪炳一时的"经学四大编"丛书刻版同在一山之上,此诚为清代学术文化史上的一大盛事,它鲜明地凸显了广东在当时学术出版界的地位,诚为艺林佳话。

以上几种大部头经书,皆题"菊坡精舍藏板",这就清楚表明,广东书局并非一所拥有自己的局址、藏版楼以及专门校勘编辑人员的完整、独立的出版机构,而是依托于菊坡精舍,依靠其师生兼任编辑校勘,松散无形,有名无实的"影子机关"。书局所刻各书,或题"广东书局",或称"粤东书局",书局名称的随意和不固定也正反映出它还不是一所正规、独立的实体书局。正因为如此,当同治十三年(1874)钟谦钧以劳疾乞归后,广东书局便无形解体,不复存在,也不再有刻书记载。它前后断断续续存在了五六年时间,与同期其他各省官书局相比,可谓昙花一现。

公正地说,两广盐运使方浚颐和钟谦钧都曾大力支持过广东书局,做出了自己的重要贡献。方浚颐是书局创始人,钟谦钧任内书局刻书达到高潮,二人鼎力相助之功不可抹杀,也不分伯仲。但无论从何种意义上说,陈澧都应该是广东书局的实际主持者和组织者,是书局的核心人物,而赞襄其间者,皆为陈澧门人弟子。广东书局所刊各书,在卷首罗列的"在事诸臣职名"中,除形同虚设、挂名其中的督抚大吏及各衙门官员之外,真正担任实际工作的总校、分校皆为陈澧、桂文灿、谭宗浚、廖廷相、王国瑞、刘昌龄、冯佐勋、黎永椿、陶福祥、陈起荣、饶轸、陈庆修、沈葆和、高学耀……在各书卷末,多题有"番禺盛鸿钧初校番禺王国瑞复校""番禺陶福祥陈庆修校字""南海谭懋安初校番禺高学耀复校"等字样。以上诸人皆陈澧入室弟子,其时或为学海堂专课生,或肄业菊坡精舍。

陈澧对于自己能够主持书局刻书活动,负责校勘群籍事宜是十分惬意的,且喜形于色。他在致友人郑献甫的信中说:

---

① [清]钟谦钧:《古经解汇函序》,《古经解汇函》卷首,同治十二年(1873)粤东书局刊本,第1页。

> 得意之事，则在刻书。曾文正公去年致书粤东当道，重刊《注疏》武英殿本，今已刊成。又刊《通志堂》诸书。劳文毅公督粤时欲刊唐以前甲部书，今亦陆续付刻。当道属弟司其事，此难得之盛举，故乐此不疲。①

陈澧是一名典型的文人学者，对刻书出版事宜情有独钟。他常常感慨："况今兵燹之后，天下书籍刻板毁失殆尽，读书者为之浩叹。"② 如今能够亲自负责刊刻学术经典名著，使之流布海内，嘉惠后学，实现自己多年以来的夙愿，故一谈起此事便按捺不住内心的喜悦，禁不住有些眉飞色舞，神采飞扬了。

按，"唐以前甲部书"，指《古经解汇函》而言。《汇函》是清代广东学者独力编辑的一部经学丛书，收书16种，其中《易纬》凡8种，实收23种。所取都是少传之书，如南朝梁皇侃《论语义疏》、唐李鼎祚《周易集解》等。又据清代学者校勘本，对文字讹误进行订正，故质量颇佳，可作为研究唐代以前儒家经说的参考。时人评论：

> 盖有此《汇函》，而《注疏》之外，《通志堂经解》之前经部之书，不待搜求而毕备，其有助于经学岂浅鲜哉！③

该书的辑刊，最早发端于咸丰末年劳崇光督粤时，而首创此议者，乃陈澧门人桂文灿。钟谦钧特地指出：

> 昔当劳公时，始议刻此编者，桂皓庭孝廉。今议成其事，出其家藏书写刊者，陈兰甫学录、方柳桥太守。④

---

① ［清］陈澧：《与郑小谷书》，［清］陈澧著，陈之迈编：《东塾续集》卷四，《近代中国史料丛刊》第77辑，第201页。
② ［清］陈澧：《南海邹氏重刻道乡集序》，《东塾集》卷三，光绪十八年（1892）刻本，第10页。
③ ［清］冯端本：《古经解汇函序》，［清］钟谦钧辑：《古经解汇函》卷首，同治十二年（1873）粤东书局刊本，第3页。
④ ［清］钟谦钧：《古经解汇函序》，《古经解汇函》卷首，同治十二年（1873）粤东书局刊，第1—2页。

显而易见,《汇函》虽题为"钟谦钧辑刻",而真正的"始议""议成"及编辑校勘者,还是陈澧及其门人弟子。由此可知,陈澧及其门人弟子不仅在书局中担任实际的总校、分校等具体业务,而且在议刻何书、议成其事等问题上,把握着书局的刻书宗旨和方向。

继广东书局刻书进入高潮之后,同治、光绪之际,学海堂也紧随其后,重刊或辑刊了几种大部帙的学术经典名著,如《经典释文》《通典》《续通典》《皇朝通典》《学海堂丛刻》等。如此一来,广州一地在同光之际便形成了一次规模较大的刊刻经史古籍的高潮,与其他各省尤其是江南各省官书局互相呼应,赶上了时代的潮流。陈澧在《复刘叔俛书》中说:

> 《通典》粤东已刻毕,今接刻《续通典》《皇朝通典》,明春亦可毕。近日刻《通志堂经解》及《四库总目》内唐以前甲部书,不能精工,然弟亦不愿其精工,但愿其速成,年老急欲观厥成。①

讲的正是学海堂、广东书局刻书高潮时热火朝天的情景。

学海堂所刻诸书,卷末多有"番禺王国瑞初校南海廖廷相复校""番禺盛鸿钧初校番禺陈庆修复校""南海廖廷相初校番禺刘昌龄复校"等字样,与广东书局校字者大同小异,可见学海堂刻书校书人员主要仍是陈澧及其门人弟子,他们往往是一身而二任焉。此外,从刻书内容性质来看,广东书局所刻以经书为主,而学海堂所刻则明显偏重于典章制度方面,属于工具书,二者正好互为补充,相辅相成。这就清楚地体现了陈澧刻书选题时的指导思想和主要倾向。正由于陈澧身兼学海堂学长和菊坡精舍院长二职,当局又嘱其在广东书局中总司其事,这种特殊的身份和有利地位,使得陈澧能够在两处的刻书活动中发挥核心主导作用,也使得他能够有条件去协调两处的刻书重点,不至于重复雷同,浪费宝贵有限的人力、物力及经费资源。清末民初广东著名藏书家徐信符在论及陈澧刻书情况时说:

> 当时陈兰甫先生为(学海堂)学长,主持刊书事宜,故校对精审,版式古雅。读《东塾集》,观其与友人书,多论刊书事,可见其精神之

---

① [清]陈澧:《东塾集》卷四,光绪十八年(1892)刻本,第20页。

专注。①

可见，学海堂刻书多由陈澧主持其事，后世学者一致认同，从无疑义。

除主持、指导广东书局、学海堂官刻、公刻诸书外，陈澧在劝告、建议私人辑刻图籍方面也做了不少工作，贡献颇大，值得表彰。

清代广东私人刻书家，声名最为卓著者当推伍崇曜。伍崇曜（1810—1863），字紫垣。广东南海人。伍为广州十三行后期行商首领，第一次鸦片战争期间以及英法联军攻陷广州后，因居中牵线，成为中外谈判的重要人物。在文化出版方面，伍崇曜也有值得称道之处，他与同县著名文人学者谭莹合作数十年，先后辑刻《岭南遗书》《粤十三家集》《楚庭耆旧遗诗》《粤雅堂丛书》等，享誉海内。张之洞曾说：

> 凡有力好事之人，若自揣德业学问不足过人，而欲求不朽者，莫如刊布古书一法……其书终古不废，则刻书之人终古不泯，如歙之鲍、吴之黄，南海之伍，金山之钱，可决其五百年中必不泯灭。②

可见"南海之伍"为清代最著名私人刻书家之一。

谭莹（1800—1871），字兆仁，别字玉生。广东南海人。道光二十四年（1844）举人。历任学海堂学长、粤秀书院监院、琼州府学教授。幼颖悟，于书无不窥，尤长于词赋，所作《岭南荔枝词》百首，为粤督阮元激赏，自此文誉日噪。然莹淡于荣名，唯安居教职，生平博考古籍文献，凡罕见稀有者，告其友伍崇曜汇刻之。陈澧与谭莹"同举优贡，同为学海堂学长，交好数十年"③，关系最密切，友谊维持终生。借助谭莹与伍崇曜的特殊关系，尤其是谭莹负责辑刻大部帙《粤雅堂丛书》的有利条件，陈澧向谭莹推荐、介绍、建议刊刻了不少有价值的学术经典著作。

---

① 徐信符：《广东版片记略》，广东文物展览会编：《广东文物》卷九，广东人民出版社2013年版，第858页。

② ［清］张之洞：《劝刻书说》，范希曾编：《书目答问补正》附一，上海古籍出版社1983年版，第341页。

③ ［清］陈澧：《韶州府学教授谭君墓碣铭》，《东塾集》卷六，光绪十八年（1892）刻本，第18页。

如陈澧在给门人赵子韶的信中说："仆谓今日宜刻《广韵》，昨已告玉生，转属伍紫垣刻之。并刻《释文》，玉生亦以为然，但未知汗青何日耳。"①

又如陈澧在致老友徐灏信中说："《燕乐考原》有江郑堂续论一书，曾勉翁有其书，亦欲付玉生刻梓，祈早将凌氏书寄来付刻为望。澧近得王白田《朱子年谱》，其附录《朱子要语》一卷尤精，亦欲付玉生刻之。"②陈澧所推荐之凌廷堪《燕乐考原》、江藩《乐县考》、王懋竑《朱子年谱》及附录《朱子论学切要语》诸书，后均收载刊入《粤雅堂丛书》之中。

同治二年（1863）伍崇曜去世后，其子伍绍棠（字仁基，号子升）继承先人遗志，与谭莹、陈澧等学者合作，继续其父未竟的刻书事业。陈澧在同治末年与老友郑献甫信中说：

> 羊城人士自伍紫垣后，无刻书者……昨闻伍紫垣之子子升，续刻丛书（指《粤雅堂丛书》），弟托人以汪氏此书（指汪烜《乐经律吕通解》）示之，渠欲刻入丛书，俟其开刻再以奉闻。③

又在札记中写道："本朝谥法书，宜付伍子升刻入丛书。"④

可见，通过谭莹等人的关系，陈澧陆续推荐介绍了不少学术名著以及珍本、孤本等，在一定程度上影响了伍氏父子辑刻群书的内容、质量、品位和方向。

另有方功惠（1829—1897），字柳桥。湖南巴陵人。在岭南为官30年，好搜集图籍，所藏约20万卷，其中不乏善本、稀本、稿本、抄本。方氏于广州城北筑有馆舍一所，池亭接连，花木萦绕，名曰"碧琳琅馆"，"馆后有楼藏书甚富，为粤城之冠，孔家（指孔广陶）之'三十三万卷'弗及也。

---

① ［清］陈澧：《与赵子韶书六首》，《东塾集》卷四，光绪十八年（1892）刻本，第28页。
② ［清］陈澧：《与徐子远书二十一首》，［清］陈澧著，陈之迈编：《东塾续集》卷四，《近代中国史料丛刊》第77辑，第186页。
③ ［清］陈澧：《与郑小谷书》，［清］陈澧著，陈之迈编：《东塾续集》卷四，《近代中国史料丛刊》第77辑，第203－205页。
④ 桑兵主编：《续编清代稿钞本·东塾遗稿》第84册，广东人民出版社2009年版，第464页。

每当春秋佳日，词人学士觞咏其中，文采风流，擅一时之美盛"①。方氏喜搜书，也喜刻书，自言："惠自少时好收书，近者尤喜刻书……二三年来，在书局刻书三千余卷。"②"书局"即指广东书局，因其时方功惠官广东补用知府、署广州粮捕监掣通判，同时兼任广东书局"总理局务委员"或"监刊"等职，且广东书局曾借用了许多他的私人藏书加以覆刻，故有此说。

陈澧与方功惠同在书局供事，多有应酬来往，加之二人都喜搜书藏书，有相同嗜好，故关系逐渐密切。方功惠雄于财，又以风雅自命，故陈澧向他建议或劝之出资刊刻了不少罕见的珍稀名著。如《三宋人集》，该书刊成后，方功惠叙其始末云："往功惠在羊城，陈兰甫京卿劝以刻柳仲涂、穆伯长、尹师鲁三家集，谓三家古文实为欧阳公开先，凡治古文者不可不读……功惠承京卿之命而刻是书，今兹刊成，庶有以答。"③即为一例。

此外，陈澧还曾劝潮州镇总兵方耀刊刻《醉经堂集》一书。该书乃明代唐伯元所著。唐伯元（1540—1597），字仁卿。广东澄海人。万历二年（1574）进士。陈澧读其书，认为仁卿有卓识，而至今广东无称述之者，故欲特为表彰。他在《东塾杂俎》中写道："澧以《醉经堂集》难得，告潮州方照轩军门重刻之。"④方耀（1834—1891），字照轩。广东普宁人。行伍出身，历官至署理广东陆路提督、广东水师提督。诸如此类劝人刻书或建议刻书之事，不胜枚举。

陈澧对校书、刻书有自己的一些主张和看法，散见于他的书信和读书札记之中。当时社会上佞宋之风盛行，陈澧对此颇不以为然，他写道："近人刻书，则佞宋版（黄荛圃自号'佞宋主人'）。论学则诋宋儒。"⑤又说："且

---

① ［清］谭镳：《碧琳琅馆丛书序》，［清］方功惠辑：《碧琳琅馆丛书》，宣统元年（1910）巴陵方氏广东刻本，第1页。

② ［清］方功惠：《刻全唐纪事跋》，陈鸿墀纂：《全唐文纪事》，中华书局1959年版，第1492页。

③ ［清］方功惠：《重刻三宋人集跋》，《三宋人集》卷终，光绪七年（1881）碧琳琅馆刻本，第1-2页。

④ ［清］陈澧著，黄国声主编：《陈澧集》二，《东塾杂俎》卷十，上海古籍出版社2008年版，第635页。

⑤ ［清］陈澧著，黄国声主编：《陈澧集》二，《东塾杂俎》卷九，上海古籍出版社2008年版，第668页。

宋板书今人宝贵者，亦不尽精工也。"① 明确表示反对盲目从古、信古之风。他对明末著名刻书家毛晋的刻书活动表示了极高的敬意，写道：

> 毛子晋以明季一诸生，刻经史群书流布海内二百余年，儒林文苑之彦皆读其书，其功伟矣。②

陈澧对毛晋的衷心赞叹，正表明他对刊刻经史群书，使其流布海内、嘉惠士林的重要性有深刻的认识，有追随仿效之意。

在校勘方面，他抄录《老子》王弼注熊克跋云："乾道庚寅镂板以传。若其字之谬讹。前人已不能证，克焉敢辄易，姑俟夫知音。"在此段后写道："刻书必应如此。"③ 又曾抄录清代著名学者段玉裁的一段话："段茂堂云，书之是非有二：曰底本之是非，曰立说之是非。"(《与诸同志论校书之难》)对此陈澧批注道："段氏此论，乃校书不易之法。近有刻书者，好以义理之是非，改窜底本。余尝谓此非校古人书，直是教古人著书耳。"④ 对随心所欲以己意改窜底本的恶劣做法表示了鄙视和坚决反对，说明陈澧在校书时抱着实事求是、严肃认真的态度。

关于陈澧一生在刊刻古籍、校勘群书方面所做的贡献，陈澧家人及门人所编撰的《陈澧事实十三则》中有一段论述比较集中，其云：

> 各省自兵燹之后，书板毁坏殆尽，比年以来，渐复次第刊布。而粤东地处海滨，书板素少，学者于经史有用之书，寻购不易。澧凡遇古书为艺林所不可少者，辄劝人刊刻，其卷帙繁重者，往往告之粤中大吏，筹款开雕，而竭力为校订。故两广总督劳崇光补刻《皇清经解》、前两广盐运使方浚颐重刻《四库全书提要》、故两广盐运使钟谦钧重刻《十

---

① ［清］陈澧：《复刘叔俛书》，《东塾集》卷四，光绪十八年（1892）刻本，第20页。
② ［清］陈澧著，黄国声主编：《陈澧集》二，《东塾杂俎》卷十，上海古籍出版社2008年版，第637页。
③ 桑兵主编：《续编清代稿钞本·东塾遗稿》第77册，广东人民出版社2009年版，第479页。
④ 桑兵主编：《三编清代稿钞本》第103册，广东人民出版社2010年版，第573–574页。

三经注疏》《通志堂经解》及《古经解汇涵》《小学汇涵》,其议皆自澧发之,而皆属澧为之总校。凡手所校刻之书,以万卷计。今各书板藏于粤中省城,有志读书者,得以家置一编,而又流布海内,使学者皆读得之,其嘉惠来学如此。①

这一段文字,简明扼要,基本属实,将陈澧在晚清广东刻书出版领域的主导地位及其重要贡献做了一个清楚的叙述和归纳。

六、学术地位的奠定

咸丰、同治之际,陈澧的一些主要著作相继刻梓问世,由于这些著作功力深厚,独具特色,倾倒一时,加之师友弟子的宣扬推重,陈澧于是在学界崭露头角,逐渐知名于世。

最早积极向外界宣传陈澧学行著述成就的,是陈澧弟子桂文灿。道咸之际,桂文灿因会试之机,多次游寓京师及江淮、邹鲁、幽燕之地。除博访通人、结交名流硕儒外,他在向外界宣传其师陈澧学行方面发挥了独特的作用。桂文灿自言:

> 先生(指陈澧)又尝集考证经史子集、天文、舆地、算法、音韵、金石之文共若干篇,陆续付梓,题曰《东塾类稿》,文灿尝载之京师,一时索取殆尽。盖事事精确,有非他人所及者。②

这是陈澧著作首次流传外地,流传至文化中心京师。按,《东塾类稿》始刻于道光二十九年(1849),为自刻文稿,自序云:

---

① 桑兵主编:《三编清代稿钞本·陈澧事实》第108册,广东人民出版社2010年版,第530—531页。
② [清]桂文灿:《经学博采录》卷四,王大隆辑:《辛巳丛编》,1941年排印本,第14页。

第六章 繁忙的学术生涯

> 余自弱冠，始知读书，赋性浅躁，多好而善忘，都无所得。今行年四十，所著书皆未成，其余散帙，稍稍删改。感念平生师友，半为古人，未及质正，聊录一通，欲就今日二三知己，定其得失。其篇幅粗完者为一集，总其零杂，别为札记。家之东偏，有一书塾，余七岁就傅处也。今于此缮写，辄以题其卷云尔。道光己酉正月。①

这是"东塾"名号第一次见诸记载，从此"东塾先生"之名不胫而走，享誉天下。《东塾类稿》属散篇，不记页数，后有所作，亦随时刻入，又复有删改，故版刻字样略有不同，各家藏本亦互有多少。时人林昌彝评论说：

> 兰甫所著《东塾类稿》，谈经之文，博而且精，多纠江慎斋、阮芸台、段茂堂诸家之失。妙词奥义，发前人所未发。近代经学昌明……而兰甫折衷众说，解经精确，极为持平，淹中棘下，诚当世之所稀也。②

由于桂文灿积极向外界宣扬陈澧的著述学行，以至于陈澧在与桂文灿信中提及此事时不无得意地说："仆近与星南戏谈，皓庭在京似戴东原，吾其为江慎修乎？但此语勿为外人道也。"③星南即陈澧门人刘昌龄，皓庭即桂文灿。所谓戴东原、江慎修云云，指乾隆时戴震（字东原）入京，为时贤所知，而戴震之师江永（字慎修）之名，亦随东原而显。桂文灿游历四方之时，宣扬其师不遗余力，由是海内学者渐知陈澧之名。

果然，不久，桂文灿的宣传开始取得积极效果，开始有外省学子士人向陈澧致书问候，表达敬意，并请益求教。

咸丰五年（1855），王宗涑致书陈澧，自称"私淑弟子"，说自己在京师期间，与桂文灿、莫友芝、叶名澧、林昌彝等人"晨夕过从，往来莫逆，因得饫闻先生行谊淳实，经术湛深，不胜神移"；以后又拜读了《东塾类稿》之后，更加佩服，只恨无缘侍从问学，追随左右。王宗涑寄上自己所著

---

① ［清］陈澧：《东塾类稿自序》，［清］陈澧著，陈之迈编：《东塾续集》卷二，《近代中国史料丛刊》第77辑，第45页。
② ［清］林昌彝：《射鹰楼诗话》卷十四，《续修四库全书》第1706册，第433页。
③ ［清］陈澧：《与桂皓庭书二十二首》，［清］陈澧著，陈之迈编：《东塾续集》卷四，《近代中国史料丛刊》第77辑，第156页。

《说文笺疏》数条，请求就正。信末有"请观一家之绝学……终依南海陈君之坛席"① 等语。全信辞意恳切，恭敬有加，仰慕之情，溢于言表，表现了一个青年学子对自己真正敬仰钦佩人物的倾慕之情。

自此以后，随着几部重要著作如《汉书地理志水道图说》《汉儒通义》《声律通考》《切韵考》等相继刻梓问世，陈澧的声名日隆，学术地位日益巩固，赞誉推崇之人日益增多，其中不乏达官显贵与名流学者。

同治初，署广东巡抚郭嵩焘即是推尊陈澧的代表。陈澧自己在《默记》中写道：

> 高碧湄大令心夔告郭云仙抚军嵩焘云，欲游罗浮，不然枉为广东一行耳。抚军云，君至广东，已见陈兰甫，不枉此行。大令以告余，余谢不敢当一座罗浮山也。②

郭嵩焘以罗浮山比喻陈澧，推崇之高，可谓无以复加。陈澧在札记中写道："今亦有知我者矣，郭中丞也。然我不肯为之用。"③ "不肯为之用"具体究指何事，今不可知。但陈澧认郭嵩焘为一知己，却确属事实。按，高心夔（1835—1883），字碧湄，号陶堂。江西湖口人。咸丰九年（1859）进士。曾为李鸿章幕下，二任吴县知县，以性刚毅去官。同治四年（1865）四月，自荐来粤，入郭嵩焘幕，办理奏稿案牍。同年十月又辞去，遂入曾国藩幕。

同时有莫友芝，受高心夔及陈澧弟子冯焌光（字竹渔，一作竹儒）宣扬介绍的影响，对陈澧的人品学行和著述成就也表达了由衷的钦佩仰慕之情，予以高度赞颂。他在同治七年（1868）五月三日寄呈陈澧的信中说：

> 客皖时，曾于友人案头，见大著《汉书地理志水道图说》，其穿贯今古，海内无匹。既识高足冯竹儒，又故人高碧湄经过，并娓娓道先生文行，尚未能走奉一简，以达驰仰之忱。

---

① ［清］陈澧：《复王倬甫书》附王倬甫来书，《东塾集》卷四，光绪十八年（1892）刻本，第15-16页。
② 《陈东塾先生澧遗稿》，《岭南学报》1932年第2卷第2期，第161页。
③ 桑兵主编：《续编清代稿钞本·东塾遗稿》第73册，广东人民出版社2009年版，第393页。

又说：

> 先生等身之业既就，犹闻矍铄雍容，孜孜不倦，提引乡里子弟，蔚然有邹鲁之风。①

对陈澧著述的精博表示了敬佩，尤其对陈澧在家乡讲学授徒，提携后进，培养人才之举表示了衷心的仰慕。

十分巧合的是，由于莫友芝、冯焌光、高心夔均为曾国藩幕僚，故曾国藩对陈澧也多有所闻，而且阅读浏览过陈澧的代表性著作。据《曾国藩日记》载，同治八年（1869）二月二十日，曾国藩"将陈荔秋所送之陈兰甫澧著《声律通考》一种、《汉书地理志水道图说》一种略一翻阅，服其精博"②。不言而喻，湘军攻克天京、镇压了太平天国运动以后，清政府封曾国藩为一等侯、太子太保，赏戴双眼花翎，其权势煊赫一时。他是洋务运动的代表人物，加之积极倡导封建文化，俨然又是当时学界的精神领袖。因此，曾国藩对陈澧的推重，其分量自不待言，具有特殊的意义和影响。自此以后，"大学士曾国藩服其精博"的评语不胫而走，在士林之中广为传播，这愈发推高了陈澧的声誉，巩固了陈澧在学界的地位。

陈澧生前与曾国藩素未谋面，也无文字书信往来，但陈澧在自己的读书札记中，有关于曾国藩的一段记载：

> 曾侍郎国藩奏折云："自道光中叶以来，朝士风气专尚浮华，小楷则工益求工，试帖则巧益求巧……故臣尝谓：欲人才振兴，必使士大夫考古来之成败，讨国家之掌故，而力杜小楷试帖工巧之风，乃可以崇实而黜华。"

陈澧对此批注云："凤鸣朝阳，近时第一篇奏疏也，曾侍郎，天下第一人物也。"③ 这条札记称"曾侍郎"，当写于曾国藩还未显贵之时，可知陈澧

---

① 引自汪宗衍：《陈东塾先生年谱》，《近代中国史料丛刊》第 77 辑，第 99 页。
② 《曾国藩全集·日记三》，岳麓书社 2012 年版，第 1617 页。
③ ［清］陈澧著，黄国声主编：《陈澧集》二，《东塾杂俎》卷十一，上海古籍出版社 2008 年版，第 676－677 页。

早已慧眼识英雄,有知人之明。

而对于陈澧来说,达官显宦之中,相知最深,相助最力,而受其惠益最大者,莫过于两广盐运使方浚颐了。

方浚颐(1815—1889),字子箴,号梦园。安徽定远人。道光二十四年(1844)进士,改庶吉士,授编修。历官两广盐运使、两淮盐运使、四川按察使等。方浚颐幼抱诗癖,性耽声律,案牍余暇无他嗜,唯喜吟咏。在广州运司署西园,筑碧玲珑馆,与名士硕学谭莹、陈澧、李光廷、杨懋建诸人觞咏其中,几无虚日。著有《二知轩文存》《二知轩诗抄》《梦园丛说》等。

陈澧是最早称颂方浚颐诗作的学者之一,誉其为"岭南名宦兼诗客",并赞誉云:"方伯诗才浩瀚如江河,长风鼓荡顷刻生波涛。"① 又题其《二知轩诗续抄》曰:"大约力量愈充足,工夫愈纯熟,工巧愈工巧,真朴愈真朴。且精理名言,其佳处有在诗外者。赞叹不足,敬题卷端。陈澧谨识。"② 方浚颐对此十分感激,说:"顾先生以诗人目予,真知予哉!"③ 二人以诗会友,遂成知交。

方浚颐对陈澧的学问、人品、道德、文章十分敬服,在诗文中一再提及,如云:"岭南坛坫,舍先生其谁与归!"④ 又说:"海内如兰甫者,尚有几人哉!"⑤ 同治六年(1867),他在《和兰甫两叠前韵》之一诗中说:"如君旷逸真无两,使我逡巡退避三。高士只应栖鹿洞(延君主讲菊坡),故人多半别鹅潭(芥帆、恢垣往肇庆,兰轩亦将北上)。摩挲铅椠老弥壮(乞君校刊魏默深《禹贡说》、杨掌生《禹贡新图说》),酝酿诗书醒复酣。允矣白沙堪继武,茫茫坠绪振天南。"⑥ 这里,方浚颐称陈澧为"高士",尤其是将陈澧与明代岭南大儒陈白沙相提并论,列为大师儒宗,并认为陈澧是继白沙

---

① [清]陈澧:《方子箴都转招同朱云门李恢垣刘云生张兰轩饮于碧玲珑馆赋简》,汪兆镛辑:《陈东塾先生遗诗》,1931年刻本,第42页。

② [清]陈澧:《二知轩诗续钞题识》,[清]陈澧著,黄国声主编:《陈澧集》一,《东塾集外文》卷三,上海古籍出版社2008年版,第381页。

③ [清]方浚颐:《答陈兰甫书》,《二知轩文存》卷十八,光绪四年(1878)刻本,第1页。

④ [清]方浚颐:《答陈兰甫书》,《二知轩文存》卷十八,光绪四年(1878)刻本,第1-2页。

⑤ [清]方浚颐:《梦园丛说》内篇卷五,同治十三年(1874)扬州刻本,第20页。

⑥ [清]方浚颐:《二知轩诗续钞》卷三,光绪四年(1878)刻本,第5页。

之后再度振兴岭南学术文化之人。能从此角度推尊认识陈澧者，方浚颐实为第一人，不可不谓远见卓识。

在"同治中兴"期间各省文化建设日趋高涨的大背景下，方浚颐在广州积极筹划创建菊坡精舍和广东书局，并大力推荐陈澧主持其事。这两件事情，不但表明他热心地方文教事业和在用人上独具慧识，而且对陈澧的学术教育事业来说，具有重要的意义和积极的推动作用。对此，陈澧一直感激不尽，念念不忘。同治七年（1868）秋，方浚颐移任两淮，陈澧有诗赠别，再一次提及菊坡精舍、广东书局二事，并动情地说："公心本忠厚，公性尤坦夷。蔼然情可亲，去后令人思。"① 这是发自陈澧内心的真实情感的自然流露，绝非虚情假意，矫揉造作。可见二人友谊已远远超出一般泛泛的社交应酬，达到相知相亲、互相敬慕的程度。方浚颐在《舟中寄怀兰甫即次其赠行诗韵》之一中也表达了恋恋不舍、相见恨晚之情："与君四载交，一岁才几面？"并感慨："我知十年后，粤学日益昌。"② 后两句寓意深长，大可玩味。它表明，方浚颐虽为诗人而非学者，但他最早敏锐地预感到将来广东学术文化必将迎来繁荣昌盛的局面，其眼光见识超出时人，可谓真知灼见。而且其所谓的"粤学"，实质上就是隐指以陈澧为首的广东文化群体，即"东塾学派"，方浚颐后来以不同方式多次表达了这一点。

方浚颐颇以创建菊坡精舍自豪。故移任两淮后，他在与陈澧书信往来中多次提及此事，并一再催促陈澧撰写《菊坡精舍记》碑文，勒石以传。他写道：

> 前之蒋香泉中丞改长春仙馆为菊坡精舍，后之王补帆中丞改应元宫为应元书院，予以谓可与阮文达公之设学海堂并垂千古。今则蒋、王两中丞先后均归道山，应元有碑，菊坡则无之，毋乃憾事。先生既有文，即宜书之上石。③

---

① ［清］陈澧：《送方子箴都转移任两淮五首》之五，汪兆镛辑：《陈东塾先生遗诗》，1931年刻本，第47页。

② ［清］方浚颐：《二知轩诗续钞》卷六，光绪四年（1878）刻本，第34页。

③ ［清］方浚颐：《答兰甫书》，《二知轩文存》卷十八，光绪四年（1878）刻本，第11－12页。

在往返催促陈澧撰写碑文并尽快勒书上石的信件中，方浚颐还一再对陈澧掌教菊坡精舍、聚徒讲学一事，予以热情称颂和高度评价。他说："今先生主讲已八年矣，挚经嗜古之士，通贯淹雅之才，荷提撕而蒙造就者不知凡几，洵足上与学海堂抗，大为楚庭生色。"① 又说："菊坡诸生被先生教泽久，人材浸盛，十年化雨，郁勃轮囷，三千里外闻之，窃为诸生庆，为先生快。"② 方浚颐也是最先觉察陈澧主讲菊坡精舍真正意义者，在这里，他已隐隐暗示"东塾学派"正在酝酿、形成的事实。

---

① ［清］方浚颐：《与兰甫书》，《二知轩文存》卷十八，光绪四年（1878）刻本，第3页。

② ［清］方浚颐：《答兰甫书》，《二知轩文存》卷十八，光绪四年（1878）刻本，第12页。

第七章　最后十年

一、多病缠身与亲友相继谢世

同治末年，由于长期紧张繁重的讲学、校书、著述以及过度操劳，陈澧身体受到损害，健康状况明显变差。同治十年（1871）正月，陈澧62岁，大病一场。这次病情十分严重，以致后来陈澧一再写道："同治辛未之春，余大病几殆"①；"辛未年正月余大病不死"②。可见病情严重之程度。陈澧以前撰写有《自记》一册，至62岁前，每年略记生平行事，不详作始于何年；大病后乃辍，不复再记，就是这次生病的影响。三月，病痊愈后，陈澧特地撰写《自述》一文，略云：

>　　余年六十有二，大病几死。自念死后书我墓石者，虚誉而失其真，则恧矣。生平无事可述，惟读书数十年，著书百余卷耳。病愈乃自述之，或者寿命犹未艾乎，他时当有续述也。述曰：陈澧，字兰甫，先世江南上元人……③

这篇《自述》等于是一份遗嘱，足见陈澧对于身后之事的重视。但陈澧对自己寿命的预期可能太悲观了，因为这篇《自述》写成之后，他又活了

---

①　[清]陈澧：《麦务耘医书序》，《东塾集》卷三，光绪十八年（1892）刻本，第22页。

②　黄国声选录：《东塾论学札记》，[清]陈澧著，黄国声主编：《陈澧集》二，上海古籍出版社2008年版，第382—383页。

③　[清]陈澧：《自述》，[清]陈澧著，黄国声主编：《陈澧集》二，《东塾读书记》卷首，上海古籍出版社2008年版，第10页。

10年之久。虽然这份《自述》写得早了一些，但十分重要，它不但简单叙述了陈澧一生的经历行事，而且对他自己几部重要的、有代表性的著作的内容、宗旨做了简明扼要的概括，并对一些未刊文稿也有所说明交代。由于这些均是陈澧亲笔所写，故可信度高，是研究陈澧生平事迹、学术思想及著作情况的重要参考资料。

此后陈澧身体每况愈下。同治十二年（1873），他在与友人刘叔俛的信中说："承询贱体，近日气虚咳嗽，此乃衰老，非病也。"①

十三年（1874）春，门人谭宗浚殿试高中一甲第二名，俗称榜眼。陈澧写信与之贺喜，在谈到自己身体状况时，他写道：

> 仆自春间腹疾，入夏渐止，而脚肿气喘，转加气痛。今痛亦止，而肿处时消时长，姜桂之药日日不离，羸弱不堪。②

可见，陈澧年老体衰，百病缠身，反复发作，身体十分虚弱。以后关于疾病、疼痛不适的记述和抱怨，时时流露，散见于此时期的书信、诗作、札记之中，虽多属只言片语，或强作轻描淡写，但字里行间，反映出病情日趋严重。如：

> 仆入春以来，气痛病不发，但痰咳耳。老妻有病……③
> 仆去年有胃气痛之病，时发时止。今春幸不发作。④
> 仆今年气痛，旧病幸不发作，惟双足竟不能行，寻丈间即需人扶掖。然老人必有老病，而足疾最轻，无大碍事也。⑤

---

① ［清］陈澧：《复刘叔俛书》，《东塾集》卷四，光绪十八年（1892）刻本，第19页。
② ［清］陈澧：《与谭叔裕书二首》，［清］陈澧著，陈之迈编：《东塾续集》卷四，《近代中国史料丛刊》第77辑，第148页。
③ ［清］陈澧：《与廖泽群书五首》，［清］陈澧著，陈之迈编：《东塾续集》卷四，《近代中国史料丛刊》第77辑，第207页。
④ ［清］陈澧：《与谭叔裕书二首》，陈澧著，陈之迈编：《东塾续集》卷四，《近代中国史料丛刊》第77辑，第149页。
⑤ ［清］陈澧：《与廖泽群书五首》，陈澧著，陈之迈编：《东塾续集》卷四，《近代中国史料丛刊》第77辑，第210页。

大病之后，陈澧身体十分虚弱，但他并未因为生病或年老体衰而消极无为、无所事事，反而振作精神，在历代先贤圣哲之中寻找激励鼓舞自己的榜样。他抄录《亭林文集》卷三《病起与蓟门当事书》云："天生豪杰，必有所任……今既得生，是天以为稍能任事而不遽放归者也，又敢怠于其职乎？"在此段末，陈澧添注道："此一段不记何年所抄，辛未年正月余大病不死，亦如是耳。读之令人神至。"[①] 可见，他是以当仁不让的精神来鼓励鞭策自己的，对于学术著述丝毫不敢松怠。陈澧弟子文廷式写道：

> 先生尝于书案旁大书《诗》"日迈月征"四句，以自警惕。四十以后，有劝其节劳者，则又书曰："我不敢仿我友自逸。"故所藏之书殆十万卷，无不经丹黄者。吾友沈子培刑部称之曰："若兰甫先生，盖有所不言，无所不知也。"呜呼，此岂后人所易几及哉！[②]

自我砥砺、发奋有为是陈澧一生一以贯之的精神主体，直到晚年，仍以此自勉自励，不敢稍加懈怠，因为他还有太多的事情要做，他矢志不移的名山事业还未最终完成。

年老体弱，疾病缠身，反复发作，痛苦不堪，陈澧一方面要与病魔顽强抗争；而另一方面，在陈澧晚年，亲人、师友、门人弟子不幸相继去世，更给予他精神上接二连三的沉重打击，使一个风烛残年的老人倍感凄凉、苦楚和孤独。

同治十年（1871）九月，老友谭莹病逝，陈澧写道："君与余同举优贡，同为学海堂学长，交好数十年。"虽然谭莹生于富家，幼年聪慧，寿逾七十，其子又贤，可谓"文人之福，惟君独全"[③]，但多年朝夕相处，友谊维持终生的老友的谢世，使陈澧若有所失，倍感孤独伤怀。

十一年（1872）春夏间，陈澧女儿阿娴病死。同年夏，门人胡锡燕又溺

[①] 黄国声选录：《东塾论学札记》，[清]陈澧著，黄国声主编：《陈澧集》二，上海古籍出版社2008年版，第382-383页。

[②] [清]文廷式：《菊坡精舍谒陈兰甫京卿祠》自注，汪叔子编：《文廷式集·诗录》卷十一，中华书局1993年版，第1314页。

[③] [清]陈澧：《韶州府学教授谭君墓碣铭》，《东塾集》卷六，光绪十八年（1892）刻本，第18页。

水而亡。胡锡燕与陈澧关系密切，咸丰末年，在第二次鸦片战争最危险的时期，胡锡燕不顾艰辛，千里迢迢来广东南海横沙村探望陈澧，居数月后乃回湖南。胡家本居省城长沙，以资用不给，后迁居浏阳方石村，闭门课子，粗衣菲食，淡泊自如。每读书有得，时寄书与陈澧探讨商榷。他听说陈澧年老多病，复欲来广东相见，会湖南修志书，延伯蓟（胡锡燕字）任分纂，乃至省城，辞修志事，欲附客舟来粤，不幸溺水而死。

胡锡燕是陈澧最为赏识器重的得意门生之一，他的去世，给予陈澧的精神打击最大，也最令他悲痛欲绝。他在给好友郑献甫信中谈及此事时说：

> 弟新新丧一女，又一门生胡锡燕，最有学问，死于水。以此两事悲恸不能支，须将尽白，左臂又作痛。去年大病后，尚不至此也。①

又在《胡伯蓟墓碣铭》中说：

> 余之门人，虞子馨早死，赵子韶中年悲郁而死，伯蓟且不得其死，皆特出之士也，而伯蓟尤可痛矣！②

则胡锡燕在陈澧心目中的地位，于此可知。按，"新新丧一女"之事，据近人陈垣考证，当系阿娴。陈澧说："娴甚聪明，余最爱之，今夭死矣。"③阿娴曾用墨点积成之法摹《琅邪台秦篆》刻本，陈澧刻石，置于学海堂，嘉惠后学，便士子临摹习之。

丧失爱女及得意门生的余悲还未缓解，陈澧生平最为相知相契的好友郑献甫也于当年十月病逝于桂林，消息传来，不啻沉重一击，痛上加痛。陈澧写道：

> 壬申十一月廿九日接到广西书信一包，郑小谷讣文也。呜呼！海内

---

① ［清］陈澧：《与郑小谷书》，［清］陈澧著，陈之迈编：《东塾续集》卷四，《近代中国史料丛刊》第77辑，第201页。

② ［清］陈澧：《东塾集》卷六，光绪十八年（1892）刻本，第23页。

③ ［清］陈澧：《再跋琅邪台秦篆新刻本》，《东塾集》卷四，光绪十八年（1892）刻本，第6页。

遂失斯人，今尚有学行如此者乎？使我痛伤。今年失一学生，又失一老友，此二人何可复得哉。夜起呻吟，已四鼓矣。①

郑献甫逝后，应其嗣君之请，陈澧为之作传。在传文后《自记》中写道："余为此传，凡修改六七易稿，今衰病不能再用心。"又说："作此传数年，今乃写寄，非迟慢也。范忠宣公请东坡作文正公集序，十三年乃成。东坡天才，而此文迟久至此。其人必传，则其文不易作，且交情深，不可草草故也。又记。"② 二人友谊之深厚，据此可知。

同治十三年（1874）六月，老友杨荣绪卒于浙江湖州府任上。杨荣绪是陈澧少年时代的挚友，二人友谊维持终生。陈澧衷心敬佩杨荣绪，一再说："若名为读经书而能寻其味者，吾友杨浦香也。"③ 又说："主持风雅，当有其人，吾浦乡其归乎来乎，不必论买山资矣。"④ 足以佐证。杨荣绪中进士后，长期服官在外，二人很少有相聚的机会，唯靠书信往来互通消息，故陈澧说："君与余俱老，常愿得一相见而死，而竟不能也，不亦哀乎？"杨荣绪柩归，陈澧哭迎江干，告其子曰："速书湖州政绩来，及我未死，当为铭。"⑤ 并挽以联云："生为循吏殁必有可传亟宜纪载；少与齐名老不复相见是用恸伤。"⑥ 可谓情真意切，哀怨动人。

光绪元年（1875）四月，陈澧女阿婉死；冬，女阿律又病逝。一年之中连丧二爱女，对陈澧精神上打击之沉重，可想而知。尤其是阿律，她是在陈澧沉浸于研究古律吕之学，冥思苦想，连夜不寐，一日"忽然而悟"的时候出生的，故名之曰律。陈澧非常喜爱她，"每值学海堂宴集，抱汝乘轿至堂，

---

① 桑兵主编：《续编清代稿钞本·东塾遗稿》第84册，广东人民出版社2009年版，第468页。

② ［清］陈澧：《五品卿衔刑部主事象州郑君传》，郑献甫：《补学轩文集外编》卷末，《近代中国史料丛刊续编》第22辑，第3392－3393页。

③ 黄国声选录：《东塾读书论学札记》，［清］陈澧著，黄国声主编：《陈澧集》二，上海古籍出版社2008年版，第380页。

④ 桑兵主编：《续编清代稿钞本·东塾遗稿》第84册，广东人民出版社2009年版，第468页。

⑤ ［清］陈澧：《浙江湖州府知府杨君墓碑铭》，《东塾集》卷六，光绪十八年（1892）刻本，第2－3页。

⑥ 汪兆镛：《棕窗杂记》卷三，1943年排印本，第1页。

见诸学长，学男子拜，游戏花竹间"①。后得病吐血，久医不愈而死，年仅20许。

短短几年之内，亲友门人相继去世，一连串无情的打击接踵而至，噩耗不断，这对于一个衰弱多病的老人来说，是精神上的摧残，让他难以承受。陈澧虽然几度悲恸欲绝，旧泪未干，新泪又续，但并未被悲痛所击倒，反而以更坚强的意志面对厄运和不幸，以"天行健，君子自强不息"的传统儒家精神来支撑自己，乐天知命，随遇而安，在衰暮之年，坚持读书著述，力争多做一些工作，多留一些东西给后人。从同治十年（1871）到光绪八年（1882），陈澧在自己生命最后10年里，以多病之躯，在学术文化著述方面抓紧时间，做了不少值得称道的有益工作。下面择其要者，稍加叙述，以见一斑。

◎ 编刻《听松庐诗略》

陈澧早有选刻恩师张维屏诗集之意，作为回报。咸丰九年（1859），张维屏逝世后，陈澧反复阅读张诗数次，抄录其中精华200余首，题曰《听松庐诗略》，并为之序曰：

> 张南山先生晚年仿昔人《精华录》之意，选刻其诗三百余首。当是时，澧欲为先生选之而未以告也。先生殁后，澧怆然曰，昔吴季子以徐君爱其剑，徐君殁，乃挂剑于墓树，曰吾心许之矣。彼季子之剑也，而不以生死易心。矧此先生之诗也，吾心欲为选也，乌可忘之哉！乃读先生诗数过，抄二百余首为二卷，意在精华，不必多也。②

同治十年（1871），《诗略》刻成。秋祭日，陈澧亲至张维屏清水濠故居，以初印本焚座前，以表达自己对恩师多年以来的栽培、爱护、奖誉的感戴之情。陈澧弟子、张维屏的外曾孙梁鼎芬也随往祭奠，并赋诗云：

---

① ［清］陈澧：《女律遣奠文》，《东塾集》卷六，光绪十八年（1892）刻本，第30页。

② ［清］陈澧：《听松庐诗略序》，《东塾集》卷三，光绪十八年（1892）刻本，第24页。

一称畏友一尊师（外尊祖称为畏友），嘉道风规如见之。《诗略》镌成亲授我，外家香案上香时（鼎芬十三岁回外家祭祖时，《听松庐诗略》初刻成，吾师亲付鼎芬焚之外曾祖座前，犹眼前事也）。①

所谓"嘉道风规"，指嘉庆、道光年间良好的社会道德风气和学术氛围，陈澧也有"想见醇风嘉庆年"② 句，即指此而言。张维屏与陈澧之间长达数十年之久的忘年交之谊，正是其时广东学界"嘉道风规"最好的体现。

陈澧自己曾将张维屏《听松庐诗略》与王士祯《渔洋山人精华录》做过一番比较，他在读书札记中写道：

《听松庐诗略》刻成，客问曰："是以比渔洋《精华录》者也，渔洋《精华录》数百首，何此《诗略》之少乎？"余曰："谓之精华而得多乎？若余选《渔洋录》，删之者多矣。何以言之？夫诗题目同者，诗之高下易见也，渔洋、南山皆有匡庐诗，余选南山八首，读之如置身匡庐而见云水之状也。渔洋《精华录》说匡庐之景，仿佛焉而已，使吾选之，但存一二记游历耳。吾正病渔洋《精华录》之多也。"③

按，王士祯（1634—1711），字子真，号阮亭，又号渔洋山人。山东新城人。顺治十五年（1658）进士。历官至刑部尚书。王士祯是清初著名的诗人，所作多写日常琐事及个人情怀，模山范水，吟咏风月，在生前负有盛名。在这里，陈澧直率地认为王诗大逊于张诗，并间接批评了王士祯《精华录》芜杂不精的缺陷。

◎ 指导校刊《说文解字》与《说文通检》

《说文解字》三十卷，东汉许慎编撰。成书之后，经过数百年的辗转传

---

① 梁鼎芬：《题画》，梁鼎芬撰，叶恭绰辑：《节庵先生遗诗续编》，民国排印本，第 11 页。

② ［清］陈澧：《庚辰南海王茹泉署正鉴心重游泮水赋赠》，汪兆镛辑：《陈东塾先生遗诗》，1931 年刻本，第 52 页。

③ 黄国声选录：《东塾读书论学札记》，［清］陈澧著，黄国声主编：《陈澧集》二，上海古籍出版社 2008 年版，第 400 页。

写，又经唐代李阳冰窜改，已是错误遗脱，有失本真。北宋太宗雍熙三年（986），诏命徐铉等校定付国子监雕版，始得流传于世。徐铉弟徐锴亦攻《说文》之学，作《说文系传》。故世称铉所校定者为"大徐本"，《系传》为"小徐本"。由于许慎原本失传，所见者唯徐铉等人校定之本，但徐铉校《说文解字》，除纠正本书脱误外，又略有增改。清代学者钱大昕在《二徐私改谐声字》中写道：

> 《说文》九千三百五十三文，形声相从者十有其九，或取同部之声，今人所云叠韵也，或取相近之声，今人所云双声也。二徐校刊《说文》，既不审古音之异于今音，而于相近之声全然不晓，故于"从某某声"之语往往妄有刊落。然小徐犹疑而未尽改，大徐则毅然去之，其诬妄较乃弟尤甚……①

故大徐本不免穿凿附会，错误尤多。清嘉庆十四年（1809），阳湖孙星衍覆刻宋本《说文解字》，世称精善。但孙氏欲传古本，悉依旧式，密行小字，连贯而下，不便阅读。

陈澧早有校刊《说文解字》之志，咸丰期间，他在与徐灏信中说：

> 校《说文》之举，亦数年前澧劝梧生为之者，以孙刻大徐本为主，以各本校之，又以小学各书引《说文》者校之，更以四部书引《说文》者校之，而条例其异文。今梧生先任校《说文》各本，此外校小学各书亦尚不难，通校四部书则断非一人所能，此愿不知何日偿耳。②

可知，陈澧校刊《说文》的设想分为三个步骤：先以《说文》各刻本校大徐本；次以引《说文》小学各书复校；更以引《说文》等四部书再校，中心是"条例其异文"。此番思路反映了他一贯认真负责、周密布置、一丝不苟的治学精神和态度。按，梧生，即俞凤翔。广东番禺人。他是侯康妻

---

① ［清］钱大昕著，杨勇军整理：《十驾斋养新录》卷四，上海书店出版社 2011 年版，第 59 页。

② ［清］陈澧：《与徐子远书二十一首》，［清］陈澧著，陈之迈编：《东塾续集》卷四，《近代中国史料丛刊》第 77 辑，第 182 – 183 页。

弟，工篆隶，著有《宝存堂古器款识目录》一卷、《金石文字年月地名考》二卷等。

梧生校《说文》一事未有下落，此后，陈澧便将此事交给门人陈昌治进行。陈昌治，字绳斋。其先浙江山阴人，客于广东，遂为番禺人。父其锐，少好学，应试不售，出为幕客，精治钱谷。陈昌治夙承家学，佐幕有声，平日喜治经，游陈澧之门，尤深邃于小学、算术。陈昌治校刊《说文》，以孙星衍所刻北宋本为底本，为寻求简便，乃改刻为一篆一行，以许书原文为大字，徐铉校注者为双行小字，每部之后新附字则低一格。后人评论说："如此乃觉眉目清朗，开卷了然。"① 该书于同治十二年（1873）刊成，陈昌治为之跋云：

> 孙刻篆文及解说之字，小有讹误，盖北宋本如此，孙氏传刻古本，固当仍而不改。今则参校各书，凡讹误之显然者，皆已更正，别为《校字记》附于卷末，昭其慎也，其在疑似之间者，则不敢轻改也。②

与此同时，陈澧另一弟子黎永椿（字震伯）编有《说文通检》16卷，自叙其颠末云：

> 永椿少时读《说文》，每苦难于寻检，尝欲仿《字典》（指《康熙字典》）检字之例，编为一书。近者质之吾师陈兰甫先生，定其凡例。以《说文》篆书写真书，依其画数次第编录。卷首检部目，卷末检疑字，卷一迄卷十四检本部之文，名之曰《通检》，凡数易稿而后成。③

黎书附于陈书之末，二书刻成后，深得陈澧赞赏，陈澧亲自撰写序文，云：

---

① 殷韵初：《前言》，[汉]许慎撰：《说文解字》（附检字），中华书局1981年版，第4-5页。
② [清]陈昌治：《新刻说文跋》，《说文解字附说文通检》，同治十二年（1873）刻本，第1页。
③ [清]黎永椿：《说文通检例》，《说文通检》卷首，光绪五年（1879）重刊本，第1页。

今绳斋刊《说文》，依阳湖孙氏旧刊宋本而写为一篆一行，整齐划一，罗罗可数，仍不失《说文》次第。震伯为《通检》，用真书画数为次第，而注《说文》部数、字数于其下，寻求新本《说文》，应手而得，其书相辅而行……此书之出，将使人人能识篆书，能习《说文》，八岁可教，十七岁可试，古之小学可兴于今日矣，余不胜喜慰而为之序。①

陈澧对于小学一贯十分重视，认为读音识字是研究学问的基础，是入门功夫。

"小学之功所以大者，为天下教初学童子，凡人无不自童子来者也。"② 但他认为近儒关于《说文》之书，精深浩博，深奥难懂，不便初学，所以他一直希望有人来从事小学的启蒙普及工作。陈澧门人桂文灿绘有朱墨字《春秋地图》，陈澧见之大喜，认为这正是他一贯主张的"以浅持博"的体现，有益于读《春秋左传》者不小。他给桂文灿写信，对此加以发挥：

仆尝谓无人能著浅书，盖书虽浅，用功实深，否则粗浅而已，浅陋而已，何能持博哉。所谓浅者，能使人从此得门而入，及其学问大进，而仍不能出其范围，故足贵也。近者，震伯为《说文检字》，与足下之为此图，皆可当浅之一字……若礼乐、天算等事，皆有此一种书，则后学之幸矣。③

所以陈澧赞赏陈、黎二书，正是从以浅持博、普及启蒙、便利后学这个立场角度出发的。陈澧这个多年以来的夙愿，现在终于由其门人弟子实现了，故他"不胜喜慰"，欣喜兴奋之情溢于言表。

张之洞在《书目答问》卷一《经部·小学弟三》中，称"孙本最善，

---

① ［清］陈澧：《新刻说文解字附通检序》，《东塾集》卷三，光绪十八年（1892）刻本，第20页。

② 黄国声选录：《东塾读书论学札记》，［清］陈澧著，黄国声主编：《陈澧集》二，上海古籍出版社2008年版，第395页。

③ ［清］陈澧：《与桂皓庭书二十二首》，［清］陈澧著，陈之迈编：《东塾续集》卷四，《近代中国史料丛刊》第77辑，第165－166页。

陈本最便",称黎书"此书为翻检《说文》而设,极便"①。又说:"《说文通检》亦可谓初学翻检《说文》之门径。"② 予二书以高度推崇评价。后世学者一致公认陈昌治校刊的《说文解字》是目前为止该书的最佳版本,1963年中华书局影印出版的《说文解字》即为陈刊本,这是清代广东学者在小学领域里做出的一个值得称道的重要贡献。

值得一提的是,此前徐灏也曾编过《说文检字》一书。其子徐樾说:

> 昔先大夫撰《说文解字注笺》,先作《检字》,樾童时犹及见之。其后友人展转借抄,竟不还。越十余年,陈氏昌治刻《说文》提行本,黎氏永椿作《说文通检》,陈兰甫先生序而行之。时先大夫在广西,未之见也。樾后得之,意谓先大夫《检字》稿本佚久矣,此岂掇其绪而为之者欤?然病其错字太多,篆书亦舛讹迭出。寻其义例,先知《说文》卷部,然后按字之画数以检寻,故仍有屡检不获者。始知其所为,或闻先大夫佚本之说而臆为之,非先大夫之旨也。③

据此可知,黎永椿《说文通检》在体裁、义例方面与徐灏《说文检字》并非雷同,亦无抄袭剽窃之嫌。但黎书受徐书启发、影响,也似有可能,这正反映了当时师友在学术著述方面互相影响、启迪的一个侧面。

◎ 纂修方志

清代是我国方志编纂的鼎盛时期,中央和地方各级官吏对此都高度重视,乐此不疲,显示了极大的热情。尤其在雍正年间,清政府诏令全国各地每五十年纂修一次方志,从此"盛世修志"便成为传统,对后世产生了深远的影响。官方修志活动之中虽不免有粉饰太平或附庸风雅之举,但频开志局,广聘硕彦名儒参与其事,确有保存一代文献之功,成就不可抹杀。

嘉庆以后,广东修志活动有两个高潮:道光间以阮元倡修《广东通志》

---

① 范希曾编:《书目答问补正》卷一,上海古籍出版社1983年版,第68、74页。
② [清]张之洞:《輶轩语》(一),《张文襄公全集》卷二〇四,中国书店1990年版,第609页。
③ 徐樾:《说文检字序》,陈建华、曹淳亮主编:《广州大典》第156册,广州出版社2015年版,第701页。

推动形成的第一次高潮,以及同光间以"同治中兴"为背景促成的第二次高潮。陈澧参与修志活动主要集中于同光年间。由于陈澧为广东名儒,故地方大吏仰慕其声誉,多次延聘他领衔主修或参与编修,纂修方志成为陈澧学术生涯中重要活动之一。

陈澧最早参与编修的方志是《番禺县志》。早在咸丰六年(1856),番禺知县李福泰特开志局,延聘史澄、何若瑶为总纂,陆殿邦、陈澧、金锡龄、陈璞等为分纂,制定章程,商榷义例,分类采访,修志事宜在有条不紊地进行着。次年,第二次鸦片战争爆发,英法联军攻占广州,修志活动被迫中断。陈璞说:"时方修番禺志,设局尊经阁,阁焚,诸稿一空,拱北楼及各书坊亦俱毁。"①

进入同治朝后,时局逐渐稳定,官府于是旧事重提,重开志局,召集学者继续修志,直至同治十年(1871)才刻竣,前后延续了16年之久,时任广东巡抚正是当年的番禺知县李福泰。陈澧二次受聘,尝作《张磬泉先生传》《书章凤瀚妻李氏》二文,以备志局采择。同时又负责"沿革""职官表"及部分"艺文志"的分纂工作。清末民初广东著名藏书家徐信符说:

> 余弱冠时,闻陈东塾先生修《番禺志》,多参考秘籍。对于"艺文志"著录,《莲须阁文集》所录序文、《南园花信诗》所录序文,均为《十三家集》内《莲须阁全集》所不载,初未知从何采录。洎在故家搜得黎氏旧钞本《莲须阁文钞》十六卷,则其文俱在,然后知东塾盖从黎氏宗祠借阅,所采录即在此也。②

按,黎遂球(1602—1646),字美周。明广东番禺人。其所著《莲须阁诗文集》,清乾隆时被列为禁书,流传极少。嘉道以后,文网疏阔,钳制松弛,故伍崇曜、谭莹辑刻广东文献,将之收入《粤十三家集》内,惜非全貌。直到陈澧修《番禺县志·艺文志》时,才搜得旧钞全本,予以著录。即

---

① [清]陈璞:《丁巳十一月十四日夷陷会城余窜归故里惊喘甫定感慨转增追赋数章聊纪身世》之三诗注,《尺冈草堂遗诗》卷四,光绪十五年(1889)年息庐刻本,第13页。

② 徐信符:《新印莲须阁文钞序》,广东丛书编印委员会辑:《广东丛书》第一集,商务印书馆民国景印排印本,第1-2页。

此一事，也可窥知陈澧在编修志书时，严谨不苟，务求博采广收，补前人所遗。

同治七年（1868），肇庆府知府王五福议修府志，函聘陈澧莅肇纂修志事。陈澧复函，谓新见湖广《宝庆府志》，为邓湘皋广文所纂，最为精善，乃取其一二入所拟章程之内。陈澧所拟《肇庆府修志章程》十四条，语虽浅近，然皆切要之言，主要内容如下：

一，修志之事，拟分三节，一曰述旧，二曰增新，三曰删正。述旧者，钞录通志、旧府志、各县志，无稍遗漏，乃合纂以成一编，名曰底本，此述旧也。增新者，钞录案牍，钞录群书，钞录采访册，无稍删改，乃分类增入底本内，于是名之曰长编，仿司马温公修《通鉴》先为长编也。然后加以删正，凡虚妄者删去之，冗蔓者剪截之，鄙俚者修饰之，讹误者订正之，或长编排纂错乱者移易之，则成新志矣。

二，采访之事，为修志之至要，必须堪胜纂修之人，然后堪胜采访。兹拟于举定纂修、采访人数时，齐集志局，将《阮通志》公同披阅，讲究十余日，公同开列应采访事物门类，其词宁俗毋雅，使见者能解。开列已定，刻板刷印，采访者各执一纸，亦以分散各处。

凡众人同撰一书，每至各不相顾，牴牾、重复、遗漏诸病迭出。须众人心目如一人，乃能精善。故拟公同讲究十余日，欲使归于一也。

三，修志之体例，略仿《阮通志》。昔阮文达公修通志时，遍选各志书，以谢中丞启昆所修《广西通志》为最佳，故《广东通志》仿其体例。嗣后各府县修志，多依《阮通志》体例。今修《肇庆府志》，亦宜依《阮通志》体例，其有应变通者再议。

四，绘地图之事最难。南海现修县志，用邹伯奇之法，绘图精确无匹，番禺亦欲仿而行之。但一县犹易，一府则难，当再缓商耳。①

此外，《章程》还对训典、前事、物产、砚石、金石等事项和内容予以分析讨论，做了一些具体规定要求。此《章程》十四条，在某种意义上可以

---

① ［清］陈澧：《肇庆府修志章程》，［清］陈澧著，陈之迈编：《东塾续集》卷一，《近代中国史料丛刊》第77辑，第21－24页。

说是清后期广东修志实践活动在理论和方法上的一次全面、系统、深入的归纳与总结，也可视为陈澧本人修志理念的完整体现。此《章程》既体现了陈澧善于吸收继承前人修志的优良传统，同时又不拘泥保守，体现了敢于和善于变通、创新的精神。但《肇庆府志》由于各种原因迁延未果，终未能开局纂修，此事不了了之。

同治八年（1869），广州知府戴肇辰在广州府学宫开局重修《广州府志》，总纂为史澄、李光廷，陈澧被聘为分纂，力辞不得已，许以绘图。陈澧尝作《书孟蒲生》一篇，以备志局采择。直至光绪五年（1879）冬月，《广州府志》才告完成，刊刻出版。

同治十二年（1873），田星五署香山县事，建议重修县志。继任者张鸿舫、杨春霖均极重视志事，乃寓书嘱陈澧为总纂。这是陈澧一生之中第一次，也是唯一一次领衔总纂方志。陈澧在序文中说：

> 澧以香山人才之盛，自顾老拙，曷能有助。辞不获命，乃与诸公同议凡例……众议既定，诸公勤于采访，精于考核，详于编载，而澧相与参订之。澧又荐门人罗海田为之图。于是书成，厘为二十二卷。①

重修《香山县志》可以说是一次全面检验陈澧修志理念的绝好机会。该志于光绪五年（1879）刊成，内容丰富，体例严谨，考正精审，陈澧自己也认为："其为书，较之旧志，盖有过之无不及。"② 绝非虚言自夸。

陈澧对于参与修志活动并不十分热心，主要原因在于他认为修志会干扰妨碍自己的学术研究，分散时间、精力，不能静心读书著述。因此他在与老友郑献甫信中谈及修志之事时曾抱怨说：

> 澧承乏地图之役，岁抄当可蒇事，尚有修县志之役。以衰暮之光阴，为此等事，分著书之精力，徒以薪水故耳。③

---

① ［清］陈澧：《重修香山县志序》，光绪《香山县志》卷首，第1页。
② ［清］陈澧：《重修香山县志序》，光绪《香山县志》卷首，第1页。
③ ［清］陈澧：《复郑小谷书》，《东塾集》卷四，光绪十八年（1892）刻本，第13页。

可见他对修志之事总体评价并不高，主要原因在于"分著书之精力"。话虽如此，一旦应允参与其事，陈澧还是以一贯认真负责的精神，兢兢业业对待自己所承担的任务，精益求精，一丝不苟，并非敷衍搪塞，草草了事。

除修志外，更有甚者，某些地方大吏仰仗他的声望，竟请他出面管理义仓，购买仓谷，参与团练筹防等事宜，令他左右为难，啼笑皆非。他在《上某中丞》书中抱怨说："近为本邑推管沙田事，皆固辞而不获命；又皆仍管义仓，仍修《番禺县志》。以垂耄之年，分读书之精力，作此等事，徒以居省城，又多家累，不能遁世故也。"① 在与门人廖廷相信中谈及此事时也说："仆近日为大宪请，出办团练筹防，不得闭门著书，俟开办后乃或有暇耳。此事仆不能固辞，若固辞，则他人之辞者，外间将谓仆为之倡矣。"② 尽管陈澧出办团练筹防只是挂一虚名，大吏许诺"不以辛苦事相烦"，但毕竟对读书著述是一种干扰，所以陈澧无可奈何地感叹："总之虚名为累，身处省会，不能匿迹销声，未知将来能免于怨谤否也。"③

晚年陈澧最为渴求的不是虚名盛誉，而是拥有一个不受干扰的安静环境，能够聚精会神，专心致志于自己所热爱、钟情的读书著述事业，除此之外，别无他求。而读书著述事业之中，他最大的心愿、最紧迫的任务就是要完成自己重要的著作《东塾读书记》。这是一部倾注了他大半生心血，倾注了他的理想、抱负、夙愿和期望的大部头著作。这部著作，陈澧直到晚年才最后定稿，并陆续付刊问世，但由于各种原因，最终并未能如愿全部完成。

---

① ［清］陈澧著，黄国声主编：《陈澧集》一，《东塾集外文》卷五，上海古籍出版社 2008 年版，第 492 页。
② ［清］陈澧：《与廖泽群书五首》，［清］陈澧著，陈之迈编：《东塾续集》卷四，《近代中国史料丛刊》第 77 辑，第 210 页。
③ ［清］陈澧：《与廖泽群书五首》，［清］陈澧著，陈之迈编：《东塾续集》卷四，《近代中国史料丛刊》第 77 辑，第 210 页。

二、《东塾读书记》的写作

在进行编绘舆地图、讲学菊坡精舍、总校广东书局等繁忙事务期间，陈澧编撰《学思录》的工作不得不受到影响，主要是进度明显放慢。其与友人书云：

> 承询拙著《学思录》，近因绘地图事未了，又修县志，且笔墨应酬，络绎不绝，以衰老之光阴为此等事，分著述之精力，甚无谓也。虚名累人如此，恨不能逃城市而入山林。①

虽然如此，陈澧并未完全停止、放弃《学思录》的写作，而是利用一切空隙时间，抓紧推进，集腋成裘。光绪年间，由于广东书局无形解体停办，陈澧的时间精力又相对富余一些，《学思录》的写作进度明显加快。

《学思录》的写作，千头万绪，工作量大，错综复杂，要做到体大思精、约而不漏、简而有体，确实很不容易。陈澧原本预计这部作品"大约十年可成"，显得比较乐观。可是随着编纂工作的深入展开，由于其他各项事务活动的干扰、妨碍，尤其是随着年龄增长，体衰多病，精力大不如前，陈澧自己感觉到在10年之内完成是愈来愈困难了。后来他又发现，在有生之年完成的希望十分渺茫，成书恐怕遥遥无期了。他在书信及读书札记中，随处流露出这种担忧。同治二年（1863），陈澧在致老友杨荣绪信中说：

> 弟近年以幽忧之疾，右手风痹已久，去冬稍减，而转入左手，加以精神销亡，读书都不记忆。自分无用于世，但存视息幸矣，以此严定课程，并力撰述。十年来著一子书，通论古今儒学得失，关乎世事盛衰，

---

① ［清］陈澧：《致螺山书》，［清］陈澧著，黄国声主编：《陈澧集》一，《东塾集外文》卷五，上海古籍出版社2008年版，第492－493页。

此生平志业所在。但身世如此，成与不成，正不可知。①

又摘抄顾炎武《亭林文集·与潘次耕书》："《日知录》再待十年，如不及年，则以临终绝笔为定。"在此条后写道："余之《学思录》亦再待十年，如不及年，则已属门生编排之，如《潜邱札记》而已。"② 可见，他已在思想上做了最坏的打算，以及为该书做了最后的安排。

此外，随着资料积累的逐步增多，以及编纂工作的逐步深入，《学思录》的宗旨、结构、内容等也在发生变化和调整。大约在同治十年（1872），陈澧决定将《学思录》正式更名为《东塾读书记》。十一年（1873）五月，陈澧在与老友郑献甫信中第一次披露改名之事："拙著《学思录》一书，今改名为《东塾读书记》，十余年未成，今自觉衰老，竟欲写出清本，写毕当寄呈教削。"③

关于陈澧将《学思录》改名为《东塾读书记》，其弟子陈树镛曾有论及，他在与同窗梁鼎芬信中说：

> 先师手批《近思录》，大有用处。即如《读书记》，旧名《学思录》，后改今名。何以改今名？仆深思之不得其故，今观此书，论西铭命名之义而得其意，而后叹吾师一字一语，皆有深意，皆有义理。④

陈澧手批《近思录》原书，笔者寻求未得，不便妄加揣测。但陈澧在其他一些地方对更改书名之事偶有涉及，下面略为勾勒。

其一，《学思录》原模仿顾炎武《日知录》，但陈澧后来认为："顾氏书毕载天下事，今惟读书一事而已，未敢窃比也。"⑤ 故他开始考虑另取更为合

---

① ［清］陈澧：《与杨浦香书》，《东塾集》卷四，光绪十八年（1892）刻本，第17页。
② 桑兵主编：《续编清代稿钞本·东塾遗稿》第87册，广东人民出版社2009年版，第416页。
③ ［清］陈澧：《与郑小谷书》，［清］陈澧著，陈之迈编：《东塾续集》卷四，《近代中国史料丛刊》第77辑，第201-202页。
④ 汪宗衍：《陈东塾先生年谱》，《近代中国史料丛刊》第77辑，第104页。
⑤ ［清］陈澧：《读书记序》，《陈兰甫先生澧遗稿》，《岭南学报》1931年第2卷第2期，第173页。

适的书名。他写道:"《学思录》或改名《论学》,程易田有《论学小札》,今不宜同之耳。"① 即陈澧认为《论学》书名比之《学思录》更为妥当,更名副其实。但因程瑶田(字易田)已有《论学小札》一书,又担心自己书名与之雷同,故不免踌躇。

其二,陈澧在札记中抄录《宋元学案》之叶适《习学记言》:"由后世言之,祖习训故,浅陋相承者,学而不思之类也。穿穴性命,空虚自喜者,思而不学之类也。士不越此二途。"对此批注说:"我今不以'学思'名其书,庶不拾水心之牙慧也。"② 也认为《学思录》比之《习学记言》,有蹈袭之嫌。

其三,强调读书的重要性。陈澧写道:"南宋以后之人不读书,故明儒极荒陋。本朝人读书,近三四十年又歇矣。余之作此,所以名曰《读书记》也。"③ 这里,陈澧大力倡导读书,用意非常清楚,有针砭时弊、为天下表率之意。所以他最后改《学思录》为《东塾读书记》,落脚点即在此。

《东塾读书记》的写作、修改前后断断续续地延续了10多年,由于陈澧对自己著书要求极严,几近苛刻,故该书一直未能定稿付刻。光绪元年(1875)左右,陈澧听从友人刘熙载的劝告与建议,始将该书已成部分陆续付刊。他在与门人谭宗浚信中说:

> 仆所著《读书记》,近得刘融斋中允书,劝以即所成者先刻,未成者将来为续编。今从其说,近日修改得一二卷付梓矣。④

陈澧认为刘熙载的建议很有道理,故改变俟全书全部定稿后再付梓刊刻的想法,采取边修改边刊刻的折中方案,这样一来,《东塾读书记》便成了随年写定而分卷刊行。

自此以后,修改刊刻《东塾读书记》便成为陈澧晚年著述生活中最主要

---

① 《陈兰甫先生澧遗稿》,《岭南学报》1931年第2卷第2期,第165页。
② 黄国声选录:《东塾读书论学札记》,[清]陈澧著,黄国声主编:《陈澧集》二,上海古籍出版社2008年版,第394页。
③ [清]陈澧著,黄国声主编:《陈澧集》二,《东塾杂俎》卷九,上海古籍出版社2008年版,第620页。
④ [清]陈澧:《与谭叔裕书二首》,[清]陈澧著,陈之迈编:《东塾续集》卷四,《近代中国史料丛刊》第77辑,第149页。

的任务。光绪二年（1876），他在赠金武祥诗中云："老去自宽未才尽，两年中秋成两诗……生平亦有吟痴符，蠹简而今转枯涩。"诗中自注道："近日修改拙著《东塾读书记》未成。"① 从这首诗中可知，陈澧将自己全部时间和精力倾注于修改订正《东塾读书记》之中，其余一切均置之度外。

六年（1880），陈澧71岁，在与门人谭宗浚信中谈及自己著述情况时说："所著《读书记》刻成九卷，惟《三礼》及《郑学》各书，取材既博，用力倍劳，不知今年能写定否？"② 同年，又在与另一门人廖廷相信中说："拙著《读书记》无暇细改，急急付刻，大半欲明年即刻成耳，俟刻成即寄请订正也。"③ 这些零星记载将《东塾读书记》的修改、定稿和刊刻进度等大致勾画了出来。考虑到自己年老体弱，多病缠身，时日无多，陈澧才"急急付刻"。

七年（1881）十一月，陈澧患腹疾，"犹自定《读书记》卷十三《西汉》一卷"④。这是他生前自定的最后一卷。次年正月，陈澧病逝，《东塾读书记》终未能如愿全部完成。

《东塾读书记》计划写二十五卷，其目录为：卷一《孝经》、卷二《论语》、卷三《孟子》、卷四《易》、卷五《书》、卷六《诗》、卷七《周礼》、卷八《仪礼》、卷九《礼记》、卷十《春秋三传》、卷十一《小学》、卷十二《诸子》、卷十三《西汉》（未成）、卷十四《东汉》（未成）、卷十五《郑学》、卷十六《三国》、卷十七《晋》（未成）、卷十八《南北朝隋》（未成）、卷十九《唐五代》（未成）、卷二十《宋》（未成）、卷二十一《朱子》、卷二十二《辽金元》（未成）、卷二十三《明》（未成）、卷二十四《国朝》（未成）、卷二十五《通论》（未成）。

根据目录及体例结构安排，明眼人一般都可以看出陈澧著述意图之所在。今人朱维铮认为，《东塾读书记》实际上分为上、下二篇，上篇为"经

---

① ［清］陈澧：《余以前诗录示金溎生运同承和韵二首并以先集见贻赋谢》，汪兆镛辑：《陈东塾先生遗诗》，1931年刻本，第49页。

② ［清］陈澧：《与谭叔裕书二首》，［清］陈澧著，陈之迈编：《东塾续集》卷四，《近代中国史料丛刊》第77辑，第149页。

③ ［清］陈澧：《与廖泽群书五首》，［清］陈澧著，陈之迈编：《东塾续集》卷四，《近代中国史料丛刊》第77辑，第210页。

④ 汪宗衍：《陈东塾先生年谱》，《近代中国史料丛刊》第77辑，第120页。

学"，下篇为"经学史"。他写道：

> 陈澧原计划写二十五卷。按照目录，一至十卷论儒家十二"经"；卷十一论"小学"，但含《尔雅》，因而这十一卷实际要论流俗所谓"十三经"的全部；卷十二论先秦两汉诸子；十三至二十四卷论西汉到"国朝"的学术，内有两卷专论郑玄和朱熹的学说；卷二十五称"通论"。以上结构，显示《东塾读书记》实分上下篇。上篇为"经学"、小学，诸子则是附论；下篇为"经学史"，而所谓通论似为结语。①

这是很中肯、很有见地的分析。《东塾读书记》这种体例结构并非随便拼凑，率意而为，而是一种精心安排，匠心独运。如书中"经学"篇以《孝经》为首，《论语》《孟子》次之，就明显与传统十三经的排列序次不同。这也不是陈澧的首创，他写道："黄东发《日钞》以《孝经》为首，而《论语》《孟子》次之，以读经者当先读此经也。"②陈澧认为这样安排很有道理，故仿效之，目的是表明《孝经》"为道之根源，六艺之总会"，合以《论语》，"而立身治国之道，尽在其中"。③可见大有深意寓于其中。又如"经学史"篇特别专立"郑学""朱子"二卷，这是有意识地大力表彰郑玄、朱熹二人。陈澧认为：

> 郑君、朱子似孔子。孔子集群圣之大成，郑君集汉儒之大成，朱子集宋儒之大成。④

格外突出二人在经学史上的特殊地位，以达到"不分汉宋门户"与"汉学、宋学二家共读之"即调和汉宋的目的，这些都是陈澧苦心孤诣之所在。

---

① 朱维铮：《东塾读书记导言》，[清]陈澧：《东塾读书记（外一种）》，生活·读书·新知三联书店1998年版，第7页。
② [清]陈澧著，黄国声主编：《陈澧集》二，《东塾读书记》卷一，上海古籍出版社2008年版，第16页。
③ [清]陈澧著，黄国声主编：《陈澧集》二，《东塾读书记》卷一，上海古籍出版社2008年版，第1-2页。
④ 桑兵主编：《续编清代稿钞本·东塾遗稿》第80册，广东人民出版社2009年版，第525页。

《东塾读书记》最后确定的这种体例结构，与前面所举陈澧关于《学思录大指》三四十条，以及散见各处的他关于《学思录》内容宗旨的相关论述，相去已经很远。可以这样说，《学思录大指》等只是《学思录》主要内容宗旨的个别确定，是早期关于全书主要内容的初步规划，是转瞬即逝的思想火花的捕捉凑合。而到了《东塾读书记》目录确定以后，则已是严谨合理的系统框架，逻辑分明的结构安排，主次清楚的条例规定了。这是经过陈澧多年以来深思熟虑、苦心探索、反复推敲之后才形成的。唯其如此，陈澧长期以来一直执着追求的"通论古今学术""乃寻求微言大义，经学源流正变得失所在"的夙愿和抱负，才能通过这种特定的体例结构的安排更好地予以实现，才能让他满意地达到预定目标。

　　"读书记"是一种随笔札记式的著述体裁，清人著书多用这种形式。梁启超说：

> 大抵当时好学之士，每人必置一"札记册子"，每读书有心得则记焉。盖清学祖顾炎武，而炎武精神传于后者在其《日知录》……推原札记之性质，本非著书，不过储著书之资料，然清儒最戒轻率著书，非得有极满意之资料，不肯沏为定本，故往往有终其身在预备资料中者。又当时第一流学者所著书，恒不欲有一字余于己所心得之外。著专书或专篇，其范围必较广泛，则不免于所心得外撷拾冗词以相凑附。此非诸师所乐，故宁以札记体存之而已……由此观之，则札记实为治此学者所最必要，而欲知清儒治学次第及其得力处，固当于此求之。①

　　梁启超所言，已将札记体裁的兴起背景、来龙去脉及其优长、特点等基本上概括得清楚无疑了。

　　因此，《东塾读书记》与清代其他学者同类著作一样，由长短不一、参差不齐的一条条笔记语录串辑成卷，每卷多则数十条，少则十余条。每条笔记语录的字数多寡也相去甚远，多者数百字，少者十数字。这些笔记语录或抄录经、史、子、集原文，或考证其真伪、舛讹、得失，或转引先哲前贤议论评价，或时下按语，引申发挥，附以己意。于此可见，这种读书札记体裁

---

① 梁启超：《清代学术概论》，上海古籍出版社 2000 年版，第 62－63 页。

没有严格的条条框框的硬性规定，随意性很大。它的优点在于灵活方便；但若处理不好，又有易流入轻率、杂乱无章，读之不得要领的弊病。

但《东塾读书记》就没有这些弊病，它并非率意落笔，漫无目的地东拼西凑，杂乱堆砌；而是精心安排，周密规划，有其清楚紧密的逻辑联系和内在的转承递进关系。这一点，陈澧自己曾有所透露，他写道：

> 《读书记》陆象山一类。先录象山醇实精警之论，全篇者标题，次则摘句；又次录其读书文语；又次录《无极书》附按语，断朱非陆是；又次录其近悍语；又次录其诋圣贤语；又次录其颠倒孔门年辈语；又次录其诋时人语；又次录其狂妄语；又次录其争道统语；凡黄《日钞》已录者略避之。①

此段文字正表明，《东塾读书记》中关于陆象山的诸条目，正是按以上的思路和顺序来加以处理和安排的。

又如稿本《学思录》"本朝"，陈澧眉批曰："此卷议论最要平允，乃能防弊去弊。"其"目录"如下：

> 本朝初兴汉学、汉学家尊宋学、纪文达之偏、诋明儒、汉学家诋汉学、高邮王氏偏、诋宋儒、无学之人诋汉学、古文不可不振、本朝道学、争考据、阮文达《经解》之偏、鸿词科……②

如此一条一条连缀起来，前后次序分明，中心明确，重点突出，首尾连贯、呼应。《东塾读书记》各卷的编撰，大体上都是按照类似的思路和方法加以处理的。读者明乎此，即不难把握理解该书各卷内容宗旨及重点，也不难把握与领悟其脉络联系和递进关系。

陈澧《东塾读书记》已刻者多属论上篇"经学"，但上篇并非十三经原典的诠释或新注新疏，而是关于十三经的读书心得体会，带有一种融会贯通

---

① 桑兵主编：《续编清代稿钞本·东塾遗稿》第80册，广东人民出版社2009年版，第549—550页。

② 桑兵主编：《三编清代稿钞本·东塾杂俎》第103册，广东人民出版社2010年版，第378—379页。

式的综合概括、阐释、评论性质。如《论语》卷，首辩《论语》"学"字义旨，次及"仁"及"一贯"，又次论孔门四科成才之大要，又次为《论语》言《五经》，又次为孔门诸贤，又次为历代注说《论语》诸家……诚如近代著名学者钱穆所说：

> 全书条理俱如此。所论皆各书宏纲巨旨，要义大端，融会贯串，有本有末，不尚空谈，不事繁证，而一字一句之音训，一句一物之考究，有不务焉。①

《论语》卷如此，其他如《孝经》《孟子》《易》《书》《诗》《春秋三传》诸卷，皆大同小异，可以此类推。

《东塾读书记》刻梓问世后，当即受到学界的重视，获得好评。梁启超在《清代学术概论》中将陈澧之《东塾读书记》与顾炎武之《日知录》、阎若璩之《潜邱札记》、钱大昕之《十驾斋养新录》、王鸣盛之《蛾术编》、汪中之《知新记》、洪亮吉之《晓读书斋四录》、赵翼之《陔余丛考》、王念孙之《读书杂志》并称为札记之书"其最可观者"。② 享如此盛誉，陈澧当之无愧。今天，学者们公认《东塾读书记》为学术经典名著，一提及陈澧，即联想起《东塾读书记》，反之亦然。

三、陈澧逝世

陈澧在晚年遭受了病痛缠身和失去亲人的双重折磨。

光绪六年（1880），元配潘宜人逝世，陈澧挽以联云："已到暮年，名曰悼亡实偕老；不妨多病，君今先去我犹留。"③ 语虽旷达平淡，但言辞之间，

---

① 钱穆：《中国近三百年学术史》，商务印书馆1997年版，第664页。
② 梁启超：《清代学术概论》，上海古籍出版社2000年版，第63页。
③ ［清］陈澧：《与廖泽群书五首》，［清］陈澧著，陈之迈编：《东塾续集》卷四，《近代中国史料丛刊》第77辑，第210页。

已流露出不久于人世的苍凉预感。这年，他写信给门人廖廷相，在谈到自己的身体状况时说："仆今年气痛，旧病幸不发作，惟双足竟不能行，寻丈间即需人扶掖。然老人必有老病，而足疾最轻，无大碍事也。"①

可是足疾并非"最轻""无大碍事"，而是非常严重，以致两足跛瘫，到了不能行走的地步。他给友人写信说："……贱躯愈衰惫，两脚几不能行，老境殊堪笑也。"② 其时写有《王玉仲招看荷花》诗，诗中注云："余两足跛，乘肩舆亦苦。"③ 又有诗云："今年双足竟颓废，敝裘萧飒难为温。"④ 可见足跛程度之严重，不能出门，成天卧坐床榻，局促于斗室之中，活动范围大受影响，处于一片风雨残烛、凄楚孤独的老境。

陈澧晚年更加眷恋菊坡精舍，与门人弟子相依为命。他常常在精舍静坐休憩，陷于沉思，以致物我两忘。"菊坡精舍山石畔，颇黎（指玻璃）窗格横清噭。先生卧看亦佳趣，时有粉蝶来窥门……"⑤ 又有过菊坡精舍看梅花诗，诗云：

岁晚过精舍，到门如到家。天留娱老地，山有后开花。微醉讶冬暖，独吟忘日斜。恰逢诗弟子，相对一瓯茶。⑥

相传陈澧正吟咏间，写至"微醉讶冬暖，独吟忘日斜"句，时弟子汪兆铨偕陶邵学适至，遂辍笔。兆铨见之，为其续成末二句曰"恰逢诗弟子，相对一瓯茶"。陈澧大喜，即书纨扇为赠。⑦ 足证师生投分之乐、雅趣情怀。

光绪六年（1880），陈澧门人谭宗浚自京师回粤省亲。次年春，三月初

---

① ［清］陈澧：《与廖泽群书五首》，［清］陈澧著，陈之迈编：《东塾续集》卷四，《近代中国史料丛刊》第77辑，第210页。

② ［清］陈澧：《与何小宋书》，《东塾集外文》卷五，［清］陈澧著，黄国声主编：《陈澧集》一，上海古籍出版社2008年版，第481页。

③ 汪兆镛辑：《陈东塾先生遗诗》，1931年刻本，第51页。

④ ［清］陈澧：《去冬春海峻之警盘子寿招游小港看梅花余有诗书于峻之警盘扇上今为此诗书赠春海》，汪兆镛辑：《陈东塾先生遗诗》，1931年刻本，第51页。

⑤ ［清］陈澧：《去冬春海峻之警盘子寿招游小港看梅花余有诗书于峻之警盘扇上今为此诗书赠春海》，汪兆镛辑：《陈东塾先生遗诗》，1931年刻本，第51页。

⑥ ［清］陈澧：《精舍看梅赠汪莘伯》，汪兆镛辑：《陈东塾先生遗诗》，1931年刻本，第51页。

⑦ 何子忠：《东塾续余》，《曼庵居士编印丛书第七种》，1985年香港刊印，第91页。

六日，他邀请其师陈澧，以及同窗好友陈宗侃、刘昌龄、梁起、陶福祥、王国瑞、姚筠等人，泛舟大滩尾观看桃花。

大滩尾乃沙洲名，位于广州城西珠江之中，该处桃花最盛，为文人士子赏游佳处。谭宗浚有诗记其游云：

> 入春甫半春已浓，寻芳处处喧群蜂。大滩桃花闻绝盛，渡江一棹浮乌篷。沿堤远眺忽惊讶，鞿鞨海映珊瑚宫。炎官巍峨火伞立，海女飒丽霞衣缝。座中鹤发钟山翁，笑谈拂拂清而雄……①

在和煦春风之中，师生数人泛舟珠江。离大滩尾不远，沿堤远眺，只见千树万枝，一片绯红，如珊瑚，如赤火，如晚霞，令人兴奋，目不暇接。盛开的桃花，将春天装点得格外艳丽，使春意更浓，令人如醉如痴。天气晴朗，风和日丽，群蜂喧飞，空气中充满着芬芳的气息。陈澧长期局促斗室，此次能够出门远足，回归大自然，放眼江山，和钟爱的门人弟子纵谈古今，放声高笑，物我两忘，愉快惬意自在不言之中。

按，谭宗浚自同治十三年（1874）入京会试，高中鼎甲，以后一直在京师及外省服官。虽长期仕宦在外，但他与其师陈澧仍音书往返不断，同时利用休假南归省亲的机会，与广东学术界保持密切交往。此次南归回粤省亲，他本有解组林泉，不出之意。他在《答梁庚生茂才书》附记中说："庚生足下，此余己卯作也。越岁乞假南归，有终焉之志，卒以人事牵迫，孟浪出山，初志不坚，当为良朋所讪笑矣。"②己卯即光绪五年（1879）。后一念之差，遂铸成终身遗憾。

但此次南归也有收获，即促成富商伍绍棠将《金文最》付梓问世，这是他热衷家乡学术文化事业的最好证明。《金文最》一百二十卷，清张金吾编纂。张金吾（1787—1829），字慎旃，别字月霄。江苏常熟人。张金吾认为中原文献实归金源，总集一书似不可少。乃广搜博采，积十二年，稿三易，终于在道光二年（1822）编成此书。称之为"最"，盖"会聚"之意。《金

---

① ［清］谭宗浚：《三月初六日邀同陈兰甫师暨孝直宗侃孝彬宗恂孝坚宗颖三世兄刘星南昌龄梁庚生起两茂才陶春海福祥王峻之国瑞姚峻卿筠等三孝廉泛舟大滩尾看桃花作歌》，《荔村草堂诗钞》卷九，光绪十八年（1892）羊城刊本，第6页。

② ［清］谭宗浚：《希古堂文乙集》卷二，光绪十六年（1890）刊本，第11页。

文最》编成后，久未付梓，后张氏家道衰落，书籍多散于岭南。是书为伍绍棠之父伍崇曜购得，谭莹曾与借钞，并劝付剞劂，伍氏亦欣然应允。不久英法联军侵陷广州，事遂中辍。直至光绪八年（1882）始有粤雅堂刊本。陈澧、谭宗浚二人都有促成此书刊刻之功，陈澧为之序曰：

> 昔谭玉生舍人告余，昭文张月霄氏有《金文最》一书，南海伍紫垣方伯得之甚喜，欲刻版而遽没。余属舍人之子叔裕侍读从方伯之子子昇比部借观，既而刘星南秀才来，以此书见示，且曰，比部今将付刻，请为序。余阅之数日，叹张氏此书必传于世，得伍氏父子传之，其名亦与张氏俱传矣。①

此序写于光绪七年（1881）九月，是陈澧生前所作的最后一篇序文，为其绝笔之书。

光绪七年（1881）夏，两广总督张树声、广东巡抚裕宽以陈澧与朱次琦耆年硕德，学行纯笃，奏请量加褒异。秋七月，奉上谕："朱次琦、陈澧均著加恩赏给五品卿衔，以为积学敦品者劝。"② 这是陈澧一生之中唯一一次受到官方的正式褒奖，而且是最高统治者的褒奖，所以他当然视之为无上荣誉。

按，朱次琦（1807—1881），字子襄，一字稚圭。广东南海九江乡人，世称九江先生。少颖悟，"年十三，谒制府阮云台先生，命作黄木湾观海诗，大惊诧，曰老夫当让此子一出头地"③。他与陈澧同举为首届学海堂专课肄业生，以疾辞不赴。道光二十七年（1847）中进士，选即用知县，签分山西，署襄陵县，有政声，旋引疾归。居九江乡，讲学20余年，足迹不入城市，成就弟子甚众。学海堂补为学长，辞不就，仍虚位以待。对此，其弟子简朝

---

① ［清］陈澧：《金文最序》，［清］张金吾辑：《金文最》卷首，光绪二十一年（1895）江苏书局重刻本，第1页。
② 《国史儒林传采进稿》，［清］陈澧：《东塾集》卷首，光绪十八年（1892）刻本，第2页。
③ ［清］朱次琦：《蠡金集序》，广东文征编印委员会：《广东文征》第五册，香港中文大学出版部1978年版，第647页。

亮解释说："又先生以学术故，终身不就学海堂之聘。"① 光绪七年（1881）十二月卒。朱次琦治学，以宋学为归，生徒百数十人，号"九江学派"，与以汉学为宗的陈澧及"东塾学派"大异其趣。咸同间广东有两大儒——陈澧与朱次琦，"东塾学派"与"九江学派"并著于世，粤人为之艳称不已。

光绪八年（1882）正月，陈澧病情加剧，恒自端坐，不能观书，则使儿子宗侃等捧书读之，或默诵所为诗文。陈澧在病床上对儿子宗侃及门人弟子说："吾病不起矣，然年过七十，夫复何求？吾四十时，已洞明生死之理，生死犹昼夜，无所悽恋也。吾所著《读书记》，已成十余卷，其未成者，俟儿子与门人编录，名曰《东塾杂俎》，此书当可传也。"并亲以遗书付门人陈树庸编录，可见他临终前最为关心的，仍是《东塾读书记》的编撰，仍是他还未完成的著述，仍是他孜孜追求、为之奋斗终生的学术名山事业。时陈澧病已甚，犹日日与诸门人谈说学问。"及二十一日夜，先生曰：'吾神明去矣，家人其远离吾卧榻。'惟命宗侃等侍侧，曰：'男子不绝于妇人之手，礼也。吾身自觉无病，但乘化归去矣。'顷之渐不能言，而神明终不乱，至廿二日午遂卒。"②

光绪八年（1882）正月二十二日，陈澧逝世，享年73岁。遗榇葬于广州大东门外大蟠龙冈之原，元配潘宜人祔。总督张树声奏请宣付史馆立传，报可。诸门人请于大吏，于菊坡精舍西偏辟祠奉祀。门人梁鼎芬集资百万文，为置祭田20亩，春秋致祭。后菊坡精舍经兵燹毁圮，邑人另于禺山之麓番禺图书馆东偏，重葺祠堂，岁时致祭。1930年，门人汪兆镛等将陈澧遗像募勒上石，嵌于祠堂祠壁。像旁所镌题记云："丁卯广州兵燹，先生故庐遗书皆毁，惟画像仅存，谨募勒嵌诸祠壁。庚午二月先生生朝，门人汪兆镛记，再传弟子冯愿书并篆额，门下晚学生陈善百立石。"③

一代儒宗谢世，海内共叹。时金武祥挽以联云：

推南交第一儒林，惟公抱道传经，共仰高风尊学海。

---

① 简朝亮：《在沪寄粤东诸学子书》，《读书堂集》卷四，1930年读书堂刊本，第25页。
② 汪宗衍：《陈东塾先生年谱》，《近代中国史料丛刊》第77辑，第120–121页。
③ 汪兆镛编纂，汪宗衍续补：《陈东塾先生诗词》卷首，崇文书店1972年版。

> 留东塾千秋著述，从此谈诗问学，不堪别业过钟山。①

因陈澧先世由金陵来粤，故称所居曰"钟山别业"，并曾将《东塾类稿》改题为《钟山集》。金武祥称陈澧为"南交第一儒林"，代表了当时学界对陈澧学术地位的推崇和普遍共识。

按，金武祥（1841—1924），字溎生，又字粟香。江苏江阴人。因从兄国琛官广东按察使，偕至粤，纳资为盐运同，监梧州。光绪二年（1876）自沪附轮船至粤，在广州，与陈澧唱酬宴游，时有过从。所著以《粟香随笔》最为知名，书中多载广东文化掌故佚闻，弥足珍贵。

四、遗著概况

陈澧一生勤奋努力，笔耕不辍，著述丰硕。但到底有多少著作？这个问题恐怕一下子难以回答清楚。因为他的著作，有已成与未成之分，又有已刻与未刻之别，情况比较错综复杂。近人汪宗衍撰《陈东塾先生年谱》，后附《陈东塾先生著述考略》。据他统计，陈澧一生共编纂著作81种，包括已刻者32种，未刻者12种，未见或未成者37种。② 这其中有不少是有目无书，或仅撰著一二条者。如陈澧在《默记》中自言：

> 澧老矣，所著甲部书，无一成者。欲付后之学者：
> 《周易费氏义》。
> 《毛诗郑朱合钞》。
> 《周礼今释》。
> 《仪礼三家合钞》。
> 《春秋穀梁传条例》。

---

① 宣统《番禺县续志》卷四十三《余事志一》，第27页。
② 汪宗衍：《陈东塾先生年谱》，《近代中国史料丛刊》第77辑，第122－141页。

《春秋三传异同评》。

《论语集说》。①

即可知其大概。由于存在以上诸纷繁情况，势必给精确统计带来不少困难。1982年，据吴茂燊、黄国声重新统计订补陈澧所著，包括已刻、未刻和存目，当有116种。② 这应是迄今为止对陈澧著作情况所做的最详尽的论述和统计。

陈澧著作虽多，但学者们公认，其已成之作中，最重要、最具代表性的著作应为《汉书地理志水道图说》《切韵考》《汉儒通义》《声律通考》《东塾读书记》《东塾集》等。陈澧生前在某些场合曾对自己的著述有过简短评价：

> 予之学但能钞书而已，其精者为《汉儒通义》，其博者（非今人所谓博）为《学思录》，其切挚者为《默记》，不复著书也。③

按，《默记》乃随感札记，为未成之作，"每条间有纪年，均庚申、辛酉间所记"④。庚申、辛酉即咸丰十年（1850）、十一年（1851）。陈澧曾汇订《默记》内篇16册，外篇若干册。但笔者仅见中山大学图书馆藏抄本若干册，手稿原本则未曾寓目。近年桑兵主编的《清代稿钞本》已将其收录影印出版，惜较为凌乱。

陈澧生前除完成并刻梓之书数种外，还留下大量遗著及手稿。临终前，亲以遗书付门人陈树镛编录。陈树镛，字庆笙。广东新会人。尝为县学生，后游陈澧之门。时陈澧"主讲菊坡精舍，为学海堂学长已十余年，其弟子多高材生。君一旦晚出，尽轶其曹"⑤。可见其才学超众，卓尔不群。文廷式也

---

① 《陈兰甫先生澧遗稿》，《岭南学报》1931年第2卷第2期，第158页。

② 吴茂燊、黄国声：《〈陈东塾先生著述考略〉订补》，《中山大学学报》（哲学社会科学版）1982年第4期，第55-66页。

③ 《陈兰甫先生澧遗稿》，《岭南学报》1931年第2卷第2期，第157页。

④ 汪宗衍：《陈东塾先生年谱》，《近代中国史料丛刊》第77辑，第85页。

⑤ 陶邵学：《陈君家传》，广东文征编印委员会：《广东文征》第六册，香港中文大学出版部1979年版，第349页。

说：“新会陈庆笙秀才（树镛），少余三岁。丁丑秋，余由江西回粤，问陈东塾师，近得佳士否？师告余曰，新会陈庆笙，年少，深通经学，后来之彦也。”① 丁丑即光绪三年（1877）。陈澧在自己才高博能、济济一堂的门人弟子中，单单挑中陈树镛作为自己遗作的编订人，把自己重要的名山著述事业托付于他，可见其对陈树镛的无比器重及绝对信任。

陈树镛果然不辱师命，首先与同门梁鼎芬一起，编纂成《东塾集》八卷。但该书刻梓未半陈树镛即不幸病逝，年仅30岁。文廷式叹道："天不欲昌东塾学派，遽夺此人，百身何赎！"② 该书由梁鼎芬于光绪十二年（1886）编刻完成，唯印本太少，流传极罕。陈树镛的去世，使得进一步编录、整理、刊刻陈澧遗书的工作不得不中途停滞下来。

陈澧去世后，大部分藏书及手稿由子孙及门人弟子保存，小部分则留在广州木排头里第旧宅。1927年广州战乱，木排头里第被焚，这部分藏书遗稿荡然无存。而幸存的藏书及手稿主要分成两大部分：其一为陈澧长孙陈庆龢所保存，其二则为陈澧门人廖廷相所保存，而以陈庆龢保存数量较多。

经过辗转流传和后人的辛勤搜集整理，陈澧的一些重要遗著随后有不少陆续刊行问世。在编辑刊行这些遗著的过程中，以陈澧的门人廖廷相、汪兆镛以及长孙陈庆龢、曾孙陈之迈等人出力最多，贡献最大。

廖廷相于同治中在陈澧塾中读书，始承命编辑文集，录存函文，后有所作，依次编入，已打下坚实的基础。陈澧逝世后，廖廷相准备将文集付梓，但因人事牵阻，此事一直拖延下来，直至光绪十八年（1892），才最终检寻校勘付梓，一遵陈澧生前手定。同校雠者，有同门郑权、梁起、杨继芬、汪兆荃，以及陈澧之子宗侃、宗颖，从孙陈庆修等。这就是今天流传最广的《东塾集》六卷本，但比陈树镛、梁鼎芬辑刊的八卷本少文11篇。

光绪中，张之洞总督两广，在粤五年，对广东学术文化教育事业贡献颇巨，其中尤以创建著名的广雅书院及广雅书局最为后人称道。陈澧门人弟子廖廷相、陶福祥、黎永椿等均受聘任职于广雅书局，校勘古今群籍善本。他们利用广雅书局广搜先贤遗著手稿并大量刊刻的有利时机，将陈澧生前未刊著作《水经注西南诸水考》（三卷）、《弧三角平视法》（一卷）、《三统术详

---

① 汪叔子编：《文廷式集·诗录》卷十一，中华书局1993年版，第1386页。
② 汪叔子编：《文廷式集·诗录》卷十一，中华书局1993年版，第1386页。

说》(四卷)、《摹印述》(一卷)四部,汇集成《东塾遗书》,由广雅书局刊行问世。应该说,这是陈澧身后遗著集中刊刻数量较多的一次。

陈澧另一门人汪兆镛于民国年间辑成《陈东塾先生遗诗》一卷、《忆江南馆词》一卷、《公孙龙子注》一卷,陆续付梓,是为有益师门。

此外,在陈澧亲属后人中,长孙陈庆龢、曾孙陈之迈等,从事搜集、整理、辑刊陈澧遗著最为热心,成绩也最为显著。20世纪50年代至70年代,加上香港、澳门、台湾等地文化人士的热心搜集,陆续付印出版的陈澧遗著遗稿计有《东塾续集》四卷、《白石词评》一卷、《老子注》一卷、《陶渊明集札记》一卷等。而在陈澧众多遗著遗稿中,下面三部的分量最重,流传刊刻经历最为曲折动人,有些还充满传奇色彩。

◎《说文声表》

该书原名《说文声统》,后改今名。是书为陈澧30岁以前所作,所谓"澧编此书,年未三十"①。初稿既成,原拟请门人桂文灿检校一过,适桂文灿有韶州之行,检校未果。以后陈澧遂以底本送好友徐灏处,嘱其作笺,并说:"吾弟作笺,可即写于清本上,将来此书并题某编某笺可也。"② 可见陈澧欲署二人名字,以示共同之作,但也无所成。咸丰三年(1853),好友桂文耀丁忧家居,陈澧与之谈起该书,桂文耀"见而爱之,欲刻于版,而嘱澧自序其意"③。即桂文耀欲出资为之刊行,陈澧乃于是年八月作序一篇。但次年三月,桂文耀不幸病逝,刻版之事遂不能如愿。

陈澧去世后,该书誊本之一由门人廖廷相保存,拟送广雅书局官刻,因事迁延未果,不久廖廷相也谢世。1934年,广东省立编印局成立,该局除从事整理及补刻所藏书版外,复搜集有关广东文献之孤本重新刊刻印行。据载,当时已征集到《光孝寺志》《说文声表》《何小宋尚书奏议》《三国志补注》《海珠寺志》《广东文征》《潘孺初先生集》诸书,后因经费问题,除

---

① [清]陈澧:《说文声表序》,《东塾集》卷三,光绪十八年(1892)刻本,第19页。
② [清]陈澧:《与徐子远书二十一首》,[清]陈澧著,陈之迈编:《东塾续集》卷四,《近代中国史料丛刊》第77辑,第183页。
③ [清]陈澧:《说文声表序》,《东塾集》卷三,光绪十八年(1892)刻本,第19页。

《光孝寺志》一书印行外，其余均搁置未刻。

此书另一誊本，原存于陈澧长孙陈庆龢处，本拟在苏州付刻，又因事播迁未果。陈庆龢将稿本交给次子陈之迈，存于他所主持之上海中国信托公司保险柜中。1937年抗日战争爆发，该稿遂散失，不知踪影。陈庆龢三子陈之迈回忆说：

> 先君于战后家书中，一再提起刊刻该书之事，有"此稿非刻不可"，"此事非汝不能办也"，"先祖在天之灵当佑汝福寿也"之言。惟是此书原稿不知所向，对此事实感无从着手，每一念及，绕室彷徨……①

多年以后，事情终于有了转机。1968年，陈之迈说：

> 北大同事张佛泉先生任教于加拿大温哥华英属哥伦比亚大学，托便以该大学新近购入之宋元明及旧钞善本书目见赠。余时任职东京，展览书目，而《说文声统》十七卷，赫然在目，为之狂喜，夜不成寐。翌日即驰书佛泉先生，请准将原稿全部景印。比蒙允诺，并荷该大学图书馆长同意刊行。余获景印本后，复承友人刘绍唐先生之协助，洽得台北文海出版社主持人沈云龙教授同意，即由文海出版社影印刊行，全书三册于一九七一年五月出版。此书之出版上踞东塾公作序一百十八年，先人遗命，乃得完成，如此奇遇，冥冥中盖有呵护也。②

◎《东塾遗稿》

陈澧生平读书每有心得，即手记于小册中，或命长子宗谊抄录，积稿逾千册。陈澧殁后，这些笔记小册，或存于广州木排头里第，或被门人弟子取去。1923年左右，广州书坊多宝斋搜得陈澧笔记小册凡700～800册，售价仅500元，后乃分散割售。当时有滇军将领廖行超（或作行昭，字品章，云

---

① 陈之迈：《陈东塾先生遗著辑印记》，许衍董总编：《广东文征续编》第四册，香港广东文征编印委员会1988年版，第404页。
② 陈之迈：《陈东塾先生遗著辑印记》，许衍董总编：《广东文征续编》第四册，香港广东文征编印委员会1988年版，第404－405页。

南人）购去抄写最完整部分，约为全书四分之一。所余由罗原觉介绍，售予香港高隐岑（字蕴琴，广东潮州人），约占全书四分之三。

时崔师贯（字百越，广东南海人）主高氏家，代为保存。以后由莫汉（字鹤鸣，广东中山人）提议，延请专家分任校订，以为刊印之预备。校订经费预计一万元，由莫汉、莫干生、莫咏虞、利希慎四人分担。校订地点在利希慎之"利园"，聘请何藻翔校经部，邓尔雅校史部，崔师贯校子部，蔡哲夫校集部。当时参加校订工作的何藻翔回忆说：

> 甲子，避地香岛，于渣甸山获见东塾手钞小册数百本（莫君鹤鸣等假之潮州高君隐琴、云南师长行昭）……同人等属将经史两部，稍为整理，以付石印，名曰《学思录》《读史余述》，仍初名也（原稿有《学思录》《读史述》《琐记》《杂钞》《备忘》诸目）。①

甲子即 1924 年。由此可知，当时莫汉等人曾设法将云南廖师长所购部分也借来一并校订。校完之稿，雇员钞写，钞写稿为红、蓝丝格，横 5 格，竖 10 格，版心镌"北山堂"三字。"北山堂"盖"利园"校书之处。校订工作进行约两年，经部校得最多，集部似未着手，支过经费 4000 余元。后因利希慎不幸死于意外，"利园"不能利用，校书之事遂而中辍。钞成部分约 600 小册，志欲印行而未果。

不久，高隐岑也去世。云南廖师长所得原稿 150 册，今藏于云南省图书馆，名为《东塾著稿》。其余高隐岑所得原稿 500 余册，让渡于古直（字公愚，广东梅县人）。据传古氏将其让予北平图书馆，又辗转归于国立中央研究院历史语言研究所，后不知去向。其已钞之副本约 600 册，由莫氏赠予邓尔雅。邓氏交其外甥容肇祖，容氏又以 600 元转让于岭南大学。岭南大学获得此批笔记小册子后，即交该校国文系主任杨寿昌教授与陈受颐教授整理。不久，陈受颐调任北京大学，杨寿昌一人继任其事，整理部分成果，以《陈兰甫先生澧遗稿》《陈兰甫先生澧笔记遗稿》名义，陆续刊登于《岭南学报》上。抗日战争全面爆发后，岭南大学被迫辗转迁徙于香港、云南、韶关

---

① 何藻翔：《陈兰甫先生遗稿跋》，《岭南学报》1936 年第 5 卷第 3、4 期合刊，第 25–26 页。

等地，而杨寿昌本人则于1938年病殁于广东连县（今连州市）舟中，陈澧遗稿整理之事由是中断。

十分可惜的是，岭南大学这批东塾笔记小册子钞本，在整理搬迁过程中有所遗失，据《岭南大学馆藏善本图书题识》云：

> 此书购得后，由陈受颐博士与杨寿昌教授整理，故存之中文系办公室中。前年（按似是民国廿四年）始由中文系搬回本馆，但点收时仅得四百八十六册，与六百余册之数不符，盖已散失一百余册矣，惜哉！①

1952年，中国内地高校实行院系调整，岭南大学撤销，相关院系并入中山大学。直至今日，陈澧这批笔记小册子抄本仍存于中山大学图书馆善本室中。

这批笔记小册子原无名称，后来岭南大学图书馆装订时命名为《东塾遗稿》。据曾参与整理该书的杨寿昌教授说：

> 遗稿各本卷端标识，有《默记》《学思自记》《学思录序目》，杂论学术及经史子集种种名目。其中所记，除读书日课、生平志事、亲友交游情感外，十之九为《读书记》已成之余稿及未成之草稿……②

杨氏此说，确实抓住了《东塾遗稿》内容的关键。由于高隐岑所得原稿500余册下落不明，故"此虽抄本，但淹有两家所藏，应近全帙。目前原稿散佚，则此本为唯一较完全、亦可窥见原稿内容之本，盖亦难能可贵"③。

对于这批笔记小册子，后世学者均极重视。著名学者钱穆在《中国近三百年学术史》中曾说：

---

① 陈德芸：《广东未刻之书籍》，广东文物展览会编：《广东文物》卷九，广东人民出版社2013年版，第880页。
② 杨寿昌：《陈兰甫先生澧遗稿》，《岭南学报》1932年第2卷第3期，第174-175页。
③ 吴茂燊、黄国声：《〈陈东塾先生著述考略〉订补》，《中山大学学报》（哲学社会科学版）1982年第4期，第60页。

近年广东岭南大学,购得东塾遗稿钞本六百余小册……皆《读书记》之前身也。其中议论,虽《读书记》所未收,而实可说明东塾论学意趣,为《读书记》已刻诸卷之引论。且其畅言当时学风流弊,尤为考论乾、嘉以下汉学所以穷而必变之绝好材料。①

梁启超在《中国历史研究法补编》中也说:

乡先辈陈兰甫先生死了以后,遗稿流传出来,一张一张的纸片,异常之多,都是在甚么书看了两句,记出来以后,又加上简短的按语。新近广东有人搜得了六千多片,都一般大小,实则他一生的纸片,不知有好几百万张。我正打算设法找来,整理一下,可以看出他治学的方法。②

可见,二人都是从治学方法着眼,重视强调它的价值。

此外,陈澧生平著述极为谨慎,以中正平和为主,罕有慷慨过激之言,"盖东塾不欲以空言启争端,而以求实绩开先路。故其书对当时学风弊端为东塾不满者仅时时露其微辞,引而不发,不肯为直率之攻击也"③。而在笔记小册子中,陈澧就不必有所顾忌而过于拘谨了,可以畅所欲言,直抒胸臆,故笔记小册子更能表现其真实思想和情感,因而尤为可贵,是全面深入研究陈澧学术思想和为人风范的不可多得的珍贵资料。2009 年,《东塾遗稿》收入桑兵主编之《续编清代稿钞本》中,第一次影印出版,公之于世,为海内外研究者提供了极大方便。

◎《东塾杂俎》

《东塾杂俎》编写、流传、刊刻的经过比较曲折复杂,它有稿本、编录本、刊本三种之分。

《东塾读书记》原计划写成 25 卷。陈澧生前已刻 15 卷,其余未成,临终前嘱咐说:"吾所著《读书记》已成十余卷,其未成者,俟儿子及门人编

---

① 钱穆:《中国近三百年学术史》,商务印书馆 1997 年版,第 666 – 667 页。
② 梁启超:《中国历史研究法(外二种)》,河北教育出版社 2002 年版,第 349 – 350 页。
③ 钱穆:《中国近三百年学术史》,商务印书馆 1997 年版,第 666 页。

录，名曰《东塾杂俎》，此书当可传也。"① 由此可知，《东塾杂俎》是《读书记》重要的、不可或缺的组成部分，而且陈澧本人对之颇为重视自负，认为"可传"。是为《杂俎》稿本。

光绪八年（1882）陈澧病逝后，大部分藏书文稿由子孙或门人弟子分存，《东塾杂俎》稿本即由长孙陈庆龢保存。

陈庆龢，字公睦，光绪十七年（1891）副贡生。历任广雅书院文学分校、菊坡精舍山长、直隶候补道员、中国驻檀香山领事、北洋政府国务院秘书、外交部秘书等职。陈庆龢宦游京师，将全部书籍文稿带在身边。抗日战争时期，他留在北平，未曾经历辗转迁徙、颠沛流离之苦，故其先祖遗物保存完好，未遭损毁。

陈庆龢晚年最大的心愿即是整理刊刻先祖《东塾杂俎》一书。居京期间，公事之暇，他埋首伏案，努力从事校录整理，几经岁月，终于在1932年大体完成，并为之跋曰：

> 先祖考《东塾读书记》得十二卷，又三卷已刻成。其余未成稿本十卷，遗命名曰《东塾杂俎》，俟门人及儿子编录。《东汉》一卷，昔年先叔父已编未完，所余及各卷，庆龢依次续编，并于每段下旁注"手定""编录"，以示区别。忽忽积年，始告竣事。分任校理者，无锡许君同莘，先祖考再传弟子也。壬申九月孙庆龢谨识。②

是为《东塾杂俎》编录本。"手定"即陈澧生前已确定者，"编录"即陈庆龢后来所续编者。

《东塾杂俎》编录本在体例结构上的最大变动，是将原稿本10卷扩充为14卷，目录依次为：卷一《西汉》、卷二《东汉》、卷三《晋》、卷四《南北朝隋》、卷五《唐五代》、卷六《唐疏》、卷七《（北）宋》、卷八《南宋》、卷九《辽金元》、卷十《明》、卷十一《国朝》、卷十二《通论》、卷十三《余录》、卷十四《琐记》。

可见，卷次大体一仍《读书记》之旧，但经过增补重组，主要是将

---

① 见汪宗衍：《陈东塾先生年谱》，《近代中国史料丛刊》第77辑，第120—121页。
② 桑兵主编：《三编清代稿钞本》第105册，广东人民出版社2010年版，第532页。

《南宋》(《读书记》目录中与《(北)宋》并为一卷)单独析出,又增加《读书记》目录中所无的《唐疏》《余录》《琐记》各一卷,末"附待撰未成稿目",注云:"稿本有待撰未成者录目于左。"①

1943年,该书由北平古学院首付剞劂,列为"敬跻堂丛书"之一。合肥王揖唐为之序,绍兴周肇祥参与校雠,并为之跋曰:

……是书为笔记体裁,虽按代分列,而读书论学,随时撰记,段自为文,手稿丛残,颇费诠理。②

由于时值抗日战争期间,书印无多,流布极少,学者罕睹。是为《杂俎》刊本。

1957年,通过广东著名学者冼玉清教授的介绍,陈庆龢将其先祖东塾先生遗书50余种共705册,连同字画、印章、古琴等遗物捐赠予广州中山大学图书馆,其中包括《东塾杂俎》稿本和编录本。"赠书中最有价值的为陈东塾先生手稿《东塾杂俎》17册……东塾手稿本已送到我校,编录定本则仍存公睦先生处,一俟重校完毕,将再寄赠我校。"③ 此举为后人从事陈澧学术思想及著述研究提供了极大的方便。

据笔者初步翻阅浏览,《东塾杂俎》稿本之可贵,在于其留存有大量正文之外陈澧随笔书写添加的眉批评注及修改痕迹。编录本之贡献,在于对稿本进行了初步整理,删繁去冗,有廓清之功。为统一体例,编录本将原稿眉批评注基本删除,固属应该,但大量珍贵资料因之湮灭,实为可惜。而刊本在刻梓问世、广布流传上功不可没,但错误衍漏在所难免,更有不少随意删省者,内容方面欠缺较多,难称完书。因此,《东塾杂俎》稿本、编录本、刊本三者各有所长,不可或缺,互为补充,研究者应互相参考。

《东塾杂俎》虽未完全定稿,但它并非简单的资料汇编,也走出了尚未具备成书性质的所谓"长编"阶段,已是贯通而发明之,条析而整理之,已是初具雏形的完整的学术著作了。故有的学者认为:

---

① 桑兵主编:《三编清代稿钞本》第105册,广东人民出版社2010年版,第528页。
② 周肇祥:《东塾杂俎跋》,[清]陈澧:《东塾杂俎》卷终,1943年北平古学院《敬跻堂丛书》刊本,第1页。
③ 冼玉清:《陈澧遗书》,《中山大学周报》1957年第198期,第4版。

其实陈澧生前已将此书初步编定，亦两次审阅改定，虽未分类，但类次井然，与《读书记》中注明未刊卷数适相吻合……只需略加整理，即可付印。①

今人朱维铮正确指出，《东塾读书记》下篇为"经学史"，所以，将《东塾杂俎》与《读书记》中已刊之《郑学》《三国》《朱子》三卷合而观之，则陈澧实际上是真正通论了古今学术，也无意中编撰完成了一部自西汉至清代，上下两千余年的学术史即经学史。其中每个重要朝代、每个重要时期经学发展演变的大体过程、基本脉络、主要人物、主要著作、重要事件以及是非评价等，他都予以关注，勾勒梳理，胪列叙述，是一部体大思精、内容丰富、涉及广泛的经学史。"通论古今学术"，陈澧应是当之无愧，他确实发表了对"经学源流正变得失所在"的系统见解，这是他的创造性贡献。

中国第一部经学通史，后世公认是清代学者皮锡瑞所著的《经学历史》，光绪三十三年（1907）由湖南思贤书局刊行。今人周予同称："至今没有一部严整而系统的经学通史。皮氏的《经学历史》还是有一读的价值。他是用会通的眼光来写中国经学史的第一人。"②但随着陈澧《东塾杂俎》一书的逐渐问世流行，这种观点值得商榷，需要重新审视。

这里有一些情况需要强调和说明。

第一，陈澧并未仿照旧式学案体去编写经学史，如黄宗羲《明儒学案》、全祖望《宋元学案》所作，也没有受西学影响，按类似章节体裁去编撰近代意义上的经学通史，如皮锡瑞《经学历史》所为，而是仿照顾炎武《日知录》，以读书笔记体来通论古今学术，叙述经学历史。就体裁形式而言，不免显得落后过时。陈旧的读书札记体裁妨碍了对经学内容更为流畅便利和更为全面综合地展开叙述。

第二，《东塾杂俎》大体写定，但终未最后完成。不但部分条目还处于斟酌之中，而且全书内容分量有轻重厚薄之分，相差较大。如《西汉》《南北朝隋》《辽金元》等卷内容比较单薄，分量较少；而《东汉》《唐五代》

---

① 吴茂燊、黄国声：《〈陈东塾先生著述考略〉订补》，《中山大学学报》1982年第4期，第60页。

② 周予同：《中国经学史讲义》，朱维铮编：《周予同经学史论著选集》（增订版），上海人民出版社1996年版，第834页。

《（北）宋》《南宋》《明》《国朝》诸卷，则内容丰富，卷帙较多。个中原因，除某些朝代、某些时期经学发展较为贫乏，可写内容不多之外，也与陈澧生前兴趣偏好、用功多寡及资料搜集难易都有密切关系。如《西汉》卷"待撰未成稿目"最多，计有："秦儒""鲁儒""陆生""高帝""惠帝举孝弟力田""河间献王实事求是""武帝举孝廉""董生"……①这些条目都是陈澧生前预备撰写而未动笔的。

第三，由于有《宋元学案》《明儒学案》等学术史专著在前，为了不致重复雷同，陈澧采取了详人之所略、略人之所详的处理方法。对此他解释说：

> 此书自经学外及于九流诸子，两汉以后学术，至宋以后有宋元明学案之书，则皆略之，惟详于朱子之学，大旨在不分汉宋门户，其人之晦者则表彰之……文之晦者则采录之。②

现在看来，虽然《东塾杂俎》关于两宋及明代部分的内容并不单薄，如《东塾遗稿》中，"其关于宋者，有数十本之多，盖即为《读书记》（卷二十《宋》）之长编"③，表明陈澧治学严谨，认真读书，辛勤搜索。但这样的详略处理，终不免使全书在经学史叙述的系统性、条理性、完整性方面受到一定影响。

陈澧通论古今学术，是基于古文经学的立场，这与皮锡瑞立足于今文经学的立场显然有一定的差距。由于陈澧是一位学问渊博的经师，受过严格的汉学训练，在经学、小学、音韵、地理、历算、声律诸领域造诣精深，专门名家，具有深厚的学术功底，以如此学术背景和资历去通论古今学术，叙述经学历史，自然是得心应手，驾轻就熟，也是最为理想、最为合适的人选。由于具备德、学、识三者俱佳的有利条件，他所撰著的经学史真正算得上体大思精、平正严实的传世之作，自不可与平庸肤浅、泛泛而论者同日而语。

---

① 桑兵主编：《三编清代稿钞本》第105册，广东人民出版社2010年版，第528页。
② ［清］陈澧：《复刘叔俛书》，《东塾集》卷四，光绪十八年（1892）刻本，第20页。
③ 杨寿昌：《陈兰甫先生（澧）笔记遗稿》，《岭南学报》1936年第5卷第3、4期合刊，第1页。

考虑到以上几层因素，也考虑到《东塾杂俎》成书要比皮锡瑞《经学历史》早20余年，称陈澧为中国经学史研究的先驱或开拓者，《东塾杂俎》为中国经学通史的开山之作，当不为过论。

第八章 陈澧的学术地位及其意义

一、名闻海内的陈东塾先生

陈澧生前对自己的学术地位有一个总的评价:"国朝儒学,于汉学、宋学、礼、乐、书数、天文、地理,无不贯综者,江慎修一人也,余所仰慕在此。今年已五十,不能及江慎修,亦不能及戴东原,但似程易畴(瑶田)耳。"又说:"王白田之朱学,程瑶田之汉学,二田之间乎!"①

按,程瑶田(1725—1814),字易田,又字易畴。安徽歙县人。与戴震、金榜从游于江永,学大进。九应乡试,大挑二等,选嘉定县学教谕,年已64岁。为人廉洁自持,以身率教,寻乞病归。自少迄老,笃志著述,其学长于涵咏经文,得其真解,不屑屑依傍传注。著《通艺录》19种、《附录》7种。

王懋竑(1668—1741),字子中,号白田。江苏宝应人。康熙五十七年(1718)进士。历安庆府教授、翰林院编修。性淡泊,少时尝谓友人曰:"老屋三间,破书万卷,平生志愿足矣。"②精研朱子之学,身体力行。以明李默所定《朱子年谱》多删改原编,因取《文集》《语类》等书,条析而精研之,以正年月之后先,旨归之同异,订为《朱子年谱》四卷、《考异》四卷、《附录》一卷。大旨在辩为学次序,以攻姚江之说。又著《白田杂著》八卷,于朱子书考订尤详。

对于陈澧的这个自我评价,其门人弟子有不同意见。梁鼎芬说:"师尝语门弟子曰,吾所学近程瑶田、王白田两家。殆以程考订博核,王为紫阳之

---

① 《陈兰甫先生澧遗稿》,《岭南学报》1932年第2卷第3期,第193页。
② 王钟翰点校:《清史列传》卷六十七,中华书局1987年版,第5366页。

学耳。然瑶田无其大,白田无其精,恐是逊词也。"① 陈澧显然过于自谦。

晚年陈澧声誉日隆,尤其在《东塾读书记》刊刻问世后,更是名满天下。由门人弟子与家属编辑的《陈澧事实十三则》载:

> 故广东学政、右春坊右中允刘熙载,与澧交契甚深,以为所著《东塾读书记》说经诸条,在顾炎武《日知录》之上。②

说经超过顾炎武,可谓推崇之高。陈澧弟子文廷式曾写道:

> 光绪甲午朝考,诸贡士卷中有明引《东塾读书记》者,阅卷大臣拟签出。翁叔平师云,上案头方置此书,日加批览,可无签也。师殁十余年,而书邀御览,亦可谓稽古之至荣矣。③

按,翁叔平指翁同龢。清制,凡新科进士引见前,由皇帝再考试一次,称朝考。朝考后授官,前列者为庶吉士,次者分别为主事、中书、知县等。书邀御览,朝考时新科诸贡士作为经典引用,反映出《东塾读书记》在当时的影响非同一般。

又光绪中,著名文士李慈铭花了五六年时间阅读《东塾读书记》,他在其日记中有相关评述:"其学折衷汉宋,实事求是";"其言皆极平实";"阅《东塾读书记》中《易经》一卷,真实事求是者也";"阅《东塾读书记》《诸子》一卷,所言皆大义醇实,不揩撋琐碎";"阅《东塾读书记》讫。陈氏取材不多,不为新异之论,而实事求是,切理餍心,多示人以涵咏经文,寻绎义理之法,甚有功于世道。其文句于考据家中自辟町畦,初学尤宜玩味也"。④ 光绪十三年(1887)八月,在回复王先谦关于《皇清经解续编》应

---

① 梁鼎芬:《答杨模见赠之作》诗注,《节庵先生遗诗》卷五,《近代中国史料丛刊》第75辑,第19页。
② 桑兵主编:《三编清代稿钞本·陈澧事实》第108册,广东人民出版社2010年版,第532页。
③ [清]文廷式:《纯常子枝语》卷二,赵铁寒编次:《文廷式全集》,《近代中国史料丛刊续编》第十四辑,第8页。
④ [清]李慈铭:《越缦堂读书记》,上海书店出版社2000年版,第796–798页。

收书目时,李慈铭写道:"又陈兰浦《东塾读书记》、桂浩亭《群经补正》……似该宜刻入,不可少也。"① 李慈铭性格狂傲,向以好诋骂、言辞尖苛著称,但他学问广博,读书精细,非肤浅庸俗者流可比。故他对陈澧及《东塾读书记》所议所论,客观公允,平正属实,反映其对陈澧的真心尊重。

最能说明陈澧地位影响的,是叶德辉的一段话:

> 自登乡荐,北游京师,于是日与日下知名之士文酒过从,又时至厂肆,遍取国朝儒先之书读之,遂得通知训诂考订之学。其时东塾先生遗书,尤为士大夫所推重,鄙人也购置一册,朝夕研求,觉其书平实通贯,无乾嘉诸君嚣陵气习,始知盛名之下,公道在人,众口交推,良非虚溢。②

叶德辉"乙酉乡试中式举人","丙戌会试报罢归",戊子"冬腊余赴公车",己丑"余留京至庚寅夏始归","壬辰会试,中式第九名贡士,殿试二甲,赐出身"。③ 他北游京师的时间在光绪十一年至十八年(1885—1892)间。这段文字生动地凸显出陈澧著作学说在当时全国文化中心——京师受到欢迎和流行的情况。虽然叶德辉对陈澧颇有微词,但他的话反而更具有说服力。所以在清末,学术界流行着一种说法:"远师亭林,近法兰甫。"光绪二十四年(1898)叶德辉在《輶轩今语评序》中写道:

> 学使宛平徐先生壬辰分校礼闱,余出其门下。其时先生服膺陈东塾之学,曾以手书相告,欲余远师亭林,近法兰甫。④

亭林就是清初著名学者顾炎武。将陈澧与顾炎武相提并论,隐然有顾炎

---

① [清]李慈铭:《复王益吾祭酒书》,《越缦堂文集》,《近代中国史料丛刊续编》第十七辑,第159页。
② 叶德辉:《与罗敬则大令书》,叶启倬辑:《郋园先生全书·郋园论学书札》,中国古书刊印社1935年版,第36页。
③ 叶德辉:《郋园六十自叙》,《叶德辉文集》,华东师范大学出版社2010年版,第269-270页。
④ 苏舆编:《翼教丛编》,上海书店出版社2002年版,第70页。

武为清学开山、陈澧为清学集大成之意。因此,"南交第一儒林""海内通儒""东南大儒"等称呼不绝于耳,都表达了学术界对陈澧的尊崇与敬仰。

值得注意的是,与泛泛而论不同,晚清有不少学者开始从学术史的宏观角度或层面来评价审视陈澧,或从学术史的地位加以界定。

如袁昶谓:

> 桐庐袁忠节公昶平日议论,以经济之学,国朝推曾文正公为正轨;经义之学,推陈兰甫京卿澧为正轨;古文之学,推姚姬传中郎鼐为正轨。并云:"此三家之书,子弟能熟读,可以来身自立,独往独来于浊世之中。"云云。①

将陈澧推为经义之学正轨,无疑承认其在晚清学术界的正统领袖地位。又有沈曾植,据陈澧弟子文廷式回忆说:

> 沈子培刑部曾植游粤时,曾数与师相见,师亟称之。后子培为余言,兰浦先生,有所不言,无所不知,盖汇乾嘉以来文儒之总也。②

按,沈曾植(1850—1922),字子培。浙江嘉兴人。光绪六年(1880)进士。历任刑部主事、南昌知府、总理衙门章京、安徽提学使,主讲两湖书院。甲午中日战争后,愤《马关条约》之辱国,参加北京强学会,赞助康、梁变法维新,是清流派主要人物之一。辛亥革命后,以遗老自居,寓寄上海。沈曾植学识淹博,精研西北史地,书法最负盛名,近人誉其为一代宗师。"盖汇乾嘉以来文儒之总",可谓推崇备至,无疑将陈澧视为乾嘉学术的集大成者。这里明确将陈澧视为清代正统考据学的集大成者,表明沈氏能从学术史发展大局着眼,因而视野开阔。

另有谭献(1832—1901),号复堂。浙江仁和人。同治举人,官安徽歙县等地知县。谭献学问渊博,好读书,观其日记,几无日不读书,无书不评隲,非浅学者流可比。光绪十六年(1890),张之洞聘其主湖北经心书院。

---

① 刘声木:《苌楚斋随笔续笔三笔四笔五笔》,中华书局1998年版,第377-378页。
② [清]文廷式:《纯常子枝语》卷二,赵铁寒编次:《文廷式全集》,《近代中国史料丛刊续编》第十四辑,第7页。

在武昌，谭献与东塾弟子梁鼎芬来往密切，曾受嘱审定其诗，评价颇高："梁诗如松石，清奇古怪，真气不磨，四方君子，殆未易抗颜行也。"① 足见二人关系之融洽。也正是在武昌任职前后，谭献得以接触陈澧著述，他在日记中写道：

> 张蔼卿农部贻予陈兰甫《东塾读书记》。读之，颇通汉宋之邮也，学术倚伏之理，至今日必有此家数，盖源流将自分而合矣……至于其辞大醇，倾群言之沥液，温如有余，非叫呶以揭橥者也。②

谭献对陈澧是深为仰慕钦服的，他在日记中一再流露：

> 廿七日。阅陈兰甫先生《东塾文集》六卷一过。先生文储洁抱朴，不事深言棘句，亦无门户之习，诚心而言，融洽汉宋，深入理要，兼通治术。别集得此，诚与鄙人畴昔之言有实用者，若合符契矣。
> 四月四日。阅《东塾文集》。经师通贯，足名其家。
> 浴佛日。阅《东塾读书记》卒业。从充实入精微，吾师乎？③

谭献早年草拟了一个《师儒表》，分"绝学""名家""大儒""通儒""旧学""经师""文儒""校雠名家""舆地名家""小学名家""提倡学者"十一类，每类选若干人物为代表。如"绝学"有庄方耕、汪容甫、章实斋等；"名家"有王怀祖、王西庄、钱竹汀等；"大儒"有颜习斋、李刚主、王昆绳等。这其实是以人物表的形式来论述概括清代学术的一个大纲，是一部具体而微、浓缩型的清代学术史，可惜未能深入完成。他自知不免疏漏，故慎重声明："一时之见，未为论定，录存日记备忘。"④

---

① ［清］谭献：《复堂日记续录》，李德龙主编：《历代日记丛抄》第64册，学苑出版社2006年版，第244页。
② ［清］谭献：《复堂日记》，李德龙主编：《历代日记丛抄》第63册，学苑出版社2006年版，第357页。
③ ［清］谭献：《复堂日记续录》，李德龙主编：《历代日记丛抄》第64册，学苑出版社2006年版，第250、264、296页。
④ ［清］谭献：《复堂日记》，李德龙主编：《历代日记丛抄》第63册，学苑出版社2006年版，第122页。

到了晚年，谭献对《师儒表》做了某些修改补充，在"通儒"中增加了刘融斋、陈兰甫，并注云："上二家后补。"① 谭献所列的"通儒"包括胡石庄、李申耆、黄梨洲、全祖望、顾亭林、包慎伯、张稷若等人。从学术史角度看，将陈澧列入清代大宗儒师之列，并推崇为"通儒"者，谭献是第一人。可惜这个《师儒表》当时未能刊布，故知之者稀。

二、"新学风"的倡导者

陈澧不仅是博学的经师，蜚声海内的学者，更重要的是，他长期致力于"汉宋调和"，倡导一种"新学风"，且身体力行，为学界楷模。这才是陈澧学术思想的精髓之所在，也是他留给后世的最大遗产。

所谓汉学，指训诂考据；所谓宋学，指义理性道。"以训诂考据本于汉儒，名曰汉学，以义理性道阐自宋儒，名曰宋学。"②

清初承明代余绪，程朱理学占据主导地位。乾嘉以后，由于名卿巨公的号召与影响，汉学兴起。"乾嘉以来，朝士宗尚汉学，承学之士，翕然成风，几若百川之朝东瀛，三军之随大纛。"③ 汉学风气弥漫一时，势力逐渐超过官方程朱理学，成为学术主流。

道咸以后，汉学盛极趋衰，宋学沉寂百年之后，又呈现即将兴起的征兆，学术态势已处于不得不变之际。导致汉学衰微和宋学复兴的原因很多，错综复杂。

一是汉学支离破碎，烦冗芜杂，严重脱离社会现实，积重难返，流弊丛生，实已难饫人心。二是政府腐败，内忧外患，鸦片战争爆发、太平天国起义、英法联军之役接踵而起，清朝统治秩序摇摇欲坠，岌岌可危。在此复杂

---

① ［清］谭献：《复堂日记类抄》，李德龙主编：《历代日记丛抄》第63册，学苑出版社2006年版，第495页。
② 劳乃宣：《论为学标准》，《桐乡劳先生（乃宣）遗稿》卷一，《近代中国史料丛刊》第36辑，第134-135页。
③ 陈康祺：《郎潜纪闻初笔二笔三笔》，中华书局1997年版，第128页。

第八章　陈澧的学术地位及其意义

多变、危机四伏的形势下，以复古崇古为宗旨，在故纸堆里讨生活的汉学完全束手无策。所谓"盖汉学既成滥调，迥思向所唾弃之宋儒，实有不可磨灭者在"。① 于是沉寂近百年的宋学获得了复兴的绝好机遇。

宋学复兴，卷土重来，势不可挡。但汉学虽衰，仍犹百足之虫，死而不僵。在此势均力敌、不分伯仲的情况下，汉宋调和或汉宋兼融之论便有了广泛的基础，成为容易得到各方认同的折中可行之道，也是势所必然了。故后人总结说："道咸以来，儒者多知义理、考据二者不可偏废，于是兼综汉宋者不乏其人。"②

陈澧即是在这种历史背景下，走上学术舞台，开始他的学术生涯的。

陈澧年轻时受以学海堂为代表的广东朴学风气的影响，埋首致力于训诂考订之学，《东塾类稿》《汉书地理志水道图说》《切韵考》《声律通考》等即是这方面的代表作，这些著述奠定了他在学术史上的崇高地位。此外，陈澧的可贵之处还在于他不故步自封，而能与时代潮流俱进。

当陈澧立志从事汉宋调和的工作时，他所面临的学术环境及发展形势十分错综复杂。道、咸、同、光四朝，除汉学衰歇、宋学复兴外，还有今文经学的崛起、诸子学的流行、以及西学的传入等。在晚清学术纷纭变幻、争奇斗妍、各呈风骚的形势下，陈澧不随波逐流，盲从风气，而是坚持己见，走一条不偏不倚的新的学术道路，这就是秉承乾嘉学术优良传统，立足于汉学立场，以古文经学为主，融合宋学及其他学说，兼收并蓄，独树一帜。对此他写道："汉唐宋学，自来无兼之。余之《学思录》自成一家，不可不勉成之也。谢朝华于已披，启夕秀于未振，其可传者在此。"③ 正是夫子自道，也颇以此自负。兼融糅合汉唐宋学，开启一代新的学术风气，为其毕生抱负所在。

针对乾嘉以来学界长期存在的种种流弊，陈澧愤然而起，以纠偏补弊自任。他为调和兼融汉宋所做出的学术探索的努力，主要表现在四个方面。

第一，强调经学以义理为归宿，也即寻求微言大义，反对一味训诂，烦

---

① 楚金：《道光学术》，沈云龙辑：《中和月刊史料选集》，《近代中国史料丛刊》第60辑，第261页。
② 徐世昌等编纂，沈芝盈、梁运华点校：《清儒学案》卷一百八十《心巢学案》，中华书局2008年版，第6945页。
③ 《陈兰甫先生澧遗稿》，《岭南学报》1932年第2卷第3期，第193页。

琐考证。

第二，编纂《汉儒通义》，特地从汉儒言论中寻找阐绎义理之说的点滴证据，来支持自己关于汉儒并非像世俗所认为的那样单纯讲求训诂考据，而是也有寻求义理的传统的立论。

第三，编辑《郑氏全书》①《朱子语类日钞》二书，大力表彰郑玄、朱子二人，并认为郑玄集汉儒之大成，朱子集宋儒之大成，二人时代不同，立论偏重不同，但有一共同点，即讲考据不废义理，发挥义理不忘考据。这就证明，汉学、宋学二家有相同、相通之处，可以调和兼融为一。

第四，撰著《学思录》。"故予作《学思录》，求微言大义于汉儒、宋儒，必有考据，庶几可示后世耳。"②此一段话，将他编纂《学思录》以调和兼融汉宋为主要目的，讲得十分清楚了。《学思录》后改为《东塾读书记》，宗旨是"考证经学源流正变得失所在"；"通论古今学术，不分汉宋门户"。

以上就是陈澧意欲调和汉宋所做或准备做的几项工作，其中尤以《学思录》（《东塾读书记》）为其后半生倾注心血之寄托，代表了他主要或最终的学术旨趣和追求，自谓"平生之志与业皆在其中"③。

由于陈澧在汉宋调和兼融方面，从事时间较早，实际倡导较多，成就较为突出，对学界影响较大，当时及后世学者均将其视为晚清汉宋调和的先驱和中坚，或集大成者。

番禺吴道镕曰："嘉道而后，号儒者皆沟通汉宋，至陈东塾而旨意大明，其以渐而合也。"④

长沙叶德辉在论及清代经学流派时说："东塾派有陈澧，所著有《东塾读书记》《汉儒通义》。澧为阮元再传弟子，然近世所谓汉、宋兼采一派者，至澧而始定其名，故别为派以殿于后。"⑤

---

① 陈澧有《郑氏全书序》，见《东塾集》卷三。但《郑氏全书》编纂完成与付梓否，笔者未见刊本，不敢臆定。
② 《陈兰甫先生澧遗稿》，《岭南学报》1932年第2卷第3期，第192页。
③ 黄国声选录：《东塾读书论学札记》，[清]陈澧著，黄国声主编：《陈澧集》二，上海古籍出版社2008年版，第382页。
④ 吴道镕：《莫镜川像赞并序》，《澹庵文存》卷二，民国壬午（1942）年刻本，第29页。
⑤ 徐珂：《清稗类钞》第八册，中华书局1986年版，第3805页。

第八章 陈澧的学术地位及其意义

近人楚金在《道光学术》中写道:"为汉宋兼融之学者,其端启于李申耆,而终于陈兰甫。"①

其后章太炎、刘师培诸人,虽于陈澧颇有微词,但还是承认他在晚清汉宋兼采或汉宋调和方面的特殊地位与贡献,可见众口一词,已成不移之论。

陈澧调和汉宋,近人钱穆将之概括为"提倡新学风"。对此他写道:"故知东塾之在当时,实目击汉学家种种流弊,而有志于提倡一种新学风以为挽救者也。"② 言简意赅,一语中的。

钱穆不仅是首先揭橥此意者,而且关于新学风的内容、宗旨、底蕴、意义等,他也从不同角度鞭辟入里地加以推阐演绎。如说:"故东塾所欲提倡之新学风,与其谓之兼采宋儒之义理,毋宁谓其特重汉、唐之注疏也。"又说:"然则东塾所欲提倡之新学风,扼要言之,可谓是人通一经之学也。"并认为其核心关键在于,"则真学者自必细心读书,求其大体,而其本在乎服善,在乎虚心向学,而无先以求胜乎前人之心。如是而心术正,学风变,而人才自此出,世运自此转。此东塾提倡新学风之微旨也"③。这个"微旨",也许是陈澧自己根据当时世运用心设计出的一套独特的"曲线救国"理论,说什么"以为政治由于人才,人才由于学术,吾之书(指《学思录》暨《东塾读书记》)专明学术。幸而传于世,庶几读书明理之人多,其出而从政者,必有济于天下,此其效在数十年之后者也"④。理论正确与否,另当别论,而且他也明显过高估计自己这一理论设计的实际功效,但无论如何,这是他用心良苦所在。

陈澧所欲提倡的"新学风",内涵丰富,包罗多方,对此他在不同场合有所表述。现存陈澧的著述、讲稿、书信以及札记之中,有大量关于读书、治学及为人的论述,其实均可视为他从不同层面对于"新学风"的阐述发挥。归纳起来,主要包括如下内容。

其一,强调认真读书。

在札记中,陈澧一再说:"天下乱由于学术衰,学术衰由于懒读书,懒

---

① 沈云龙辑:《中和月刊史料选集》,《近代中国史料丛刊》第61辑,第262页。
② 钱穆:《中国近三百年学术史》,商务印书馆1997年版,第676页。
③ 钱穆:《中国近三百年学术史》,商务印书馆1997年版,第682、683、686页。
④ [清]陈澧:《与胡伯蓟书》,《东塾集》卷四,光绪十八年(1892)刻本,第26–27页。

读书，乱天下矣。"① 他之所以将读书的重要性提到如此之高，与当时浮躁的学风和社会氛围有直接关系。

陈澧认为，"北宋人读书博学者多，自此以后，一代少于一代，至本朝而复盛。今则读书者绝无而仅有矣；若再排斥训诂词章之学，则天下无读书人矣"。又说："今日之弊，不能专咎博雅之儒。盖四五十年以前，其弊或在博而寡要；今则肯读书者已少矣，故必以朱学救之，乃可挽回。"② 朱学指朱子。提倡新学风，必须从最基础的读书开始。

关于读书方法，陈澧主张应静心、要圈读、不浮躁。《与菊坡精舍门人论学》中有许多关于读书的具体指导意见，如："凡专习之书，必要落笔圈点，又要抄撮。""不可懒读书，不可懒查字典。"陈澧自己是认真读书的典范，他遗留的圈读批校书和大量的读书札记就是最好的证明。对此，弟子文廷式追忆说："师终身读书，必端坐。藏书五万卷，丹青几遍。晚年复读二十四史，加朱点勘，至《元史》，未卒业而卒。"③ 二十四史已通读两遍，在当时以至后世都属罕见。

其二，力戒轻率著述。

陈澧在读书札记中引刘知几《史通》之言，并加以发挥说："识事未精，轻为著述，为不知量，吾或免矣。然不可不以为戒，更愿学侣戒之。"④ 又写道："著书不可有一字空设。"⑤ 陈澧著述态度最为严谨，《汉书地理志水道图说》的撰著可为一例。陈澧对该书下过苦功，不但写作时间长达10余年，而且大体著成后，又反复斟酌修改，不厌其烦地补充完善，如他在与友人信说："澧近修改《水道图》，以古今各书逐条考核，尚未写定，汗青

---

① 黄国声选录：《东塾读书论学札记》，[清] 陈澧著，黄国声主编：《陈澧集》二，上海古籍出版社2008年版，第376页。

② [清] 陈澧：《东塾杂俎》卷十一，[清] 陈澧著，黄国声主编：《陈澧集》二，上海古籍出版社2008年版，第659、668页。

③ [清] 文廷式：《纯常子枝语》卷二，赵铁寒编次：《文廷式全集》，《近代中国史料丛刊续编》第十四辑，第7页。

④ 黄国声选录：《东塾读书论学札记》，[清] 陈澧著，黄国声主编：《陈澧集》二，上海古籍出版社2008年版，第373页。

⑤ 桑兵主编：《续编清代稿钞本·东塾遗稿》第72册，广东人民出版社2009年版，第506页。

尚无日耳。"① 而且在刊梓以后，发现有错误，马上改刻，如在给弟子信中写道："拙著《水道图说》第一卷，今付工改刻，内有不妥者，甚矣著书之难。"② 可见他著书态度的一丝不苟与专注精勤。

更难能可贵的是，陈澧在学术著述方面特地标举"公心""私心"或者"心术"，他写道："著书必须无一毫私伪留于心目之间。"③ 他以这个标准来衡量评论古今人物著述，如评论宋代陆九渊，陈澧说："象山未尝不读书，其好诋毁人，自尊大，亦可诿之气质之偏，风气之弊，独心术似有病，此最不可为训。"④ 又如评论明代王阳明，陈澧谓："王阳明，英雄人也，不是好人，心术不好。如何不好？回诈。"⑤ 又说："本朝诸儒，惠定宇始讲汉学。夫汉学诚是也，而讲易汉学，则非也。戴东原始攻宋学。夫宋学诚可议也，而尽以为不然，则非也。《黄氏日抄》于周、程、朱皆不苟同，而与戴氏之攻宋儒迥异。黄氏之心公，戴氏之心私，有夺席之意耳。"⑥ 黄氏指南宋学者黄震。又说惠栋、戴东原，"总之，二人皆非光明磊落之君子也。本朝学术，坏于此二人。王西庄心术亦胜于钱竹汀"⑦。心术，这里实质上是指学者的良心或者良知，强调学者要有实事求是、大公无私、光明磊落、不曲学阿世的高度社会责任感和道德品质。

其三，倡导博学知服。

陈澧说："儒行多善处，固矣。其最善处，如'博学以知服'是也。郑注云：'不用己之知，胜于先世贤知之所言也。'孔疏云：'谓广博学问，犹

---

① ［清］陈澧：《与徐子远书二十一首》，［清］陈澧著，陈之迈编：《东塾续集》卷四，《近代中国史料丛刊》第77辑，第182页。
② ［清］陈澧：《与桂皓庭书二十二首》，［清］陈澧著，陈之迈编：《东塾续集》卷四，《近代中国史料丛刊》第77辑，第154页。
③ 黄国声选录：《东塾读书论学札记》，［清］陈澧著，黄国声主编：《陈澧集》二，上海古籍出版社2008年版，第379页。
④ 桑兵主编：《续编清代稿钞本·东塾遗稿》第80册，广东人民出版社2009年版，第585页。
⑤ 桑兵主编：《续编清代稿钞本·东塾遗稿》第87册，广东人民出版社2009年版，第587页。
⑥ ［清］陈澧：《东塾杂俎》卷十一，［清］陈澧著，黄国声主编：《陈澧集》二，上海古籍出版社2008年版，第675页。
⑦ 黄国声选录：《东塾读书论学札记》，［清］陈澧著，黄国声主编：《陈澧集》二，上海古籍出版社2008年版，第362页。

知服畏先代贤人，言不以己之博学凌跨前贤也.'澧谓后儒当以此书绅铭座。"① 这是他对于当时社会上普遍流行的轻佻浮躁学风的有感而发。

陈澧在多处说，读书"若不自首至尾读之，随意翻阅，随意驳难，虽其说胜于先儒，而失读书之法。此风气之坏，必须救之"。又说："若随手翻阅，搜求古人之误而驳之，而自为说，虽条条的确，弗善也。若乃古说不误而自为说反误，则更不足言矣。"②

在学术争鸣或学术批评方面，博学知服的态度尤显重要，更需要谨言慎行，以杜绝盛气凌人的暴戾之气。陈澧指出："前人之说有当辩驳者，必须斟酌语气……但当辨析，不可诋諆，即辨析亦须存尊敬之意……若其人不必尊敬，其说又乖谬足以误人，则当正言斥驳，仍不可加以谩骂，致有粗暴之病。"③ 这里讲究语气、掌握分寸至关重要。陈澧特地拈出"博学知服"，主要是针砭其时汉学末流肤浅浮躁、好求新意、好与先儒立异、好露才扬己的积习流弊，而提倡一种谦让、虚心、敬畏前贤的治学精神态度。

其四，"专习一经而治身心"。

"专习一经"即选择专业，"治身心"即道德修养。陈澧说："专习一经而治身心，吾之学如此而已！此《学思录》宗旨归宿处。"④ 这是将"道问学"与"尊德性"二者有机结合起来，讲究德才兼备，是汉宋调和的重心与归宿，也是"新学风"的理想境界。

关于专经，陈澧说："经学以专经为贵，专某经则专读某经之疏，其余乃旁涉耳。"⑤ 专习一经的思想以后又发展为以认真读一部书相号召，所谓"注疏只读一经可矣，余备参考；正史读《史》《汉》可矣，余读《通鉴》，如此则当读之书不多"⑥。

近人萧一山认为，清代学者取得了很大的成绩，但其流弊也不少，最为

---

① [清]陈澧：《东塾读书记》卷九，中华书局1936年《四部备要》本，第10页。
② 《陈兰甫先生澧遗稿》，《岭南学报》1932年第2卷第3期，第190页。
③ [清]陈澧：《引书法》，[清]陈澧著，黄国声主编：《陈澧集》六，上海古籍出版社2008年版，第233页。
④ 《陈兰甫先生澧遗稿》，《岭南学报》1932年第2卷第3期，第182页。
⑤ 黄国声选录：《东塾读书论学札记》，[清]陈澧著，黄国声主编：《陈澧集》二，上海古籍出版社2008年版，第359页。
⑥ 桑兵主编：《续编清代稿钞本·东塾遗稿》第77册，广东人民出版社2009年版，第482页。

突出就是"重学轻行"。他说:"'文人无行'原是一句俗话,清代的学者似乎成了普遍的风气……其间真正有学行的人,固然也不少,但清人的重学轻行,似乎成了一种风气,确为后世遗留不少的恶果。"①

文人学者是社会精英,为天下表率。学术精英重学轻行的直接后果是败坏世俗风气,遗患无穷。针对当时士人读书、做人脱节,学行分离的实际,陈澧又大力倡导躬行实践,即治身心。他首先标榜学习汉人学行,认为"百余年来,儒者讲汉学,如能由此而效法汉儒之行谊,则名教兴而人心厚,风俗醇,是有心世道者所甚愿矣"②。他一再倡导标榜的"圣贤之道,修己治人""读书修行""讲经而躬行之""博学于文,行己有耻"等,既是贬风气挽流俗、纠偏补弊的有感而发,也是同一思想不同层面的发挥。至此,陈澧所提倡的"新学风",就可简单归纳为读书做人了。

三、回归理性,重建学术规范的旗帜

陈澧调和汉宋,提倡"新学风",在当时以及后世,肯定赞美者自不乏人,但也有不同声音。清末民初,持贬斥意见者有黄以周、王闿运、廖平、叶德辉、章太炎、刘师培等。光绪中,廖平受张之洞聘,分校广州广雅书院,钱基博记曰:

(廖平)所居室与(朱)一新邻;一日,闻一新与客言:"学问须自作主人,勿为人奴隶!"因亟叩户问:"如何方能作主人?"一新谓:"近世汉与宋分,文与学分,道与艺分。岂知圣门设教,但有本末先后之分,初无文行与学术治术之别。"其论学术,一以宋儒义理为主,而亦不菲休宁戴氏、高邮王氏之汉学,谓:"训诂通而义礼益明。"平则笑

---

① 萧一山:《清代的学风》,《非宇馆文存》,《近代中国史料丛刊》第88辑,第139页。

② [清]陈澧著,黄国声主编:《陈澧集》二,《东塾杂俎》卷十一,上海古籍出版社2008年版,第665页。

之曰："此仍奴隶之奴隶也！高邮王氏，惟谈校勘，但便学僮，实不知学；故其所著之书，牵引比附，望文生义，绝不知有师说……自陈兰甫（澧）主讲广雅，调和汉宋，王湘潭谓之'汉奸'，朱蓉生即其一派。盖略看数书以资谈助，调和汉宋以取俗誉，又多藏汉碑数十种以饰博雅。京师之烂派，大抵如此；其实中无所主，不中作人奴仆。"①

按，廖平居广州的时间为光绪十四年至十五年（1888—1889），距陈澧逝世才六七年。廖平自视甚高，骂倒一切，无心平气和、谦虚公允可言。其余姑置不论，单将陈澧归于"盖略看数书以资谈助"，便是黑白颠倒。陈澧之博学渊雅，学界早有定评。钱基博所记没有标明材料具体出处，如"陈兰甫（澧）主讲广雅"之说，与基本事实相去甚远，只能归于传闻之类。

与廖平不同，学者章太炎的评议则较为具体征实。按，章太炎在重订本《訄书·清儒》中说：

晚有番禺陈澧，当惠、戴学衰，今文家又守章句，不调洽于他书，始匄合汉、宋，为诸《通义》及《读书记》，以郑玄、朱熹遗说最多，故弃其大体绝异者，独取小小龛盎，以为比类。此犹揣豪于千马，必有其分刌色理同者。澧既善附会，诸显贵务名者多张之。弟子稍尚记诵，以言谈剿说取人。仲长子曰："天下学士有三奸焉。实不知，详不言，一也；窃他人之说，以成己说，二也；受无名者，移知者，三也。"（见《意林》五引《昌言》）②

章太炎批评陈澧于郑玄、朱子弃大取小，不失击中要害，惜语气不免尖酸刻薄，涉及人身攻击，有失学者风度。

平心而论，陈澧调和汉宋，他所提倡的"新学风"，其实并无新意可言，都是儒家旧有的老传统，人所共知、耳熟能详的浅显道理。以今天的眼光来看，陈澧无疑属于传统、保守型人物，谈不上具有维新革命思想，近代西学对其影响有限，但他也不是一味顽固守旧。清代考据学（汉学、朴学）繁碎

---

① 钱基博：《现代中国文学史》，岳麓书社1987年版，第62页。
② 章炳麟：《訄书 初刻本 重定本》，生活·读书·新知三联书店1998年版，第161-162页。

支离，窒锢思想，泯灭性灵，人所共知。那么，在这种情况下，陈澧坚持汉学立场，出面调停汉宋，提倡新学风，意义又何在呢？

其实，陈澧致力于汉宋调和，他所倡导的新学风，以及他所代表的学术思想精神，另有更深刻的意义所在。

近代中国灾难深重，政治黑暗腐朽，民族危机四伏，内忧外患，动乱频生，又处于急剧动荡的社会转型时期，陈寅恪称之为"赤县神州数千年未有之巨劫奇变"①。在这种特殊的历史背景和社会氛围下，救亡图存成为压倒一切的首务，学术与政治也因此互为纠缠，导致"泛政治化学术"泛滥，盛行一时。

泛政治化学术泛滥盛行虽有其迫不得已的内外缘诸因素，后人不可一味苛责，但其流弊和消极负面影响也不可讳言低估。学术受政治干扰，学术为政治服务，学术成为实现其他目的的工具，成为政治的附庸，这严重干扰了学术的独立，扼杀了学术的生机。学术研究奉行的"独立之精神，自由之人格"荡然无存，扭曲了学者的人格，导致曲学阿世之风盛行。

"汪洪死而文章敝，龚魏出而朴学亡。"② 追溯起来，以维新变法为宗旨的今文经学是近代中国泛政治化学术的"始作俑者"和典型。清代以公羊学为中坚的今文经学自有其历史价值与地位，此为不争之论，毋庸赘述。清代今文经学始于常州学派的庄存与、刘逢禄，中经龚自珍、魏源，至廖平、康有为而达到极盛。"自今文经说日盛，学者务为新奇可喜之说，而朴学益沦，浸假阳袭考证之名，资为哗世取宠之具，流风所扇，不仅贻讥申叔，又岂廖季平诸人所及料耶。"③ 申叔指刘师培。

今人景海峰说：

> 实际上，自刘逢禄以下的今文家逐渐扬镳两途。邵懿辰、戴望、王闿运、皮锡瑞等能遵守经学的游戏规则（所谓"家法"），与古文家构成了良性的学术对垒。他们一般都远离政治，对今文经的注释只有纯粹的学术兴趣，在经学的藩篱之内只是扩大了研究的范围，不一定能发展成离经叛道的颠覆性运动。而龚自珍、魏源，特别是康有为，则走上了

---

① 陈寅恪：《王观堂先生挽词并序》，《国学论丛》1928年第1卷第3号，第237页。
② 徐英：《论近代国学》，《青鹤》1933年第1卷第1期，《评论》，第1页。
③ 李渔叔：《鱼千里斋随笔》卷上，《近代中国史料丛刊续编》第83辑，第15页。

另外一条道路。今文经学的历史被他们滑转,内容也被抽离化为象征性符号,"喜以经术作政论","轻古经而重时政","其先特为考据之反动,其终汇于考据之颓流"。实已超越了经学的范围,不只是从根本上抛弃了考据学,而且从今古文的对垒之中悄然抽身,把躯壳留给了经学,而灵魂却游走他乡。①

后人评议常州学派或清代今文经学,在涉及其学风、文风、治学方法、治学态度时,大都贬斥抨击,痛加挞伐,几无完肤,认为他们"其中多非常异义可怪之论"。

如庄存与,"徒牵缀古经籍以为说,又往往比附以汉儒之迂怪,故其学乃有苏州惠氏好诞之风而益肆"②。

如龚自珍,"好为姚易卓荦之辞,欲以前汉经术助其文采,不素习绳墨,故所论支离自陷,乃往往如谵语"③。

如魏源,"然《诗(古微)》《书古微》之作,固不必求之师,究其家法,汉宋杂陈,又出以新奇臆说,徒以攻郑为事"④。

如廖平,"廖氏之书,东拉西扯,凭臆妄断,拉杂失伦,有如梦呓,正是十足的昏乱思想的代表,和'考证''辨伪'这两个词儿断断联接不上"⑤。

如康有为,"以好博好异之故,往往不惜抹杀证据或曲解证据,以犯科学家之大忌,此其所短也"⑥。

……

请问,如此学风,如此行径,如何自立,如何为后世表率?

与之相对比,陈澧的学风、文风和治学态度就是另一番情景了。今人张舜徽写道:

---

① 景海峰:《清末经学的解体和儒学形态的现代转换》,《孔子研究》2000年第3期,第88—89页。
② 钱穆:《中国近三百年学术史》,商务印书馆1997年版,第582页。
③ 章炳麟著,刘治立评注:《訄书》,华夏出版社2002年版,第52页。
④ 蒙文通:《井研廖季平师与近代今文学》,廖幼平编:《廖季平年谱》,巴蜀书社1985年版,第134—135页。
⑤ 钱玄同:《重论经今古文学问题》,《钱玄同文集》(第四卷),中国人民大学出版社1999年版,第138页。
⑥ 梁启超:《清代学术概论》,上海古籍出版社2000年版,第78页。

> 澧湛深经学，笃实不欺。平日教人及所以自励者，在平心静气，低头精读注疏，而不蹈架空立论之弊。故其自为之书，皆实事求是，有乾嘉诸师治学精谨之风，而无乾嘉诸师论学门户之见，平正通达，不偏不党。又尝揭櫫博学知服之义，深以轻诋前人为非。①

两相对照，不言而喻，有天壤之别。

因此，今文经学越出常理的败坏学风的表现，不久即令人深恶痛绝。而晚清学界经过今文经学的一番颠倒折腾，元气大伤，学风江河日下，急需拨乱反正。在这种历史背景下，以陈澧为代表的继承乾嘉朴实学风的学者极易得到学界的普遍推崇与认同，自然可以理解。也正因为如此，每当泛政治化学术盛极一时，反对之声也必然随之而起。于是，渴望回归理性、重建学术规范的有识之士，每每以陈澧及其学术思想作为优良学风的旗帜榜样，与之对垒抗衡。晚清、民国与当代，即有三次颇有意义、颇具典型的实例。

晚清当推张之洞。

张之洞（1837—1909），字孝达，号香涛，别号壶公、抱冰。直隶南皮人。同治二年（1863）探花。历任翰林院编修、湖北学政、四川学政、山西巡抚、两广总督、湖广总督、两江总督等，晚年入京，掌管学部，死谥文襄。他是晚清洋务派代表人物，以大力倡导"中学为体，西学为用"著称。

张之洞与陈澧素昧平生，生前并未谋面。但陈澧门人弟子桂文灿、谭宗浚等在京师时与张之洞唱酬过从，多有接触，故张之洞逐渐获知一些陈澧学行著述的情形。光绪五年（1879），陈澧七十大寿。张之洞时官国子监司业，集《后汉书》语为楹帖自京师寄赠云："栖迟养老，天下服德。锐精覃思，学者所宗。"② 这是借贺寿之机表达敬意和仰慕之情。

陈澧收到张之洞楹帖后十分高兴，撰句以篆字书为楹帖回赠云："万言笔语关文运，十载神交寄我心。"旁款云："孝达尊兄先生惠寄楹帖，其语过奖，不敢当，书此奉酬。近年得读大著《輶轩语》，回忆庚午岁读浙闱策问，服膺至今十二年矣。己卯十月之望陈澧兰甫并识。"③ 这是二人唯一一次神

---

① 张舜徽：《清人文集别录》，华中师范大学出版社2004年版，第444页。
② 汪兆镛：《棕窗杂记》卷三，1943年刻本，第1页。
③ ［清］陈澧著，汪兆镛编纂，汪宗衍续补：《陈东塾先生诗词》卷首，香港崇文书店1972年版。

交,大有惺惺相惜之意。

张之洞仰慕推尊陈澧,并非附庸攀附以为自炫,而是出于二人学术立场观点的一致。《抱冰堂弟子记》载:

> 公(张之洞)平生学术最恶公羊之学,每与学人言,必力诋之,四十年前已然,谓为乱臣贼子之资。至光绪中年,果有奸人演公羊之说以煽乱,至今为梗。①

此外,他还在《学术》诗注中沉痛指出:

> 二十年来,都下经学讲《公羊》,文章讲龚定庵,经济讲王安石,皆余出都以后风气也,遂有今日伤哉。②

张之洞憎恶公羊之学,因此,他对坚持乾嘉学术传统,以稳健、纯朴、笃实学风著称的陈澧的学行著述十分仰慕钦佩,成为陈澧暨东塾学派的"护法"和宣传推行者,也就不难理解了。袁昶写道:"公于治经,最服膺陈兰甫先生澧,恨生平未见,寄篆联至自称私淑弟子。"③ 以私淑弟子自居,即是学术上服膺的表现。

光绪八年(1882),陈澧去世。两年后,张之洞调任两广总督。在广州期间,他还特地去陈澧生前讲学处——菊坡精舍瞻仰凭吊,并赋诗云:

> 乾嘉才斯盛,人耻不读书。后进弃心得,骋骛各殊途。谁与端经术?通德在番禺。洸洸陈先生,深入五经郛。尽刬汉宋畛,兼握文笔珠。日日曳杖来,菊坡开精庐。晚学不得见,见此一丛朱……④

---

① 《抱冰堂弟子记》,《张文襄公全集》卷二百二十八,中国书店1990年版,第1033页。

② [清]张之洞:《学术》诗注,苑书义等主编:《张之洞全集》卷二百九十七,河北人民出版社1998年版,第10559页。

③ [清]袁昶:《壶公师寿言节略》,《渐西村舍丛刻》,光绪刊本,第24页。

④ [清]张之洞:《菊坡精舍朱槿》,苑书义等主编:《张之洞全集》卷二百九十六,河北人民出版社1998年版,第10537页。

第八章 陈澧的学术地位及其意义

"通德"指陈澧。"端经术",这里显然指整顿挽救因今文公羊学肆意泛滥而败坏的学风,蕴含欲借陈澧大旗力挽狂澜、重建学术规范之意。

光绪十五年(1889),张之洞移督两湖,在武昌创建两湖书院。《致陶春海》札云:

> 两湖书院经弟苦心经营,乃获就绪。经学为院中首席,事赅体用,最切身心,必须经明行修,始足楷模多士。阁下为东塾先生高弟,渊源宏深,经学、小学博综醇粹,平正精密,鄙人在岭外时数聆麈论,心折已久。若得高贤来主皋比,必能牖启士林,昌明绝业,庶几从此东塾学派,流衍中原。区区之诚,既承鉴纳,谨扫榻以待。①

细细品味"庶几从此东塾学派,流衍中原"这句,其无疑含有欲借东塾学派良好的学术风气,反过来影响中原学界,扫除因今文公羊学泛滥流行而导致的一片乌烟瘴气的蕴意。这与他早前所说的"谁与端经术?通德在番禺"如出一辙,并无二致。

光绪二十四年(1898),张之洞撰《劝学篇》。在《内篇·守约第八》"经学通大义"条中公开提出:"五经总义,只读陈澧《东塾读书记》、王文简引之《经义述闻》。"又在"理学看学案"条中云:"……惟《朱子语录》原书甚多,学案所甄录者未能尽见朱子之全体真面,宜更采录之。陈兰甫《东塾读书记·朱子》一卷最善。"并在《外篇·变科举第八》中附录"《东塾读书记》引朱子论科举"一节。② 张之洞推崇《东塾读书记》,列为士子必读之书,主要是认为它中正平实,不偏不倚,最可取法。由于清政府下诏将《劝学篇》颁各省督抚刊行,几家置一篇,人手一册,风行海内,其对陈澧及《东塾读书记》的宣传推广作用自不同凡响。

由于张之洞在晚清政坛学界具有重要的地位和崇高声望,其大力推尊陈澧,可以视为经过今文公羊学折腾之后晚清学界的一次拨乱反正,自觉倡导回归理性、重建学术规范的尝试努力。也缘此之故,陈澧及东塾学派才能在

---

① [清]张之洞:《致陶春海》,苑书义等主编:《张之洞全集》卷二百八十七,河北人民出版社1998年版,第10280页。

② [清]张之洞著,李忠兴评注:《劝学篇》,中州古籍出版社1998年版,第94—96、140页。

清末民初维持了一段正统及主导的地位，树立了良好的品牌形象。20世纪20年代，日本学者今关寿麿于所撰关于学术界状况的书中，"认为北方旧学势力最大的还是张之洞余风的陈澧一派"①。于此可见陈澧的重要地位及深远影响。治近代学术史者，对此切勿掉以轻心，忽视无睹。

民国时期借东塾大旗以呼吁改良学风者，可以钱穆为代表。

钱穆（1895—1990），字宾四。江苏无锡人。中国现代著名历史学家、教育家。历任北京大学、北平师范大学、西南联合大学、齐鲁大学、华西大学、四川大学、云南大学、江南大学教授。1949年赴香港，创办新亚书院。1967年迁居台北，任台湾"中国文化学院"教授。

钱穆应是近代中国较早明确提出警惕泛政治化学术倾向的清醒学者之一，他在《国学概论》中写道：

> 盖尝论之，自清季以还，外侮日逼，国人之不自安而思变以图存者亦日切。至于最近之数十年，则凡文字、学术思想、家国社会伦常日用，无一不有急激求变之意……盖凡此数十年来之以为变者，一言以蔽之，曰求"救国保种"而已。

又说：

> 要而言之，则此十七年之学术思想，有可以一言尽者曰：出于"救国保种"是已。故救国保种者，十七年学术思想之出发点，亦即十七年学术思想之归属处也。②

台湾学者郑吉雄认为，钱穆撰写《国学概论》时，尚未注意到陈澧，《中国近三百年学术史》有"陈兰甫"一章，殆受钱基博之影响。而"陈兰甫"章附以朱一新，也与钱基博之论述若合符节。③

---

① ［日］今关寿麿：《近代支那の学艺》，东京民友社1931年版，第24页，引自桑兵：《近代中国学术的地缘与流派》，《历史研究》1999年第3期，第25页。
② 钱穆：《国学概论》，商务印书馆2003年版，第353-354、363-364页。
③ 张素卿：《经及其解释——陈澧的经学观》，姜广辉主编：《经学今诠三编》，辽宁教育出版社2002年版，第678页。

第八章 陈澧的学术地位及其意义

钱穆接触陈澧学说后，对其大为佩服。《中国近三百年学术史》专立"陈兰甫"一章，说明他对陈澧高度重视。钱穆确实是认真读过陈澧之书者，故能精深入微，把握体会陈澧之用心旨趣，与张之洞一样，成为服膺者。"陈兰甫"章分"传略""著书大要""东塾遗稿""东塾论汉学流弊""东塾所欲提倡之新学风"诸节。而全章重心，在于畅论陈澧的汉宋调和思想，也即"东塾所欲提倡之新学风"。钱穆详尽深入引述陈澧有关治学之论述，条分缕析，赞不绝口，一唱三叹，引为知己，最后评论总结说：

> 观其《学思录》要旨，真所谓"基址颇大，田地颇宽"矣。此等气象，与东吴惠氏之专言汉学者不同；与高邮王氏之专事训诂者亦不同；与休宁戴氏之别辟新说以求推倒前人如《孟子字义疏证》之所为者又不同；与当时经学家之各为经籍作新注疏，句句而求，字字而解，而陷于屑碎不务得其大义者复不同；与同时及其后起之所谓"公羊"经文学派，专讲微言大义，而发为非常可怪之奇义者更不同。而读东塾之书者，皆确然认其为一经师，终不得摈而不预之经学家之列也。凡东塾所欲提倡之新学风，大率如是，是其用心至苦，而成就亦至卓矣。①

钱穆是迄今为止全面、详尽地从学术史的角度评介论述陈澧学术精神地位的第一人，不愧为千古知音。

而最令人感兴趣的是，钱穆还是公开、明白无误地以陈澧为旗帜，大声疾呼倡导回归理性、重建学术规范的第一人，他着重指出：

> 今日者，学风之坏，有甚于东塾之当年。士情之懒且躁，不肯读一部书，而好以胜古人。东塾忧之，所谓足以乱天下者，方复见于今日。安所得东塾其人者，以上挽之于朱子、郑君，相率趋于博学知服之风，而求以作人才、转世运哉？此余于东塾之一编，所尤拳拳深致其向往之意也。②

---

① 钱穆：《中国近三百年学术史》，商务印书馆1997年版，第689–690页。
② 钱穆：《中国近三百年学术史》，商务印书馆1997年版，第689–690页。

无独有偶，半个多世纪后，陈澧又被重新提起，此人乃王元化。

王元化（1920—2008），祖籍湖北江陵，出生于武昌。著名学者、思想家、文艺理论家。20世纪30年代末起长期在上海生活工作，曾任国务院学位委员会第一、二届学科评议组成员，华东师范大学教授，上海市委宣传部部长。

王元化以"反思"著称。他反思"五四"的缺陷，认为其主要表现为四种观念：庸俗进化观点（僵硬地断言凡是新的必定胜过旧的）；激进主义（指态度偏激、思想狂热、趋于极端、喜爱暴力的倾向）；功利主义（使学术失去其自身独立的目的，而作为为其自身以外目的服务的一种手段）；意图伦理（即在认识论上先确立拥护什么和反对什么的立场，这就形成了在学术问题上往往不是实事求是地把考虑真理是非问题放在首位）。[①] 这些反思显示了他思想的犀利和深刻，而且都与学术学风问题有直接或间接的关系。

王元化一生经历坎坷屈折，20世纪50年代受"胡风案"牵连，直至1981年才得以平反。因此，他对泛政治化学术有更切身深刻的体会。他多次公开宣称："我反对学术应依附于某种力量，或应为某种意识形态服务这类长期以来支配学术界的主流观念。我认为学术是有其独立自主性的，是有其自身价值的。"[②]

王元化是通过钱穆著述才接触到陈澧的，时间虽晚，但立刻被深深吸引，产生强烈共鸣。王元化研究评论陈澧，与他的"反思"相一致，即将焦点集中于中国近代以来"泛政治化学术"风行而"纯学术"遭冷落的严重偏颇和百年流弊，加以观察审视，认为现在是对此加以彻底反思觉悟并予以扭转澄清的时候。他高度重视、急欲发掘陈澧的潜在价值，以少有的热情积极宣传、评价、阐释陈澧的学术思想，主要表现为以下四个方面。

第一，重提研究陈澧的重要意义。

王元化在各种场合多次公开强调要深入研究陈澧。他说：

> 近代思想史的研究多侧重于政治，着眼于改革思想方面，如鸦片战争时期林则徐、魏源为了解"夷情"而介绍西学，曾、张、李的洋务运

[①] 王元化：《对"五四"的思考》，《九十年代反思录》，上海古籍出版社2000年版，第127页。

[②] 王元化：《清园近作集·序》，文汇出版社2005年版，第3页。

动，戊戌变法、维新运动等等。这固然重要，但对于乾嘉以后的学术思潮（如从陈澧到朱一新），则很少有人研究。①

又说：

  陈澧（兰甫）、朱一新（鼎甫）不为治近代史者所注意，但他们对乾嘉以后的学风影响甚大……二人著作解放后长期未刊行，直到九十年代始得重排刊印。朱维铮编《中国近代学术名著》丛书，其中收有陈澧《东塾读书记》（外一种）。此编在校勘、标点、注释及索引方面都做得较为认真，足资参考。②

《东塾读书记》的印行，表明陈澧重新被发现，开始受到中国内地主流学术界的应有重视。

第二，强调陈澧所代表的优良学风的价值。

王元化眼光独到，直入核心，重点发掘阐述陈澧最有价值的部分——优良学风。他说：

  ……东塾在经学方面并没有太大的贡献，但其中有关治学精神、治学态度、治学方法的论述却是不容忽视的。这些方面直接关系到学术的盛衰，可供研究近现代之学术流变及发展者参考。③

又说：

  清自乾嘉之后，陈澧、朱一新辈，皆着力阐述治学态度与治学精神，倡导一种优良学风，为前人所忽略，亦未为后人所关注。当时学术界偏重政治之改革，无暇顾及学术自身之问题。康梁严复诸人，变法维新之书，世相争阅。陈澧、朱一新之论虽精，关系中国学术文化发展虽巨，但风尚所偏，终为所掩。五四后，学者再拾旧绪，重新关注学风问

---

① 王元化：《九十年代日记》，浙江人民出版社2001年版，第388页。
② 王元化：《九十年代日记》，浙江人民出版社2001年版，第388页。
③ 王元化：《九十年代日记》，浙江人民出版社2001年版，第389页。

题者，似仅熊十力一人而已。①

第三，表彰陈澧强调的"博学知服"精神。

学术批评或争鸣是学术健康发展的基础与前提，但受泛政治化学术的扭曲毒害，往往演变成不顾真理是非的互相吹捧拔高，或拉帮结派的打压谩骂等恶劣风气。王元化对陈澧所倡导并一贯坚持的良好学术批评争鸣态度赞不绝口，认为其正是今日之必须，他写道：

> 东塾评弹汉学的意见，《读书记》多引而不发，婉约其辞……这一点钱宾四《学术史》曾分析说："盖深识之士，彼既有意于挽风气，贬流俗，而又往往不愿显为诤驳，以开门户意气无谓之争，而唯求自出其成学立业之大，与一世以共见，而祈收默运潜移之效……"唯其如此，所以深识之士以传播真知为旨归，而不愿以豪言惑众，取媚流俗。②

这是推崇陈澧谦虚、退让、与人为善，颇具"绅士风度"的学术争鸣和批评态度，借以纠正、扫除学界普遍存在的暴戾之气，如"数十年来，学人多喜作刻骨镂心之评，以詈骂为高。近日酷评之风复炽，更视对手为异类，非打入畜生道不为之快也"③；倡导恢复平等、和谐、求真务实的学术氛围和理想学风。

第四，推崇陈澧"学术的社会效应"的表述。

王元化反对急功近利的学术躁进，但并非主张学术与社会脱节，他对陈澧提出的学术对于社会具有渐变力量的说法尤有会心。他写道：

> 东塾说书中不谈治法，"非无意于天下事也。（而是）以为政治由于人才，人才由于学术。吾之书专明学术。幸而传于世，庶几读书明理之人多，其出而从政者，必有济于天下，此其效在数十年之后也。"这里需要补充的是，其实学术还不仅为政治培育人才，更为重要的是它能够转移社会风气，提高人的文化水平，影响人的素质。学术上的虚骄浮

---

① 王元化：《九十年代日记》，浙江人民出版社2001年版，第242页。
② 王元化：《九十年代日记》，浙江人民出版社2001年版，第390页。
③ 王元化：《九十年代日记》，浙江人民出版社2001年版，第487页。

夸陋习，往往会形成社会上的弄虚作假之风。自然这种影响正像文化人类学者所指示，是通过一些中介的媒体发生作用的。学术的社会效应不是直接的，而是间接的；不是快速的，而是迟缓的。正如东塾所说，"其效往往在数十年之后也"。由于社会效应的间接与迟缓，故这类学者往往被急功近利者讥为迂腐。①

王元化可谓陈澧的又一知音。他是1949年后在中国内地破天荒向青年学子推荐阅读《东塾读书记》的第一人。据吴洪森回忆："去年先生多次叮嘱我读的书，一本是朱一新的《无邪堂答问》，还有一本是陈澧的《东塾读书记》。"② 正是由于深知陈澧学术思想的价值所在，王元化亲自促成了《陈澧集》在上海的公开出版。据当事人回忆：

> 元化先生希望我社尽快将陈澧著作整理出版。当我们得知广州中山大学中国古文献研究所黄国声教授主编的《陈澧集》的整理工作因为出版无望而停顿时，社里便派我和编辑室同志赴广州与黄教授联系。中山大学的学者得知元化先生和上海市古籍整理出版规划小组支持并资助《陈澧集》的出版，十分感动，重新启动了整理工作，并与我社签订了出版合同……在编辑出版期间，元化先生经常催问编辑出版进度。他迫切想早日读到陈澧的著作……尽管我社加强了编校力量，加快了出版进度，这部精装六册、250万字的大书的编辑出版还是花了三年，于2008年7月出版，而元化先生已先两月去世，未能看到他萦系心头的这部书的问世，留给我们无尽的遗憾。③

张之洞、钱穆、王元化，或为清朝封疆大吏、或为民国大学教授、或为中国共产党宣传部门的领导干部，三人时代不同，出身、地位相距甚远，立场角度各异，但在赞赏、推崇、表彰陈澧方面，落脚点却基本一致。这表

---

① 王元化：《九十年代日记》，浙江人民出版社2001年版，第389页。
② 阳敏：《但求正大，不务新奇——评论家吴洪森回忆元化先生点滴》，《南风窗》2008年第11期，第32页。
③ 高克勤：《王元化与古籍整理出版》，陆晓光主编：《清园先生王元化》，华东师范大学出版社2009年版，第318页。

明，百余年来，重读陈澧关于治学精神、治学态度、治学方法的一系列论述，仍使人倍感亲切，有一种似曾相识的感觉。这也是陈澧一再被后人提及，被视为倡导回归理性、重建学术规范的理想旗帜的原因之所在。陈澧的历史地位在此，陈澧的学术意义也在此。

后 记

20世纪90年代，一个偶然的机会，我参加了《广东出版志》的编纂工作，负责古代刻书部分。在搜集查阅资料的过程中，我发现研究明清广东文化（或岭南文化）大有可为，于是决定以此作为自己科研的主攻方向。

我首先选择以嘉庆、道光之际阮元督粤建学海堂广东朴学兴起作为突破口，围绕此主题，先后撰写了十几篇论文。适逢1996年国家社会科学基金项目申报，我申请的课题"清代广东朴学研究"获批，立为"九五"规划重点项目。第一次申报国家社科基金就能成功，我认为首先是我课题新颖，前期准备比较充分；其次是当时负责评审的几位前辈老先生，德高望重，提携后进，完全以学术质量为重，不搞裙带关系，这是我特别要感谢的。

《清代广东朴学研究》是我正式出版的第一部专著，应该说有一定的学术价值，获得学术界小圈子内一些好评。

由于陈澧是清代广东朴学的主将和集大成者，我为他撰写传记的想法油然而生，也顺理成章。适逢2001—2002年度广东省社会科学基金规划项目申报，我便以"陈澧评传"作为课题申请，顺利获批，正式立项。虽然资助经费微乎其微，但我已是颇为满意，大喜过望了。

陈澧是清代广东最负盛名，也是影响最大的著名学者、教育家，后人将他与明代广东大儒陈白沙并称为"岭学二陈"。他是岭南文化的代表和骄傲，跻身全国一流学者之列当之无愧，是名副其实的大宗儒师，受到学界普遍尊崇和敬仰。这样一位"高山景行"的学者，为什么至今还没有一部正式的传记专著呢？我百思不得其解。

开始时我想，由于汪宗衍已撰有《陈东塾先生年谱》，加之陈澧主要著述及诗文集等已刊出，尤其是中山大学图书馆藏有其罕见的珍贵遗稿，撰写评传应该不是什么太大的难事。但事实并非如此。

陈澧自称"生平无事可述，惟读书数十年，著述百余卷"，是一位典型的"书斋型"人物，因此在他身上没有跌宕起伏、传奇动人的故事可言。此外，陈澧又是一位博大精深的学者，他所从事的经学、小学、音韵、地理、乐律等学科研究，大都专门冷僻，深奥难懂，有些属于所谓"绝学"。如此一来，不但生平叙述平淡无奇，容易陷于枯燥乏味，而且著述分析评价也显然超出我的专业，让我感到难以胜任，力不从心。到此时我才恍然明白，为何百余年来无人肯为陈澧撰写传记专著，因为这是一件费力不讨好之事。自己实在是初生牛犊，不知天高地厚，冒失闯入，但既然做了过河卒子，骑虎难下，只好硬着头皮，尽力而为了。

《陈澧评传》勉强完成后，2005年，经同行专家鉴定，以"优秀"等级获得通过，准予结项。但当时打心底里说，我自己对这部书稿的质量是很不满意的。以后在联系该书出版事宜时颇不顺利，加上另有新的写作任务，杂事缠身，一时难以解决，于是干脆将之搁置下来，不再纠结，待日后再大幅修改润色。没想到，这一耽误，十几年就不知不觉过去了。

2020年是极不平常的一年，新冠肺炎疫情大流行。疫情期间，我足不出户，困于斗室，主要忙于广州出版社签约书稿的编撰。6月底，任务完成，身心一松，本想彻底休息一段时间，但事与愿违。

2020年我恰好满70周岁，迈入古稀之年，时不我待，老之将至，马上联想到要趁早整理修改几部还未定型的著述书稿，力求使之早些正式出版面世，以免抱终身之遗憾。《陈澧评传》意义重大，自然首先提上议事日程。

在过去十几年里，我对《陈澧评传》并非不闻不问，束之高阁，而是一直在留心、关注，萦绕心头。遇有相关资料，抄撮积累，填平补齐；对于难点、疑点以及盲点问题，则反复斟酌思索，力求逐一解决；在撰写其他著述文章时，凡涉及陈澧，或与之有关，就是难得的锻炼机会。例如十几年间，我曾应"广东历史文化名人丛书""岭南文化知识书系"和"广州大典普及书系"编委会之邀，先后撰写了《清代岭南大儒：陈澧》《南粤先贤·陈澧》及《晚清"新学风"的倡导者——陈澧作品选读》三本小册子，这些都可以说是《陈澧评传》的简化版，属于普及通俗读物。在撰写这些小册子时，我又再三阅读陈澧的相关著述文章，以加深理解，调整思路，步步深化探索，自觉获益良多。

在过去十几年里，凡有空暇，我也一直在动手修改、完善《陈澧评传》书稿。如果说陈澧的生平事迹部分，主要侧重于补充材料，力求重点突出，

后　记

详略得体，侧重于文字推敲润色方面，修改幅度并不大，那么书稿最后一章《余论》，即关于陈澧的学术地位及其评价，则属于抽象的思辨范畴，对著者的学问、智慧、识力都是一种考验，具有一定的难度。因此，撰写最后一章时，我曾长时间处于反复酝酿、重新斟酌、多次推倒重来的纠结状态。随着年岁的增长，阅历的丰富，思想的成熟，认识的层层深入，以及资料的发掘累积，这一问题才逐步清晰明朗，不再思绪杂呈，茫然无措，左右为难。最后一章的难题解决后，全书的定稿成型也就挺顺利，自己也觉得挺满意。

还有两件事值得一提：一是2008年黄国声主编的《陈澧集》出版，该书汇辑了陈澧绝大部分著述文稿，具有最新、最全和校勘较为完善诸优点。二是2009年桑兵主编的《续编清代稿钞本》陆续出版，收有《东塾遗稿》，是该作品第一次影印出版，公之于世。这为我参考、引用文献提供了极大方便。

此外，为避免与我于1995年申请到的国家社会科学基金课题项目"东塾学派研究"内容重复，在《陈澧评传》一书定稿时，我删去了原有的篇章《附：东塾学派著名弟子考》。而全书最后一章《陈澧的学术地位及其意义》与原稿最后一章《余论》内容虽有部分重合，但整体上相距甚远，基本上是重新另写，为原稿所无。可以说，现在的《陈澧评传》与旧稿相较，已有相当差距了。

感谢广州社科院汪叔子、钟卓安和广州大学赵春晨诸位老师，他们的鼓励与肯定对我来说是莫大的鞭策，我将永志不忘。感谢中山大学图书馆古籍部陈莉、蒋文仙、肖卓、李福标、张红、陈斯洁、翁文英、程翠荣、姚绮红、张梅芳、赖小谷诸位老师在我长期查阅资料时给予的耐心和诸多便利。感谢中山大学出版社编辑王润、熊锡源、叶枫，在他们的帮助下本书得以顺利出版，了结了我一桩多年的心愿。

李绪柏
2020年12月1日
于珠海博雅苑